全国中小企业信用担保机构培训教材

信用担保机构经营管理丛书

信用担保实务案例

CASE STUDIES IN CREDIT GUARANTEE

狄　娜　叶小杭　主编

经济科学出版社

图书在版编目（CIP）数据

信用担保实务案例/狄娜，叶小杭主编．—北京：经济
科学出版社，2007. 12（2018. 9 重印）
（信用担保机构经营管理丛书）
全国中小企业信用担保机构培训教材
ISBN 978 - 7 - 5058 - 6772 - 7

Ⅰ. 信…　Ⅱ. ①狄…　②叶…　Ⅲ. 信用 - 担保 - 案例 -
中国 - 技术培训 - 教材　Ⅳ. F832. 4

中国版本图书馆 CIP 数据核字（2007）第 191614 号

责任编辑：段　钢　卢元孝
责任校对：杨晓莹
版式设计：代小卫
责任印制：邱　天

信用担保实务案例

狄　娜　叶小杭　主编

经济科学出版社出版、发行　新华书店经销
社址：北京市海淀区阜成路甲 28 号　邮编：100142
总编部电话：010 - 88191217　发行部电话：010 - 88191522
网址：www. esp. com. cn
电子邮件：esp@ esp. com. cn
天猫网店：经济科学出版社旗舰店
网址：http: //jjkxcbs. tmall. com
北京鑫海金澳胶印有限公司印装
710 × 1000　16 开　27. 5 印张　540000 字
2007 年 12 月第 1 版　2018 年 9 月第 5 次印刷
ISBN 978 - 7 - 5058 - 6772 - 7/F·6032　定价：48. 00 元

信用担保机构经营管理丛书
参编人员名单

编委会成员

编委会主任：狄　娜

编委会副主任：周平军、王　磊、叶小杭、张利胜、曹晓尔

编委（按姓氏笔画为序）：

王　磊、叶小杭、关湘平、李思聪、狄　娜、吴义国、吴列进
周平军、张利胜、张海鹰、张锴雍、曹晓尔、戴　君

撰写组成员

负责人：叶小杭、刘祖前

成员（按姓氏笔画为序）：

于　薇、王　程、王永智、王建功、邓光辉、叶小杭、孙宛青
匡　萱、付　炜、伍　军、刘　煜、刘　路、刘声志、刘祖前
刘蕴明、李　明、李　峻、李玉春、李春阳、李媛媛、吕向平
许跃东、朱文祥、冯志伟、向玉婷、汤　琪、张　季、张　顺
张人毅、张士雯、张兰兰、张杰清、张国祥、陈中华、肖燕华、
郑　枫、郑若瑜、郑建伟、易庆国、周欣华、范海波、杨丽娜
姚欣怡、赵　洪、赵利民、郭　红、宫建新、高晓慧、徐　浩
徐琪颖、涂晓敏、秦朝晖、顾晶晶、黄　涛、黄汉斌、黄倬炜
黄碧汶、盛东华、梅诗春、麻占华、曹选凯、笪永亮、赖金茂
韩　悦、温　良、谢勇东

目　录

绪　　言

我国中小企业信用担保业自 1998 年开始试点至今已有 8 年。8 年来，在中央各有关部门和地方各级政府的大力支持和积极推动下，以中小企业为服务对象的中小企业信用担保机构得到了快速发展，为破解中小企业融资瓶颈发挥了重要作用。

一、我国中小企业信用担保体系建设的沿革与现状

众所周知，融资难、担保难是制约中小企业发展的世界性难题。为此，建立完善的中小企业信用担保体系已成为各国扶持中小企业发展的通行做法。实践证明，随着中小企业信用担保体系建设的不断拓展与深入，其作为缓解中小企业间接融资难有效途径的作用日益明显。1998 年 7 月，原国家经贸委设立了新中国成立以来的第一个中小企业司，经大量调研发现，融资难尤其是担保难是制约中小企业发展的第一瓶颈。为缓解这一难题，同年底召开的全国经济工作会议特别是经贸工作会议，均将建立中小企业信用担保体系作为推动中小企业发展的突破口。自 1998 年试点以来，我国中小企业信用担保体系建设大体经历了三阶段：一是试点探索阶段。1998 年底，依据国务院领导批示和经贸工作会议精神，原国家经贸委开始组织实施全国中小企业信用担保体系建设试点，并于 1999 年 6 月率先下发了《关于建立中小企业信用担保体系试点的指导意见》（国经贸中小企 ［1999］ 540 号），试点工作在镇江、深圳和北京等地陆续展开。二是政策推进阶段。2000 年 8 月，国务院办公厅转发了原国家经贸委《关于鼓励和促进中小企业发展若干政策意见》（国办发 ［2000］ 59 号），进一步明确提出了加快中小企业信用担保体系建设的要求。2001 年 4 月，国家税务总局下发文件：凡纳入全国中小企业信用担保体系建设试点范围的担保机构，其担保收入免征 3 年营业税（国税发 ［2001］ 37 号），上述政策有力地促进了试点工作的进一步发展。三是依法实施阶段。2003 年元月施行的《中小企业促进法》明确规定，"县级及以上人民政府和有关部门应当推进和组织建立中小企业信用担保体系"。至此，历时 4 年的中小企业信用担保体系建设试点工作基本结束，担保业步入了依法实施的

新阶段。

据国家发改委调查统计，截至 2006 年底，全国信用担保机构已达 3 366 家。其中，省级担保机构 359 家，地市级担保机构 1 379 家；政府完全出资的 688 家，参与出资的 630 家，民间出资的 2 049 家；公司法人 2 785 家，事业单位 381 家，社团法人 122 家。3 366 家担保机构共筹集担保资金总额 1 232.58 亿元，其中政府出资 357.46 亿元，占担保资金总额的 29%。全国 3 366 家担保机构已累计担保企业 379 586 户，累计担保总额 8 051.87 亿元，累计实现收入 257.74 亿元，其中保费收入 183.53 亿元，投资收入 50.60 亿元，其他收入 23.61 亿元。

二、我国中小企业信用担保体系建设的主要特点

第一，我国中小企业信用担保体系建设已由初期的机构试点，发展成为一个新兴行业。

作为新兴行业，其主要标志：一是作为国际公认的高风险行业，其机构准入已列入国家行政许可范畴；二是国家财政部门已为其量身定做了独立的行业财务会计管理办法；三是各级财税部门已探索或实施了补偿专项和税收减免；四是全国已有大部分省区市依当地需求成立了区域性担保业协会。与此相适应，政府推动担保业发展的指导思想亦从试点初期的"发展中规范"，到引导一个独立行业的"规范中发展"。此时，强调体系建设、系统控制、规范发展、择优扶强和行业整合尤为重要。

第二，我国中小企业信用担保体系建设已由政府主导型向市场主导、政府引导型方向发展，政府的扶持方式已由初期的一次性资本金注入，到目前的重在建立补偿机制，再到信用资源的有效配置上。

各级政府坚持政策扶持与市场化运作相结合的原则，通过资金投入和政策调控等多种手段，积极引导和推进担保体系建设走市场化道路。中小企业信用担保体系建设正在由初期的以政府投入为主向投资主体多元化方向发展。特别是《国务院关于鼓励支持和引导个体私营等非公有制经济发展的若干意见》（国发〔2005〕3 号）激活了大量民间资金投入到担保业，使担保业市场化进程明显加快。据统计，在全国 3 366 家担保机构中，公司制担保机构已达 2 785 家，占总数的 82.74%。在全国担保机构的出资总额 1 232.58 亿元中，非政府出资已达 875.12 亿元，占担保资金总额的 71%。担保机构已从初期由政府出资为主，发展到以企业、民间组织和自然人等非政府出资为主，越来越多的担保机构通过市场化运作、企业化管理促使我国担保业的发展由政府主导型逐步向市场主导、政府引导型方向转变。近年来，随着试点到行业的形成，政府扶持的方式也相应地由资金注入转为机制建立。针对担保业特点，各级政府已将有限的财力用在风险

防控、损失补偿和激励机制的建立上。北京中关村还开创了"瞪羚计划"模式，率先将中小企业的信用、担保、贷款及政府各项扶持政策结合起来，使担保的介入成为政府配置信用资源的有效方式，既满足了政府对企业的产业导向，又切实培育了企业对信用担保的现实需求，企业效益和社会效益都十分明显。

第三，我国中小企业信用担保机构资本实力增强、业务品种创新、专业团队形成、总体素质稳定提高。

截至 2006 年底，全国担保机构担保资本金总额同比增加 424.72 亿元，增长 52.57%，累计担保贷款和累计担保企业户数分别同比增加 72.27% 和 44.07%。在担保实力显著增强的同时，担保机构经营的担保品种也呈多样化趋势，除为企业提供贷款担保等传统产品外，票据担保、出口信用担保、履约担保（如工程履约担保、招投标担保、工程付款担保）等正在成为担保机构为满足市场需求而积极开发的业务品种。

面对金融业改革与创新以及外资银行准入的紧迫形势，担保业有识之士已经预言，担保机构要自创品牌，发挥相对于银行的比较优势，紧紧围绕中小企业成长过程中的创业期、成长期、壮大期和成熟期等不同阶段，在项目咨询、诊断、中间业务、融资担保和非融资担保等全程服务中，争做中小企业一体化融资供应商，实现与银行互利、与企业双赢的局面。

担保机构在大力拓展业务的同时，也把防范自身风险、促进担保业可持续发展放在重要位置。据资料显示，2006 年底全国 3 366 家担保机构实现收入总额 257.74 亿元，比上年增加两倍以上，担保业的可持续发展能力进一步提高。同时，担保业控制风险、抵御风险的能力也在加强，代偿率、损失率均控制在较低水平，化解风险的准备金储备进一步充实。据统计，2006 年底 3 366 家担保机构累计发生代偿 38.21 亿元，只占累计担保总额的 0.47%，比上年降低 0.07%。其中，实现追偿的数额达 15.56 亿元，最终确认发生的代偿损失是 5.94 亿元，只占担保贷款总额的 0.07%，与上年持平。与此同时，担保业的抗风险能力不断增强。2006 年底，全国 3 366 家担保机构累计提取风险准备金 47.75 亿元，比上年提高一倍多。从总体上看，担保机构整体保持了良好的发展势头，防范和化解风险的能力进一步提升，担保贷款质量得到提高，行业运行状况基本良好。

第四，我国中小企业信用担保体系建设支持中小企业发展的企业效益、社会效益显著。

据 2006 年业务统计，在 3 366 家担保机构业务总笔数中，单笔担保额在 100 万元以下的共计 128 万笔，占总笔数的 85.8%；在担保机构累计担保收入 257.74 亿元中，保费收入 183.53 亿元，占总量的 71.21%。这表明，我国中小企业信用担保机构确实是以中小企业为主体，以担保为主业。担保机构还通过建立受保企业信用评级系统和信用档案数据库，使申保企业开始有了信用记录，培育了企业对信用的现实需求，企业首次贷款率提高了 70% 以上，初步形成了企业立信、政府征信、专业评信、机构授信和社会重信的长效机制。实践证明，担保机构根据地方经济发展需要，不断提升中小企业的信用能力，使其不断提升获得向金融机构提供贷款的能力，促进了地方经济的发展。受保企业在担保机构的支持下，其销售收入、实现利税和就业人数均显著增加，社会效益和企业效益显著。据统计，2006 年当年担保机构为企业提供了 3 114.57 亿元担保服务支持，受保企业新增销售收入 4 856.93 亿元，新增利税 415.71 亿元，新增就业213 万人。

三、我国中小企业信用担保体系建设的主要问题和政策建议

（一）担保机构规模小、实力弱，一些地区的机构发展过快、过滥

2005 年全国担保机构户数比上年增加 15.51%，保持了较高的发展速度。但户均注册资金只有 3 695 万元，比上年增加 635 万元，新增担保机构规模依然偏小。从调查情况看，个别地区存在着发展过快甚至过滥现象：一是担保资本金规模过小，缺乏规模效应；二是放大倍率偏低，银行认同度不高，担保效应难以发挥；三是业务空置率较高，个别地区近七成未开展正常业务。

（二）担保业专业法律和行规行约建设滞后，担保机构运作规则缺乏

担保机构的设立尚无统一的适应担保业发展的市场资质要求。《担保法》作为担保业的专门法律，仅规范了担保行为，而对近年来纷纷设立的专业担保机构的权利与义务并无明确规定，致使担保机构缺少法律保护与制约。国务院于2004 年 6 月颁布的《国务院对确需保留的行政审批项目设定行政许可的决定》（国务院 412 号令）虽明确了"跨省区或规模较大的中小企业信用担保机构的设立与变更"系行政许可项目由国家发改委负责实施，但这项许可的范围和力度还远难以满足担保业发展的整体需求。即"一体两翼四层"体系中，仅明确了省及中央设立担保机构的条件和程序，而绝大多数的地、市、县级担保机构的准入问题还无法可依。担保业作为一个系统，其涉及的市场准入与退出、业务范围与种类、执业者从业资格、担保机构内控制度以及行业维权与行业自律、政府在立法前的协调与立法后的监管等诸多问题，尚需抓紧研究并明确法律规定。

（三）担保机构存在运作不规范、抗风险能力不强等情况

担保机构的运作还存在着一些不规范现象：一是缺乏必要的管理制度和风险控制制度，业务人员缺乏金融、行业、财务、法律、审计、评估等专业知识，整

体素质不高，识别、控制和化解风险的能力较差；二是担保资本金不实，有些担保机构注册后即转移资本，构成虚假出资；三是热衷于大项目和高赢利、高风险的投资业务，或运作担保贷款，骗取银行资金，不从事中小企业贷款担保，资产缺乏流动性和安全性；四是高比例收取保证金，并以各种名目收取不合理费用，增加企业负担；五是担保风险准备金不提或提取不足，抵御风险能力较弱；六是行政干预和人情担保依然存在。上述不规范行为极大地增加了担保机构的经营风险和道德风险，给担保业的健康发展带来极为不利的影响。

（四）　担保机构的风险分担与损失补偿机制尚未建立，再担保业务长期空白，使担保体系整体功能难以发挥

目前，我国担保机构的风险分担与损失补偿机制尚未建立，省级、国家级再担保机构仍然缺位，再担保业务尚未开展，妨碍了担保体系在增信、分险、监控与整合等方面重要作用的发挥。

为引导担保机构发挥整体优势，在切实缓解中小企业融资难、担保难中发挥更大作用，下一步中小企业信用担保体系建设应重点做好以下工作：

第一，制定和完善促进担保业健康发展的法律法规，加强对信用担保业的规范与监管。对担保业加强监管、规范发展是各级中小企业管理部门的重要工作。一方面，要按照《中小企业促进法》的规定，尽快出台《中小企业信用担保管理办法》，对担保机构的市场准入资质、设立与退出制度、财务与内控办法、业务范围与操作流程、风险防范与损失分担机制、鼓励扶持政策、行业自律与政府监管等方面作出明确规定，以依法引导担保业健康发展，更好地为中小企业服务；另一方面，各地中小企业管理部门也要会同有关部门切实负起牵头责任，加强对担保机构运行状况的监管，规范担保机构的业务行为，提高担保机构的管理水平，保证担保资金的安全有效和规范使用，为担保业创造良好的发展环境。

第二，加大政策扶持和资金支持力度，完善各项配套措施。一是要进一步贯彻落实《中小企业促进法》有关中央财政资金支持信用担保的规定，设立支持中小企业信用担保体系建设的专项资金，建立担保机构的损失补偿与奖励以及对中小企业的保费补贴等机制；各地也要按照《中小企业促进法》的要求，加大地方财政资金用于中小企业信用担保体系建设的力度。二是要继续加大税收政策扶持，为体现政府的政策导向，对符合条件的中小企业信用担保机构继续给予减免营业税的政策支持。三是要改善房管、国土、车管、船管、工商等部门对担保机构的抵押合同登记服务工作，逐步对担保机构开放有关信贷登记等部门公用事业信用信息系统；促进银行与担保机构实现平等协作、共担风险、互利共赢的合作关系，使担保机构能够更加有效和便利地开展担保业务。

第三，尽快开展区域性再担保（基金）试点，建立健全担保机构的风险防范、控制和分担机制。一是要鼓励有条件的地区建立区域性再担保机构或担保基金；二是要加强担保机构自身的风险预警和监控机制，不断强化风险意识，始终把防控风险放在开展担保业务的首位，努力提高自身的风险控制和管理水平；三是要开展对中小企业信用担保机构的备案管理、资信评级、绩效考核、在线申报及动态监管，实现行业优化和整体能力提升。同时，要引导各地普遍建立行业自律性组织，促进担保业自我管理水平的提高。

第四，改善中小企业信用环境，提升中小企业信用能力。中小企业信用担保机构经营的是信用、管理的是风险、承担的是责任。因此，搞好担保体系建设的根本还是营造信用环境、提升企业信用意识和信用能力。政府要切实解决依法披露问题、资源整合问题、企业现实需求问题和技术与资金问题。要推进建立以中小企业为主要对象，以信用记录、信用调查、信用征集、信用评级、信用发布与守信褒扬失信惩戒为主要内容的中小企业信用环境建设。当前的主要任务是搞好融资信用、商业信用和企业信用制度。融资信用重点是信用贷款和动产的抵质押；商业信用的重点是进出口贸易、商业连锁及合资合作；企业信用制度重点是建立企业内部的信用管理机构和人员，搞好合同管理、营销预警、商账催收、会计审计及雇前调查等。总之，要不断强化中小企业诚实守信的理念和能力，为从根本上解决中小企业融资难担保难问题创造条件。

四、第一代担保人的培育与成长，是我国中小企业信用担保体系建设的百年大计

为开发我国第一代担保人的担保理念，规范担保行为，丰富担保产品，成熟担保市场，我们组织编写了这套担保丛书。

信用担保行业在我国还是一个新兴产业，有许多问题尚处于摸索阶段，还需要进行深入的研究和实践检验。特别是信用担保业受地域经济环境和政策环境、法律环境以及人文环境的影响较大，在评价某个地区的中小企业信用风险时，本区域的经济发展状况、中小企业的发达程度、中小企业从事的主要行业、金融市场的发达程度以及当地对信用的普遍认知度等都有较大差异，如果照搬某一种模式，有可能产生误导作用。因此，建议读者在阅读本书时一定要结合本地区、本部门和本专业的实际情况加以融会贯通。

如果担保从业人员希望了解更多的与担保业务有关的政策法规及国外经验，可进一步参考陆续面世的与本书配套的《政策篇》、《国际篇》等系列教材。

本书可以说是中国信用担保业第一代担保人的心血结晶。他们将自己多年来从事信用担保工作的实践经验、心得体会、研究成果以及感悟随想都毫无保留地全部奉献出来，旨在带动全国信用担保业整体水平的提高，推动中国信用担保事

业不断发展、壮大，这种精神是值得钦佩的。

　　由于对信用担保行业和信用担保机构发展规律的认识还相当有限，因此，本书对一些问题的阐述并不深入，甚至还可能存在一些谬误，恳请读者海涵，也真诚欢迎提出宝贵意见。

第一篇

担保机构管理篇

股权多元化担保机构的治理模式

一、Gaa 担保公司的股权结构

Gaa 担保公司是一家区域性大型信用担保公司，为该地信用担保行业的龙头企业，已有 5 年左右的经营历史，注册资本为 2 亿元人民币。Gaa 担保公司的法人形式为有限责任公司，其股东有 20 家左右。股东结构中既有法人股东，也有自然人股东；既有国有资本，又有民营资本。其中以民营资本为主，民营资本占 80% 以上，是一家混合参股型的信用担保公司。该公司的法人治理结构一直遵循以下原则："以国有资本为引导，以社会资本为主体，股东构成多元化，股份制建设，以国家经济政策和产业政策为公司经营导向，按现代企业制度规范化经营，按市场化原则运作。"目前，该公司股权较为分散，最大股东的出资额占注册资本总额不超过 20%，不存在一股独大的情况。在该公司的经营过程中，代表政府的国有出资方对公司日常经营管理特别是项目评审从不进行任何行政干预。

二、Gaa 担保公司的公司治理结构

该担保公司的公司治理结构主要依照《公司法》的规定而建立，分为四个层级：第一层是股东大会，是公司最高权力机构，所有股东都拥有投票权，决定公司的重大事项，包括决定董事长的选任和任期。第二层是董事会，是公司的常设管理机构、股东大会授权的公司财产托管人和股东大会决议的事项的执行机构，它代表全体股东对公司的日常事务进行决策和管理，拥有对公司重要事项进行决策及对公司以总经理为首的经营管理人员的任免权和报酬决定权。第三层是监事会，也作为公司常设监管机构，代表全体股东对公司财务、董事和经理层的行为进行监督，以确保股东意志的贯彻实施。第四层是由公司高层经理人员组成的公司经营管理班子，它是公司经营管理的执行机构，在董事会的授权范围内具

体负责公司的日常经营管理工作。该公司的这四层机构彼此有各自的内部组织系统，它们各司其职，彼此互相制约又相互依存，共同构成了该公司完整的法人治理结构。

Gaa 担保公司创立时注册资本仅 3 000 万元，经过了几次增资，注册资本扩大到目前的 2 亿元，但公司这种"股权相对分散，所有权与经营权分离，专业化团队运作，市场化经营"的公司治理结构模式一直沿袭至今，始终没有改变，逐渐形成了其具有鲜明特色的、相对完善的经营管理模式。

该公司董事长是由股东大会投票选举产生，每届任期 3 年，但其代表的出资股东所占公司股权比例仅为 20%。而该公司几任总经理全部是由公司向社会公开招聘择优录用的，总经理与各股东间并无关联关系。公司财务总监则由国有资本背景的出资企业推荐，经董事会会议批准后聘用，公司的其他中高层管理人员基本都是向社会公开招聘，择优录用，不具有某某股东背景，也不代表某一团体利益。

Gaa 担保公司实行董事会领导下的总经理负责制。总经理下设总经理室，由总经理、分管担保业务和风险控制的两名副总经理、行政人事总监、市场营销总监组成，是公司的核心经营管理班子。该公司设立了 10 个主要经营管理部门：担保业务部、风险控制部、行政人事部、资产保全部、审计部、财务管理部、市场拓展部、非融资担保部、法律部、投资部。通过部门间的分工协作，公司组成了以总经理为首的、由各层次经营管理人员组成的专业化经营管理团队，负责公司的日常经营管理活动。公司采取分级管理制度，公司各高管人员对总经理负责，中层管理人员对分管工作的高级管理人员负责，普通员工对部门经理负责。

三、Gaa 担保公司的业务审批流程

Gaa 担保公司根据担保业务的评审特点和业务审批流程，专门设立了项目审查委员会，其成员由董事长、总经理、财务总监、分管担保业务的公司副总经理、担保业务部经理、风险控制部经理等人员组成。公司的项目评审实行逐级限额审批制度：公司每一笔超过 100 万元的担保业务都必须经项目审查委员会全体成员投票表决通过（简单多数同意）方可操作，董事长对项目拥有一票否决权。每一个项目审查委员会成员的投票情况都会记录在案，一旦有担保项目出现逾期还款或代偿风险等问题，公司将会根据相关评审委员当初的投票情况决定是否追究其责任（主要是依据公司所受的经济损失给予其一定的经济处罚）。公司总经理对 100 万元（含 100 万元）以下的担保业务拥有审批决定权；公司董事长则对单笔 800 万元（含 800 万元）以内的担保项目拥有审批权限，并可直接与相

关金融机构签署担保合同。超出 800 万元以上的担保业务，公司必须向金融机构提供公司董事会成员会签的董事会决议，即必须经公司 2/3 以上的董事同意。该公司的所有相关人员必须无条件执行上述评审规则，任何人不得越俎代庖。

四、Gaa 担保公司的经营成效和面临的挑战

由于该公司具有一定的国有资本背景，而且担保业务的对象主要是中小企业，因此该担保公司在日常经营中十分注重紧贴政府经济政策和产业政策开展业务，将担保服务作为政府调控经济的手段加以运用。公司非常关注政府的中小企业政策、民营企业政策、社会征信政策、科技进步政策，重视经济效益、社会效益和政策效益等多赢经营目标。一方面，由于公司紧紧围绕地方政府的产业政策，一贯支持中小企业解决"融资难"问题，公司多次获得了地方政府的财政补贴支持，在所得税减免方面也享受到了政策的特别优惠。另一方面，公司一直狠抓企业的经济效益，通过不断完善、落实法人治理结构和业务审批制度、风险控制制度，加强与金融机构的合作，扶持了一批优秀的成长型中小企业，企业的经济效益也逐年上升。从开业第二年开始，该公司每年年终都能向全体股东提供5% 左右的年终分红，公司股东对公司的经营状况都比较满意。

该公司一贯坚持按现代企业制度规范企业管理，建立了诸如员工持股制度等一系列企业中高级管理人员的激励约束机制。公司经营管理层重视与股东和董事之间沟通交流，公司的信息披露较为公开透明，每年至少召开两次股东大会，每月基本上有一次董事会会议，经营层与股东之间的沟通渠道十分畅通。

但是，随着市场竞争的日益激烈和担保业在全国的迅猛发展，Gaa 担保公司目前正面临着严峻的挑战：虽然其拥有较先进完善的法人治理结构，但公司资本规模的局限已成为制约其继续发展壮大的障碍。在该公司所处的省市，注册资本超过 3 亿元的担保公司正在不断涌现，该公司面临着两难的抉择：

一是维持现状，继续依靠自身的积累滚动发展，靠信用品牌赢得客户。但这样下去发展速度较慢，有可能很快被同行业中强大有力的对手超越，从而失去部分市场，丧失在该地区的行业龙头地位。毕竟良好的公司法人治理结构是可以被对手复制的。

二是扩大资本规模，引进新的有资金实力的战略投资者，进一步抢占市场，维持行业领先地位。但进一步增资有可能打破目前的股权分散的格局，引发老股东们的反弹，而且引进新的大股东极有可能打破现有的公司法人治理模式，对公司未来发展利弊如何，也很难预测。而如果继续靠不断引进小股东增加公司资本，扩大企业的规模，进度又太慢，难以满足公司快速发展的需要。下一步如何

做大公司规模，进一步优化法人治理结构，使公司实现新的发展，是目前摆在 Gaa 担保公司面前的一大难题。

五、问题与思考

1. Gaa 担保公司这类混合参股类的信用担保公司是我国目前最有活力、发展较快的一类担保公司。其优势在于既避免了单纯靠财政出资的中小企业信用担保公司资源配置效率相对较低、风险控制机制有缺陷、缺少可持续增长的机制保障、难以做大做强等缺点，又避免了单纯由社会出资类型（民营控股）中小企业信用担保公司一味趋利、投机、喜好短期行为的致命弱点。该公司由于有政府资金（国有资本）参股，对担保公司起到了规范、引导和制约作用；同时由于公司是以民营资本为主体，完全按市场化机制运作，具有高效、灵活和强大的生命力。因此，担保公司在内外因的促进下，建立起了较完善、科学的法人治理结构，充分发挥出担保资金的杠杆效用，放大了担保倍数，中小企业信用担保业务得到了快速健康发展。Gaa 担保公司在实现较好的经济效益的同时，也赢得了最佳的社会效益，公司的品牌获得提升，公司的经营也得到了政府的充分肯定。

2. Gaa 担保公司这类机构要在市场上继续实现快速、健康、长期发展，还必须考虑进一步引进战略投资者，包括境外投资者。在增资过程中可大幅调整股本结构，由外资或民营资本相对控股，要对优秀的经营管理团队建立类似于股票期权的股权激励机制。最关键的是，要进一步优化公司的法人治理模式，确保公司法人治理结构在保留原有优点的基础上有更大的发展，更符合现代企业管理制度和担保行业特点，更有利于公司资源的配置和可持续发展的赢利模式的构建。

3. 尽管 Gaa 担保公司的法人治理模式可供其他担保公司学习借鉴，但其自身还需要不断总结、深化和提高，使之更具推广价值。担保公司法人治理模式的健全和完善，也离不开整个担保行业以及担保公司自身的规范与发展。

民营担保机构的法人治理结构

一、Gab 担保公司的创设

我国政府于 1999 年 6 月正式启动了以扶持中小企业发展为宗旨的中小企业信用担保体系建设，Gab 担保公司正是在这种环境下较早成立的一家民营担保公司。

公司成立之初，员工人数不到 10 人，业务发展也很艰难，第一年下来，公司只做了 4 笔业务，担保金额只有几千万，还不足公司的注册资本。在这个阶段里，公司内部组织结构简单，只有业务开发部、风险管理部和财务部。风险管理部门评议获得通过的项目，全部须经公司董事长的审议批准方可执行，董事长由公司的大股东本人担当，董事长亲自参与项目的评审，对项目审批没有采取任何形式的授权。Gab 担保公司虽然是按照现代企业制度设立的公司，但并没有实现所有权和经营权的两权分离，法人治理结构也不规范。

二、Gab 担保公司的起步

经过此后两三年的发展，Gab 担保公司引入了两个境外股东，由内资公司变更为中外合资公司。外资股东的进入使 Gab 担保公司建立了以董事会为公司最高决策机构的法人治理结构，公司的法人治理结构已现雏形，如图 1-1 所示。

在此阶段，Gab 担保公司已经开始在较小范围授权 CEO，包括担保金额较小的项目、公司运作中的一些日常事务决策等。由于中外合资企业的特殊性，公司取消了原来曾设立过（但在实际中基本未发挥过作用）的监事会，取而代之以稽核部，专门对公司批准项目的运行状况、公司财务等关键问题进行日常稽核和专项稽核。

虽然公司已经确立了董事会在公司中最高决策机关的地位，但在公司章程中除《公司法》规定必须由董事会批准的事项外，公司运营方面的重大事项并未在章程中强制规定需要经过董事会的批准，实际上 Gab 担保公司的绝大部分权力仍然集中在董事长手中。

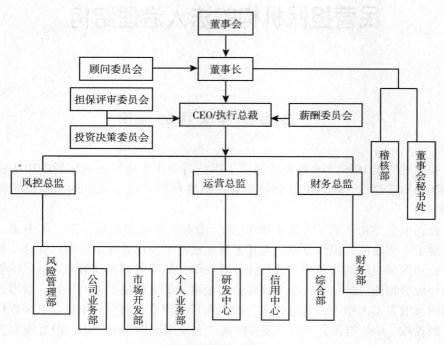

图 1-1　Gab 担保公司法人治理结构

三、Gab 担保公司的发展

经过三四年的发展，Gab 担保公司的经营规模迅速扩大，公司在为中小企业解决融资难的社会问题同时，获得了较高的利益回报，在业内也具备了一定的知名度。这个时候，我国经济较发达的地区都已出现担保公司活跃的身影。2003年1月1日国家开始实施的《中小企业促进法》中明确指出，信用担保积极扶持中小企业的创立与发展，能够大大改善中小企业的外部环境，从而充分发挥中小企业在缓解就业压力、提高企业创新活力以及拉动民间投资等方面的重要作用。这一法律的实施，进一步肯定了担保行业的法律地位，为我国的信用担保市场的健康发展奠定了坚实的基础，同时也为 Gab 担保公司的发展带来了新的机遇。

经过充分论证，Gab 担保公司决定逐步在经济较发达城市设立分支机构，首选城市为直辖市。由于我国担保行业的特点，担保公司属地经营的特点非常鲜明，如果 Gab 担保公司在异地设立分支机构，一方面会受到属地经营的限制（分公司不具备独立法人资格，不便于在异地开展业务），另一方面增加 Gab 担保公司的对外投资，会降低公司对外担保能力，使得本已受限于资本金规模的业务发展受到更加严重的制约。

这个时候，越来越多的境外机构开始加大对中国的投资力度，很多国际顶级的投资机构纷纷抢滩中国，Gab 担保公司在这个良好的历史性机遇中抓住了机会，积极实行国际化融资策略，引入了几家国际知名的投资机构。这些机构的注资一方面带给了公司充足的资本金支持，另一方面稀释了原有大股东的股权，为公司的法人治理结构带来了革命性的变革。

在充分资金的支持下，大股东原来只在一个城市拥有一家担保公司 Gab，变成了境外控股公司间接持股、国内多家同名担保公司的局面，简要股权结构如图 1－2 所示。

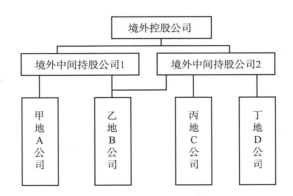

图 1－2 Gab 担保公司简要股权结构

公司的组织结构变成了辅助、指导与管理相结合的矩阵式结构，如图 1－3 所示。

同时，通过《股东协议》、《合营合同》、《公司章程》等公司纲领性文件，对公司治理细节进行了约定：

1. 公司董事会成员由大股东委派，根据出资金额比例确定委派董事的名额；

2. 公司建立了独立董事制度；

3. 公司董事会中特设特别董事，特别董事具有一票否决权；

4. 每年定期举行的董事会至少 4 次，公司设立或变更之初每月定期召开董事会；

5. 规范董事会召开通知、资料送达、有效召开、表决权、代理权等会议

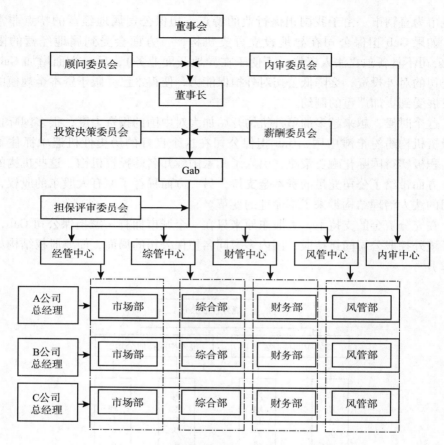

图 1 - 3   Gab 担保公司的矩阵式组织结构

制度;

6. 建立了观察员制度,观察员有权参加董事会,但不具备表决权;

7. 明确了公司高管的部分职责,比如对 CFO 的任命和更换应在投资者明确同意后方能生效,其劳动合同、保密协议和无竞争协议的格式须由投资者认可,而 CEO 负责编制商业计划书草案并于每年的 11 月份提交董事会批准等;

8. 制定了《公司日常业务守则》,其中规定了"必须确保不能发生的事项"、"必须事前征得投资者同意的事项"、"向投资者的承诺事项"、"必须及时通知投资者的事项"等日常事项相关的约定,以保护投资者。

特别值得一提的是,《公司日常业务守则》中一些事项的约定,更加规范了管理层、股东各方的责、权、利。

四、公司法人治理结构中的"触发事件"

所谓"触发事件",即指必须确保不得发生的事项,如:

1. 任何旗下公司或其关联人人民币 1 000 万元以上的债务违约。各国内公司的注册资本总额应小于各公司的公司业务担保余额的 10% 与个人业务担保余额的 3.3% 的加和。

2. 抵押物覆盖率(按照公司内部评估标准在相应业务开始时得出的抵押品价值总额(不含非上市股票)除以担保业务和委托贷款业务余额的总额)低于 100%。

3. 任何旗下公司从事了"禁止行为":

(1)生产或经营涉及中国法律或国际公约视为非法的任何产品或业务;

(2)生产或业务涉及劳改产品或童工;

(3)生产或经营武器及军火;

(4)生产或经营酒精性饮料(不含啤酒和葡萄酒,在餐馆、连锁零售商店及在主营业务并非生产或经营酒精饮料的场所经营和出售酒精饮料除外);

(5)生产或经营烟草(在餐馆、连锁零售商店或主营业务并非生产或经营烟草的场所经营和出售烟草除外);

(6)经营《濒危野生动植物种国际贸易公约》(CITES)管制的野生动植物产品;

(7)生产或经营放射性物质(不含医疗设备、质检测量设备和被认为放射源微不足道或屏蔽良好的其他设备);

(8)生产、经营或使用未黏结的石棉纤维(不含购买或使用石棉含量低于 20% 的黏结石棉混凝土板);

(9)生产、买卖、储存或运输大批量化学危险品或以商业规模使用化学危险品(指世界卫生组织《农药危险性分类指南》列为 1(a)或 1(b)类的危险品);

(10)生产或经营国际上逐步淘汰或已禁用的药品;

(11)生产或经营国际上逐步淘汰或已禁用的农药/除草剂;

(12)生产或经营国际上逐步淘汰的臭氧层破坏物质(ODS)(《蒙特利尔议定书》中列明的臭氧层破坏物质);

(13)使用长度超过 2.5 公里的漂网在海洋中进行捕鱼作业。

五、公司法人治理结构中须事前证得 投资者同意的事项

1. 实质性变更公司的业务性质或推出其他新业务/新产品。

2. 在正常业务中，签订或修改金额超过各公司净资产总和（以上一年度按国际准则的审计报告为准）5%的合同、承诺或合同性安排。

3. 在正常业务之外签订或修改金额超过人民币 10 000 000 的合同、承诺或合同性安排。

4. 与旗下公司或与控股股东（包括其关联人、继承人或受让人）签订/进行累计金额超过人民币 10 000 000 的合同/交易，或签署任何合同、做出任何承诺或安排，而该等合同、承诺或安排涉及由成员公司支付款项，且支付的款项并非根据公平的商业原则做出。

5. 在年度预算之外收购或处置价值超过人民币 10 000 000 元有关实体的股权、业务或资产，但下列情况除外：（1）国内成员公司的正常业务；（2）在国内成员公司的正常业务过程中因处置设定为抵押物的有关股权、业务、资产或客户保证金而导致的上述收购或处置。

但以下情况仍需投资者同意：（1）为客户提供的担保金额大于所接受的对应抵押物的市场公平价值；（2）以低于负债或借款总额（包括所有利息、执行的费用和成本）的价值处置所其对应的抵押物。

6. 年度预算之外超过人民币 12 000 000 元的资本性支出。

7. 设立分支机构或进行/变更任何合资、合伙关系，下列情况除外：（1）在正常业务过程中因处置抵押物而获得的不超过 100%的股票权益；（2）在正常业务过程中作为担保的对价而获得的不超过 20%的股票权益。

8. 涉及金额超过人民币 3 000 000 元的诉讼、仲裁或其他司法程序的解决，但不包括在正常业务过程中以旗下公司为受益人的抵押物处置或执行贷款/担保程序。

9. 终止任何对旗下公司有实质性影响的业务。

10. 对任何旗下公司的任何资产设立抵押或其他性质的担保（向银行交付的保证金除外）。

11. 在正常业务之外的对外担保或赔偿。

12. 在正常业务和公平商业原则之外，对任何个人、企业、社团法人或其他经营实体发放贷款或预付款。

从这些细节性的规定中，我们可以看到，Gab 担保公司随着公司股权结构的

变化及公司规模的扩大，已经从原来的基本无委托—代理关系的法人治理结构发展成为具备符合现代西方管理思想的规范化的法人治理结构，为公司的规模化发展奠定了基础。

六、问题与思考

公司法人治理结构狭义地讲是指有关公司董事会的功能、结构、股东权利等方面的制度安排，广义地讲是有关公司控制权和剩余索取权分配的一整套法律、文化和制度性安排，这些安排决定了公司的目标，决定了谁在什么状态下实施控制、如何控制及风险和收益如何在不同企业成员之间分配等问题。

1. Gab 担保公司的法人治理结构的演化为公司发展带来了哪些好处？

2. 公司法人治理结构的建立并不是没有成本的，怎样的公司法人治理结构才是恰当的？

3. 本案例介绍的公司法人治理结构的一些细节条款对您有何启示？

担保机构的内部控制

Gac 担保机构成立于 1999 年，注册资本 2 亿元人民币。截至 2006 年 12 月 31 日，Gac 担保机构已累计为中小企业提供了 115 亿元担保，担保代偿率一直控制在万分之一以内。实践证明，较为有效、健全的内部控制体系是 Gac 担保机构取得良好风险控制效果的重要保障。

一、内部控制的组织架构

Gac 担保机构的内部控制的组织架构由内部控制决策层、建设执行层、监督层组成，并形成由各部门领导负责，全体员工共同参与的内部控制格局。

担保机构领导班子是内部控制的决策层，主要负责制定内部控制政策，确定可以接受的风险水平，为风险控制确定目标，对内部控制的有效性进行监督、评估，检查中心内部控制制度的执行情况。

担保机构各部门的负责人是内部控制的建设执行层。风险管理部是担保机构风险管理的责任人，按照领导班子的要求，负责执行和制定风险管理政策及规定，建立和完善内部控制机制，采取措施纠正内部控制中存在的问题。其他部门负责人是本部门的风险管理第一责任人，组织开展部门内的内部控制活动和内部控制监督检查，识别、评估各类风险，并以风险月报的方式将部门风险管理、内部控制等情况反馈给风险管理部。

Gac 担保机构实行市政府监管委员会领导下的主任负责制，监管委员会的一项重要职能就是对担保资金、担保业务的规范运作进行监督，对担保机构主任执行规程制度、履行职责的情况进行监督。内部项目稽核人员对机构法定代表人负责，坚持真实性、准确性、合规性、有效性的原则，以项目为对象，围绕项目作业过程，对各有关岗位进行稽核，对内部管理和业务经营进行检查，把问题暴露出来，并将检查结果向担保机构主任及风险管理部报告，为管理层对内部控制进行调整提供依据和参考。

二、职责分离、权责制衡的流程控制

各岗位职责适当分离，权责相互制衡，是内部控制独立性的基本要求。由于一项任务不可能由某一个人从头到尾地完成，保证各个环节的相对独立性和安全性，有利于内部控制制度的实施。Gac 担保机构针对担保行业的特殊性，对担保产品从受理到最后完工所经历的全部过程进行梳理，以职责分离、权责制衡为原则，以风险控制为目标，设定了项目受理、保前调查、反担保物价值评估、项目评审、法律文件的制作与审核、签约、反担保法律手续办理、放款、保后检查、项目还款、债务追偿、项目终止、抵/质押物注销登记等主要业务流程。如项目保前调查和项目评审相分离，项目经理的主要职责是开拓市场，进行尽职调查，无权参与项目评审决策；有关法律文件的审查，反担保手续的办理，重要物权凭证的保管，由独立于业务部门的其他部门负责。合理的职能分工和责任分离能够使各部门、各岗位的工作人员各尽其责。同时，通过岗位分离，使不同岗位之间既相互协调又相互制衡，有利于减少差错和舞弊，防范内部道德风险和操作风险。具体涉及的主要业务流程控制点如下：

1. 保前调查、反担保物价值评估。Gac 担保机构要求在开展项目调查的过程中，严格执行项目经理 A、B 角制度。项目经理 A 角是项目的第一责任人，B 角是项目的重要责任人，A、B 角之间是协助、监督的关系。项目经理 A、B 角对项目均须独立发表意见。反担保物价值评估由风险管理部的资产评估师进行，对于价值较大的反担保物须由两位资产评估师评估，独立发表评估意见，为评审委员会决策提供参考。

2. 项目评审。项目评审是重要的风险控制点，科学、合理、行之有效的项目评审机制起着关键作用。Gac 担保机构坚持"好产品是制造出来的，而不是检测出来的"的理念，项目经理完成评审报告后，即可递交评审委员会评审，中间没有更多的复核、评审程序。评审委员会通过的评审意见是后续业务操作的唯一依据，必须得到认真落实。

3. 法律事务操作。项目评审通过后，对评审意见的有效实施，主要通过风险管理部的有关人员进行操作，包括法律文件的制作与审核、签约、反担保法律手续的办理、放款等四个主要流程控制点。

项目经理根据风险管理部提供的范本制作项目法律文件，而法律文件的审核和项目签约由独立于业务部门的风险管理部法务经理经办。

反担保法律手续的办理与项目经理相隔离，由不涉及业务的风险管理部人员操作，以避免反担保措施虚假、手续不完善等方面的法律风险。抵/质押登记手续由风险管理部安排专人办理，权利凭证由综合部负责保管。

放款任务产生后，对放款条件的审查，由风险管理部独立办理，其他部门及项目经理无权干涉。首先，由风险管理部责任法务经理根据评审意见，对以下内容进行审查：法律文件是否完备；反担保措施是否已办结；房地产证、承兑汇票、退税登记证、保险单等抵/质押物的权利凭证是否均已移交综合部保管员；相关权属证明编号、内容等是否与担保业务管理软件（以下简称"业务系统"）、合同完全一致；自然人保证人是否提供了身份证明复印件、财产清单及财产权属证明等。责任法务经理审查通过，经由风险管理部部长审核后，提请担保机构主任签发放款通知书。

4. 保后检查。正式承保后，保后检查由风险管理部统一协调、管理，各部门负责人是本部门在保项目保后检查的第一责任人，负责安排本部门项目经理进行保后检查。保后检查仍然实行 A、B 角制，项目经理应按照《保后跟踪工作指引》进行保后检查，检查报告需上载至业务系统。另外，项目经理每月必须向风险管理部反馈在保项目分期还款、付息情况，如出现拖欠利息、分期还款不正常等异常情况，风险管理部应立即启动风险应急机制。再者，为了对项目经理保后检查进行有效监督，提高保后检查质量，风险管理部亦会定期开展在保项目的部门交叉检查。同时，为了多渠道收集信息，风险管理部会定期与合作银行的总行、分行有关部门进行信息交流，并将获取的信息与项目经理反馈的结果进行核对，发现差异、问题，及时跟踪、沟通，寻找解决途径；对于反馈不实、隐瞒不报的项目经理追究相应责任。

5. 项目终止、抵/质押物登记的注销。风险管理部收到合作银行出具的解除保证责任书面通知，且查验企业还款凭证后，确认担保机构的保证责任解除，项目终止。同时，风险管理部将及时安排专人为反担保方办理反担保物的注销抵/质押物登记手续。

6. 债务追偿。对于出现重大风险信号、逾期、代偿的项目，由债务追偿部全过程跟踪处理，项目经理 A 角始终是第一责任人，有配合、协助的义务。债务追偿部拟定债务追偿方案，报领导审批后实施。重大风险项目成立专门追偿小组，定期讨论，根据情况变化及时调整追偿方案。

7. 事故分析和责任追究。债务追偿部对已代偿项目撰写项目事故分析报告，详细分析风险发生的原因，处置过程中的经验教训，项目经理 A、B 角是否存在不当行为等。担保机构决策层根据项目经理的过错程度追究相应的责任。

三、内部控制的信息技术支撑

针对职责分离、权责制衡的内部控制业务流程的各线路和环节，根据全面风险管理的理念，Gac 担保机构利用计算机信息技术开发了担保业务管理软件，实现了担保业务全过程的数字化、智能化、自动化和可视化。该业务系统属于动态负反馈的自平衡系统，涵盖了担保机构在组织结构、岗位职责、业务角色、业务流程、业务模板、业务消息、业务工具等各个方面的流程和环节。将整个担保业务过程映射为担保业务的自动化生产线，覆盖各岗位的关键风险点，便于全体员工协作监控项目的状态，将内部控制落到实处。

四、内部控制的制度建设

1. 廉洁运作制度。Gac 担保机构自成立以来一直要求员工坚持廉洁运作的原则，严禁员工接受企业的吃请，任何时候均不得向企业提出与项目无关的个人要求；企业赠送礼物应婉言谢绝，严禁向企业索要钱财礼物；参加企业的各种活动应经单位领导批准，并由综合部统一安排。

2. 项目经理第一责任人制度。实行项目经理第一责任人制，要求项目经理进行尽职调查，对调查资料的真实性、准确性、全面性负责；对在保项目，履行保后跟踪职责，及时发现风险预警信号，及时采取应对措施；对出现代偿的项目，应积极主动地配合债务追偿部全力清收，并承担相应的风险责任。为落实项目经理第一责任人制，Gac 担保机构实行 A、B 角双人调查制度，相互配合，互相监督。项目经理对所负责的项目承担相应的风险责任，当项目出现逾期和代偿时，根据金额的大小，留置一定比例的效益工资，直至项目债务全部追回为止。

3. 项目评审委员会评审决策制度。项目评审委员会为 Gac 担保机构常设的项目评审专门机构，各类担保项目均需提交评审委员会评审。评委会设主任委员一名，由中心法定代表人兼任，负责召集评审委员会会议。评委应充分、独立、慎重地发表意见，有不同意见时可以进行讨论。项目评审会议评委的有效人数不得少于 7 人，评审会实行少数服从多数原则，对某一项目若评委中有两票不同意则该项目暂缓，主任委员一票不同意则该项目被否决。

在出现可能影响评委客观、公正评审项目的情形时，评委应在项目评审前向中心分管风险的负责人或中心主任报告申请回避，分管负责人与中心主任商定是否实行回避，或参会但不行使表决权。评委应当报告而未报告的，一经查实，视情节轻重给予严肃处理。

4. 保后检查制度。保后检查是指担保后对受保客户履行合同的情况及资信情况进行的跟踪和检查。保后检查是确保担保贷款按规定合理使用的重要环节，也是减少风险的重要措施。

5. 内部项目稽核制度。稽核人员定期对担保业务部门、风险管理部门、资产保全部门、财务部门以及其他相关部门的业务运作进行稽核。项目稽核实行现场稽核和非现场稽核相结合的方法。根据稽核项目需要，可到企业、银行和项目现场了解情况，也可以要求被稽查部门和人员提供文件资料、工作底稿、业务报告，进行非现场稽核。

6. 项目风险分类评价制度。为了及时揭示担保业务的风险程度，真实、全面、动态地反映担保项目质量，Gac 担保机构建立了担保项目风险分类评价制度，这也是对内部控制机制进行监察评价的重要内容。由风险管理部门对在保项目按一定的标准进行风险分类，详细分析风险成因，尽早寻求解决方案，并对有关责任人进行责任追究。

7. 外部监督制度。担保中心定期以问卷调查方式对项目经理的工作进行定性考评，包括项目经理是否存在违纪行为，项目经理的专业水准、服务效率和保后检查的执行情况等。通过中心网站将所有项目经理的简况公开，自觉接受广大客户的监督。每年度还举行客户座谈会，接受客户的合理化建议，改进内部管理存在的问题。

五、问题与思考

1. 建立有效、健全的内部控制体系必须确定明确的目标

Gac 担保机构内部控制目标：致力于建立以完善的内部控制组织体系和先进的内部控制文化为保障，以精细化的过程控制为着眼点，以体现制衡原则的、健全的内部控制制度为核心，以激励约束机制和问责制为引导，以信息科技手段为支撑的内部控制体系，以保证各项业务依法、合规、稳健开展，有效防范和化解风险，促进内部组织机构正常高效运作，确保发展战略和经营目标的全面实现。

2. 内部控制建设过程中应遵循的原则

（1）全面性原则。内部控制应渗透到各项业务过程中的各个操作环节，应覆盖所有的机构、部门、岗位和人员，不留死角，任何决策或操作均应有案可查。

（2）审慎性原则。各项经营管理活动，特别是设立新的机构或开办新的业务，均应在审慎的基础上，贯彻"内控优先"的要求，在控制措施严密充分的前提下进行。

（3）及时性原则。内部控制制度应根据国家法律、政策及单位经营管理的需要及时进行动态优化调整和完善；对内部控制中存在的问题必须及时进行反馈

和纠正。

（4）独立性原则。包括操作环节的独立和内部控制监督评价的独立。操作环节的独立是指各部门岗位职责适当分离，权责相互制衡，任何人不得拥有不受内部控制约束的权利。监督评价的独立是指内部控制的监督评价职能应独立于内部控制的建设、执行部门，并有权直接向高级管理层报告监督评价中发现的问题。

（5）适度性原则。强调风险控制，不应以牺牲业务发展和工作效率为代价。内部控制应当与经营规模、业务范围和风险特点等相适应，以合理的成本实现内部控制的目标。

3. 人的管理是保证内部控制制度有效执行的关键

再好的制度也要人来执行，人的管理是保证内部控制制度有效执行的关键。Gac 担保机构强调把好进人关、用人关，以人为本，使员工认同中心的经营理念和"人人都是风险控制点、人人都是风险责任人"的风险文化，形成自觉识别、控制、防范风险的文化氛围和价值理念，为内部控制机制的建设提供了厚实的人文基础。

担保机构的人才激励机制

一、背景介绍

Gad 担保公司是国内最早主营个人担保业务的专业担保公司之一，其业务范围涵盖了个人房产、汽车、信用担保等多个业务领域，与国内众多银行和房产中介维持着良好稳定的合作关系，为个人消费、经营提供着全方位、专业化服务。目前，该公司有员工 160 人左右，其中 80% 为一线业务人员（客户经理）。Gad 担保公司的人才激励机制的发展和完善主要包括以下几个方面：

二、完善的薪酬考核体系

在整个公司薪酬考核体系的设计上，Gad 担保公司遵循了两大原则，即：

1. 职位价值导向原则：将职位本身的价值作为确定工资报酬的基础，员工工资的确定与职位挂钩，不同的职位领取不同的薪酬。

2. 业绩导向原则：把绩效考核的结果作为确定绩效奖金的依据，员工收入的增长与绩效考核的结果直接挂钩。使员工能够在提高工作效率和为公司做出持续贡献的同时，获得与其付出相符的薪酬待遇。

对于业务人员，主要依据"以业绩导向为主、以职位价值导向为辅"的原则，在薪酬设计方面采用"底薪 + 提成"的方式，针对不同的业务品种设立不同的提成比例。同时还采用分段提成的方式，针对不同的任务指标设立不同的提成比例，将提成比例与个人月度任务指标相挂钩，业绩越高，所对应的提成比例越高。

同时，在底薪设计方面，也不是采用"大锅饭"式的底薪方式，而是将底薪与员工的晋升挂钩。根据试用期客户经理、客户经理、高级客户经理、资深客户经理这些不同的晋升级，分别设立不同的底薪级别，这在很大程度上给了业务人员发展的空间，激励业务人员向更高的方向发展。

另外一块比较独具特色的设计是设立了"业务风险基金"，以此来强化员工团结协作、共御风险的意识。具体的操作方法是按月从业务人员的业绩收入中计提部分比例，然后区别不同的风险情况使用：业务人员经办的业务如当年出现风险，所计提的非常风险准备金可优先使用"业务风险基金"；所经办的业务如未出现任何风险全部解保，年底该基金返还给业务人员。该措施在鼓励公司内部业绩竞赛的同时，提高了业务人员的风险意识。

三、引入竞争考核机制

Gad 担保公司建立了"能者上、庸者下，用人唯才"的用人机制，并设计了一系列人才发展通道和激励机制，提升了员工的成就感和责任感，也使得其他员工树立起更高的目标，从而激发全体员工工作的积极性和使命感。

在动态管理机制的运行中，破除了传统的用人观念，大胆起用优秀人才，同时还注重保持适度的淘汰率。首先，构造全新的人才晋升渠道。所有的管理岗位及专业方位均采用"先内后外"的原则，进行内部竞聘，营造人才脱颖而出的新机制。其次，关键管理岗位储备人才，建立继任人机制。对有发展潜力的后备人才，进行定向培训和培养，为他们提供一个能够充分发挥自己优势的空间。第三，建立以绩效为导向的文化体系，对于高绩效人员进行晋升和提拔（高级客户经理、部门经理），反之进行降级和淘汰。再次，针对业务人员设计了一整套业务资格晋升通道，即试用客户经理→客户经理→高级客户经理→资深高级客户经理。该资格认定主要考察业务人员的业绩完成情况及其专业水平，同样也是不同的资格级别对应不同的任务指标和底薪级别，有利于激励员工不断地提升自己。最后，Gad 担保公司还实行了淘汰机制及降级机制。例如，"客户经理一个月未报审一单或者连续三个月未达到任务指标时，公司可予以辞退"，"高级客户经理连续三个月未完成对应的任务指标，自动降为客户经理"，这样一来，就形成了竞争淘汰机制，增强了员工的危机感，从而增强了员工学习业务、提高素质的积极性。

四、完善激励机制，提高员工满意度

1. 完善员工激励机制。2006 年，Gad 担保公司推出了新的薪酬绩效办法，以加强员工激励效果，扩大激励的范围和层面。一是试行提成比例基数分段累进；二是增设高级客户经理层级，对业务骨干进行激励；三是增设高级部门经理层级。

2. 注重员工的满意度，增强员工的归宿感。受国家房产政策调整的影响，2006 年 6 ~ 8 月，Gad 担保公司的主营业务之一——房产担保受到了很大的影响，业务量锐减。为了稳定员工的浮躁心态，6 月份 Gad 担保公司对公司的关键员工分别进行了访谈，围绕公司氛围满意度、业务管理流程、业务拓展、个人发展与提升等方面内容与员工进行交流。交流不仅有助于增强关键员工的工作信心，而且有助于担保公司更好地了解一线关键业务人员的工作状态及感受。通过收集合理化建议，Gad 担保公司提出了一系列业务流程及人力资源管理的改进措施，完善了机构的管理体系。

五、加强员工的培训教育

根据马斯洛的"需求层次理论"我们知道，当劳动者的收入水平达到一定程度时，需求的层次会随之提高。在物质利益基本满足、知识信息爆炸的今天，帮助员工不断地成长，也是 Gad 担保公司关注的重点和提升机构凝聚力的关键手段。基于此，Gad 担保公司将培训本身作为现代企业中激励员工积极向上的一种必要手段。

在 Gad 担保公司内部，每年都会区分不同的受众和不同的主题，组织员工培训，最大限度地帮助员工提升自我。除了通过全方位、高频率的内部培训来提高员工的专业水平外，Gad 担保公司还建立了培训激励制度，鼓励员工利用业余时间积极参加外部资格证书/学历教育，提高个人的技能和素质，由公司报销或资助一定的费用。作为激励手段之一，对于业绩突出的人员，对其进行专业知识或者管理方面的培训。同时建立内部培训讲师队伍，实行内部培训讲师竞聘机制。

六、问题与思考

Gad 担保公司自成立之日起，就非常重视人力资源的培养和维护，认为人才是担保公司最大的财富，是担保公司得以发展和壮大的不竭源泉。为了发现人才、培养人才、留住人才，Gad 担保公司在人才激励机制的建设方面不断努力，从建设和完善薪酬体系，到引入竞争考核机制，再到开展员工培训，培养员工、提高员工满意度的宗旨贯彻始终。努力终有回报，Gad 担保公司在人才激励方面所做出的每一次努力都获得了员工极大的反响，提高了整个机构的工作绩效，营造了一种全体员工积极努力、开拓进取的新气象。

首先，在薪酬体系的建设中，Gad 担保公司以业绩为中心导向，重实绩、重贡献，薪资待遇向业绩突出的优秀人才倾斜，同时内部又建立起风险控制的约束机制，从而促使整个激励机制向更健康、更积极的方面发展。

其次，Gad 担保公司又进一步引入了竞争机制。从竞争机制实施的情况来看，激励效果明显，员工积极性得到了很大的提升，2006 年 Gad 担保公司的业绩取得突破性的成绩。

再次，Gad 担保公司又进一步完善了自身的激励机制，努力提升员工的满意度，收到了很好的效果。从 2006 年底 Gad 担保公司针对全体员工的满意度调查中可以看出，员工在对公司的认可性、公司工作的成长性等方面都有着较高的满意度。

最后，Gad 担保公司又推出了一系列培训项目和配套措施，鼓励员工提升自身专业水平和素质。Gad 担保公司的这些努力使员工感受到了机构对人才的重视和培养，也使员工深刻地体会到自己在 Gad 担保公司这个平台上的发展潜力，机构的凝聚力得到了很大的增强。

以员工持股为基础的长效激励机制

一、案例背景

Gae 担保公司，是一家治理结构完善、股权多元、市场化运作的担保公司，经过创业者几年的辛勤运作，已经成为国家级担保品牌。

作为新兴的朝阳行业，担保业是一个介于产业与金融业之间，以输出信用、经营风险为主要特征的高风险行业。担保业运作的内在逻辑表现为：资本实力及放大倍数决定了担保的经营规模，而经营风险伴随着经营规模同比增长；担保公司的风险管理必须依靠专业人才来控制，因而担保行业的风险归根结底是人的风险，经营团队的素质、能力和长期稳定对担保公司的健康发展尤为关键。随着担保行业的快速发展，当地担保公司在短短几年内增至 20 多家，另外还有外地 3 家担保公司设立的分支机构，市场竞争日趋激烈，尤其是担保人才的争夺几近白热化程度。

如何在企业内部建立长效激励制度，留住人才、激励人才，是一个担保公司稳定发展需要解决的重大问题。Gae 担保公司在认真分析了行业特征、发展趋势的基础上，根据公司文化所倡导的"共创、共享、共成长"核心价值观，以及公司"厚馈股东，善待员工，服务社会"的经营宗旨，提出了员工持股方案。

二、员工持股方案的推出

方案从酝酿到实施历时两年，经过公司股东、董事和经营管理层的多次商讨、反复斟酌，逐步形成和完善了公司员工持股方案。在提出激励方案之初，公司股东都一致赞同推行员工持股计划，认为这是一种被很多企业实践证明了的、行之有效的措施，有利于激发员工的工作热情和责任心，有利于公司的长远目标。同时，让员工持有一定的股份，股东们心里会觉得更加踏实。但在激励对象上，部分股东更倾向于激励公司的高层管理人员。公司的总经理从行业特殊性的角度出发，持续耐心地做着股东的说服工作。公司总经理反复告诉股东们，担保行业是一个风险无处不在、无时不有的行业，必须让所有的员工都有强烈的责任心和主人翁意识，才能有效地防范各种可能出现的风险。

经过总经理多次沟通，最后全体股东达成一致共识：在股权激励的对象上，首先定位在创业期就已在岗的管理人员和业务骨干，然后逐步推广到全体员工，让每一个员工都能成为公司的主人。在股权激励总额上，规定不超过单一最大股东的份额。为了体现"共创、共享"的精神，在公司赠股的同时，要求激励对象按一定的比例购股。

同时，考虑到公司长远发展和引进高层次人才的需求，在激励方案中预留后来员工购买公司股权和对员工持续激励的通道。每年年终董事会批准按利润总额提取一定的比例，给予管理人员和业务骨干、引进人才和有突出贡献的员工年度股权奖励，形成了对员工持续激励的机制。

三、员工持股方案的具体内容

1. 股权激励的两种形式

在股权激励形式上，Gae 担保公司采取了两种方式：

一是创业者股权奖励。公司初创的前三年，不但完成了董事会下达的各项目标任务，而且在保证股东现金分红的基础上，实现了股东资本的有效增值。为了充分体现公司"共创、共享、共成长"的核心价值观，对公司认定的符合激励标准的"创业者"，给予一次性股权奖励。创业者股权奖励的对象为无重大责任事故且未受过任何工作处分的高中层管理人员和业务骨干。

二是年度购股权奖励。为了保持持续激励，创业期以后的每个年度在完成当年董事会下达的经营目标的前提下，提取一定比例的基金，给予创业期人员、引进人才和符合激励标准的其他员工购股权奖励。年度购股权奖励对象必须是引进人才，以及在当年无重大责任事故且未受过任何工作处分的中高层管理人员和业务骨干；此外，高中层管理人员须完成公司下达的年度目标任务；业务骨干须完成年度收入任务，且年度综合考评 90 分以上。

2. 股权激励的具体操作

为了规范员工股权的管理、变更、分红与配股，根据《公司法》和《员工股权激励方案》的规定，Gae 担保公司制定员工股权管理办法。成立员工持股会，统一管理员工股权。员工持股会由公司高管和财务部、人力资源部负责人组成。员工持股会的主要职责为：

（1）负责员工持股方案的修改、完善；

（2）负责员工持股操作计划（含股权激励对象的资格确认、股权激励额度分配、股权分红、股权登记与变更等）的拟定与具体实施；

（3）集中管理员工持股会会员名册和出资证明书；

（4）推举总经理为员工持股代表，集中行使股份表决权；

（5）帮助经济上暂有困难的员工解决购买员工股的资金来源；

（6）根据公司分配方案，员工持股会集中领取应得红利，然后向持股员工发放红利。

Gae 担保公司员工股权管理办法，对员工股权转让、退出规定为：员工股权自股权确认日起一定年限内均不得转让和抵押、质押；到期后，如需转让，必须经过员工持股会批准同意，内部员工享有优先受让权。自股权确认日起一定年限内，劳动合同到期不再续签和被公司中途辞退、开除、自行辞职的员工，奖励股权部分由员工持股会无偿收回，用于引进优秀人才和奖励优秀员工。员工股权中实际出资的资金，公司根据不同情况按不同条件予以退回。

随着股权激励方案的实施，使 Gae 担保公司和员工形成了"产权—责任—利益"的纽带关系，建立起风险共担、责任共负、效益共创、利益共享的共同体，构建起符合担保行业特征的动力机制，达到引才、聚才、留才的目的。同时，也落实了 Gae 担保公司历来倡导的"共创、共享、共成长"的文化理念，进而激励包括管理者在内的所有员工以主人翁的姿态，敬业进取、开拓创新，实现公司做强、做大、做久的目标，切实保障股东投资收益最大化和经营业绩持续稳定增长的实现。

四、问题与思考

1. 员工持股计划与企业文化有何关联？

Gae 担保公司推行的员工持股计划，是经营管理团队与股东、董事协商一致的结果，更是该公司企业文化的具体体现。通过员工持股的方式，建立长效激励机制，落实 Gae 担保公司历来倡导的"共创、共享、共成长"的文化理念，保障了股东投资收益最大化和经营业绩持续稳定增长目标的实现。

2. 股权激励机制对担保公司有什么特别的意义？

一般来说，股权激励机制不同于奖金发放、分房配车等一次性激励方式，它能培育员工的主人翁意识，形成持续的激励动力，"有恒产者有恒心"，股权有时像一只"金手铐"，对稳定队伍有着极为重要的作用，更有利于激发员工的工作热情和责任心，有利于公司长远目标的实现。担保行业是一个风险无处不在、无时不有的特殊行业，强化员工的责任心和主人翁意识，保证队伍的基本稳定，才能有效地防范各种可能出现的风险。

3. 国有资本为主体的政策性担保公司，推行股权激励机制会不会导致国有资金流失？

　　股权激励一般只是从资本增值中，提取一定份额对员工进行奖励。从形式上看似乎是有一部分公司资产转移为个人资产。但一种合理的股权激励方案，必定是充分考量了激励对象的智慧、价值和将会为公司创造的预期利润。给员工发放薪酬，形式上也是公司资产的转移，但作为劳动价值的交换，人人都认为天经地义，没有人认为这是国有资产的流失。同理，股权激励只是在更高层次上，对员工劳动价值的确认，通过这种方式更能保障公司资产的增值和安全。笔者认为国有资本为主体的政策性担保公司，建立科学合理、阳光操作的股权激励机制，符合现代公司治理的基本理念，而不应被视为国有资产流失。

"共" 理念为核心的担保企业文化

一、案例背景

Gaf 担保公司总部设在我国的某沿海开放城市。创立之初，注册资本仅为 5 500 万元，经过每年一次的增资扩股，现注册资本已达到 2 亿元，另外还托管了 4 000 万元政府出资设立的担保基金。创建伊始，Gaf 担保公司就秉承了"厚馈股东，善待员工，服务社会"的经营宗旨，积极探索与中小企业和社会各方的共同成长之道，先后与十几家金融机构建立了紧密合作关系，累计为中小企业提供贷款担保金额逾 20 亿元人民币，受益企业数量逾 700 家，其中有近一半的企业是通过担保服务首次获得银行贷款。

Gaf 担保公司作为该城市政府招商引资成立的第一家担保公司，从诞生之初就带有浓厚的政府与民间企业合作的色彩。该担保公司由市政府直属国有公司联合某地一家大型专业担保公司，各投入 1 000 万元引导资金，邀约当地四家知名民营企业共同发起成立，首期注册资本 5 500 万元。公司成立之前，投资各方即达成一致共识，明确以"政府引导、社会参与、规范化经营、市场化运作"作为公司的指导思想，融合政府出资的政策性担保、民间出资的商业性担保和中小企业互助性担保三种模式的精髓，并加以提炼和丰富，创立了担保业界的"第四种模式"。政府资金的注入，使公司具备了政策性担保公司在政府信用、政策对接、社会认同等方面的优势；专业性担保公司的介入，使之从诞生之日起就从较高的层次开始运作，跨越了一般担保公司初创阶段的探索过程；本地区知名企业作为战略投资者，既满足了其丰富投资手段、获取稳定回报的需求，同时，借助担保公司的资金放大功能，又拓宽了企业发展的融资渠道。随后该公司连续 3 年成功完成每年增资扩股 5 000 万元左右的目标，目前注册资金已增至 2 亿元，形成了包括国有资本、专业担保公司、战略投资、中小企业互助资金和员工持股资金和谐共创的多元化资本结构。

二、"共"文化产生的基础土壤

为实现公司做大、做强、做久的目标，该公司创立了独特的企业文化。Gaf担保公司倡导实行的以"共创、共享、共成长"为核心价值观的"共"文化氛围，有其产生的深刻基础和必然条件。

一是Gaf担保公司的治理结构，客观上需要一个共同的理念，促使各方达成共识。Gaf担保公司资本构成的多元化决定了其组织管理形式不能像独资企业或合伙企业那样由投资者直接管理，但股东或出资人又不愿放弃对其出资的监督，因而以权力分工、相互制衡为理念的公司治理结构便应运而生。为了兼顾所有投资者的权益，适应担保行业专业性强、风险度高的特点，Gaf担保公司引入共同治理机制，完善公司多层治理，建立"三权分立"的组织架构，确立了分工明确、相互制衡、信息透明的现代企业法人治理结构。

Gaf担保公司严格按照现代企业制度的要求，设立股东会、董事会、监事会、专业经营管理团队等组织架构，严格实行"三权分立"机制，各司其职、权责明晰。由股东会选举产生的董事会中除了股东和员工代表，还专门设立了独立董事；董事会每年初根据具体情况给经营团队下达工作计划、经营目标（收入、利润、风险控制以及奖惩指标）和费用预算，年终根据完成情况给予奖惩。严格设定各级架构权限，按照业务类型，如担保、投资等，对总经理、董事长、董事会分别做出权限上的界定，实行逐级审批制度。监事会则由5名投资主体的财务总监或投资主管组成，负责对公司的经营管理情况进行监督，每半年进行一次审计，将结果向股东会、董事会报告；公司每年还聘请第三方（会计师事务所）进行财务审计，出具审计报告，确保公司的规范运作、信息透明。

二是担保公司的行业特征，需要通过组织信仰建立有效的利益共同体来管理风险。担保行业是经营信用、管理风险的特殊行业，是高风险的行业。对担保公司来说，其生存瓶颈在于如何得到金融机构的认同，其发展瓶颈则在于如何有效地管理好风险。而一个健康的金融机构对担保公司认同的要素，除了资本实力外，最主要的就是担保公司的风险控制能力和风险化解能力，因此，风险管理是担保公司的第一要务，是担保公司的生命线。

一个担保公司所面临的主要风险有两种：一是原生性风险，即担保公司本身由于在组织形式和人员素质方面的缺陷而隐藏的潜在风险，包括担保公司组织形式风险、担保公司成员的道德风险；二是派生性风险，即担保公司在运作中产生的一系列风险，主要包括外部经济环境、信用环境、法律环境、国家政策导向、被担保企业的还款能力和还款意愿、担保公司自身的经济实力、内部管理制度及经营管理等。

怎样能更有效地管理担保风险？经过多年担保行业的探索实践，Gaf 担保公司创始者从国外风行已久的组织信仰中获得深刻启迪。组织信仰作为一种有效的管理工具，人们为何对它如此着迷，原因非常简单，每个人与每个企业都处在价值二元化的社会体系中，除了追求物质满足以外，还必须满足精神上的需要，信仰正是推动个人和组织发展的精神动力的源泉。维系组织成员信仰的核心载体是文化，企业文化是企业灵魂之所在。中国担保业伴随着市场经济特别是中小企业的快速发展而发展，作为高风险的准金融行业，担保行业要真正规避风险、赢得竞争、实现可持续健康发展，必须建设优秀的企业文化，从文化的高度来统一投资者和从业人员的思想和行为，形成对担保行业的持久性投入和值得信赖的职业操守，从而有效地防范担保行业的原生性和派生性风险。

三、"共" 文化的提炼与形成

Gaf 担保公司成立后，在风险管理理念、经营理念和管理理念等思想基础上，逐步提炼形成了极富特色的《公司纲领》，其要点是打造以"共"理念为核心的企业文化体系，将企业文化体系与担保公司管理的核心内容紧密结合起来，提出了"文化管理风险"的风险控制管理理念。Gaf 担保公司的《公司纲领》共12 条，思想精髓集中体现为一个字——"共"，即主张以公司为纽带，股东与员工结为利益共同体，并与银行、中小企业和其他中介服务机构等一切合作者结为战略同盟关系，共同努力、共同创造、共同拥有、共同分享公司的经营成果，实现共同进步、共同成长的事业理想。其中主要五条是：

1. 愿景：创一流品牌，共同缔造"××××"利益共同体。
2. 宗旨：厚馈股东、善待员工、服务社会。
3. 理念：诚信、稳健、创新、高效。
4. 核心价值观：共创、共享、共成长。
5. 精神：敬业、合作、务实、卓越。

通过宣导《公司纲领》，使每一成员对公司有高度的认同感，对公司的前景充满信心，进而形成共同的价值观。为达成共同的目标，公司应努力使成员树立起长远的观念，保持积极心态，相互协作，相互承担责任，使每一位成员都成为风险管理的参与者，实现零缝隙的全程全员风险管理目标，做到"风险管理人人有责"。

四、"共"文化下的制度建设

制度是文化的载体，Gaf 担保公司坚持"以人为本、制度管人"和"识别风险靠经验，管理风险靠制度"的管理思想，将"共"文化的理念通过制度的形式贯穿到担保业务运行的各个方面。

首先在调查环节：一是项目经理 A、B 角固定搭配，增加信息采集的可信度；二是担保业务部实行项目预审会制度。项目预审会全体项目经理均需参加，所有项目均经项目预审会讨论，凡预审会通过的项目方可进入评审程序，从而增强项目经理间的相互交流与合作，达到项目经理间信息、资源共享的目的，解决项目经理间项目质量差异过大的弊端。

其次在审查环节细分审查岗位。风险管理部设立三个项目主审岗位，由三人分别担任综合主审（项目综合审查并侧重定性审查）、财务主审（侧重定量审查）和法律主审（侧重法律审查和反担保措施的落实），从而增强评审的客观性，提高评审的质量。

再次专门成立保后监管组。根据在保项目情况，设立保后监管的级别。保后监管组除直接监管特级项目外，需协助项目经理对一级以下的在保项目进行动态跟踪及管理。同时保后监管组还需对项目经理的保后监管工作进行核查、记录，确保监管工作落到实处。

最后坚持多点、多层次与被保企业的接触，增加与被保企业沟通、交流的机会，提升双方的互信度，尽量多地采集被保企业的有用信息。这样既可以防范道德风险，又有利于加快项目的评审进度，建立双方今后长期的合作关系。

五、"共"文化下的团队管理

企业管理归根到底是人的管理。团队建设作为公司文化的另一种表现形式，直接影响公司团队的凝集力和战斗力。

Gaf 担保公司主张待遇留人、感情留人、事业留人。待遇留人是基础，要长期留住人才，必须创造良好的工作环境和条件。推行"检讨是成功之母"，建立符合担保行业特点和公司实际状况的考核制度，实行全员 360 度的考核，检验公司整体、各业务团队、各成员个体的经营管理绩效。部门经理以上人员均须签订目标责任确认书，明确责任人的工作目标以及完成目标的责、权、利和不能完成的处罚。责任明确、奖罚分明、激励机制与约束机制相结合，使全体成员保持压力、形成动力、展现活力。

企业竞争的最高境界是文化竞争，而担保公司以经营信用和风险为业，更需要强化企业文化建设。创立以来，经过对先进文化元素的积极导入和对内部文化的不断总结、提炼、碰撞、磨合，Gaf 担保公司已形成独树一帜的企业文化理念和一系列制度、行为规范体系，并将这些因素贯彻落实于企业经营管理的方方面面。随着 Gaf 担保公司董事会批准的员工持股方案的实施，"共创、共享、共成长"的公司文化将得到进一步贯彻落实。

六、问题与思考

1. 如何建设担保行业企业文化？

本案例告诉我们，担保行业企业文化不是空洞的标语式口号，而是应该构筑于风险管理思想、运作理念、规章制度和价值标准中的灵魂，它应该体现在员工的行为规范和产品服务等各个方面，并以此形成担保公司独特的竞争优势。担保行业文化建设一般来说可分五个步骤逐步建立和完善：分析提炼、统一理念、规范机制、严格实施、修正完善。

2. 制度建设与企业文化是什么关系？

文化是制度的内核，制度是文化的载体。对担保行业来讲，风险控制永远是第一位的，而"识别风险靠经验，管理风险靠制度"。本案例告诉我们，担保公司的制度除行政、人事、财务、后勤制度外，针对担保行业的特殊性，必须在"不仅注重结果，更要注重过程"及"细节决定成败"的风险管理理念指导下，结合当地的实际情况，在项目受理、项目调查、反担保措施的设计与落实、项目评审与决策、合同起草与签订、保后的动态监管、代偿后的追偿等方面形成了一套风险管理的专门技术并且加以制度化，才能有效控制风险。

3. 企业文化对团队建设的意义何在？

本案例告诉我们，优秀的企业文化，可以直接增强团队凝集力和战斗力。团队与普通的工作群体不同，它是由为数不多的人根据功能性任务组成的工作单位，其主要特征是团队成员有共同的工作目标和方法，并相互承担责任。团队是组织提高效率的可行方式，团队建设的基础是合作。担保行业是从事风险管理的行业，而风险管理需要组织的全体成员齐心协力、各负其责、紧密合作，只有这样才能达到有效控制风险的目的，因此担保行业比其他行业更需要团队建设。通过文化的灵魂和制度的规范，可以打造思想统一、步调一致、行为规范的事业团队。正如："没有完美的个人，只有完美的团队"；"成功的团队没有失败者，失败的团队没有成功者"。

担保机构的信息化建设

管理信息化对一个寻求持续发展、规模化经营的担保机构来讲是不可或缺的，它将在担保机构的可持续发展中起到至关重要的作用。不同的机构会有不同的信息化需求，信息化建设必须建立在机构的真实需求之上才有意义。下面我们来看 Gag 担保机构（以下简称 Gag）是如何根据自身需要开展信息化建设，而信息化建设又是如何在 Gag 不断做强做大的过程中发挥作用的。

Gag 的信息化建设分为三部分：网站建设、局域网建设及担保业务管理软件（GMIS）的开发应用。

一、网 站 建 设

Gag 重视信息化建设，成立伊始即开展网站建设、域名注册，在国际互联网上推出了自己的门户网站，通过互联网进行对外宣传、提升知名度。作为对外宣传的门户，Gag 网站开通了网上业务中心，方便其客户在网上寻求业务咨询，下载业务资料，并可直接在网上受理业务；Gag 网站上公开了全体项目经理的照片，接受社会公开监督，促进廉洁运作、提升服务质量。当时，很少担保机构有自己的网站，即便少部分有的，网站的后续维护也显得不尽到位，Gag 网站一经推出，便有了较高的访问率和知名度，实现了其建设网站的初衷。

Gag 注重网站的内容管理与后续维护，网站内容时时更新、界面年年改版，注意保持良好的可读性和机构的品牌形象。发展至今，Gag 网站在对外宣传、提升知名度上发挥了重要作用，在市场推广、客户服务、社会监督、人员招聘等方面也起到了良好作用。

二、局 域 网 建 设

Gag 自成立以来，一直不断利用信息化手段改进内部管理模式，形成了自己的内部局域网系统，它通过知识管理、沟通管理、资源共享、协同作业等功能发挥着知识传播、在岗培训、作业支持、规范管理、无纸化办公、提高效率、节约成本等重要作用。

Gag 的内部局域网系统主要由文件服务器、通讯系统、文档系统、工作日志等几大块组成，目前又在考虑新增人事管理数据库、员工绩效考核模块、档案管理数据库、内部 BBS 网站、视频会议系统等组成部分。其主要组成部分功能如下：

1. 内部管理文档系统。人才是担保机构最宝贵的资源，人才在劳动过程中产生的知识成果如果能够保留、共享和传播，对担保机构的队伍建设与可持续性发展都将大有裨益。Gag 的内部管理文档系统汇集了自成立以来的所有内部管理文件与规章制度、业务操作规范与规定、案例分析、业务学习、理论探讨、创新成果、法律文本、合作协议等知识和信息，成为了每位员工必须学会利用的知识库和信息资源，有效地实现了知识和信息的收集、传播和共享。

2. 通讯系统。沟通是信息技术的主要作用之一，Gag 所使用的邮件通讯系统在现代办公中已应用得非常普遍，不同的机构只要根据自身需求设置群组与权限进行管理即可。这个系统在技术实现上非常容易，但作用却不小，它基本替代了传统的传真、电话等信息沟通与传递方式，不但大大提高了工作效率，也节约了不少办公成本。

3. 工作日志。为了便于员工进行工作总结、合理安排工作时间，便于管理层进行量化作业研究、进行合理的工作部署，并及时发现工作过程中出现的问题与风险，Gag 在成立之初就开始实行工作日志制度，并通过信息化手段不断加以完善，形成了独具特色的工作日志系统，在日常管理中发挥着有效作用。

4. 视频会议。为了适应其担保业务的快速增长与业务队伍的不断壮大，Gag 设置了多个分支机构。为了提高集约化管理的水平和效率，Gag 正在逐步实施视频会议系统，以进一步提升沟通平台，为以后的跨地域规模化经营提供有力支持。

Gag 的局域网建设从实际需要出发，在使用过程中注意引导、强化员工的信息化意识，注重信息的实时收集与管理，达到了良好的应用效果。

三、担保业务管理软件（GMIS）开发与应用

Gag 自 2000 年成立以来，业务发展迅猛，2006 年当年受理项目已达 1 240 单、正式承保 1 002 单、担保金额 45 亿元，涉及 39 名项目经理，人均受理项目 32 单、完成 26 单。2006 年底，7 年累计完成 3 000 单、115 亿元，代偿率万分

之四。是什么在支撑这样的规模、这样的风险控制水平？答案就是——信息化。

实际上，Gag 在 2003 年已感受到了来自业务管理方面的压力：业务统计、项目查询、动态管理与分析，还有，如何设置并监控业务流程中的风险点……Gag 发现过去自行开发的静态业务数据库已不能满足日益膨胀的业务管理需求，于是决定联合软件开发公司共同开发担保业务管理软件（GMIS），旨在借助信息化手段对客户信息、项目信息、项目流程、项目文档等进行动态管理，对财务数据进行存储和分析，对用户进行角色分配和权限管理，从而达到提升业务管理水平、控制风险、提高工作效率的目的。

Gag 在选择软件开发合作伙伴时，讲求实际业务需求、注重合作、强调后续更新与维护，选择了一家当时规模还较小的软件开发公司进行合作开发，基本未花成本，在很短的时间内便完成了软件的设计、开发并投入使用。7 年来，GMIS 系统已成为 Gag 业务运行与管理所必须依托的平台。若不顾实际需求一味贪大求洋，就很可能陷入这样的境地：花了很高成本，结果反而不尽如人意。Gag 成功地避免了在实际应用中很容易出现的"两张皮"现象——即信息化系统与现实操作不同步，最终导致信息化反而成了业务操作过程中的障碍，以至于不得不弃用。

GMIS 系统以客户信息为基础、以工作流为核心，通过业务模板、业务工具、业务活动、业务流程、业务角色来为不同的业务品种如贷款担保、委托放款、保函、再担保等提供运行平台，如图 1－4 所示：

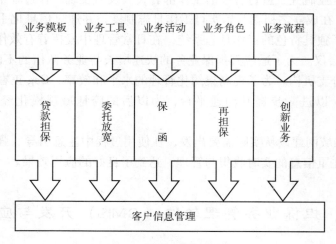

图 1－4　GMIS 系统业务运作平台

GMIS 是如何在 Gag 业务运行中发挥业务管理、风险管理的作用的？又是如何提高工作效率的？让我们来看看它的主要功能：

1. 信息管理。GMIS 系统首先是一个汇集了企业信息和项目信息的数据库。企业信息以企业基本信息、财务数据和资源信息（如企业信用、反担保措施等）为基础，建立了便于识别、分析和评估的担保业务信息体系；项目信息则是通过对项目咨询、受理、评审、签约、放款、还款整个项目周期进行管理，来达到对项目进行实时管理、查询统计和风险监控的目的。

2. 数据分析。当项目经理在系统中录入企业财务报表后，GMIS 的财务分析工具便可自动生成若干个财务情况分析表，包括对资产负债表、损益表、现金流量表的分析以及对企业安定能力指标、经营能力指标和成长能力指标进行分析的表格，借此帮助项目经理针对企业所处的行业进行企业经营状况分析。除此之外，GMIS 的资信评分工具可帮助项目经理对企业经营状况进行定量、定性评分及加权总评，便于对企业有一个综合全面的认识和评估。基于 GMIS 的数据分析功能，项目经理避免了自行计算数据的不准确性及重复录入数据的烦琐，可将有限的精力集中在项目分析上；基于 GMIS 的数据分析功能，项目经理可将数据分析结果与资信评分结果同企业历年的情况进行对比，亦可与同行业的其他企业进行对比，为项目经理对项目进行分析决策提供参考与支持。

3. 流程管理。流程管理是 GMIS 的核心。GMIS 的设计基于 Gag 担保业务流程，它随业务品种的不同而有所区别，它按照项目咨询、受理、评审、签约、放款、还款整个项目生命周期的流程对项目进行管理。GMIS 在设定的工作流环节生成任务分配给相关的执行人，所有业务相关人员从最基层业务人员到最高层管理人员都须按系统分配来处理任务，任何人都不可以逾越系统流程；它还对工作流中每个执行人完成任务的时间进行了设定，超时未处理的，系统将发出预警提醒执行人、主管直至项目相关最高管理层。流程管理规范了业务操作，避免了任务遗漏、违规操作和业务处理的任意性，最大限度规避了业务操作风险。

4. 项目文档管理。GMIS 将项目运作过程形成的调研报告、评审会结论、合同、放款证明、还款证明等重要文档进行创建、存储、查询，所有项目相关文档都可在 GMIS 数据库中找到。这不仅便于项目稽核和风险管理，也有利于抽取项目案例，扩充 Gag 的知识库，方便员工信息共享和知识传播。

5. 风险管理。风险管理理念渗透于整个 GMIS 系统中，风险控制点贯穿于整个工作流中，风险管理还非常明显地体现在 GMIS 的预警功能与保后管理环节中。工作流中的任务超时未处理、还款登记不及时、保后管理中项目出现问题，系统都会发出预警。保后管理是项目管理中的重要环节，在应进行保后跟踪时，GMIS 系统会提醒项目经理与风险管理人员。项目经理在系统中提交了保后跟踪报告后，风险管理人员便可进行项目评价，对于出现风险预警的项目，GMIS 会根据风险程度用不同的颜色标注，给予提醒。

GMIS 系统讲求准确、效率、程序和风险控制。通过 GMIS 业务运作平台，Gag 在业务迅猛增长的情况下仍保证项目管理有条不紊地进行，从而有效地控制了风险。

四、问题与思考

1. 信息化是担保机构做强做大的基础。当 Gag 只有几个项目经理、业务规模只有几十单、一个多亿时，不需要借助信息化手段，靠手工作业就足够了；但当它发展到几十个项目经理、上千单、几十个亿的业务规模时，不借助信息化手段就显得不切实际了。可以肯定地说，假如没有信息化，Gag 就不可能取得今天这样的业绩，管理信息化为 Gag 的做强做大提供了坚实的基础。

2. 信息化需建立在担保机构的实际需要之上。Gag 的信息化建设一直遵循实际需要的原则，不为信息化而信息化、不贪大求洋。因此，在信息化建设上每迈一步都能达到预期管理目标，能够真正解决问题，真正得以推广使用，使信息化手段在管理中发挥重要作用。

3. 信息化意识与信息资源管理的重要性不亚于信息化建设。Gag 的信息化建设在其业务管理、内部管理与对外宣传中真正起到了作用，这与 Gag 较强的信息化意识和对信息资源的重视是分不开的。Gag 注重员工的信息化意识引导和教育培训，注重信息资源的管理和维护，最终使信息化真正融入了日常工作中，成为了 Gag 日常工作中不可缺少的部分。

担保机构业务管理的信息化实践

一、Gah 担保公司业务管理信息化的必要性

担保业在中国是一个新兴行业，但发展十分迅速。随着国内担保业的发展，Gah 担保公司成立以来，从行业定位、业务类型、组织架构到外部银行合作资源均逐步完善，运作几年之后，担保业务量激增，非常需要一套适合本公司特点的业务软件，以改变传统手工加电脑办公软件结合的工作方式。最迫切的要求是利用计算机管理业务流程，充分利用已有数据资源，否则将由于业务增长速度高于管理工作效率而损失许多潜在的发展机会。基于以上业务管理信息化的必要性，Gah 担保公司开发了一套适合本公司特点的业务软件。

二、信息化软件的系统分析

1. 系统框架

若把 Gah 担保公司比作一家生产制造不同产品（担保公司的不同品种业务）的工厂，那么担保公司制造"产品"的"工序"——项目立项、考察、评审、风险控制、审保决策、法律合同管理、保后跟踪管理等一系列业务流程，就有如工厂制造的全面质量管理体系。提高担保业务决策的规范性水平和流程管理水平正是信息化的首要目标，也是 Gah 担保公司初步为该业务软件系统制定的总体模块框架，因此该软件系统可以定位为一种工作流软件。

2. 核心模块功能

在模块功能中需着重强调的是企业信用评级的软件模块，它涉及定量分析模型——财务数据指标设计和权重计算，定性分析模型——非财务因素的指标设计和权重计算以及项目的可行性分析等复杂计算功能模块。这些功能可以利用计算

机的强大计算能力来高效、便捷地实现，是整个系统中的核心。

中小企业信用担保发展的实际情况决定，该软件最重要的是具备一个有效的信用等级评定指标体系，能对担保项目进行综合衡量评级。考虑到中小企业财务数据的可靠性较差，绝大部分中小企业的财务数据未经严格审计甚至明显失真，有些企业财务报表本身就不能满足会计平衡等式，在系统设计时首先要对获得的企业财务数据进行简单的可靠性检测，然后结合自身的业务实践，在企业项目初审和评审模块中分不同侧重点设计不同的定量分析模块。

初审定量分析模块侧重两点：第一是财务数据的可靠性检测。例如，企业财务报表是否满足会计平衡等式，营运资金的缺口提示等，将明显有错误的财务数据筛选出来以免投入无效的评审工作；第二是尽量放宽企业项目的可评审门槛，将综合指标门槛降低，并根据不同类型企业的财务数据特点，有区分地设定最低的指标门槛，目的是尽量将有发展潜力的中小企业挖掘出来，为其提供可能的融资机会。

评审定量分析模块侧重两点：第一是考虑到中小企业自身经营管理的特点，除侧重传统的科目指标体系（如偿债能力指标、运营能力指标、赢利能力指标）以外，更加突出企业的发展能力指标。看重中小企业的成长性，提高该指标的核算权重，在业务实践中经统计和分析，反复调整找到适合本地区中小企业的指标体系。该模块是软件设计中最富挑战性的部分，也是较难的部分，需要大量的企业项目数据做科学的测算和评价。第二是根据不同的企业类型设定不同的指标体系，最明显的是要区分工业类企业和商业流通类企业的不同运营特点，设定不同的指标权重体系。例如，工业类企业在传统指标体系权重中，要侧重企业的赢利能力指标，同时考虑企业的规模经济效益调整指标权重；商业流通类企业在传统指标体系权重中，要侧重企业运营能力，增加流动性指标的权重等。这同样也是一项需要大量企业项目数据做基础来反复核算优化的工作。第三是辅助指标。该项指标为 Gah 担保公司根据企业实际情况增加到指标体系中的，如贷款与净资产比率，人均销售收入等，这些指标也是对某些企业进行财务评级需考虑的因素。财务指标定量评级示意见图 1－5。

定量分析模块的分析结果通常用财务指标打分和信用评级来表示。打分分数一般采用企业财务指标数据与不同分配权重的加权计算值，这种思路简单明了，也容易进行调整优化，是 Gah 担保公司开发软件时综合考虑采用的办法。评级分类标准借用了信用评级公司的分级标准，同时结合中小企业财务特点进行了一定的简化，因为中小企业毕竟不如大型企业财务数据那么完善。经过 Gah 担保公司历史项目数据及近几年的新数据的评级实践表明，评级还是较能反映企业的财务状况的，将所有企业评级数据做统计分析，符合统计学的正态分布结果。一个极限值检验的较好例子是几年中能达到 AAA 级的企业只有两三家左右，评级结果是某年度企业的内外部因素共同决定的，真正体现了企业的实际经营情况。

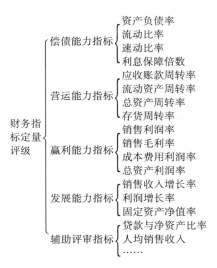

图 1-5 财务指标定量评级示意

对于定性分析模块，一般包含企业产品市场、技术实力、管理团队素质、抵质押资产情况、企业管理和文化等相关指标的评价，应该说"仁者见仁，智者见智"。由于其主要体现的是评审经理的定性经验分析，因此相对于定量分析其客观性、权威性较低，是定量分析模型的补充。非财务因素指标评级示意如图 1-6 所示：

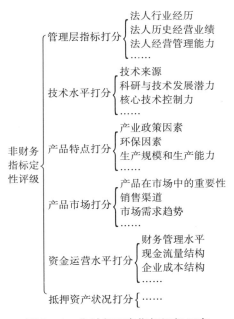

图 1-6 非财务因素指标评级示意

以上为 Gah 担保公司在软件设计中核心模块开发的几个具有代表性的典型实例。在软件开发之后的运行中，这些模块通过不断实践优化，为项目的决策分析提供了有效的帮助，是管理信息化对担保业务操作有效指引的最佳体现。

三、软件系统在工作流程设计控制方面的实践

工作流软件一般从涉及业务部门的职能入手进行流程设计和控制，这里以国内常见的担保公司职能部门为例进行分析：

1. 业务咨询部。主要完成业务咨询、业务受理、企业资料收集、企业资料核实登录、项目初审等工作，是担保业务工作流程的第一个结点。

2. 项目评审部。主要完成企业考察和尽职记录、企业财务信用等级评定、非财务因素评定、完成项目评审报告以及保后跟踪管理等工作，是工作流程的重点部分。

3. 风险管理或法律部。主要完成项目反担保分析、项目风险分析或复核、法律合同完善及管理、审保会审批管理等职能，也是工作流程的重点部分。

4. 综合管理部。主要进行综合管理、办公管理、档案管理等工作，因为其业务性质的特殊性，在工作流程中可以作为独立结点设计。

除为以上职能部门提供的软件功能外，还可提供辅助管理决策的项目信息查询、筛选、统计等功能。

从实践来看，担保业务流程本身是比较清晰的，实现难度并不大，但由于涉及不同部门工作流程控制，形成的业务档案信息较烦琐。在软件设计中使用了流程结点方式控制项目信息的流转，并使用了操作权限设置，从而基本可以满足担保业务的流程需要，使得职能部门的职责分工更加明确，办公效率明显提高，同时也减轻了业务档案管理的烦琐程度，提高了档案信息利用的方便性和广度。

四、软件系统在信息技术选择上的实践

根据软件系统为公司内部担保业务服务为主的特点，以实用性和方便性为原则，Gah 公司当时在软件开发上采用了两层结构的系统（CS 模式），而非更先进的三层结构（BS 模式），主要基于以下考虑：

首先，交互性强是 CS 固有的一个优点。在 CS 中，客户端有一套完整的应用程序，在出错提示、在线帮助等方面都有强大的功能，并且可以在子程序间自由切换。

其次，CS 模式提供了更安全的存取模式。由于 CS 配备的是点对点的结构模式，适用于局域网，安全性可以得到可靠的保证。而 BS 模式采用点对多点、多点对多点这种开放的结构模式，并采用 TCP/IP 这一类运用于 Internet 的开放性协议，其安全性只能靠数据服务器上管理密码的数据库来保证。

另外，由于 CS 在逻辑结构上比 BS 少一层，对于相同的任务，CS 完成的速度总比 BS 快，使得 CS 更利于处理大量数据。由于客户端实现与服务器的直接相连，没有中间环节，因此响应速度更快。

同时由于开发是针对性的，因此操作界面漂亮、形式多样，可以充分满足客户自身的个性化要求。

最后，CS 模式开发周期相比 BS 模式要短，成本相对低。

因此，综合以上考虑，最终选择了 CS 模式设计开发应用软件平台，业务操作和管理集成在该平台前台客户端上，业务信息数据库则在后台服务器端上，以前台应用结合后台数据库方式来管理业务流程和信息，实现查询、统计、管理、报表、打印等功能。实践证明，当时 Gah 担保公司的选择是符合实际的，也证明了最有效的解决方案并不一定是最先进的解决方案这个道理。

五、软件系统在用户友好性方面的实践

用户友好性是人机交互中软件操作易用性的简称，在软件开发过程中充分考虑到使用者的操作习惯、资料查询需求，这里仅针对两个方面的实践进行介绍以抛砖引玉，期望能引发业内从业者的思考。

1. 在界面排布上充分考虑了用户的需求和操作习惯。如在主界面的明显位置上显示项目经理承担项目的汇总信息、进展情况、近期所要做的工作项目等；在数据录入界面，结合担保各个阶段的特点，立项阶段比较松，评审阶段比较严，松严结合，一方面方便用户的操作，另一方面防止非法数据的录入；在企业财务信息方面，为了便于资产负债表、损益表、现金流量表等数据的重复引用，开发了数据引用功能，实现了可选科目的数据复制和引用。

2. 项目经理分析查询功能。系统中，以项目经理分析为重点，分析其所熟悉的行业、担保情况、当前项目、以往业绩、担保额度与余额等信息。以便项目经理分配项目任务时参考，同时督促项目经理提高工作业绩，为企业创造更大的利润。

六、问题与思考

随着我国金融生态环境和社会信用环境的发展，未来担保公司的外部环境、战略定位和业务种类将不断发展变化，管理信息化的发展脚步也必将逐步适应这些变化而不断完善，因此业务软件将越来越趋于自动化和精细化。预计未来管理信息化将在以下几个方面产生新的问题并取得进展：

1. 如何对新的业务品种提供信息化支持？

目前的担保系统软件还不能解决新品种业务的定制问题，未来担保业务软件将实现用户定制和模块化管理，以适应新业务品种的需要。

2. 如何满足业务的精细化和个性化操作支持？

随着担保业的不断发展，新的法规政策出台，为了更好地满足客户需求，担保公司内部管理将更加精细化，业务操作将更加个性化，这就要求管理信息化技术的相应升级和安全性的相应提高；结合信息网络技术的快速发展，未来将真正实现担保业务在互联网平台上的自动化操作，从而达到使客户操作更方便，业务成本更低，流程更快捷的目的。

3. 如何采用专家决策系统库对业务数据进行深度挖掘？

结合先进的数据仓库技术和专家知识库技术，开发行业专家决策系统库是知识经济发展的一个方向，也是信息化建设的宏伟目标之一，未来的前景可以拭目以待。

与当代信息技术的迅猛发展相比，以上对未来担保业管理信息化的预测难免有所疏漏，不过希望在大家的共同努力下，担保业务信息化的建设能够真正达到科学、规范、高效与创新。

担保业务的市场定位与品种选择

一、背　景　资　料

Gai 担保公司由某专业担保公司与当地市政府共同出资组建。公司实行董事会领导下的总经理负责制，成立了风险管理委员会、绩效考核委员会两个决策机构，以及风险管理部、担保业务部、行政人事部、财务审计部、企业发展部、法律部、资产管理部等 6 个职能部门。

近年来，国内担保公司如雨后春笋般涌现，经过市场的洗礼和考验，一些担保公司成长、壮大起来；另一些担保公司虽然得以生存，但经营艰难，仅能勉强维持生计；而更大一部分担保公司则迅速消亡。担保公司迅速消亡的原因众多，有经营方面的原因，也有投资者的原因，但其中很重要的一个因素就是没有解决好市场定位和业务品种选择的问题。

以下将以 Gai 担保公司在市场定位和业务品种选择这两方面的经验作为案例，希望能给大家带来些启示。

二、市　场　定　位

市场定位是担保公司生存的基础。因为目前担保公司众多，如果不进行准确的市场定位，不对自己所服务的本地市场环境、银行以及客户等情况进行分析了解，担保公司就会脱离市场，最终无法生存。Gai 担保公司在成立之初就明确了自己的市场定位，较好地解决了这个问题。

Gai 担保公司主要通过市场调查、宏观及微观形势的研究、银行环境的分析等确定公司的市场定位问题。

1. 详细的市场调查

公司成立之初，派全部业务人员赴市内各类政府机关、银行、各类中介公司、商会、工商联及部分企业进行了为期两个月的调研，详细了解到各家银行与担保公司合作情况、当地政府对担保公司的有关扶持政策以及最为重要的企业需求等，获得了大量的一手资料。

2. 宏观经济环境分析

担保公司的生存和发展离不开经济环境，其中宏观经济环境决定了担保公司的发展方向。我国担保行业发展的时间较短，所面临的宏观政策法律环境还不是十分完善，但基本的监管与产业政策已经建立。1994 年 6 月 14 日，国家经贸委发布了《关于建立中小企业信用担保体系试点的指导意见》（国经贸［1999］540 号），以贯彻政府扶持中小企业发展政策为宗旨的全国中小企业信用担保体系正式启动。2000 年 8 月 24 日，国务院《关于鼓励和促进中小企业发展的若干政策意见》（国办发［2000］59 号）出台，我国中小企业信用担保体系开始进入制度建设和完善阶段。

2001 年 3 月，财政部印发了《中小企业融资担保公司风险管理暂行办法》（财金［2001］77 号），政府部门开始对中小企业担保公司实行风险管理。中华人民共和国第九届全国人民代表大会常务委员会第二十八次会议于 2002 年 6 月 29 日通过了《中华人民共和国中小企业促进法》，并于 2003 年 1 月 1 日起施行。国家以立法形式进一步明确了通过信用担保方式促进中小企业发展的各项政策，体现了国家对建立中小企业信用担保体系的高度重视和支持。

同时，国家宏观经济的发展状况和走势对大多数企业都会产生影响，对担保公司也不例外。在没有特殊情况影响的条件下，宏观经济的表现是有一定规律和周期性的，一般来说，在宏观经济环境表现不佳的时期，担保公司面临的困难也较多。未来的中国，将是世界上经济发展最好、市场潜力巨大的国家。我国经济学家预测：中国经济在未来 15 ~ 20 年将继续保持年均 7% ~ 8% 的高增长率。经济转型的过渡时期正是创业精神最旺盛的时期。我国的担保业现在正处于这样一个时期，我国的担保市场也将随着我国经济的高速发展呈现出良好的发展前景。Gai 担保公司正是因为认真分析了当前的政策形势，制定了针对不同宏观状况的发展规划，顺应了时代的要求，才取得了长足的进步与发展。

3. 微观经济环境分析

因为担保公司的业务及发展具有比较明显的地域特点，一般情况下担保公司的业务范围主要集中在一个城市或区域内，因此本地区的政策和经济环境对担保公司的建立和发展具有重要的意义。Gai 担保公司地处南部沿海经济发达地区，中小企业众多，政府对区域内中小企业发展非常重视。参股 Gai 担保公司是该市政府对中小企业进行扶持的一大举措。另外，为了支持中小企业的发展，该市还出台了对担保公司进行财政补贴的文件。政策环境为担保公司的生存发展提供了较好的基础。同时，当地经济发展形势较好，行业门类已成体系，工业基础初具规模，大多数企业分布在房地产、纺织、服装鞋帽业、电气机械及器材制造业、化学原料及化学制品制造业、通信设备、计算机及其他电子设备制造业等行业。中小企业众多，发展非常快速，融资需求非常旺盛。

针对宏观、微观经济环境以及该市的经济发展状况，Gai 担保公司客观地分析了形势，准确地设定了以为该市的中小企业进行融资担保为主，以非融资担保为辅，以创造经济效益带动社会效益，以社会效益推动经济效益增长的市场定位，体现了政府出资引导、市场化运作的新型担保模式。

三、业务品种选择

担保公司的产品就是服务，确定业务品种实际就是确定怎样为客户服务的问题。Gai 担保公司在确定业务品种方面也是针对所在城市的银行环境和自身条件来进行分析的。

1. 银行环境分析

当地已形成以国有商业银行、股份制银行、外资银行、非银行金融机构为主的、多元化的、健全的金融体系。存贷、汇兑、代收代付、国际结算、信用卡、证券交易等金融业务一应俱全。全市现有各类专业银行 12 家，证券营业部 5 家，金融机构网点近 600 家。

经过筹办期的频繁接触，Gai 担保公司了解到本市的银行竞争比较激烈，银行的企业服务意识和业务开拓意识都较强，业务品种从流动资金贷款、基本建设贷款、银行承兑汇票业务到外贸融资业务，品种比较齐全，其中中小企业融资业务及房地产融资业务是银行信贷工作的重心。另外，该市银行业对担保公司的认知程度比较高，对担保公司开展的担保业务比较容易接受，尤其是与担保公司合作开展的中小企业融资及二手房置业担保业务。

2. 担保公司自身条件分析

Gai 担保公司主要股东包括 Caa 集团及市政府。Caa 集团在行业内经营多年，具有比较高的声誉，与银行建立了非常良好的合作关系，Caa 集团成熟的运营方式对 Gai 担保公司具有非常重要的借鉴作用。另外，作为主要股东的政府对 Gai 担保公司的投资目的是期望通过担保公司的担保解决市内中小企业融资难的问题，以促进市内经济的发展。

　　Gai 担保公司的资金实力比较雄厚，公司法人治理结构比较完善，经营机制比较先进，拥有银行信贷、评估、财务、法律等各方面的专业人才，尤其是业务人员队伍 100% 具有多年银行信贷工作经验。公司的风险控制体系较为完整，风险控制能力比较强，公司领导层具有多年的行业经验，与银行业保持着良好的关系。

　　通过以上分析，Gai 担保公司认为目前当地的环境对担保公司开展中小企业融资担保工作非常有利。除了公司自身实力比较雄厚，又有股东的成功经验及良好渠道可以利用外，银行的认可度高、政府支持力度大、公司本身业务人员结构合理等都是开展中小企业融资担保业务的有利条件。所以，Gai 担保公司决定公司的业务品种以中小企业流动资金贷款担保为主，同时开展贸易融资担保业务、二手房置业担保业务，再根据公司的发展适时开展商业履约担保、财务咨询服务、企业管理咨询服务等。

　　经过两年多的实际运作，Gai 担保公司的担保业务进展顺利，业务发展迅速，股东对公司的满意度也较高。

四、问题与思考

　　实践证明，当初 Gai 担保公司的市场定位及业务品种选择是比较成功的。这个成功主要是取决于对市场环境、经济形势、自身条件的客观分析和研究，尤其是对市场上的资金供给者（银行）和需求者（企业）的调查研究，而这些调查研究正是准确进行市场定位及业务品种选择的关键。

担保机构的市场拓展

Gaj 担保机构自成立以来，根据当地经济、金融的发展情况和政策导向，开展了多层次、多渠道、多方面的市场开拓活动。

一、加强银行合作

Gaj 担保机构成立于 1999 年，成立之初先同当地的城市商业银行签订了合作协议，在业务量增长的同时，逐渐同其他股份制中小银行建立了合作，最后再与工、农、中、建四大银行建立了合作关系。2006 年底，Gaj 担保机构已经与当地 16 家内资银行签署了合作协议，合作银行营业网点超过 800 个。该担保机构 45% 的业务来源于合作银行推荐。

Gaj 担保机构结合当地具体情况，按区域设立分部，各分部的主要任务是市场拓展和项目初审。在总部构建合作银行平台的基础上，下属各分部积极走访辖区内合作支行，基本上每周要走访 1～2 家银行。另外，还通过对各合作银行及其支行进行认真分析，并结合以往同银行合作的具体情况，力争开发新签约银行。对于首次走访的银行，一般采取座谈会的形式，先进行综合业务介绍，然后与银行客户经理直接进行面对面的沟通及交流；对于骨干合作银行，定期派专人走访，保持紧密联系。通过这种方式，Gaj 担保机构的各个分部都同其负责辖区内的银行建立了紧密合作关系，实现了银行与担保机构的良性互动。

二、同政府机构建立合作

Gaj 担保机构积极同市政府各职能部门开展合作。

1. 专项资金委托贷款

当地市政府为支持企业进行技术改造，每年都会拿出一部分财政资金作为技改免息或贴息贷款。此项资金原由政府主管部门直接审批发放，但相当一部分贷款贷出后不能收回。后又委托银行审核发放，风险由银行承担，但银行也难以把握其中的风险，经过 1 年时间资金才发放了 30%。后来，经过争取，政府经济主管部门同意将部分资金交给 Gaj 担保机构审核发放，需要技术改造的企业由政府经济主管部门推荐，风险由担保机构承担。Gaj 担保机构对贸工局推荐的企业进行认真的调研，挖掘反担保物，尽量满足符合条件企业的资金需求，出色地完成了技改资金的委托任务。从此以后，市政府经济主管部门一直将该资金交由 Gaj 担保机构负责审批发放。Gaj 担保机构利用这个契机开发了多家需要技术改造的客户，后来这些客户都成了 Gaj 担保机构长期的优质客户。

2. 同各区政府合作，利用民营企业发展基金进行担保放大

市下属各区为了促进民营经济的发展，或多或少都拨出了一部分资金专门扶持民营经济。Gaj 担保机构和各区政府合作，各区将其民营企业发展基金委托给 Gaj 担保机构保管，Gaj 担保机构按其委托资金放大 5 倍为辖区内企业提供担保，企业由区政府推荐，区政府对 Gaj 担保机构按其所担保金额的一定比例（一般为 2%）给予风险补偿。合作期满后，Gaj 担保机构将委托资金全部返还区政府。通过这种方式，不但辖区内企业的融资问题得以解决，同时区政府的资金也能够安全收回，Gaj 担保机构从区政府的推荐中也获得了客户资源，可谓三赢。

3. Gaj 担保机构下属各分部同区政府的合作

分部各自联系本区经贸主管部门、科创主管部门及服务单位、中小企业服务中心、各产业园区服务中心等政府部门和组织，发掘新的企业资源，不定期组织交流沟通活动。

同区科创主管部门的合作主要体现在为区科技局批准的免息科技三项经费提供担保，从中可以发掘一些较好的客户；同区经贸主管部门的合作包括为区内获得外贸发展贴息贷款的企业提供担保、主动为区中小企业绿色通道评选办法提供专业的参考意见等。

各分部积极参与区政府举办的各项活动，如区中小企业服务中心举办的中小企业服务周活动、经济服务论坛；区科创主管部门举办的科技创业沙龙等。通过在这些活动中对 Gaj 担保机构的业务及政策进行宣传，扩大了 Gaj 担保机构在各区的影响面，加强了担保机构同企业的沟通与联系，开发了一些增长较快、市场前景较好的企业资源。

三、同行业协会建立合作

Gaj 担保机构为了开拓市场，主动同各专业行业协会建立合作关系，如机械行业协会、塑胶行业协会、服装行业协会、家具行业协会、珠宝行业协会、外商企业家联合会、中小企业发展促进会等。目前 Gaj 担保机构有一大批客户来源于各行业协会的推荐。

四、开展为中小企业授信的活动

2003 年，Gaj 担保机构在当地首次开展了"中小企业诚信榜"活动。活动的主题是"信用、融资、共建和发展"。该活动以中小企业历史信用记录信息作为入榜的主要依据，通过信用担保授信形成褒奖诚信的促进机制，为社会信用体系建设添砖加瓦。

"诚信榜"活动在企业自愿申请的基础上，主要由中小企业发展促进会等 7 家协会与机构经过初审后加以推荐，再由 Gaj 担保机构进行基本面分析、信用调查和专家评审后筛选产生。2003～2006 年共计 256 家企业上榜，绝大部分企业在 Gaj 担保机构有 3 年以上良好的信用记录。

Gaj 担保机构给予诚信企业的信用担保授信包含了四层内容：一是该授信额度于授信之日起两年内受信企业可以随时使用，既可一次使用，也可多次使用；二是使用授信额度时企业不再需要提供抵押、质押反担保，只要提供个人保证等信用保证即可；三是授信额度不仅企业法人自己可以使用，也可以为其他企业法人提供反担保；四是授信额度大小与企业信用大小并无直接关联，入榜企业都是诚信企业，额度根据企业经营规模状况、资产负债状况、资产流动性状况等因素综合决定。

2003 年和 2004 年上榜的 103 家企业累计在 Gaj 担保机构获得的信用担保超过 18 亿元人民币，风险损失几乎没有。2006 年入榜的 153 家诚信中小企业共计获得 Gaj 担保机构的担保授信额度为 15 亿元人民币，预计两年内信用担保会超过 30 亿元人民币。Gaj 担保机构对入榜企业实行信用动态管理，对失信行为实行惩戒机制，即从榜上除名，取消授信。

"诚信榜"活动将诚信与担保授信组合，主张"诚信有价"，评选出的优秀的诚信中小企业，为其他中小企业的发展树立了榜样。此举也是在探讨解决中小企业融资难问题过程中的一种尝试，通过加大对诚信企业的扶持力度，在全社会倡导褒奖诚信，以点带面地推动社会信用体系的建设，具有深远的社会意义。同时，该活动对 Gaj 担保机构来说也是一个很好的市场拓展方式。

五、项目经理层面的市场开拓

1. 开发在保企业的上下游客户

Gaj 担保机构的项目经理在对现有客户进行调查时，关注其上下游企业和其他关联企业的情况，对符合条件的企业也争取将其发展成为自己的客户。

2004 年，Gaj 担保机构项目经理在对一家手机生产企业进行调研时发现，该公司的供货商有 50 余家，包括锂电池、塑胶壳、手机模型、贴片加工等供货商。其中，其锂电池的供货商每月的供货量约 200 万元，塑胶壳的供货商每月的供货量约 100 万元。两家供应商的结算方式都是月结 60 天。担保机构项目经理考虑到该手机生产企业生产规模较大，其手机在国内属于知名品牌，目前发展趋势良好。其供应商由于结算周期较长可能会资金紧张，于是通过该手机企业介绍，与锂电池企业及塑胶壳供应企业取得了联系，共同探讨资金解决方案。最后，Gaj 担保机构采用部分房产抵押、部分对手机企业的应收账款质押的反担保方式，成功地为两家供应商企业提供了贷款担保，并使其成为长期客户。

2. 对优质客户主动联系拜访

对于一些优质客户，即使暂时无资金需求，Gaj 担保机构的项目经理仍争取通过登门拜访、电话联系等方式加强沟通，保证企业一旦有需求即可快速介入。

2005 年初，Gaj 担保机构的项目经理在参加某电子行业协会的活动时发现一家规模较大的生产通讯模块的企业。该企业专门为几家大型通讯设备生产企业供货，年销售额达 2 亿元。项目经理遂主动同企业的财务经理联系，但该公司财务经理表示已经有 2 000 万元的银行授信，目前并无资金需求。其后，项目经理仍随时关注该企业发展，经常和企业进行电话交流。2005 年底，该公司接了一个 1.2 亿元的大订单，流动资金趋紧，其财务经理原拟直接在银行融资，但由于没有足够的抵押物，银行要求找担保机构担保。于是，财务经理主动联系 Gaj 担保机构，此后该通讯模块企业成为 Gaj 担保机构的长期优质客户。

3. 关注在保客户的资金需求

两年前，Gaj 担保机构曾为一个工程施工企业 1 500 万元的贷款提供担保。项目经理在保后跟踪时发现，该公司在承接工程项目时，常常无法拿到工程预付款，原因是其不愿开立银行履约保函和预付款保函。于是项目经理同企业认真分析了企业的资金运营状况，发现开保函付出的费用远低于银行贷款利息。后来，该企业一年内通过 Gaj 担保机构开出了银行保函 3 000 万元。一年后，该企业的经营状况和资产状况都上了一个大台阶，于是 Gaj 担保机构又为其追加了 2 000 万元的贷款担保。通过用心维护在保客户，关注其资金需求，可以扩大担保额度，也可使合作关系更加稳固。

六、问题与思考

1. 合作银行既是担保机构开展业务的基础，也是担保机构的主要客户来源。因此，不断扩大合作银行面，维护加强与合作银行的关系是担保机构开拓市场的关键。

2. 政府机构、行业协会的支持和参与对担保机构市场拓展起着至关重要的作用。

3. 组织相关的主题活动、恰当适时的媒体宣传可以对担保机构的市场拓展工作起到推波助澜的作用。

4. 项目经理需要树立市场开拓意识，时刻关注各种市场机会。

塑料再生市场担保项目的批量开发

一、案例背景

华南某镇是国内规模较大的塑料回收集散地，镇内塑料贸易、加工企业密集。据不完全统计，该镇现有塑料回收企业约 2 000 家，其中工商注册约有 1 300 家，从业人员超过 3 万人，回收塑料年吞吐量约 100 万吨，年交易额达 60 亿元，约占全国市场的 30%。该镇的塑料回收产业已经辐射包括华南、华东地区在内的大半个中国。"华南某镇价格"与"华东某市价格"成为中国塑料原料行业的两个坐标系，该镇塑料市场行情波动，影响着整个中国塑料回收行业的发展态势。

经过 10 多年的打拼与努力，在地方政府的高度重视下，塑料再生利用的监管力度不断加大，塑料回收行业和企业发展逐步规范。该镇塑料生产园区模式也基本形成，共有四个大型的塑料工业区，全部经营塑料再生料和塑料批发贸易，其回收的塑料主要来源于国内外大型塑料厂的残次废品。

随着行业的不断发展，为促进企业之间的信息交流，提高行业整体的经营素质，强化行业自律，共同抵御市场风险，某镇塑料商会应运而生。商会在发挥信息中心、资讯中心和联络中心职能的同时，作为政府职能触角的延伸，架起了塑料企业与政府之间沟通的桥梁，为提升行业整体发展水平营造了良好的交流平台。

二、该镇塑料回收企业的特点

1. 经营管理方面

（1）贸易为主，加工为辅。该镇塑料市场以塑料贸易为主，生产再生粒为辅，只有部分附加其他产品的生产企业。

（2）量大利高。该镇塑料企业每年销售收入过亿元的企业占 70% 以上，企业的净利润率保持在 20% 以上。

（3）以自有资金运营为主。绝大部分企业都没有银行贷款，只有少数企业在当地农村信用社，以企业互保方式获取少量的贷款，额度一般在50万~150万元之间。

（4）现金结算居多。多数企业资金周转速度较快，年度周转6次以上，结算多采用现金支付，应收应付款账较少。

（5）企业守信程度较高。经营者绝大部分是该镇原籍居民，而且从业时间较长，行业经验丰富，个人信用状况较好。

（6）财务制度不规范、不健全。和所有"草根"企业一样，财务管理简单，只有老板自己掌握的"口袋账"、流水账，财务信息不清晰。

2. 资产状况方面

（1）标准抵押物较少。企业的绝大部分固定资产，如建筑用地，都是以有偿租用形式租用，租期较长，一般为50年或50年以上。经营者在租用土地上自建厂房或者开设公司。

（2）流动资产比例较大。固定资产只有一些简单的生产设备，主要资产以存货为主，大部分塑料企业长期保持500万元以上的废旧塑料存货。

三、集群批发担保业务模式

塑料贸易市场是具有当地特色的产业之一，塑料市场的经济地位、新增税收和创造的就业机会，决定了规范经营、做强做大将是塑料市场必然的发展方向。该镇塑料行业传统的依赖自有资金滚动发展的经营方式，制约了行业的进一步做大提升。塑料行业的特征和企业的状况，迫切需要担保业的有效介入，以实现金融资本与产业资本的有机嫁接，实现该镇塑料行业新的跨越。

为此，针对塑料市场的特征和需求，Gak 担保公司设计了集群批发担保的操作模式：

1. 担保对象。

借助商会的组织功能，筛选出一批经营规模较大、信用程度较高、有利用外源性资本做大自身的愿望、并自愿结伴打捆互保的塑料商会会员企业。

（1）基本条件。

1）借款人具有当地户籍；

2）从事本行业时间超过2年，并注意规避初次创业或以往经营业务不佳、个人资产有限的企业申请借款担保；

3）企业有稳定的上下游客户，且年销量额在5 000万元以上；

4）以3~5个企业为集群批发担保小组单位，采取其中一个企业有资金需求，另外几个企业为其提供反担保的方式，同时要求保证人名下可量化的个人净资产，必须在所担保贷款金额的 2 倍以上。

（2）参与集群批发担保小组成员条件。

1）合法注册，独立核算，自负盈亏，具有法人资格的企业；

2）合法经营，资信良好，经营管理水平和经济效益良好，资产负债比例合理，有连续的赢利能力和偿还能力，原则上净资产不低于××万元，资产负债率生产性企业不超过××%，流转性企业不超过××%。

2. 集群批发担保小组的职责。

（1）负责小组成员贷款的申请、资金的使用、管理及归还；

（2）贷款本息未还清前，小组成员不得随意转让物资和财产；

（3）小组成员之间对借款人的银行借款债务承担连带保证责任，在借款人不能按期归还贷款本息时，代为还款；

（4）保证范围包括全部借款本金、利息、违约金、损害赔偿金和实现债权所需的各项费用等；

（5）小组全体成员在还清所欠款项的前提下，成员可以自愿退出小组；经小组成员一致决定，可以开除违反联保协议的成员，小组应责令被开除者在退出前还清一切银行借款；

（6）小组成员共同签署《集群批发担保协议》；

（7）小组成员必须每月如实向合作银行和 Gak 担保公司提供各自真实的资产、负债及业务经营状况；

（8）联保户之间应对贷款的使用情况进行互相监督，并接受合作银行和 Gak 担保公司对其资金使用情况的监督检查。

3. 约定条款。

（1）小组成员可在授信额度的 10% ～20% 范围内向合作银行提出贷款申请，并由 Gak 担保公司向银行提供担保，同时由小组其他成员向 Gak 担保公司提供连带保证责任，保证担保范围包括全部贷款本金、利息、违约金、损害赔偿金和实现债权所需的各项费用。

（2）小组按照授信额度的 20% 预缴履约保证金，保证金存入丙方指定账户，按银行同期活期存款利率支付利息。

（3）小组与 Gak 担保公司另行签订《委托扣款协议》，在小组任一借款人无法按期向贷款银行还本付息的情况下，小组授权 Gak 担保公司从该指定账户中扣款代为支付，直至保证金扣完为止；在保证金全额扣款仍不足以支付贷款银行贷款权益的情况下，由 Gak 担保公司代借款人向贷款银行支付剩余权益；Gak 担保公司将按照双方签订的《担保贷款服务合同》有关规定向小组进行追索。

（4）在集群批发担保协议有效期内，借款者本人在原有的贷款额度内可周转使用贷款。具体贷款的期限由合作银行根据借款人生产经营活动的周期确定，但最长不得超过协议规定的期限。

4. 合作银行。选择在该镇有网点的银行，签订集群批发担保合作协议，给予总的授信额度，总量控制在 1 亿元，担保公司为该项目下贷款设立专项保证金，且最低不超过 300 万元；贷款利率上浮 10%，贷款期限半年以上必须按月（季）还款。

5. 贷款形式：个人投资经营性贷款。

6. 期限额度：1～2 年，单笔担保在 100 万～200 万元。

7. 操作流程：Gak 担保公司业务操作流程如图 1－7 所示。

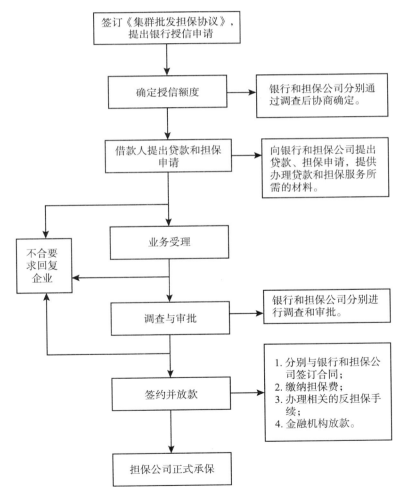

图 1－7　Gak 担保公司业务操作流程

四、实际操作效果

1. Gak 担保公司与该镇的塑料行业商会合作，既发挥了组织的信用功能，又提升了商会的组织地位。目前该商会已经有 80 多家会员通过集群批发担保业务获得银行贷款，累计担保额达到 1.2 亿元，户均贷款 150 万元，实现担保收入 360 多万元。

2. Gak 担保公司在推出集群批发担保业务不到一年时间里，就同两家银行签订了专项业务操作协议，并正在向其他产业集群专业镇和专业市场进行推进。

3. 该业务操作模式，一方面充分利用集群批发担保人之间信息相对透明、相互承担责任，发挥其就近监管的便利，降低了担保的整体风险；另一方面也很好地解决了贷款企业因标准抵押物不足、贷款额度较低而难以向银行融资的障碍，有效扩大了 Gak 担保公司的业务规模，提高了市场占有率，并产生了非常高的市场推广价值。目前已经有 40 多家贷款企业顺利归还贷款，其余企业都运营情况正常，未出现一笔代偿。

4. 该塑料回收专业镇通过集群批发担保业务，很好地解决了一部分企业的融资难问题，推动了塑料回收行业的产业升级，走出了一条经济效益与社会效益并举，政府、银行、担保公司、中小企业共赢的道路，引起了其他产业集群镇和商会的广泛关注。

五、问题与思考

1. 在专业分工细致、产业集群集中的市场条件下，担保公司如何发挥增信和保障的功能优势，因地制宜地设计出符合区域产业特色并有助于实现政府、银行、担保公司、中小企业共赢的业务操作模式？

2. 在此类业务操作模式中，Gak 担保公司是如何控制和分化担保风险，从而将出现风险的可能性控制在最小范围内的？

3. 是否可以进一步简化集群开发担保项目的运作程序？如何简化？

担保业务的创新与方案设计

担保公司的生存之道在于实质性风险的准确识别和灵活多样的风险把控手段。在现实的经营中，担保公司可以根据一个项目的实际情况，在把握实质性风险的前提下，灵活地利用各种有利条件，因地制宜地进行产品创新与操作创新，对担保项目潜在的商机进行深度发掘，从而充分把握市场机会，最大限度地创造利润。

一、项目背景

2005年6月，南方某市的Cab公司向某大型国有企业租赁了一块位于商业旺地的地块，计划开发成专业批发市场，再转租给行业内的其他中小经营者。该地块租期20年，租金合计为1.8亿元，需一次性支付。在该公司的项目预算中，土地成本为1.8亿元，土建及其他成本为1.5亿元，而其自有资金仅有约2.8亿元，加上施工单位的融资（带资建设、按进度付款、验收合格后的质量保证金留置等）约可占用1 000万元，内部预售约可提前收回1 000万元，建设资金出现了3 000万元的缺口。在多方筹措资金未果的情况下，2006年8月，该公司向Gal担保公司提出了融资担保的申请。

二、调查结果

Gal担保公司受理了该项申请之后立即派出项目经理进行了调查。项目经理发现：

1. 该公司的主营业务是商业地产出租，在行业内有较大的知名度，并有较好的历史记录，赢利能力较强，各项财务指标均显示其正处于良性上升的阶段；

2. 其计划开发的项目，由于前期策划合理，市场反应热烈，项目收益对债务的第一还款来源有较强的支撑能力；

3. Cab 公司所出租的各个商业物业虽然有较强的获利能力，没有其他的潜在债务纠纷，但均不享有完全的产权，也没有其他可以用于抵、质押的资产，不能进行抵押融资；

4. Cab 公司还是某大型跨国零售企业的合作伙伴，不但拥有该大型跨国企业的多个投资项目的股权（合计 150 万美元），还享有对该大型跨国企业物业出租的收益权（每年约 1 000 万元人民币）。担保申请人拥有稳定的收入来源。

三、保 前 分 析

1. 可以看到，就 Cab 公司本身而言，其贷款的偿付能力是比较强的，贷款用途合法，但其现有的可被银行接受的保障手段是比较弱的。如果用传统的风险控制手段，该公司获得贷款支持的可能性较小。

2. 一般情况下，企业的收益权和股权在理论上可以作为银行贷款的质押，但在实际操作中还存在较大的困难（上市公司的股权除外），在相关的管理部门办理这类权利的质押登记手续比较复杂且效率低下。而且，在国家现行的法律、法规及相关部门规章中还有许多尚待明确的地方，实践中争议较大，银行基本不接受这种方式的质押贷款，所以该公司所拥有的各项权益均不能直接提供给银行作为担保来融资。

3. 通过多次沟通、协调和讨论，Gal 担保公司发现，该公司的合作伙伴，某大型跨国零售企业，是世界 500 强排名较靠前的在伦敦公开市场上市的企业，是各国际知名投资机构追捧的对象。近几年，该跨国企业年销售收入的规模均在 1 000 亿美元以上，在中国的投资也在迅速增长。Gal 担保公司分析，该跨国企业属于公众公司，资信较好，如果能够争取该跨国企业的配合，该公司相关的收益权、股权质押将拥有较强的反担保能力。经过充分的沟通，该跨国企业表示，在不违反中国法律及其注册地、股票发行市场的管理规定和不影响其他投资者的利益的前提下，作为公众公司，其愿意为投资者提供协助。

四、方 案 设 计

据此，Gal 担保公司的业务部门为 Cab 公司专门设计了融资担保方案：

1. 以该公司与该跨国企业合作投资企业的股权作价 1 000 万元人民币作为质押反担保。

2. 以该公司出租给该跨国企业物业而追加形成的租金收益权（每年 1 000

万元人民币）作为质押反担保，质押期限 5 年。

3. 该公司个人股东及管理层成员分别承担个人连带责任保证反担保。

4. 由公司的合作伙伴该跨国上市公司出具承诺函，承诺将股权质押的事项记载在股东名册中，并履行登记备案的义务。股东名册记载后，复印件经其确认后，与确认文件一起交存 Gal 担保公司；承诺在收到 Gal 担保公司的支付通知书时，无条件将其应付未付给该公司的租金按约定划付给 Gal 担保公司。

五、风 险 评 价

Gal 担保公司的风险评审部门认为，该跨国企业经营规范、信用良好，承担上述方案中的责任并没有使其背负任何风险或增加任何成本，争取对方配合的可行性强；该跨国企业在国际资本市场比较受关注，其违约成本较高，积极履行责任的动因较强，方案的保障程度较高。

该方案确定后，贷款银行反映积极，该跨国上市公司如约出具了 Gal 担保公司要求的承诺函，并将 Cab 公司的股权质押事项记载在了股东名册上，使 Cab 公司顺利得到银行资金的支持。

六、潜在商机的发掘

Gal 担保公司的项目经理在调研中发现，该公司有机会在完成项目建设后短时间内收回投资并产生利润。

1. 调查情况汇总

该公司的这一专业批发市场地处成熟商圈，项目需求火暴，附近同类市场的年销售总额平均在 50 亿元左右。Cab 公司依托经验丰富的专业中介公司，圈定了从事该批发行业超过 5 年经营历史的潜在承租人，制定了严格的准入标准，其目的是提升市场的档次，迅速做大市场，提高项目商铺的投资价值。

行业内的中小经营者对在该市场中的经营报有较高的期望，但因为该项目没有产权只有经营使用权，中小经营者对是否能够在这个市场中持续经营还存有疑虑。

2. 潜在商机设想

针对这一情况，Gal 担保公司项目经理大胆提出设想：以担保为桥梁，比照银行住房按揭贷款的方式，将该项目各商铺 20 年的经营权一次性转让。

3. 各方评价

这一设想提出后，Cab 公司与有关银行反应十分积极：

（1）该公司认为，这一设想使其大大缩短了项目投资的回报周期，可以极大地增强其资产的流动性，并可以促进该项目的销售。

（2）Gal 担保公司认为，在专业市场经营批发的中小经营者一直是担保行业的高端市场。他们虽然有比较强的支付能力，但长期的经营不规范导致银行、担保公司无法对其做出合理评价，这一层面的市场一直无法得到有效开发。其标杆效应远大于该项目带来的业务收益。

（3）银行认为，这一设想是对个人金融业务的批发经营，规避了项目没有所有权的风险，锁定了经营者不规范经营带来的风险，如果落实，可以迅速占领部分个人金融业务的高端市场，并且在短期内带来大量结算、存款等业务收益。

4. 方案的提出

该公司完成项目建设后，对项目内各个商铺 20 年经营使用权进行了定价，并给出适当的折扣对外招商。各中小承租人在缴纳 60% 的款项后，可向 Gal 担保公司和银行申请剩余 40% 款项的个人经营性贷款。具体如下：

（1）Gal 担保公司为项目市场内的最终承租人提供担保，向合作银行申请个人经营性贷款，由该公司及其股东提供最高额保证反担保，贷款总额以市场各商铺定价总和的 40% 为上限，贷款期限按需要分为 1～5 年期；

（2）每笔贷款的金额以个人借款人承租商铺 20 年所需缴纳的租金 40% 为上限逐笔发放，并按月等额偿还；

（3）每笔贷款均需按 Gal 担保公司及贷款银行的要求提供资料，以个人借款人承租商铺的经营使用权作为质押反担保，并预先签署可直接委托变卖或拍卖的法律文件；

（4）该公司除承担反担保保证责任外，还须承担违约的个人借款人的商铺经营使用权的回购责任；

（5）该公司还必须向贷款银行缴纳相当于借款总额的 20% 的违约准备金，同时委托贷款银行，个人借款人一旦违约，贷款银行可以直接在该违约准备金中扣划相应金额款项以归还逾期贷款本息；

（6）该公司在接到银行的扣款通知后，必须在扣款日的 7 个工作日内补足对应的违约准备金余额。

5. 风险评价

（1）Gal 担保公司的风险评审部门认为，该项目虽然没有产权证明，但相关法律关系清晰、合法，经营合法有效，在此基础上产生的借贷关系亦合法、有效；

（2）该公司有较强的反担保保证能力；

（3）该方案的实际风险敞口较小，个人承租人申请贷款时已缴纳 60% 的款项，借款人违约成本较高；

（4）从各家银行的历史统计数据来看，商铺的按揭贷款违约率远低于 20%；

（5）该公司存入银行的违约准备金分散了贷款额 20% 的风险；

（6）按月等额还款使借款人还款压力减低并使贷款风险逐步释放；

（7）该项目地处成熟商圈，目前价值还有上升的空间，即使出现风险，预期在 5 年内相关商铺转让的折价比率也在原价的 60% 以上；

（8）该公司及其股东在该项目上的投资金额巨大，回报的预期较高，所以其违约成本较高。

该方案提交银行后，银行也积极配合，仅保持了对借款人资格和贷款合规性审查的最低要求，放宽贷款条件，成立专门工作小组配合 Gal 担保公司开展工作。方案实施后，上述商铺被踊跃承租，该公司在短短 1 个月时间内便顺利完成了销售，不但收回了全部投资还实现了绝大部分预期的回报。

银保合作的要点与风险共担机制

一、Gam 担保机构与银行合作的情况

Gam 担保机构于 1999 年底挂牌成立，注册资本 2 亿元人民币。为了充分利用商业银行在信息拥有、资信评估、信贷审核、监控手段等方面的优势，Gam 担保机构始终坚持与银行实行风险共担的机制，这使得担保业务和银行贷款业务的管理和审核在相互独立的基础上，互补性地结合起来。目前，Gam 担保机构已先后与十几家银行签订了合作协议。在与银行合作的过程中，Gam 担保机构坚持的原则可以归纳为："一票否决"、"八二分担"、"三项担保"、"六月代偿"。

"一票否决"是指担保机构和银行对借款企业进行独立评审，只有双方均通过评审，借款企业才能获得担保贷款，有一方未通过评审，项目就被否定。"八二分担"是指担保贷款逾期后，企业未偿还款项中的 80% 由担保机构承担，20% 由银行承担。"三项担保"是指担保机构的担保范围为贷款本金、贷款到期前按借款合同约定利率计算的利息及贷款逾期后按同期中国人民银行规定的逾期利率计算的逾期利息三项。"六月代偿"是指在担保贷款逾期后的六个月内，由担保机构择时代偿，代偿后担保机构对债务进行追偿。风险共担机制的实施有利于建立监督、约束机制，降低担保贷款风险，使银行和担保机构共同对担保贷款负责，为长期合作打下了良好的基础。

二、担保机构与银行合作的要点

在我国银行商业化改革过程中，为解决中小企业融资难的问题，中小企业信用担保机构应运而生。由于中小企业贷款效益低、成本高、风险大，商业银行对中小企业贷款的积极性普遍不高。担保机构的出现，降低了商业银行的贷款风险，为银行调整信贷结构、寻找新的利润增长点提供了帮助。在对中小企业的金融服务上，银行和担保机构双方目标一致、利益一致，能够结成"利益共享、

风险共担"的合作关系。

目前，中小企业信用担保机构开展的主要业务是贷款担保。担保机构成立后，为了拓展业务，首要任务就是选择合作银行。担保机构在选择合作银行时，要注意研究各银行的信贷政策、信贷资金投向和风险控制能力，根据银行支持中小企业的力度大小、积极性高低和控制风险能力强弱确定重点合作对象。另外，担保机构还应该坚持合作银行多元化的原则，保证在个别合作银行调整信贷政策时，担保业务不受影响。

在有担保机构参与的贷款活动中，担保机构作为银行与中小企业之间的桥梁，担保机构的信用是否为银行接受和认同是担保贷款能否顺利进行的关键所在。商业银行对担保机构的信用水平和能力的评价主要考虑以下几个因素：

1. 承担风险的能力

承担风险的能力主要是指担保机构的资本金规模、资产质量、政府或股东的支持及经营能力。

2. 风险控制能力

风险控制能力是指担保机构对风险的识别、分散、防范和化解能力等，担保机构的风险控制能力主要包括：

（1）担保机构的专业技能和风险判断能力。担保业务涉及技术、管理、市场、政策、财务、金融、法律等诸多方面，专业技能对担保业务品种的策划、对能否规避项目风险并取得收益有着重大的影响。

（2）担保机构的风险控制制度。风险控制制度是担保机构为控制风险制定并实施的，对内部各部门及业务管理人员进行制约与协调的一系列制度、措施、程序与方法，具体包括业务操作流程、项目调查规范、项目评审制度、保后跟踪制度、项目责任追究制度、内部稽核制度、离职审计制度等。

（3）风险补偿机制。担保机构的风险补偿机制包括外部风险补偿机制和内部风险补偿机制。外部风险补偿机制是当担保机构产生担保损失时，政府财政适当予以补贴；内部风险补偿机制是担保机构为弥补代偿损失而提取的各种风险准备金。

（4）风险转移机制。转移担保风险的有效方式之一是再担保。担保机构在承担担保责任的同时，如将已承担的风险按照一定比例进行再担保，则当担保机构发生赔付时，由再担保机构按照与担保机构约定的方式和承担责任的比例予以赔付。

（5）避免政府行政干预。担保机构能否避免地方政府通过行政指令干预担保业务，确保按市场化原则开展担保业务，也是商业银行关注的重点。

3. 管理水平

担保机构的管理水平对其信用评价有着重要的影响。管理水平主要包括：担保机构法人治理结构、经营者素质和经验、管理团队及员工结构的合理性、财务管理的规范性、经营理念、经营业绩等。

4. 履行代偿责任意愿

履行代偿责任意愿是指被担保的客户在发生贷款逾期时，担保机构是否愿意按照与银行的约定偿付银行的贷款。银行贷款采取保证担保方式时，出于信贷资金安全性的考虑，必然会对保证人代偿意愿进行评判，以防范保证人的信用风险。

三、"风险共担"的机制

在市场经济条件下，任何市场主体间的合作或责任划分，一定是建立在两者利益均衡的基础上的，要求任何一方承担全部风险都是有违市场规律的。因此，作为担保机构分散风险的重要手段，与银行建立风险共担机制，具有客观必然性。

对于商业银行和担保机构之间如何建立风险共担机制，国外的经验值得我们借鉴。美国小企业局贷款担保计划设计了一种银行和小企业局都可以从中受益的风险共担机制和"双赢"机制。从银行角度分析，由于小企业局提供了85% ~ 90% 的担保，降低了银行的贷款风险，提高了贷款的安全性。小企业局还利用资产证券化手段，让银行把其持有的小企业局担保贷款证券化，即银行以小企业局担保的小企业贷款组合作为抵押，通过在债券市场上出售债券而加快资金回收，提高了银行资产的流动性。另外，银行向小企业发放贷款的同时，通常还提供其他种类的金融服务，如信用卡、转账业务等，这也有利于银行其他业务的扩展。因此，许多银行纷纷加强与小企业局合作，向小企业提供贷款。不过，尽管有小企业局提供担保，银行仍然要承担10% ~ 15% 的贷款风险，因此银行在选择贷款对象时仍然十分小心，风险过大的小企业还是会被排除在外。当借款企业发生经营困难时，小企业局会和银行合作，帮助小企业渡过难关，如帮助企业改善经营管理、注入流动资金等，这极大地降低了贷款失败率。实践证明，美国小企业局贷款担保计划的运作是非常成功的。在德国，信用担保机构通常为中小企业的贷款向银行提供60% 的担保，最高可达80% 。在英国，担保机构为中小企业提供融资担保，为金融机构分担的风险比例为70% ，最高可达85% 。

在我国，商业银行已逐步认同与担保机构共担风险的机制，但自觉、自愿实施还需要走很长的路。根据国外的经验以及我国的实际情况，目前，在担保机构与银行风险分担问题上，担保机构应当承担较大的风险责任，而银行承担较小的风险责任。这种风险分担模式的优势在于：

1. 商业银行承担一定比例的风险，可以促使其审慎地选择、审核、监督及追收贷款。贷款银行对贷款对象的选择是否准确，贷款操作是否规范，直接影响了担保贷款的安全性。

2. 担保机构承担大部分风险责任，可以增强其风险意识，促进其加强自身的风险控制管理。

3. 在"利益共享、风险共担"的原则下，担保机构可以利用银行众多的服务网点优势开展"自动担保"业务，扩大担保业务规模。

担保机构与商业银行之间建立良好的合作关系是双方发展的需要。通过业务合作，担保机构可以与商业银行逐步建立起相互信任、共同发展、利益共享、风险共担的合作关系，形成担保机构与银行双赢的局面。为此，担保机构应当：

1. 争取与合作银行建立风险共担机制。担保机构与银行共担风险机制的建立并非一蹴而就，不仅需要担保机构的努力，而且需要政府有关法律、法规及政策的大力支持以及商业银行观念的转变。

2. 争取不在合作银行存放保证金，仅以自身信用为企业提供担保。

3. 加强与银行的沟通，担保机构可以通过情况通报、座谈会、到企业联合调研、定期向银行提供专业资信评级机构出具的资信评级报告等方式使银行增进对担保机构的了解。

4. 担保机构应当坚持信用为本的原则，树立良好的信用形象。

5. 将担保机构的评审与银行的审贷在相互独立的基础上，互补性地结合起来，唯有如此才能有效地防范、控制风险。

6. 担保机构应适当控制担保放大倍数。担保放大倍数是衡量担保机构风险的重要指标。

四、问题与思考

1. 银行在中小企业贷款问题上为何需要专业担保机构的介入？

2. 担保机构在中小企业融资中起何作用？

3. 如何建立担保机构与银行的合作关系？

银保合作的成功范例

一、背景资料

Gan 担保公司于 1999 年 12 月成立，公司主营业务为融资担保、履约担保及担保配套服务。多年来，Gan 担保公司运行良好，各项建设不断完善，影响面不断扩大，服务能力不断提高，中小企业受益面逐年扩大。

担保公司与银行之间建立的良好的协作关系，是保障担保公司健康发展的重要环节。在与银行的合作上，Gan 担保公司始终坚持良性互动的原则。为了充分发挥商业银行在信息获取、资信评估、信贷审核、监控手段等方面的优势，Gan 担保公司尽量使担保业务与贷款业务的管理互补性地结合，并已先后与多家银行签订了合作协议。

目前，各合作银行都能较好地履行合作协议。Gan 担保公司通过业务合作协议与银行结成利益共同体，从以往银行单独防范借款风险转变为担保公司与银行共同防范贷款风险。为提高担保贷款的管理效率，Gan 担保公司和银行对项目实行了联合调查、联合跟踪管理。在项目出现风险时，Gan 担保公司主动与银行沟通，想办法化解风险，开创了银保良性互动并更好地为中小企业服务的新局面。

二、成功范例

Gan 担保公司与 Baa 银行的合作始于 2004 年，经过 2 年的业务合作，Baa 银行已成为担保公司最大的业务合作银行，贷款金额从 100 万~5 000 万元不等。在与银行合作中，Gan 担保公司主要采取了以下措施：

1. 注重自身信用形象的宣传

在业务合作谈判之初，即充分向银行展示了担保公司的风险控制理念，并在以后的合作中不断强化宣传。担保公司的信用，指的是担保公司承担风险和防范风险的能力以及履行代偿债务的意愿。承担风险的能力主要是指担保公司的资本规模、资本质量以及政府或股东的实际支持，当然也还取决于机构本身的经营能力。防范风险的能力主要是指担保公司对风险的识别能力、分散能力、控制能力和化解能力等，也就是担保公司的业务操作水平和管理能力。

Gan 担保公司及时向银行通报这些基本信用信息，以提高自己的透明度，增进银行对自己的了解。

2. 通过银保合作选择客户群体

目前，担保公司的客户包括国有企业、私营企业及个体工商户等，其中私营企业在担保公司的客户中占据了主导地位。

然而仅仅依靠担保公司自身，客户群的选择面较窄，这个基本情况决定担保公司与银行之间应建立密切的合作关系。

在与银行进行业务合作的过程中，选择与银行政策指引相符合的客户群非常重要。在与 Baa 银行的合作中，Gan 担保公司将客户定位于银行认可的科技型、就业型、资源综合利用型、农副产品加工型、出口创汇型、社区服务型等中小企业。客户定位上的一致性减少了沟通成本，同时提高了项目成功率。

3. 为担保客户争取利率优惠

经过担保公司的担保，银行的贷款风险减少，按照风险与收益对等的原则，银行应适当降低贷款利率。因此，担保公司一般应要求银行对经担保公司担保的贷款项目在利率上给予一定的优惠，只有通过这样的合作，才能真正实现银行、担保公司、贷款企业三赢的目标。在与 Baa 银行的合作中，Gan 担保公司为客户争取到了较为优惠的统一贷款利率，提高了客户认可度。

4. 对借款人进行监督

Gan 担保公司与 Baa 银行在合作协议中约定，对借款人的贷款使用及经营情况进行跟踪管理，如知悉已出现或可能出现的贷款风险，双方应及时商议和采取应对措施，以防范和化解风险。在实际执行过程中，对贷款使用的监管上，双方应密切合作，如对每笔资金的使用都仔细核查款项用途，银行见到担保公司开立的《同意用款通知书》方可允许企业支用款项。在贷后监管上，担保公司按月出具企业监管报告抄送银行，减轻银行贷款后的管理工作，同时也让银行充分了解并信任担保公司的保后管理工作。

上述四个方面的措施中，最重要的是担保公司要有良好的信用和较高的资信等级。资信等级高，并取得银行的了解与信任，就可以争取到比较平等的合作地位，并获得银行的支持，发挥出担保公司应有的作用。

三、问题与思考

1. 如何建立担保公司与银行的共赢机制？
2. 如何提高银行对担保公司的信任度？
3. 如何实现担保公司的发展及其再担保体制的建立与完善？

附：Gan 担保公司与 Baa 银行担保合作协议书样本

担保合作协议书

甲方：Baa 银行××分行
乙方：Gan 担保公司

甲方作为 Baa 银行在××地区分支机构的管理机构，乙方作为企业融资的专业担保公司，双方为解决中小企业担保融资难的问题，依照《贷款通则》、《担保法》及有关法律、法规，本着互利互惠的原则，经协商一致，达成合作协议：

第一条　甲方同意接受乙方为贷款担保业务合作伙伴，甲、乙双方可视具体情况互相推荐企业，作为甲方提供贷款或乙方提供担保的企业，甲、乙双方按照各自条件独立地对被推荐企业进行审核，并在各自业务范围内拥有最终决定权。

第二条　合作范围与担保方式：甲、乙双方合作担保贷款业务，包括单位融资贷款和个人信贷业务，以及其他符合国家法律和监管当局规定的融资业务。乙方担保形式是连带责任保证，并使用甲方制定的保证类格式合同文本。

第三条　经甲方研究，确定××支行为甲方与乙方担保业务合作主办行，但双方业务开展可以不限于甲方主办行，甲方下属分支机构均可依据本协议与乙方开展担保业务合作。

第四条　为进一步加强甲、乙双方的全面业务合作（担保、保函、委托贷款及其他创新业务产品），乙方须在甲方指定的主办行开立保证金账户，保证金账户账号为_____，户名为_____，开户行为_____，而保证金存款余额，应同时符合以下条件：

1. 保证金账户余额不低于人民币_____万元。
2. 保证金账户余额不低于乙方在甲方提供担保授信业务在保余额_____比例。
3. 单笔业务原则上不另收取保证金，但对于高风险的特殊业务的保证金可由甲乙双方另行商议。

乙方以保证金账户中的保证金为乙方在甲方所提供保证的全部借款债务提供保证金质押担保，无须另行逐笔签订保证金质押合同，质权的存续期间至被担保的债权诉讼时效届满之日后两年止，借款人不履行债务时，甲方有权从保证金账户中划收相应款项以实现质权。

如保证金账户被司法机关或其他有权机关冻结，乙方将提供其他甲方认可的担保。

第五条　对发生违约情况的借款人，乙方应按保证合同约定履行代偿责任，否则甲方有权直接在乙方账户中扣划。

第六条　甲、乙双方按各自的业务管理规程对借款人的经营管理和财务状况加强跟踪检查和监督，任何一方获知借款企业出现违反借款用途、挪用贷款或其他严重影响其还款可能的情况时，应尽快书面通知对方，并采取制止、挽救措施。

第七条　乙方履行连带保证责任后，在乙方向借款人及反担保人进行追偿过程中，甲方应向乙方提供必要的帮助。

第八条　甲方每年定期对乙方的担保资格进行审核，建立乙方的资料档案；乙方应配合甲方审核，定期（按季）向甲方提供财务报表、担保情况和年审情况。对由乙方担保的贷款，乙方应按甲方要求向甲方贷款经办机构提供其同意担保的董事会决议、法定代表人证明书（和/或法定代表人授权委托书）和法定代表人（和/或其授权委托书）身份证复印件等资料。

乙方对其向甲方提供资料的真实性承担责任，如因乙方提供资料不实给甲方造成贷款损失，应当向甲方赔偿贷款全部损失。经审核认定如乙方不再具备担保条件，甲方有权单方取消乙方担保资格，并终止本协议。

乙方发生股权变更、合并、分立、兼并、重组，以及法定代表人、董事会成员变更、公司地址变更等情况，应当在发生后30天内以书面形式及时通知甲方，并向甲方提供相关资料。如乙方没能及时通知甲方，视同乙方违约处理，甲方有权单方终止协议。

本着互惠互利、加强合作的原则，甲乙双方应支持对方的业务发展，并就管理和控制企业信贷风险加强经验交流和合作。

本协议未尽事宜由甲、乙双方共同协商解决。

本协议经双方有权签字人签字并加盖公章后生效，有效期一年，合作期满双方无异议的，有效期自动顺延一年，任一方如需终止协议有效期顺延的，应在到期前一个月内书面告知另一方。本协议一式二份，甲乙双方各执一份。

甲方：（公章）　　　　　　　　　乙方：（公章）

有权签字人：　　　　　　　　　　有权签字人：

　年　　月　　日　　　　　　　　　年　　月　　日

企保合作模式新探

一、Cac 公司简介

Cac 公司是以机械加工为主的小型高新技术民营企业，2004 年 4 月开发研制出具有国内领先水平的农用新型多功能微型耕作机，并于同年 8 月顺利通过了农机事业管理局的专家鉴定，取得了推广鉴定合格证。

二、Cac 公司困境

由于前期开发及固定资产投入占用了较多的资金，Cac 公司生产资金出现严重短缺，为尽快将研发的微耕机项目投入运营，Cac 公司于 2004 年底向银行申请贷款。银行调查后认为，Cac 公司成立时间短，管理不规范，产品尚未形成规模生产，销售前景不明朗，且无足值抵押物，因此放弃合作。

Cac 公司在四处碰壁、融资无门的情况下，抱着试试看的想法，于 2005 年 2 月找到 Gao 担保公司。

三、Gao 担保公司的调查分析

Gao 担保公司经充分调查，对 Cac 公司做出如下分析判断：

一方面，综合优势明显，表现在：

1. 行业优势。农机行业属国家积极扶持和推广的行业，其研发的微耕机属国家大力发展的新型农业机械。

2. 技术优势。其微耕机采用的新型发动机属"国家 863 星火高科技计划"产品，具有较强的竞争优势。

3. 销售优势。首先，该产品属"官方销售"，即由各区县农机局（站）进行统一采购后转销至农户，销售回款有保障；其次，国家为促进农业现代化建设，对部分农业机械给予一定补贴，一旦该产品纳入了国家财政补贴目录，农民的购买力将大大提高，销售量将会有大幅提高。

4. 市场优势。产品广泛适用于山地及丘陵等地形，易搬运，符合广大西部地区及东南亚的农业生产条件。

5. 信用优势。该企业是从简单的家庭企业发展而来，法人夫妇从 2 000 元起家，稳步发展，具有较好的信用口碑，尚无银行贷款。

另一方面，该企业劣势也比较明显，表现在：

1. Cac 公司正处于起步阶段，管理有待规范。

2. 公司自身资金实力不足，厂房均为租用，且机器设备价值不高。

3. 其产品虽然具备优势，但尚未真正投放市场，对其市场前景仅建立在预测的基础上。

综合上述情况，Gao 担保公司进行了深入分析：

首先，大家基本认同该公司是一家有发展潜力的企业。对于成立不久的小企业而言，最重要的并不是物的因素，而是人的因素。对 Cac 公司的综合分析表明其经营管理者在诚信度、管理水平、营销能力等方面已具有比较高的水平，而其在技术方面的优势更是毋庸置疑。

其次，风险可控。通过咨询策划服务可帮助企业规范化和系统性提高管理水平，同时可对企业实施更为全面的监控，确保风险控制。目前企业最主要的劣势在于物的劣势，即流动资金与固定资产的劣势，可以通过担保公司的融资服务帮助企业解决。

综合分析，企业有发展潜力，相关劣势可能导致的不确定性尚在 Gao 担保公司可控制和可承担的范围之内，Gao 担保公司完全有能力规避这些不确定性所导致的风险，此时介入为最佳时机。

四、Gao 担保公司的实施方案

Gao 担保公司最具特色的业务种类在于担保、咨询策划、委托贷款和小额投资，与 Cac 公司的合作将充分采用四者相结合的模式。

1. 委贷介入

3 ~ 5 月正处于农村的春耕时节，也是微耕机的销售旺季，鉴于 Cac 公司急于备货，Gao 担保公司在分析其合理资金需求的基础上发放了委托贷款 100 万元，期限 4 个月，帮助其在最短的时间内实现了产品的批量生产。

在此期间，Gao 担保公司专门成立管理咨询小组，一是帮助其梳理内部管理、建议市场投向、提高资金使用效率，尽可能提高创利能力；二是帮助企业进行信用建设，强化诚信理念，为其在银行融资做好充分准备；三是通过管理咨询对企业实行全面监控。

6 月，此笔贷款结清后，Cac 公司核算利润有近 100 万元，最主要的是企业首批产品投放便达到了理想的效果，市场销售体系初步形成，市场认可度逐步提高。Cac 公司尝到了合理负债的"甜头"，对 Gao 担保公司"雪中送炭"的支持非常感激，由此确立长期合作伙伴关系。

次月，鉴于其市场效应初步显现，Gao 担保公司继续向 Cac 公司发放一笔 3 个月委托贷款，并将额度增加至 150 万元，以满足企业秋耕备产之需。同时，加紧向各合作银行推荐。

2. 担保跟进

10 月，Bab 银行经过全面考察，同意在 Gao 担保公司提供担保的情况下，向 Cac 公司发放贷款 200 万元，期限一年。银行在分期放款及分期还款的方案设计、销售回笼资金的监管等方面充分采纳了担保公司的意见，并通过监管协议等方式有效降低了担保公司的风险，这使得担保公司由通常的被动转为主动。

贷款发放后，Cac 公司及时归还了 Gao 担保公司的委贷 150 万元。

2005 年，Cac 公司全年共实现销售收入 2 000 多万元，净利润 300 多万元。Gao 担保公司的支持，发挥了杠杆效应。

由于 Cac 公司产品先进、管理能力提高且有政府的大力支持，因此在春秋销售旺季均取得了非常理想的效果，不但产品迅速占领市场，而且成功进入了财政补贴目录，从而确立了其品牌优势与销售优势。

3. 合作深入

2006 年，Cac 公司结合市场需求，对产品进行了改良，成功申请了多项专利，所生产的多功能微耕机经科技部、农业部专家鉴定，在同类农业机械中达到国内先进水平，销售市场迅速扩大到四川、重庆、云南、贵州、湖南和山西等省市，并开始向东南亚国家出口。

由于铺货量大幅增加，Cac 公司资金需求进一步扩大，在 Gao 担保公司的支持下，银行随之将贷款额度增加至 400 万元，其临时性资金缺口通过担保公司提供委托贷款方式解决。

2006 年，Cac 公司共实现销售收入 5 000 万元，利润 600 多万元，实现了成倍增长。与此同时，担保公司也获得了较高回报。

4. 引导发展

随着 Cac 公司迅速发展，市场销售体系逐步形成，生产规模日益扩大，生产能力的局限性开始显现。Gao 担保公司主动策划，引荐其进入享受众多优惠政策的特色工业园区。但 Cac 公司的购地款 800 万元短期内无法落实，而为防止园区土地进一步涨价，地款必须在短期内筹集。Gao 担保公司充分兼顾各方利益，提出了如下合作方案：

（1）Cac 公司尽可能在不抽取生产资金的前提下准备购地款，超过自筹部分由 Gao 担保公司先行通过委托贷款形式解决；

（2）在土地款缴纳的一定时限内，园区办妥产权手续；

（3）Cac 公司以土地产权作为抵押，向合作银行申请中长期贷款，以归还 Gao 担保公司的委托贷款；

（4）在此期间，若 Cac 公司在一定期限内未能及时获得银行贷款，亦未能寻求到其他资金来源偿还担保公司，园区承担回购责任。

按照这一方案，Cac 公司很快进入园区，完成了厂房建设，扩大了产能，提升了形象。

5. 风险控制

除了实际控制人、核心财务和技术人员始终承担个人连带责任保证外，在不同阶段，Gao 担保公司设计的反担保措施各不相同。

如项目前期，主要是结合销售特点，通过保后监管与咨询策划服务严密监控 Cac 公司的资金结算情况，锁定回款；项目中期，逐步增加其产品专利质押和核心设备抵押；项目中后期，逐步派人参与其经营管理，并开始与 Cac 公司探讨股权投资事宜，为下一步上市融资打下基础。

五、问题与思考

本案例充分体现了担保公司与企业合作方式的个性化与灵活性，体现了担保公司对发展及赢利模式的积极探索，也体现了风险控制模式的多样性。

1. 体现了担保公司的社会责任及品牌效应。本项目针对的是新农村建设和现代农业概念，此概念极具社会意义。鉴于此，Gao 担保公司并未单纯从商业赢利的目的出发进行方案策划，而是重点突出了担保公司的综合信用支持能力和社会责任意识。该项目的成功，极大地提高了担保公司特别是商业担保公司的社会美誉度，树立了良好的品牌形象。项目的综合意义已超越了单纯的业务收入价值。

2. 对传统行业的全新扶持理念。农业及农业机械属于传统行业，以往该领域的资金投放更多的带有政策性，一般的商业性银行基于风险及收益的考虑不愿主动投入，但 Gao 担保公司在充分判断的基础上对企业进行大胆支持，其对项目的操作不但以多种方式实现了资金投放，而且以丰富的手段实现了风险控制，更为可贵的是以高智慧的策划实现了高回报，这些都对银行的传统扶持理念进行了深度挑战与冲击，促使银行传统扶持理念的改变。

3. 充分体现了"重管理、重潜力"的客户选择理念。该案例中对客户的选择集中在对"人的因素"的分析，再结合其优势与劣势的综合分析，判断其是否有潜力，风险是否可控，并由此进行决策。

4. 多种业务模式综合运用，针对企业情况量身定做具体方案。该案例体现了担保公司较强的设计策划能力。本案例中，担保公司一方面通过深入分析企业情况，针对性地设计了各种融资方案，帮助企业最终解决融资难题；另一方面为企业提供经营管理方面的咨询，帮助企业提高管理水平，提高综合竞争力。在此基础上，再结合委托贷款、融资担保等多种业务手段，对企业提供全面的资金支持。

5. 风险控制模式的探索。本案例中，Gao 担保公司采取了多种风险控制措施组合搭配，不同阶段重点采取不同的风险控制措施，实现了团队管理者信誉控制、产品控制、销售控制、资金流向控制、过程控制等多种控制方式，并且在不同的阶段集中以某一种或某几种手段为主，控制每阶段的核心环节，凸显控制成效。

6. 开创主动性的银保合作模式。本案例中，担保公司对银行淘汰的客户略作扶持后再推荐给银行，争取了银保合作的先机；同时在合作过程中充分发挥影响力，通过与银行签订监管协议确保了担保公司的主动性，并且借助银行的监管最大程度降低了担保公司的风险。

政策性担保机构对国企改制的推动作用

一、背 景 资 料

  Cad 公司的前身可以追溯到 1968 年，成立后经过多年的发展成为一家国家级定点生产变压器的市属骨干型企业，是科技部重点新技术依托单位。"七五"和"八五"期间连续进行了两期技术改造，形成年产电力变压器 150 万千瓦的生产能力，但在第二次技改的可行性研究分析时出现了较严重的预测失误。首先，大部分技改资金约 4 000 万元来源于银行贷款，当时银行存贷款利率都处于较高水平，企业技术改造完成后达不到预期的经济效果，导致企业背负了极其沉重的债务负担。其次，技改后原材料价格大幅上涨，市场需求出现萎缩，产品出现积压和滞销，产能闲置，销售状况日益恶化，开始出现亏损，逐渐丧失了按期偿还技改资金贷款的能力。因此资产负债率处于较高水平，流动资金周转紧张，企业陷入经营困境。

  在当时的环境下，处于经营困境的国有企业只有改制重组成功才能重现生机，Cad 公司于 1997 年开始着手进行第一次改制，由职工集资入股补充经营资金，但是职工集资入股款项对于该企业的生产经营而言好似杯水车薪，无法有效解决实际问题，而且改制过程中纠纷较多、不彻底，后来将职工集资款退回。由于当时其经营性固定资产达到 5 000 万元，产能闲置状况较严重，为了适应国内铁路建设而开发研制的铁路电气化牵引变压器的市场空间较大，而且其设计生产能力能够满足全国电气化铁路建设需求总额的 30%，所以仍然具有较好的重组改制预期。但是，在重组改制成功之前，如何维持正常的生产以等待成功重组机会的出现呢？降低国企改制的成本和社会负担成为关键。Cad 公司为了再次从银行融到正常生产所需要的流动资金，于 1999 年向 Gap 担保机构提出流动资金贷款担保申请。Gap 担保机构是一家政府出资的事业性质担保机构，为了体现出政策性担保机构的社会性职责和作用，Gap 担保机构受理了该申请，并进行了详尽的现场调研和严格的评审。

二、担 保 过 程

经过详尽的现场调研，Gap 担保机构发现 Cad 公司 1999 年末资产总额为 9 313万元，其中固定资产 5 226 万元（含经营性资产 5 046 万元），资产负债率达 82.0%；短期银行贷款 5 082 万元（大部分为原技改时长期贷款到期后未能正常偿还的倒贷），长期银行借款 1 092 万元；由于流动资金紧缺、生产能力闲置，全年仅实现销售收入 2 473 万元，上缴税金 236 万元，亏损 286 万元；但是其潜在的生产技术水平较高，产品质量较好，在参与 Cae 公司招标的国家重点建设项目——××城市至××城市的电气化铁路改造项目中中标，签订了总价为 1 100 多万元的供货合同。根据分析推断，合同的货款结算状况较好。为完成合同业务特申请 360 万元流动周转资金，可提供的反担保抵押物只有一套营业用的房产，综合担保风险较大。

经过多次的沟通、协商和细致详尽的调研分析，Cad 公司陷入经营困境主要体现在以下三个方面：

1. 银行借款金额较大，债务负担和财务负担沉重，大约 6 000 万元的银行借款每年仅利息支出就在 400 万元以上，而 1999 年在实现 2 473 万元销售收入的基础上共计亏损 286 万元。这表明在不考虑利息支出的情况下其正常经营业务是赢利的，即在正常周转过程中流动资金是安全的、自然增长的，而由于历史原因形成的债务负担导致 Cad 公司连续年度处于"失血"状态。假如不采取其他的有效补救措施，该公司持续"失血"，那么早晚将资不抵债，历史债务发生大面积损失在所难免，因此历史债务的债权方应该尽早配合采取应对措施以便共同等待重组机会，比如减免利息等。

2. 流动资金严重紧缺，特别是沉重的财务负担导致连续年度处于"失血"状态。为了维持正常经营周转，资金不断流出，陷入恶性循环，销售收入不断萎缩，产能大量闲置，技改后的技术优势和生产潜力无法有效发挥，逐渐丧失了利用主业利润消化技改资金贷款的能力，甚至不能够维持正常的发展。但是结合上面分析，若不考虑 400 万元左右的利息费用支出，Cad 公司 1999 年在实现 2 473 万元销售收入的基础上主营业务利润为 100 万元左右，而且其主导产品的市场需求状况较好。倘若该公司能够再次获得流动资金支持，扩大产能和销售规模，其主营业务利润将保持同步的增长，甚至覆盖利息费用支出，改善持续"失血"的状况。

3. 资产负债率高，特别是银行贷款占负债的比重大，现金偿债压力极大，使得商业银行望而却步，导致 Cad 公司无法正常融到所需流动资金，陷入流动资金"瓶颈"约束的无奈局面。商业银行以赢利最大化为经营目的,在业务发展和风险控制方面有着非常严格的标准和程序,因此对于类似 Cad 公司的企业拒绝提供贷款支持符合市场发展规律。

经过进一步对 Cad 公司生产设备、技术水平、产品质量、合同订单及市场状况的深入考察,在上级主管部门的协调下,Gap 担保机构与该公司的其他债权人在政策允许的范围内协商达成一致,对沉重的历史债务减免利息,并且适当进行部分债务豁免,最大程度上保障新融到的流动资金不再因非生产因素流失。Gap 担保机构最终决定给予流动资金贷款担保支持,同时采取了以下的控制风险措施:

1. 按照实际生产所需的流动资金额分批发放贷款,第一笔发放 60 万元,用其一套 50 平方米的营业房抵押作为反担保措施。

2. 在发放第二笔 300 万元流动资金贷款之前,Gap 担保机构与 Cad 公司、新融资银行 Bac 共同签订了贷款资金封闭使用的三方协议,要求 Cad 公司必须将全部贷款资金用于生产,即支付采购原材料的货款,支用时必须附采购合同,对于不符合协议约定的支出 Gap 担保机构和 Bac 银行均可以拒付,企业的销售货款全部结算回到所监管的账户。将贷款资金严格地限制在企业的生产循环过程中,贷款资金发生损失的可能性较小,很好地保障了第一还款来源、降低了贷款担保风险。

3. 根据实际合同订单的加工、完成状况确定严格的贷款(担保)期限,尽量缩短每一笔贷款(担保)的期限。这样一方面使得 Cad 公司能够时时刻刻感觉到还款压力,保持较好的工作经营状态;另一方面可以有效防止封闭运营的资金挪作他用,降低贷款担保风险。

在以上三项主要措施的基础上,Gap 担保机构在 1999~2005 年根据 Gap 公司实际获得的业务合同订单状况共给予 Cad 公司贷款担保支持 12 笔,总额达到 2 240 万元。在流动资金贷款的支持下,该企业维持了较正常的生产发展,能够持续的签订并且完成业务合同。1999 年,在 Cae 公司招标的国家重点建设项目 ××城市至××城市电气化铁路改造项目中一举中标,签订了总价为 1 100 多万元的供货合同。随后相继中标多个国家级铁路电气化改造项目,每一个项目的进展过程中,都得到 Gap 担保机构根据实际情况给予的流动资金贷款担保支持,维持了其正常的生产运营。

然而支持的流动资金额度相对于 Cad 公司的经营性固定资产规模仍然较小,在持续扶持的过程中只能维持其正常生产,赢利微弱,资产结构未能得到较明显的改善,仍然处于经营困境。

由于 Gap 公司于 2004 年寻求到较好的重组机会,开始进入重组程序,增加了重组的风险,Bac 银行不愿意继续介入支持,Gap 担保机构的最后一笔 270 万元流动资金担保发生代偿。此时，Cad 公司将主要工作转向重组谈判，基本停产，并抽调了生产环节的流动资金用于重组谈判期间的员工工资和重组费用等的开支，无力偿还流动资金贷款及 Gap 担保机构代偿款。Gap 担保机构经过详尽的分析，认为追回代偿款的关键在于重组是否能够成功，因此密切关注 Cad 公司的重组进程。Cad 公司多年积累的品牌资产和实际的加工生产潜力一直以来具备较好的重组预期，2004 年引进的重组方为国内一家规模型知名电气设备制造企业，旗下拥有一家绩优上市公司，综合实力较强，因此重组成功的可能性非常大，只是可能需要较长的时间。为了顺利收回代偿款，Gap 担保机构决定尽力促成该企业的重组，一方面，不在重组谈判期间给企业过重的资金开支压力，因此没有在代偿后立即组织紧迫的催收工作；另一方面，与 Cad 公司积极沟通协商，为其重组工作出谋划策。

在长达 6 年的合作过程中，Gap 担保机构始终坚持将企业与自身效益双赢摆在第一重要的位置，通过积极的沟通努力实现双赢的结果，因此逐渐建立起以诚信为基础的业务合作关系。Cad 公司于 2006 年成功完成重组，主动归还了 270万元代偿款。

三、问题与思考

1. 贯彻国家产业政策，保证维护社会稳定等政府政策意图，实现社会效益的最大化，是政策性担保机构最明显的标志和特征。按照国家要求，政策性担保机构应对信用良好、具备一定的市场和发展前景、内部管理水平较高的中小企业予以担保扶持，这也是政策性担保机构对申保企业的最基本要求。上述案例较好地体现了政府出资设立担保机构的作用。政策性担保机构通过市场化运作手段扶持具备发展潜力的企业，体现出帮助中小企业可持续发展的社会性职责和运用政策的灵活性。但是，广泛灵活的选择无法形成较严格的标准和程序，而担保行业属于高风险行业，项目的选择至关重要，选择标准和程序与风险控制密切相关，如何在广泛灵活的项目选择方式中有效地控制风险、在扶持具备发展潜力的企业可持续发展的同时保障自身的可持续发展仍然是个难题。

2. 对资产规模小、反担保措施薄弱的中小企业，宜采取量体裁衣、量身定做、灵活多样的组合打包政策。特别是在常规房产或设备抵押物不足的情况下，要通过分析客户履约能力，对其第一还款来源或履约能力做出基本判断，可采用账户监管等灵活多样的反担保措施，而不仅仅是将反担保措施局限在抵、质押等方面。上述案例针对企业特点，在风险控制方面极好地体现了担保机构在反担保措施方面的灵活性和创新性。当然，创新反担保措施需要其他相关机构的配合，比如银行账户资金监管、应收账款质押中付款方的承诺与配合，特别是发生风险后追偿过程中，前述配合尤为重要。

3. 以诚信为合作基础，持续对资金用途以及生产经营未发生异常的客户予以扶持。政策性担保机构在扶持具备潜力的企业发展和社会诚信建设方面大有作为。但是，社会诚信建设任重道远，需要多方的积极参与和努力，仅靠政策性担保机构的单方推动还远远不够。

第二篇

尽职调查篇

保前调研提纲的制定与实施

一、调研提纲的定义

调研提纲是指项目调研人员在调研之前为达到调研目的，针对调研的项目和内容制定的一个计划。担保业务所涉及的调研提纲，主要依据被担保对象提供的初始资料和信息，围绕调研对象的行业特点、生产经营模式和主要财务指标制定，以达到了解与核实的目的。具体涉及：企业的经营模式、发展前景和行业状况；主营产品的技术特点、生产制造和品质保证；公司的管理架构、人力资源和企业文化；企业主要管理团队的人格特征和治理结构；重要财务核算科目等多方面内容。合理的调研提纲既要做到全面，又要突出重点，同时还必须针对不同的企业特点、调研对象、调研阶段和申请的业务品种，适时调整提纲内容。

二、调研提纲的制定

以下援引一项目实例，对项目调研提纲的制定进行详细分析：

Cba 公司因接获国外大额订单，缺少流动资金组织原材料和生产，拟向担保机构申请 500 万元信用证打包贷款额度的担保。该企业为一家消费类电子产品供应商，自身资产规模较小，生产能力较弱，但开发设计能力较强。基于企业的经营现状和担保需求特征，项目调研提纲制定如下：

1. 经营管理能力（主要包括管理团队组成、股权关系、分工协作性等）。由于企业成立时间较短，股东人数较多，项目经理将调研重点确定在股东的合作关系方面。

2. 贸易背景的真实性和可行性（合同的核实、采购商实力和信用资质、信用证开立行资质和信用证特殊条款、违约责任等）；由于企业申请的是信用证打包贷款额度，项目经理把重点定在贸易真实性和企业履约能力方面。

3. 产品的供应能力（产能"瓶颈"、关键工序 PCB 制作和 SMT 贴片的外协产能及质量保障、产成品的质量测试等）；项目经理把此项作为企业履约能力的辅助调研。

4. 开发设计优势的保障（研发团队的组成、稳定性、激励机制等）。

5. 近期财务指标主项核证（应收、应付主要客户往来记录、其他应付项目落实、成本分布明细等）；由于企业处在初创期，各项指标不是很理想，仅仅分析财务指标不一定能确认企业有还款能力，但此项调研仍至少可以发现或排除风险因素的存在。

6. 参照订单执行进度，分析企业的生产或出货的峰值及周期，以了解其具体的资金需求。通过细化的分析可以使方案设计更有针对性。

三、调研提纲的实施

项目调研人员先后和该公司的多名主要管理者进行了全面交流。了解到公司核心的管理团队均为公司股东，股权相对均衡，且股东合作关系经过多年磨合，职责界定明晰，分别负责研发、生产、采购、销售和综合管理；彼此沟通充分、求同存异，对于公司发展过程和日常运作的主要事项，均采用集体决策制，少数服从多数，通过集思广益增强决策的科学性、正确性和可行性，避免一言堂。

通过核实项目来源、收集相关往来信息、分析前期项目进度，并走访最终客户和元器件供应厂商，项目人员确认了以下信息：该笔大额订单贸易背景完全属实，签订合同的采购商是一家香港上市公司，从事相关行业 20 余年，业绩良好，履约能力具备；信用证的开立行排名世界银行前 50 位，信用证议付足以保障。

公司产品生产包括主要零部件委托加工和整板总装调试两部分。PCB 板和 SMT 贴片工序均由专业外协厂家完成，主要的两家外协企业设计生产规模大大超过订单要求的产能，且通过 ISO9001 质量体系认证，具备产品供应和品质保障条件。完成贴片后的线路板由该公司自身进行参数设定、电压微调、软件安装、整机老化和性能测试。尽管生产车间物理条件相对较差，但管理人员利用有限资源、积极开拓思路，因地制宜的设计了工艺流程、流水线和检测仪器台，运用多种统计技术对整个生产过程有进行效监控，并从来料检验、过程控制到最终检测实行全方位监管，确保产品保质保量供应客户。

企业从设立之初就将自己始终定位为高新技术型企业，视技术研发为生命，投入了数年时间，大量的专业人才，紧跟国际行业技术领先潮流，自主开发了多项专有技术。尽管该企业的设计人员比较年轻，但属于国内最早涉足该类产品研发的团队之一，不拘泥于传统，创新能力较强。主要技术骨干持有公司超过15% 的股权，确保了团队的稳定性。

　　企业财务指标是本次贷款担保的最大障碍。从总体判断，该公司不符合被担保的基本条件，当年亏损、资产负债率超过 95％、其他应付账款过大、营运资金为负等。但通过细致的成本分析，项目调研人员判定该项目毛利率水平较高，公司在保障原材料供应的情况下，能够产生可靠的净现金流入，确保持续的项目良性循环。而且从历史记录分析，该公司收付款项及时、工资支付记录正常、老员工占比较大，从而在客观上保障了财务稳定性。

　　贷款担保的实施时间是本次调研的关键点。为了确定该实施时间，项目调研人员依据订单安排、国内及国外主要零部件采购计划以及信用证回款周期，制定了具体到日的详细资金需求分析表。从这份需求表上，项目调研人员提供出备选的担保贷款发放时间段。

　　综合上述调研提纲完成内容，项目评审委员会全面分析项目的风险点和可行性，最终决定为这家年销售规模没有超过 700 万元的企业提供 400 万元单笔信用证打包贷款担保。当年第一笔信用证顺利履行，担保机构遂追加担保了一笔打包额度，几张信用证履行下来，企业经营状况有了很大改观。两年之后，该企业已发展成为年产值突破 2.5 亿元，创汇 3 000 万美元的行业龙头之一。

四、问题与思考

　　通过以上的案例分析，我们可以得出如下结论：项目调研人员在每个担保业务开始之初，认真分析企业提供的资料和信息，拟定合理而又有针对性的调研提纲，将会获得事半功倍的收效。

担保项目调研提纲的设计

一、案例介绍

Cbb 公司是一家以家具生产、加工、制造和销售为主营业务的专业家具生产配套公司，拥有各类专业生产线达 10 多条，主要生产家具、沙发、茶几、餐桌、电视柜、床垫等产品。随着生产规模日益扩大，Cbb 公司根据国外市场需要，及时调整产品结构，逐步向生产出口产品转型，通过开发新品种生产的铝合金户外家具全部远销欧美市场。为了扩大规模以谋求企业更广阔的发展空间，Cbb 公司在当地购买了近 100 亩土地用于兴建现代化新厂区。但由于前期的厂房建设占用了公司部分流动资金，造成公司资金需求较为紧张，碰巧此时公司又承接了 1 笔总价值近 1 000 多万元的铝合金折叠桌出口订单，资金需求量剧增，在这种情况下，公司必须在短时间内筹措到足够的资金去购买用于生产的原材料。公司总共出现约 500 多万元的资金缺口，为了弥补缺口，Cbb 公司向 Gba 担保公司申请 500 万元的贷款担保。

二、调研提纲的设计

在了解到 Cbb 公司融资担保的需求之后，Gba 担保公司马上派出以项目经理蓝某为主的项目小组与该公司负责人黄某进行接触沟通，经过反复、耐心、细致的交流，蓝某大致了解公司目前的经营状况和资金的实际用途，初步拟定了以下的项目调研提纲：

1. 调查 Cbb 公司的历史沿革、当前经营状况；

2. 调查 Cbb 公司的生产制造方式、经营方式、技术实力状况、设备更新状况；

3. 公司管理层信用、素质和经验、主要经历和业绩，以及公司的管理现状，包括内部组织架构、人事管理、财务管理、对关键人员的激励机制等；

4. 了解目前家具加工行业的发展现状，家具行业出口退税情况和人民币升值的影响；

5. 全面调查 Cbb 公司主要控制人的个人信用及家庭情况，股东背景及结构、经济个人实力和其他经营投资情况；

6. 了解公司上下游企业情况和销售策略；

7. 调查 Cbb 公司是否有关联企业及其基本情况；

8. 了解公司过去几年的经营业绩，核查企业当期主要资产、负债、销售收入、利润等关键财务指标；

9. 调查目前公司在银行的借款及或有负债情况；

10. 了解公司变现能力较好的资产（土地、房产、设备等），做好反担保措施设计及组合方案，并实地逐一核对；

11. 调查分析公司融资担保申请理由的真实性、合理性；

12. 通过信用网、法院信息网以及银行、海关、金融机构等其他专门渠道全面调查了解 Cbb 公司的资信情况。

三、实 地 调 研

项目经理仔细拟定好上述调研提纲后，立即到 Cbb 公司进行实地调查。在 Cbb 公司的积极配合下，项目经理很快掌握了公司经营的基本情况：

1. Cbb 公司经营时间较长，资产负债结构较为合理。目前公司整体运作呈良性，产品销售收入逐年稳步增长，且没有银行负债，企业效益较为理想，第一还款来源较有保障。

2. 此次贷款用途明确。贷款主要用于购买生产用铝材，出口货款以信用证方式结算，出现坏账损失的可能性很小。

3. Cbb 公司的新厂房虽然还没有获得房产产权证，且公司表面上可供登记的抵押物较少，但公司经济实力较雄厚。公司已投入近 1 000 万元资金建设新厂房，土地款也已支付完毕并取得土地使用证，厂房报建手续也正在向政府相关部门申请办理之中，部分车间已开始投入使用。土地上盖厂房均由自购材料建设，未付的工程款不多，公司负债情况较清晰，项目有一定的反担保措施。

4. Cbb 公司负责人系本地人，从事铝合金家具时间较长，在生产和销售方面积累了较为丰富的经营管理经验，能及时抓住国外市场有利时机，扩大出口量，具有较强的市场开拓能力。同时，其本人无不良信用记录，在当地还有多处物业，具有较强的经济实力，出现道德风险可能性相对较小。

在按照调研提纲进行调查摸底之后，项目经理蓝某判断项目整体风险不大，公司有很好的发展前景。为此，Gba 担保公司为 Cbb 公司设计了一份担保额为 500 万元的融资方案。

通过此次融资担保项目，一方面，Cbb 公司顺利按原定生产计划采购到材料安排生产，出口订单也如期交货，及时解决了公司资金不足的景况，有效地缓解了公司的资金压力，并进一步创造了良好的经济效益；另一方面，公司与银行也建立了良好的合作关系，不仅获得了巨大的资金融通，拓宽了公司的融资渠道，还进一步提升了公司的信用度，使公司的竞争力获得了较大的提升。

四、问题与思考

各个企业所处的行业不同，经营状况也不同，担保从业人员应根据借款人的实际情况量身定做项目调研提纲。通过有针对性的项目调研提纲，可以明确下一步的工作内容，有步骤的进行后续工作，提高项目调查工作的质量和效率。

制定项目的调研提纲，应注意把握以下几点：

1. 制定项目调研提纲实际上是对企业信用状况、经营管理能力、经营理念、发展趋势等定性分析的数据印证和客观检验，是进行项目调查的目标。

2. 制定项目的调研提纲要着重于客观、真实，完整地反映调查企业的经营情况，关注借款企业的客观还款能力和主观还款意愿。

3. 制定项目的调研提纲应根据借款人实际情况，秉持务实高效、抓大放小、实质重于形式的原则。

保前信息甄别与风险防范

一、背　景　资　料

借款人是一家从事殡葬服务的有限责任公司，由于发展需要，欲进行陵园建设，拟向银行申请一年期流动贷款1 000万元，银行将该企业推荐给某专业担保公司。

担保公司在承接该项目后，按照担保业务操作程序对该企业进行保前调查，了解到企业基本信息如下：

1. 该企业最初是由该县殡仪馆与该公司的法定代表人（港澳台人士，以自然人身份）合作成立的，企业性质属民政公益事业单位法人。后来由于政策原因，县殡仪馆退出该企业，该企业性质由民政公益事业单位法人转变成为纯民营型企业。当时正在推行殡葬改革，而且该县正在招商引资，为解决社会矛盾、节约保护耕地、鼓励和支持外商的投资热情，该县政府在国土、财政、地税、建设等方面对该公司给予了很多优惠，以保证陵园顺利建设。

2. 该企业应取得的政府相关批文是在县殡仪馆退出前取得的，目前仅缺公墓销售许可证，据该县民政局有关工作人员答复，该证在总工程完工装修完毕并验收合格后两个月内即可取得。

3. 从工商等部门获取的资料显示，该公司自成立以来营运一直正常，每年定期年检，没有诉讼、仲裁等纠纷。从银行打印的企业资料及主要结算行的对账单、贷款卡记录显示，该公司目前尚无贷款记录，由于一直处于建设期，也没有太多的结算。

4. 该企业的法定代表人虽是外商，但履历显示其曾一直在国内政府机关服务，企业中层以上管理人员有很大部分都曾在地方政府部门任职，员工均为当地人。

担保公司通过对企业情况的了解，认为该企业基本符合申请担保的条件，其判定依据为：该企业所属行业是国家垄断性行业，具有一定的门槛，有较大的利润空间，仅出售一定比例墓穴的收入即可覆盖其全部建设成本；该企业运营正常，担保风险可控。因此，拟同意该企业通过担保公司初审阶段，进入保前调查阶段。

二、风 险 识 别

担保公司承办该企业的项目经理针对已掌握的企业现有信息进行整理、分类，并加以分析、甄别，对尚不确定但对该企业有重大影响的信息实施了补充收集。项目经理在对该企业信息进行核实中发现，企业对外负债数目不准确，企业虽无银行贷款，但其他负债不少，且企业对其负债解释不清晰。同时，担保公司派专人向上一级民政部门了解了殡葬公墓等政策法规的具体信息，并专程走访了市公墓改革办，核实了殡葬墓穴方面重大政策的变化情况，在信息反馈和细化分析中，发现该企业提供的信息与真实情况严重背离：

1. 根据《公墓管理暂行办法》规定：（1）建立公益性公墓，由村改建委员会提出申请，报县级民政部门批准。（2）建立经营性公墓，由建墓单位向县级民政部门提出申请，经同级人民政府审核同意，报省自治区、直辖市民政厅（局）批准。（3）与外国、港澳台人士合作、合资或利用外资建立经营性公墓经同级人民政府和省、自治区、直辖市民政厅（局）审核同意，报民政部批准。

而该公司原来是由县殡仪馆的名义申请，属县殡葬管理所，是公益性公墓，因此当时由县政府批准即可。但是县殡仪馆退出后，该公司性质发生了质变，变成民营的经营性公墓，且该公司法定代表人是港澳台人士，必须由民政部批准，但事实上该企业在其经营性质变化后，仍然一直在使用原来的批文。

2. 该公司注册资金大部分是由法定代表人通过民间集资所取得。

3. 该公司的法定代表人在国内多元化经营，项目部分资金已调作其他的用途，且该法定代表人实际控制的异地公司涉及诉讼。

4. 该公司欠当地政府建设费、土地费等各项费用共计 2 000 多万元。

担保公司及时把掌握的该企业的有效信息告知银行，鉴于该企业的真实情况和企业诚信的严重缺失，担保公司终止了对该企业的尽职调查，该项目未能进入最后评审阶段，有效地防范了由于信息不对称可能带来的风险。一年后，担保公司项目经理对该项目进行了跟踪回访，了解到该项目由于未能获取公墓销售许可证，资金运转发生了严重问题，项目已停滞。

三、问 题 与 思 考

1. 担保公司在保前初审和保前调研两阶段中，对企业信息收集、甄别、筛选是担保公司防范风险的基础，分析企业信息的有效性、细节和时效性是担保公司人员保前调查的关键。担保公司的项目经理要有敏锐的洞察力，注重政策法规的细微变化，针对所承办企业的不同性质，必须了解其不同的产业政策、行业政策及相应法规，避免因对政策理解不透而造成错误决策。

2. 担保公司在对企业信息的分析中要关注信息真实性。被保企业没有银行贷款记录，并不代表企业负债比例低，相对于银行贷款，其他负债更具有隐蔽性和不可掌控性。企业所提供信息的真实性和有效性也需要担保公司进行独立的核实和判断。

3. 担保公司不可迷信"权威部门"的信息。一则掌握"关键"信息的有关人员的道德风险难以把控；二则某些职能部门为了自身的"政绩"和利益，也可能有意无意地误导银行或者担保公司。该类"权威信息"带来的风险往往是致命的，也是担保公司保前调查中要警惕和关注的重点。

信息收集与担保业务操作

在担保业务的调查阶段，对客户信息的收集是调查的第一个环节，也是最基础的工作。下面将以 Cbc 公司为例介绍一下信息的收集主要内容。

一、客户基本情况信息

包括借款主体 Cbc 公司的营业执照、税务登记证、组织机构代码证、银行开户许可证、公司章程、验资报告、贷款卡、主要股东和法定代表人的身份证、户口本、婚姻状况证明等资料的复印件。在这里，需要强调的是：

1. 有关资证的复印件须与原件核对，保证资料的真实性。

2. 信用信息查询，须对借款主体当期的信息进行查询，包括贷款余额、贷款五级分类、历史记录及或有负债情况的全面查询，不应简单地局限于对贷款余额进行查询，而应该全面动态地分析企业的负债与信誉情况。

3. 主要个人股东及法定代表人个人信息的收集与查询。由于多数中小企业股权结构比较简单，家族制企业或股权高度集中的情况占很大一部分，主要经营者的经营思路、管理作风直接贯穿于企业生产经营的全部，可谓整个借款主体的命脉。因此，对主要股东及主要经营者做出正确的判断尤其重要。这方面信息的收集可通过个人信用信息查询、与经营者及其下属面对面的沟通交流等方式全方位、多角度地进行。

二、客户的生产经营信息

信息载体主要包括产品介绍、公司资质、认证和各种证书、工业产权、产品许可证及近期履行的主要购销合同等。

Cbc 公司为一国际品牌在中国地区的授权运营商，采取自营店和加盟店的方式进行市场运营，生产主要采取委托加工的方式，因此固定资产比例很低，达不到银行抵押贷款的条件。经银行推荐，公司向 Gbb 担保公司申请贷款担保。

在客户信息资料收集的过程中，担保公司着重对以下两方面的资料进行收集：一是该国际品牌对公司的授权书、授权经营产品范围、授权期限、授权地区、授权合作模式等；二是其供销环节的政策及稳定性。基于国际品牌对质量的严格要求，Gbb 担保公司首先重点关注了 Cbc 公司与委托加工厂家的合作稳定性、受托厂家加工能力、结算方式、供货及时性、质量保证等方面的证明材料；其次，Gbb 担保公司还对 Cbc 公司的销售政策、渠道建设等方面的情况进行了信息采集，包括媒介广告，店铺数量，加盟商政策及数量等；最后，Gbb 担保公司还通过网络了解了同类产品的市场状况以及该公司在市场中所处的市场地位等，由此判断公司的持续发展能力及竞争能力。

三、客户财务资料

财务信息的收集和分析是企业调研中最量化、最客观的部分。面对中小企业普遍存在交易不透明、避税等现象，为全面掌握企业的财务情况，除了收集企业的对外财务报表、纳税申报表外，还应收集企业的内部会计报表。同时，为了核查企业的现金流量，最好收集上年度和近几个月的银行对账单，如仍不足以核实企业真实的现金流情况，还应参考个人存折、信用卡等相关的个人账户结算凭证。

分析财务数据，是为了评价一个企业的财务是否健全、财务结构是否稳健和是否具备还款能力，由于中小企业存在大量信息不对称因素，因此核证财务数据的真实性，是财务分析的前提。Cbc 公司提供的内部财务报表如表 2－1、表 2－2 所示。

Gbb 担保公司针对表 2－1 中余额较大的科目进行原始数据调查核实，分述如下：

（1）货币资金 2 000 万元。核实了其主要银行结算账户的对账单并抽查了部分银行存折，发现个人存折上的余额较大，且部分存折是以出纳名义开户，公司名下账号只有 200 万元，还有约 600 万元的现金无法核实，财务反映实属股东借款，应计入其他应收款，但由于没有单据暂未计账。对此担保公司复印了余额较大的账户的对账单及存折，并尽可能多地抄记了几位潜在个人保证人名下的账号（以便将来查封之用）。

（2）应收账款 2 600 万元。抽查了前五大客户的发生记录，由于部分客户未开发票，原始凭据中只有出库单。对于开票的客户，担保公司记录了发票上的收款账号。此外发现，第三大客户余额为上年结转数，本年既无新的销售发生也无回款。据向财务了解，该客户由于经营出现问题，有可能形成坏账，目前还在追款。

表 2 - 1　　　　　　　　　　**Cbc 公司资产负债表**　　　　　　　单位：万元

项　　目	前三年数据			2006 年 8 月
	2003 年末	2004 年末	2005 年末	
一、资产总额	5 173	8 567	11 911	13 184
1. 流动资产合计	4 840	8 125	11 468	12 813
货币资金	1 928	1 185	856	2 046
应收账款	1 524	2 043	3 306	2 661
预付账款	0	13	0	7
其他应收款	238	2 010	2 927	3 551
存货	1 118	2 547	3 766	3 751
2. 长期投资合计	0	0	0	0
3. 固定资产合计	238	442	598	635
固定资产净值	184	304	345	297
4. 无形及递延资产合计	193	117	90	60
二、负债总额	1 010	2 076	4 933	4 635
1. 流动负债合计	1 010	2 076	6 978	3 145
短期借款	0	0	0	0
应付账款	530	1 789	2 752	2 151
其他应付款	128	230	154	375
2. 长期负债合计	0	0	1 918	1 490
长期借款	0	0	1 918	1 490
三、所有者权益	4 162	6 490	6 978	8 549
1. 实收资本	100	100	124	124
2. 资本公积	0	0	0	0
3. 盈余公积	0	0	0	0
4. 未分配利润	4 162	6 490	6 852	8 424

（3）存货 3 700 万元。实地察看存货记录，抽查盘点了货品，发现货品的库存量约占账面数的 1/3。其余的存货多为发往各分支机构或店铺又暂未记账的部分，对此项目经理统计了存货较多的店铺，记录了店铺的地址，并根据企业统计表大致划分了加盟店与自营店（因为两种店对存货的权属划分是不一样的）。

（4）其他应收款 3 500 万元。2005 年较 2004 年有较大变化，经过了解，是由于 Cbc 公司 2005 年起陆续注册了几家新公司，开发了新产品。项目顺带收集了几家新公司的股权信息。

（5）固定资产 600 万元。主要是车辆和办公设备及少量生产检测设备，项目经理抽查了主要项目的发票或其他产权证明，复印了价值较大的车辆行驶证复印件，发现车辆实为股东个人名下。

（6）应付账款 2 100 万元。主要是应付为其代理进口的报关公司货款，项目经理检查了合同，确认了账期基本合理，近 3 个月有正常的进货及货款支付记录。

（7）长期借款 1 500 万元。实为股东个人投入，应计入其他应付款中。

（8）未分配利润，按照品牌运营的利润率来说，基本合理。

表 2－2　　　　　　　　　　Cbc 公司损益表　　　　　　　单位：万元

企业主要经营指标				
项　目	前三年			2006 年 1～8 月
	2003 年度	2004 年度	2005 年度	
一、主营业务收入	7 922	9 236	21 305	19 049
二、主营业务成本	4 061	5 170	8 980	7 005
三、主营业务利润	3 782	4 016	12 141	9 736
四、营业费用	1 058	2 010	4 604	4 654
五、管理费用	1 569	1 726	3 973	2 514
六、财务费用	－15	－4	2.7	1.6
七、营业利润	1 170	285	3 561	2 666
八、投资收益	0	0	0	0
九、利润总额	1 220	538	3 525	1 741
十、净利润	1 220	538	3 522	1 741

（1）主营业务收入。重点核查了 2005 年度及 2006 年前 8 个月的增值税纳税申报表和银行回款，抽查了出货情况统计、销售总账、明细账反映的收入。

（2）成本。抽查至少 3 个月的进货统计。

（3）营业费用。主要是渠道建设及订货会费用，抽查了大额凭证。

（4）管理费用。抽查了三个月工资表、店铺租金支付及品牌管理费支付情况。

经抽查信息显示，提供数据真实。

经横向比较，2005 年销售有大幅增长，了解相关销售政策的调整信息。

四、借款用途信息

这方面的信息调查与分析，是为了掌握借款的真实用途，以防止贷款诈骗，保证贷款担保的安全。

以 Cbc 公司为例，其提出借款是为了用于媒介广告和全国主要省会城市旗舰店的建设。报表中反映，其目前的资金情况较充足，但是公司需要进一步提高产品的市场占有率，提升品牌的影响力，故拟通过在中心城市增加开设"旗舰店"及增加中央台广告媒介推广的形式，来带动区域经销网络的扩大与发展。由于中心城市的铺面租金较高，广告推广费用也较大，所以产生流动资金需求。而从公司目前的销售政策看，广告投放不足导致品牌形象不突出的问题也确实存在。另外，该公司也提供了相关的广告合同及店铺租赁协议，从其逐年快速增长的销售趋势看，此类快速发展过程中产生的资金需求是合理的。

五、反担保信息收集

1. 注重收集分析企业的资产结构信息，以设计有效约束的"核心资产反担保组合方式"。区别于银行抵押贷款品种，担保公司的市场定位主要是中小型民营企业，这类企业在资产的表现形式上存在如下几个特点：

（1）流动资产占总资产的比例较高。流动资产中，占比例较大的为应收账款和存货。

（2）固定资产所占比例较低。具体构成中，不动产部分比例较低，租赁厂房或承租集体用地建设厂房占比较高，产权清晰的不动产大多已直接在银行抵押融资了；占比较高的为设备，包括办公、机械及运输设备等，由于大量的现金交易，未开具发票、产权证明不明晰的现象普遍存在。担保公司应在细致分析企业的资产结构、核心资产组成及状况的情况下，尽量将其纳入反担保范围，确定具有约束力的核心反担保组合方式。

以 Cbc 公司为例，该公司当期的资产状况如表 2 - 3 所示。

表 2 - 3　　　　　　　　　Cbc 公司资产状况简报　　　　　　　单位：万元

资产总额	13 184
1. 流动资产合计	12 813
货币资金	2 046
应收账款	2 661
预付账款	7
其他应收款	3 551
存货	3 751
2. 长期投资合计	0
3. 固定资产合计	635
固定资产净值	297
4. 无形及递延资产合计	60

由于 Cbc 公司为品牌运营商，资产的表现形式上，从表 2 - 3 可明显看出，以流动资产为主，Gbb 担保公司逐一分析了其主要资产构成：

（1）货币资金。余额较大，短期内如无其他较大投资，流动资金短缺矛盾不突出。

（2）应收账款。经抽查其应收账款明细账，该公司以自营店销售与加盟为主，加盟商进货采取现款现货的方式，应收账款的形成主要是自营店的铺货、销售、回款周期产生。

（3）存货。经实地察看其仓库，库存管理非常规范、细致，管理系统较为先进。

（4）其他应收款。为其关联公司借款，主要用于延伸产品的市场开发与运营。

从其资产构成反映出的信息，该公司现金流量较为充沛，可作为强有力的第一还款来源保证。其他核心的资产为存货，所以担保公司将其存货列为反担保措施之一，并由具备一定声誉的物流公司进行第三方监管，同时将其有密切资金往来（其他应收款反映）的关联公司纳入反担保措施。

2. 主要股东的资产信息。在担保公司目前所接触的民营中小型企业中，主要股东或者是家庭成员、亲属，或者是合作多年的伙伴，普遍存在规模不大、股权结构相对简单的特点，公司资产与个人资产相互占用、交叉的情况较多。担保公司一般要求主要股东及经营者有一定的资产积累，对其名下的物业、权利设定抵押或者质押，是担保公司在设计反担保方案时非常注重的。这样做的效果在于，一方面降低了贷款担保的风险敞口，另一方面直接影响到个人股东或主要经营者的日常家庭生活，加大了其违约的心理压力，约束力较强，并可以侧面测试主要股东或经营者对企业未来发展的信心。

以 Cbc 公司为例，其股东构成为兄弟两人，除兄弟两人及其配偶提供了连带责任保证外，两人还将名下价值 160 万元的三套物业（是其个人的全部物业）作为反担保措施，抵押给 Gbb 担保公司，并办理了相应的抵押登记手续和预签的委托拍卖手续。

3. 信用信息收集。主要包括对借款主体的关联企业、由公司股东实际控制的其他经营实体，主要股东及配偶、亲属的信息收集等。

4. 其他相关的反担保信息。如提供保证反担保的无关联第三方的信息、上下游客户的信息，第三方提供的抵押资产信息等。这些信息可以从沟通交流及调查了解中获悉，也可以从外围渠道间接了解企业的经营情况和信誉情况。

六、问题与思考

信息应尽可能的详尽，主要围绕资产状况、还款能力和还款意愿进行有针对性的收集。资产状况不仅要了解企业资产的多少，还要对其权属、状态进行了解，最好取得书面的证明，以便将来一旦发生风险可以采取有效的措施。还款能力主要是核实企业的实际收入及赢利水平，要从动态把握企业的经营趋势。还款意愿需要通过各种外部信息及与企业交往的细节进行观察。

工程保函项目的信息采集

Cbd 公司向 Gbc 担保机构申请开立一笔 4 100 万元工程履约保函，期限 6 个月。下面是该工程保函项目的信息采集情况。

一、Cbd 公司提供的基本资料

1. Cbd 公司的基本情况

公司属全民所有制，成立于 1983 年，最初注册资本为 1 600 万元，2004 年增资到 3 710 万元。公司具备的资质包括：地基与基础工程专业承包一级，土石方专业承包二级，工程勘察综合类甲级，地质灾害防治工程勘察、设计、施工甲级，工程物探专项甲级。

该公司拥有专业人才 235 名，人员构成如下：拥有高级专业技术职称的 75 名，初、中级专业技术职称的 178 名，享受政府特殊津贴专家 1 名，教授级高工 4 名，博士后 2 名，博士 3 名，硕士 20 名；国家一级项目经理 10 名，二级项目经理 8 名，三级项目经理 15 名，注册岩土工程师 7 名，注册建造师 5 名。

2. Cbd 公司财务简况

Cbd 公司的财务简况如表 2 - 4 所示。

表 2 - 4 　　　　　　　　　　　Cbd 公司财务简报 　　　　　　　　　　单位：万元

项目 ＼ 年份	2003	2004	2005
总资产	10 353	12 611	14 632
净资产	5 294	6 261	7 281
销售额	13 268	25 144	28 049
利润总额	1 236	1 864	2 081

3. 分析工程关键点

由于该项目为工程保函担保，项目经理除了收集企业的基本资料外，提出中标工程需要关注的六个方面的问题：

（1）招标方式。中标方法、未中标企业竞标金额。

（2）发包方。公司性质、资金实力、付款条件、工程管理、索赔条件、历史索赔事件。

（3）中标单位基本情况。资质、人员、对外债权债务、各地信用记录、正在进行中的工程。

（4）中标单位施工力量。施工队伍、自有施工设备及配套设备、组织施工能力、在建工程的力量分配。

（5）履约记录。资金实力、垫资能力、与发包方的合作历史、同类同量工程履约记录和工期。

（6）工程利润。中标工程利润、同类同量工程投标金额。

二、中标工程信息

项目经理针对上面提出的工程问题，开始着手采集相关的工程信息。项目经理按照下列顺序和渠道获得有价值的工程资料，如表 2 - 5 所示。

表 2 - 5 　　　　　　　　　　Cbd 公司工程信息资料采集

步骤	工作内容	目　的	信息采集渠道
1	工程基本资料	了解工程内容、发包人要求及企业施工计划。	招标文件； 企业投标书，包括商务标书、技术标书等； 施工计划书； 中标通知书； 发包方施工合同审查会议纪要（工程发包人由于设计方案未确定，这类文件可以了解发包人与中标人协商的具体条款、内容及结果）。
2	工程施工信息	直观了解工程现场的施工。	考察施工现场，与项目经理见面，获得工程施工地理位置、步骤、难点、技术要求等信息。
3	工程利润信息	通过对工程工序的成本估算，了解工程利润水平，企业具备完工能力。	企业的商务标书和技术标书； 通过多种渠道询价。

步骤	工作内容	目 的	信息采集渠道
4	施工企业信息	了解企业的业绩及施工能力。	索取以往施工合同,了解过往工程履约记录; 了解垫资能力,银行存款月均余额; 法院、金融系统及建设部门的信用记录。
5	发包方对工程要求	直接了解发包人对工程要求和对中标企业施工能力评价。	上门走访咨询。
6	相关行业专业人士意见	间接了解企业行业内地位和口碑等。	上门走访咨询。

1. 工程信息

（1）项目名称。某市重大市政项目的某路段干道填筑及软基处理。

（2）工程概况。路基处理长约 1.8 公里,路基平均宽度 80 米,土石方运输量 180 万立方米。该项目工期 4 个月,时间较短,设备需求量大。软基处理包含强夯、搅拌桩、砂石桩三种施工工艺;土石方施工方面技术要求不高,主要是泥土车的运输工作。

（3）发包方。某市建设工务局。

（4）保函类型。差额履约保函。

（5）保函金额,4 100 万元。保函期限,6 个月。

（6）中标金额及方式。该工程采取最低价中标法。工程标底价 10 066 万元,企业中标价 5 966 万元,中标价下浮比例 41%。

（7）未中标企业的投标金额。此标入围企业共 14 家,排名第二、第三的企业投标价与中标价分别相差 17 万元、25 万元。投标价排名前三位企业的竞投金额非常接近,非串通围标。

2. 施工信息

（1）项目经理。该工程的项目经理具备"一级项目经理资格",项目经理是李博士,高级工程师,教授级高工职称,享受政府特殊津贴专家,行业经验丰富。

（2）机器设备投入情况如表 2 -6 所示。

表 2 -6　　　　　　　　　**Cbd 公司机器设备投入情况**　　　　　　　单位：台

机械名称	数 量			
	小计	其 中		
		新购	租赁	自有
推土机	8	0	3	5
搅拌桩机	12	0	2	10

机械名称	数　量			
	小　计	其　中		
		新购	租赁	自有
钻机	2	0	0	2
挖掘机	18	1	1	16
灰浆搅拌机	20	0	10	10
振动沉拔桩机	8	0	0	8
潜水泵	20	20	0	0
强夯机械	20	0	10	10
自卸汽车	200	2	145	53
反铲机	3	0	0	3

（3）该工程的施工重、难点归纳如下：

①软基处理工艺较多，在施工中如何充分衔接；

②工程量大，又值雨季施工土方工程，工期紧，如何保证工期为本工程的难点；

③该工程重点是加强泥土车的管理。

（4）质量控制方式。整个工程施工中，所有的材料进场必须首先经过监理取样试验审核；每个分部分项施工方案报监理批准后才可开始施工；每个分部分项工程完毕后都需要经过监理验收检查后方可进行下一步工序。发包方对施工工程管理严格。

（5）索赔条件。根据该工程的招标文件，只提出延期交工每天罚款 1 万元。

发包方成立至今，所有发包工程未出现索赔事件。该企业成立至今，所有承建工程未出现被索赔事件。

（6）付款条件。开工预付款，合同价 15%；每月按照工程进度申报工程款；保修金为合同价格的 5%（发包方为市政单位，建设资金已落实。根据双方以往合作历史，发包方付款准时）。

3. 中标价利润情况

虽然企业拥有专业的技术人才、较齐全的施工设备，而且熟悉施工现场的地质环境，但由于该工程企业的中标价下浮比例较大，工程利润情况引起项目经理特别的关注，并认为工程造价方面的信息不可忽视。

项目经理根据分项工程的工序，透过下列方法了解该工程的成本：

（1）走访熟悉的包工头，了解施工队伍的人工费等，例如：

①挖机台班费 1 200～1 300 元/天·台、油费 700 元/天·台、人工费 50 元/天·人；

②推土机台班费 2 000 元/天·台、油费 1 000 元/天·台、人工费 50 元/天·人；

③强夯机械 1 000 元/天·台、油费 1 000 元/天·台、人工费 1 500 元/月·人。

一天可推 5 000 平方米块石；1 立方石子可铺 6.6 平方米。

（2）走访批发商询材料价，例如：

厚度 50 厘米碎石 45 元/立方米；厚度 0.5 米中粗砂 40 元/立方米；32.5R 水泥 0.28 元/公斤；1 立方米石子约 45 元。

（3）走访泥头车队询运费，例如：

运块石 17 公里，车辆租金是 90 元/车，车辆可拉块石 10.7 立方米/车；

运土 1 公里，车辆租金 10 元/车，车辆可拉 11 立方米土/车；

运黏土 17 公里，车辆租金是 85 元/车，车辆可拉黏土 12 立方米/车。

（4）电话咨询机器租赁费。项目经理通过上述方法再结合招标文件对每个分项工程的工程量和材料的要求，企业施工计划书和技术标书中预计投入的人员及设备数量，项目经理粗略估算具体每一项工序的实际单价。将估算出来的每个分项工程的实际单价与工程量相乘，获得实际工程成本，再与企业中标金额相减，项目经理推算出该工程毛利润约 25%（工程造价 5 966 万元，工程实际成本约 4 426 万元）。

4. 中标企业基本信息

（1）经项目经理核查，企业在以往同类同量工程中，履约情况良好，无因为企业的原因导致工程延期的记录，竣工验收报告中发包人对企业的评价优良。企业承建的工程造价利润平均保持 15%～25% 之间。目前企业在建的工程共有 5 个，合计金额 1.5 亿元，工程进度正常，发包方的付款良好。

（2）通过核查企业的银行账，月均存款余额 1 989 万元，具备基本垫资能力。

（3）通过查询某市中级法院及区法院，企业无未结案件。

（4）查询某市信用网：

①企业在 2003 年有一单违反合同约定拖欠员工工资，缘由是工程的发包方逃跑而没有支付工程款，已解决。

②某工程违反有关文明施工要求。缘由是工程旁边居民投诉噪音。

（5）查询某市建设局网站，2005 年企业无不良施工记录及警示。

（6）查询人民银行信贷系统，无不良记录。

5. 采访发包方总工程师

（1）工程质量。此标工程技术相对简单，工程量中较大一部分涉及到土石方运输，安排及管理好泥头车辆的正常运输即可；软基处理技术在国内发展已趋向成熟；整个施工过程中监理负责监督，一旦发现问题立即进行修补。另外企业制定详尽的施工方案及确保工程质量达到规范要求的技术措施，并得到监理的审定合格。

（2）验收方面。工程竣工后，由发包方按照国家标准《建筑地基基础施工规范》进行质量检测，由某市建设工程质量监督总站负责监督检测工作。

（3）工程工期。该工程工艺简单，为能加快工程进度，泥头车通宵作业便可，中标企业已经获得交管局审批通过，可以 24 小时施工。

（4）企业的中标价。工程较大一部分是土石方运输，不同于其他建筑工程存在较多原材料在市场上价格波动的风险。而且企业在投标时已做好整个工程的预算，发包人也充分评估了企业的综合情况。

（5）索赔方面。发包方成立至今从未发生索赔事件，招标活动筛选严格。

通过咨询发包方的总工程师，项目经理进一步了解工程的情况，加强信心。

6. 采访企业的竞争对手

项目经理走访 Cbd 公司的竞争对手 Cbe 公司，了解中标企业在行业内的口碑和地位。Cbe 公司陈工程师对中标企业 Cbd 公司的评价是：企业技术力量强，自有设备丰富，资质好，但发展至今承接工程仍相对较少，整体规模不大，综合实力在行业内列中等水平。

三、信 息 采 集 小 结

担保机构通过采集 Cbd 公司及其中标工程的信息得出如下结论：

1. 企业基本面情况良好，资质齐全，具备技术力量，工程业绩呈良性态势发展；

2. 该中标工程技术难度低，企业具备施工能力；

3. 该工程中标价有一定的利润空间；

4. 该工程工期短，企业备有一套详尽的工程施工计划，项目经理及监理常驻现场，随时给予技术指导。为保工期，企业已展开 24 小时施工。

四、问 题 与 思 考

该案例叙述一篇真实的工程保函担保项目的信息采集。建筑市场在社会上通常被认为是"僧多粥少"的复杂行业。因此，工程是否隐瞒挂靠及层层分转包问题？如果有这样的问题，如何找准实际施工人？对于这种中标价下浮比例较大的工程，如何验证才不会产生低价项目亏损致使中标单位拒绝履约的可能性？是否会产生发包人与承包人关系恶劣或合谋、发包方转嫁经营风险等非履约原因索赔？这些问题都值得项目经理深入研究，并根据采集信息过程中了解的情况及时调整核查措施。

贷款担保项目的现场考察

一、项目基本情况

Cbf 公司主要从事高压变频器等电力设备代理销售，整体规模较小，有 4 人自然人股东，其中 3 人参与企业经营管理。该公司的主营业务情况正常，近两年每年的销售额在 1 000 万元左右。其业务模式为：从电力设备生产厂采购产品，向电厂等终端用户进行销售。单笔销售合同金额较大，一般在 100 万元以上，业务运营模式比较简单。2004 年初，担保公司为其提供了 100 万元 1 年期的贷款担保，到期后该公司正常还款。

本次申请贷款的用途主要为履行一份与某火电厂签订的总额为 1 500 多万元的工程合同。企业同时履行的合同较多，致使现金流紧张，为确保合同的顺利履行，向担保公司提出 600 万元贷款担保申请。

该项目情况比较简单，企业主营业务稳定，有一定的成长性和较好的银行信用记录，贷款用途明确，符合担保公司的基本受理条件。但企业规模较小，可提供的反抵押物较少，而且负债率已到达 57%，在常规条件下只能给予其 100 万 ~ 200 万元的流动资金贷款担保。但该项目有一定的特殊性，如果贷款额限定在 100 万 ~ 200 万元并不能确保企业顺利履行已签订的工程合同，不能从本质上解决问题，如企业寻求其他融资渠道则可能导致风险更不可控。如果给企业提供 500 万 ~ 600 万元的贷款担保，从常规角度来看，企业并不能提供相对足值的反抵押物，且企业获取贷款后的资产负债率已接近 70%，该笔贷款可能超出了企业的偿还能力。

对项目基本情况分析后，项目经理认为，虽然从表面上看 500 万 ~ 600 万元的贷款规模超过了企业的偿债能力，但实际上如果该工程进展顺利不会占用企业过多的经济资源。比如，一旦企业获取贷款资金，向海外供应商付款后，在 3 个月内设备生产商将所需设备运送业主的施工现场，同时由生产商负责安装调试以及后续服务，企业到时仅需派 1 ~ 2 人在现场沟通协调即可，达到合同约定的运营时间后，业主即向 Cbf 公司付款，该笔回款即可用于偿还银行借款。因此，从另外的角度看，该项目工程可以看成是 Cbf 公司的体外循环项目，可不受一般企业贷款规模的限制，该担保项目的关键在于 Cbf 公司贷款所用于工程合同的履行情况。

鉴于上述情况，项目经理将该担保项目的重点锁定在：（1）该公司所签订的工程合同的真实性、合规性、合法性；（2）该公司的履约能力；（3）贷款仅用于履行该合同、合同的回款必须用于偿还贷款。在贷款方案设计上，将该项目设定为专款专用的项目。为了对项目重点进行监控，项目经理展开了详尽细致的现场调查。

二、现　场　考　察

在资料整理分析和信息收集完毕后，该项目即进入了现场考察阶段。考虑到该项目的特殊性，除了对该项目进行一般的财务审查、合同抽查和法人代表、企业高管约见外，项目经理重点针对该公司与火电厂的工程合同进行了审核。主要包括合同原件、预付款保函、预付款对应的银行记录等。另外，由于国家在宏观调控方面对电厂建设特别是火电厂建设已有所控制，项目经理特别提出要求 Cbf 公司向火电厂索要立项、批复等相关国家政策文件，并在网上收集宏观调控以及该电厂的相关的新闻、消息等，多方面对该项目的真实性寻找佐证。

在企业的工程履约能力方面，项目经理主要审核了 Cbf 公司所执行的类似工程合同，以及与本次签约的设备生产商的合作记录。通过审查，项目经理发现企业多次为火电厂供应类似的电力设备，且回款记录正常，企业的主要经营人员在电力行业有较好的人脉关系。该公司和国外的这家电力设备生产商已有几次合作记录，往来款项以及报关记录清晰，同时该设备生产商是国际知名电力设备生产商。由此，可基本判断 Cbf 公司在该工程的履约能力方面有一定的把握。

为了确保能做到专款专用、工程回款用于还款，在和企业沟通后，企业同意将工程合同的回款账户（该账户同时也是贷款账户）中增加担保公司项目经理的人名章，项目经理在该笔贷款的用途以及还款上的控制力有了一定的保证。同时，Cbf 公司和火电厂协商后对方同意向担保公司出具询证函，承诺不接到担保公司的书面通知不会单方面向 Cbf 公司变更付款账户，并可接受担保公司项目人员到电厂施工现场参观、咨询。

因该项目的专款专用的特殊性，担保公司项目经理向公司请示后，和 Cbf 公司的相关人员一起去火电厂进行了参观考察。在电厂的施工现场，项目经理主要查看了对方与 Cbf 公司所签的供货合同，向对方了解电厂建设进程、资金来源和该高压变频设备的具体功能、安放地点、施工进展等相关问题，电厂方面对相关问题包括立项、批复、资金来源、工程进展等进行了详细解答。至此，项目经理对该工程项目的真实性、合法性有了深入的理解。

　　经过详尽的现场考察，项目经理对企业的发展状况、合同的基本情况、工程的进展情况都有了准确的认识，在此基础上，项目经理向评审会提交了为该企业提供 600 万元 1 年期贷款担保的评审方案：在企业的贷款账户中增加担保公司项目经理的人名章，贷款仅可用于执行该火电厂工程合同（只能付向国外的电力设备生产商），工程的回款直接用于偿还贷款，企业 3 位参与经营管理的自然人股东承担连带保证责任，以上内容在 Cbf 公司与担保公司签订的《委托保证合同》中均进行了约定。评审会通过了项目经理的方案设计，为企业提供了 600 万元贷款担保，最终帮助企业获得该笔项目资金。一年后，合同顺利履行完毕，Cbf 公司提前偿还了全部贷款，担保公司的保证责任解除。

三、问题与思考

　　在本案例中，项目经理并没有墨守成规，而是考虑到企业的实际融资需求，根据企业实际情况锁定项目调查的重点，再根据重点进行有的放矢的现场考察，最终使项目得以顺利的进行。

　　在现场考察中需要注意以下重点：

　　1. 认真核实相关单证原件。

　　2. 除对贷款企业进行深入的现场考察外，对与项目相关的其他企业也要进行详尽的调研。

　　3. 在调研过程中，要时刻关注国家行业政策，并要求查看相关批复、许可证等原件，以避免出现政策性风险。

现场考察与担保业务风险识别

一、业务概况

Cbg 公司是世界 500 强企业 Cbh 公司的全国三大代理商之一，因经营周转需求向华南某市的 Gbd 担保公司申请 1 000 万元银行承兑汇票敞口额度的担保（开票保证金 50%），Cbh 公司为银承兑汇票的唯一收款人，拟以 Cbg 公司在省内某市的商铺作为抵押反担保。

Gbd 担保公司的项目经理在审核客户申请资料以后，发现该客户获得代理资格已满 3 年，另外还控制着省内其他 4 个地级市的地区代理关联公司，销售收入每年以 100% 以上的速度增长。

项目经理直觉上感到：近期的高速发展、较复杂的销售环节和配送要求对企业的管理和资金安排是一种挑战，一旦某环节未处理好，公司就随时可能处于崩溃的边缘。从 Cbg 公司的财务资料来看，纳税报表和内部报表一致，对账单含税现金流入大于报表收入，且金额分散、流入量稳定、持续赢利，因此担保公司认为财务因素不是主要的风险所在。

二、现场考察行动计划

根据其行业特点、赢利和结算方式，Gbd 担保公司的项目经理结合风险因素制定了以下现场考察行动计划：

1. 第一次现场考察

目的：（1）了解其在行业中的地位、经销区域，以及竞争对手、比较优势和劣势；

（2）经营团队的目标、战略；

（3）销售网络中的分销链和物流是否牢固；

（4）成功经验的深度和广度，能否支持继续增长；

（5）财务信息的质量，是否全面。

对象：总经理、主管销售的副总经理、财务经理；

方式：访谈，抽查原始凭证、明细账。

2. 第二次现场考察

目的：查看主要的仓库，了解库存管理、配送，并与财务资料进行对比核实。

对象：仓库、仓库管理员、仓管记录。

方式：提问、核对账物、管理制度执行情况。

3. 第三次现场考察

目的：查看抵押物及最大的关联公司的运作情况。

对象：抵押物地段、使用状态、关联公司总经理、财务经理、关联公司仓库。

方式：访谈、查看仓库。

三、第一次现场考察分析

1. 有利因素

（1）Cbg 公司主要管理成员基本出自 Cbh 公司的销售团队。作为 Cbh 公司最大的代理商之一，其核心成员的流动性受限制，并且公司的激励机制也较好地保障了团队的团结和专心敬业。

（2）从历史沿革来看，Cbg 公司的所有人团队是从终端分销型企业逐步做大，进而打通经营环节而取得一级代理商资格，基础扎实，与大部分下游客户的合作历史在 5 年以上。

（3）Cbg 公司的应收账款 6 000 多万元，长期往来的各类客户超过 3 000 家。单个客户铺货量很少，风险分散。曾有某银行为其提供 1 000 万元的银行承兑汇票敞口授信，但其仅使用了一年，说明其自有营运资金已经能够满足铺货需求。根据各类客户不同的结算方式测算出的平均周转效率，其应收账款余额在合理区间以内。

（4）Cbg 公司的竞争对手都是不同的区域代理，基本没有正面冲突，只在小范围内偶尔发生串货现象。由于 Cbh 公司市场管理严谨，无序竞争不会出现。

（5）Cbh 公司执行的是全国统一的零售价，在全国任何一个地方，Cbh 公司物流所送商品的价格是统一的，而且配送十分高效。代理商所做的往往只是小额短途配送，服务难度小。

（6）Cbg 公司的客户结构很分散，分二级代理商、三级代理商、小型超市、商店、商铺、便利店。由于 Cbh 公司系列产品的品种多、销量大，品牌优势明显，客户结算良好。如果终端商家的结算不好引起中断供货，一线商品的缺失马上导致终端商家的客流和现金流下降，经营风险远大于既得利益，因此终端商家对 Cbg 公司的结算较正常。

（7）Cbg 公司对下游客户的引导和维护到位，在客户密度及促销政策的一致性上体现了专业水平。公司每年业绩的高增长的确是其管理能力强的体现。

（8）Cbg 公司财务报表都经过审计，重要科目凭证、明细账、总账报表经核对一致，提供的财务信息可以接受。

2. 不利因素

（1）对 Cbg 公司业务经营的担忧：Cbh 公司的净资产每年以 30% 以上的速度增长，靠自有积累是无法长期跟上其发展的步伐。从长远看，市场份额和代理商资格都具有不稳定因素；但从短期看，由于已经取得全国前三名的市场地位，所以 Cbg 公司的优势不会立即丧失。

（2）Cbg 公司的经营区域属于该市的老城区，人口密度有下降的趋势，销售增长的潜力相对较弱。

四、第二次现场考察分析

1. 有利因素

（1）Cbh 公司向所有代理商提供统一的存货管理系统，对所有发出商品的库存和销售情况十分了解，适时推出促销手段，减少代理商的库存积压。

（2）该管理系统杜绝了代理商因管理混乱对市场和品牌形象的损害。Cbh 公司经常性的检查保证了代理商的存货管理水平。

（3）现场发现了与 Cbh 公司同行的另两家世界 500 强企业的商品。项目经理认为 Cbg 公司对同样的一线品牌商品，运用自己的销售渠道进行市场拓展，对生存能力的提高大于共同竞争的不利因素。

（4）Cbg 公司盘存制度执行到位，做到了每日对变化品种以及每月对全部品种的盘存，记录明确，损失率极低。

（5）Cbg 公司有 12 台运输车辆，司机由仓库统一管理，司机承担小额收款的职责，物流管理较好。

（6）抽查了 Cbg 公司存货的摆放方法和商品生产日期。发现新的商品被摆放在货架最底层，发货从上面开始。这和财务上先进先出的核算方法是一致的，验证了损益核算的真实性。

2. 不利因素

（1）通过现场 Cbh 公司送货频率测算，周一到周五每天都有 100 万元左右价值的商品入库。该仓库还完全用人工进行处理，差错率和效率不理想。

（2）该仓库的工作人员包括司机在内多达 42 人，人力成本偏高。

五、第三次现场考察分析

1. 有利因素

（1）关联公司的所有人是从承包一家经营不善的小型商业国企起家，后改制成为民营企业。作为关联公司，其单一品牌的销售量在当地已是行业第一，经营和赢利都比较稳定。

（2）仓库外有很多无所事事的原国企职工，年龄和技能无法适应企业的需要。但该公司没有从自身利益出发简单地推向社会，在改制以后还是继续聘用。这使得项目经理对经营者在道德风险和诚信方面的顾虑大大消除。

（3）从物流送货、六层仓库以及产品品种和存货量中可以验证其一年 3 亿元以上的销售规模。

2. 不利因素

抵押物处于老城区，房龄接近 20 年，市场价值没有太大的增长潜力，变现能力也较弱。

六、现场考察结论

现场考察后，项目经理得出以下结论：

1. Cbg 公司是 Cbh 公司重要的经营伙伴，对该公司的培育和管理是长期性的，Cbh 公司的销售策略也为 Cbg 公司预留了持续合理的赢利空间。目前该公司经营渠道完整而牢固，结算较好。客户非常分散，代理的是一线品牌，下游客户违约的可能性很低，其经营风险也相应较低。

2. 该公司整体经营规模和赢利能力较好，现金流充沛。Gbd 担保公司认为在 50% 保证金的条件下提供银行承兑汇票总额担保 2 000 万元，风险敞口仅为 1 000 万元，在控制月开票敞口金额不超过 500 万元的情形下，客户完全有兑付的能力，故同意其担保申请。

七、问题与思考

1. 现场调查是项目调查最重要的环节，绝大多数风险隐患可以在这里得到揭示。

2. 民营企业发展与企业决策者的素质密切相关。通过与企业决策者的充分交流，可以收集到有关企业的客户管理能力、发展计划、企业的核心优势以及经营的持续性等方面的一手资料。而对企业道德风险的估计，则可以通过资料的吻合性和合理性来判断。

3. 民营企业最大的问题是管理不规范，财务信息不对称问题普遍存在。项目经理现场考察的目的就是针对企业的运营特点和赢利模式，亲自采集数据资料形成工作底稿，从而还原相对真实的财务信息。

4. 现场调查可以获得对各生产经营要素配置的最感性的认识。经营的良性循环一定是各个要素合理配置和作用的结果。因此，在一定程度上可以说，对企业未来经营的判断，就是对未来资源配置能力的判断。

针对中小企业不同发展阶段的现场考察

Cbi 公司成立于 2000 年 3 月，注册资金为 300 万元人民币，股东均为自然人。企业专门从事多层镀膜镜片开发、生产和销售，其产品主要用在手机摄像头、数码相机等电子产品上，是市民营科技企业。成立之初，企业购买了两台二手镀膜设备，建立起两条完整的多层镀膜镜片生产流水线。2002 年 3 月，因流动资金短缺，企业向银行申请贷款，由于无法提供不动产抵押，转向担保机构提出信用贷款担保申请，申请金额为 300 万元。担保机构经过初审，认为企业符合初步受理条件，受理了企业申请。

一、对成立初期中小企业的现场考察

经办项目经理接到任务后，分析企业提供的资料，根据企业成立时间短、规模不大的情况，拟订了调研提纲，明确了现场考察的主要内容：

（1）目前企业资金周转是否困难，生产运营是否正常；

（2）企业生产的核心工序和产品的技术优势如何；

（3）企业产品是否存在市场，前景如何；

（4）企业财务不规范，需要通过现场考察测算企业规模。

根据提纲，项目经理通过以下方式对企业进行现场考察：

1. 观察：观察企业现场情况是考察的第一步骤，包括：

（1）生产现场：企业整体生产有条不紊，由于产品需要高度洁净，企业建立了无尘车间，整个生产线均在无尘车间生产，工人采用统一服装、统一净化处理，在产品分类标识、摆放整齐，流水线运转顺畅。

（2）车间管理：现场管理要求严格，企业在车间一侧公布当月每个生产小组的生产计划表、完成统计表、产品合格率等，企业注重计划管理和品质管理。

（3）设备运转情况：企业最关键设备是两台镀膜机，设备现场运转良好，近一年均有完整的生产和保养记录；从开工记录显示，目前产能未完全释放，尚可满足 50% 的新增产值需求。

（4）产品库存情况：仓库基本无积压商品，客户运输车辆在仓库外守候，产成品刚入库即被客户要求装车运走；抽查出入库统计表，记录完备，近3个月产品出入库量呈逐步上升趋势。

（5）人员精神面貌：工人精神饱满，管理人员积极性高，出勤率高，并没受到企业短期资金困难影响。

2. 聆听与交流：聆听企业各部门、各层次声音是了解企业的途径之一，在与企业管理人员、技术人员、市场人员交流中，项目经理了解到以下信息：

（1）企业董事长（即大股东）曾在生产同类产品的某著名外资公司工作了近20年，是公司的技术负责人，为该公司发明了五种新产品并拥有发明专利，在业内拥有较高声望。

（2）市科技局刚对企业产品进行高新技术产品专家认证，产品技术含量高，处于国内先进水平，可替代进口产品。

（3）企业的关键工序是通过镀膜设备对化学溶剂进行气化处理后，在玻璃切片表面逐层镀膜，制成多层薄膜滤光片。化学溶剂配比是否合理、表面镀膜是否均匀，是产品能否合格的最关键因素。而企业的产品优势体现在：一是配方成熟、产品已可通过流水线规模生产；二是设备运转效率和产成品合格率高，技术人员根据多年行业经验，对购买的二手设备进行了技术改良。根据现场抽查的企业设备运转记录和产成品合格记录，与国外生产同类产品上市公司的公开信息比较，企业设备运转率高13%，产成品合格率高8%，大大降低了成本。

（4）产品得到多家生产手机摄像头、数码相机产品的知名客户认可，由于该市场发展广阔，企业产品存在很大的市场空间。

3. 分析与测算：企业财务不规范，财务报表未必反映企业真实情况，需要通过现场考察验证企业规模及利润。经过对企业产品的初步成本分析：其成本构成，原材料成本占比很低，生产成本构成一是"电费"、二是镀膜设备的"耗材"（耗材仅有一家德国公司能提供）、三是人工费用。项目经理现场采集了四类有效数据：企业近半年的电费单、工资单、成品出库单、"耗材"采购单。大体匡算出企业月产值约在200万元左右，毛利率30%，净利率20%，基本和企业财务报表反映的2001年度2 060万元销售收入、375万元净利润配比。

通过现场多方面的考察，结合前期收集的材料和财务审查结果，项目经理得出初步结论：企业月销售约在200万元，客户回款需3个月，企业需要600万元的流动资金运转，而企业自有营运资金仅300万元，造成资金困难，但企业目前运转正常、管理层注重声誉，公司拥有技术优势、产品具备市场且前景看好，只要提供200万元左右的融资额度，客户回款实现良性循环后，企业将步入正常发展轨道。

根据调研的情况，设计如下方案：拟同意200万元的贷款担保额度，但由于是信用贷款担保，为防范经营者的道德风险，一是要求企业大股东对该笔贷款提供个人连带责任保证，二是借助行业互助协会平台：企业向该市信用互助协会存入15%保证金、协会对该笔贷款承担30%的部分担保责任；针对企业规模小、但经营平稳、利润良好的情况，为减轻企业贷款到期一次偿还的资金压力，对该200万元贷款采用了每月偿还本金15万元、余额于届期日一次还清的还款方式。

上述方案向评审委员会申报，获得了批准。一笔200万元的担保贷款在企业提出申请一个月后发放到企业账户，解决了企业短期流动资金短缺的问题。同时，项目经理亦向企业提出了规范财务的建议。

企业解决了资金压力，发展转入正轨，2002年销售达3 600万元，利润增加到550万元，每月还本付息准时，并于到期日按时清偿了贷款。2003年5月，企业注册资金增加到600万元，新增了一条镀膜生产线。担保机构当年为其提供了500万元的信用贷款担保额度。

二、对发展壮大期中小企业的现场考察

该企业经过两年多的发展，2004年已成为年产值8 000多万元、年净利润近1 500万元、员工达到500多人的高新技术企业。在按期偿还了上一期500万元贷款后，企业于2005年初计划以自有资金购买生产设备，再新增两条镀膜生产线，两年后企业达到产值2亿元、利润4 000万元的规模，但考虑到新增设备及产值后，流动资金紧张，向担保机构提出了2 000万元、两年期的融资担保申请。

项目经理接到现场考察任务后，根据过去两年对企业的跟踪检查，初步认为企业已步入发展壮大期，鉴于本次申请贷款金额大、时效长，项目经理在确定调研提纲时，拟订了新的现场考察重点：（1）企业近一年的新增产能是否属实？（2）相关人员配备是否同步？（3）新增投资是否有技术支持？（4）企业扩大规模，是否有足够的市场容量？

本次现场考察，重点考察生产车间、人力资源部、技术部、市场部：

一是关键设备的增加：企业2003年新增一台进口镀膜机，勘察设备，机器内部刻有生产厂家铭牌，表面封贴海关监管标识，新增设备属实，设备运转正常、保养良好。车间记录显示，除了必要的保修，全部三条生产线近半年满负荷运转，企业产能基本完全释放。企业拟新建的两个无尘车间已设计好图纸，为计划新增的生产线预留了车间。

二是人员的增加：由于企业是日、夜班作业，在参观完生产及办公现场后，并到企业员工宿舍考察，企业宿舍面积和员工床位增加明显；核查企业近三个月

的人员名册，人员比 2003 年增加一倍多，特别是技术人员、管理人员也有同步增加；现场抽查企业当月工资发放原始单据，工资水平比当地同行高 10% 左右，侧面印证企业的良性发展。

三是研发力量的增强：企业原来设有专门的研发部，负责企业产品研发；本次考察发现，企业在原有研发部工程师增加三分之一的情况下，新增加了技术保障中心（负责提供技术支持）、设备改造中心（负责进口设备的改良和研发），并聘请了两位外籍工程师负责，研发力量增加明显。

四是市场部门与客户情况：企业在原有市场部的基础上，分拆出国内市场部、国际市场部、重点客户服务部三个部门。在核证市场部门和人员的增加情况后，现场旁听了企业的销售例会、阅读企业的市场销售月报、核查销售部门的客户提货确认单，并抽查重点客户新增的订单。通过和财务数据印证，从中判断：一是企业业务增长明显，而且客户集中度越来越高，业务主要集中在 10 多家重点客户；二是客户根据确认单能准时付款，无坏账，但周期长，账期达 3 个月，这也是企业流动资金紧缺的最主要原因；三是企业重点客户订单充足，重点客户订单已基本满足企业当年的产能。

通过以上几方面的考察，结合企业财务审核情况，认为企业产值增加属实、财务逐步规范、人员增加明显、订单充足，增加产能后企业利用规模效应能更好控制成本、增加市场份额，而应收账款增加成为占用企业流动资金、制约其发展的最主要因素。不过，鉴于企业新增生产线后，产能需要一个逐步释放过程，企业流动资金无须一次到位，可以采取逐月增加方式。根据以上判断，项目经理为该企业设计了以下方案：1 500 万元的流动资金贷款额度，两年期，但款项使用方式与企业应收账款结合起来，按企业 10 家重点客户月底的应收账款余额 60% 计算发放贷款金额，只有在 10 家客户的应收账款余额不小于 2 500 万元时才可达到峰值，完全用足 1 500 万元。同时，结合企业产值逐步增大、利润同步增加的情况，从第二年起，企业每月等额偿还本金 50 万元，余额在届期日一次还清。

方案经评审同意后正式实行，企业的流动资金得到有力支持，企业利润又上新台阶。2006 年销售达到了 1.6 亿元，利润 3 000 万元，初步具备了国内中小企业板上市的条件，企业计划在 2 年内实现上市。

三、问题与思考

项目现场考察的主要作用是通过亲临企业生产经营场所，重点了解企业财务资料之外的情况，同时结合财务审查等其他方面信息，从而对企业运行情况有全面的了解，为设计融资方案提供参考依据。但企业在发展变化，要求项目考察的方式手段也要灵活变通。通过以上案例说明，在作现场考察时，即使针对同一家企业，在其不同发展阶段，考察的侧重点大不相同：

1. 在企业成立初期，侧重于真实地了解企业现状：包括人员精神面貌、生产管理、关键技术、设备运转等；

2. 而在企业发展壮大期，更侧重于了解企业的发展趋势和是否具备进一步发展的条件：如人员和设备的增加、管理团队的充实、研发力量和技术支持是否有保证、市场容量和市场竞争优势如何等。

总之，只有在充分了解企业的前提下，才能设计出理想的担保方案，既做到控制风险，同时为企业提供有力的资金支持，在实现自身效益增加的同时，也创造了良好的社会效益，体现了政府积极扶持中小企业发展的政策导向。

结合行业特点进行财务审核

一、背景资料

Cbj 公司是一家高新技术企业，注册资本 4 000 万元，已获得农业部颁发的《全国种子经营许可证》，主要从事农作物种子的研发、生产和销售。2006 年 7 月，该企业向银行申请贷款 2 000 万元，期限一年，拟由担保公司提供担保，该企业以固定资产抵押、全部股东连带责任保证以及知识产权质押向担保公司提供反担保。

二、确定财务评审重点

负责评审的项目经理，在编制财务审核工作底稿时，根据企业的财务资料，计算出该公司近年部分财务指标，如表 2 - 7 所示：

表 2 - 7 　　　　　　　Cbj 公司 2004 ~ 2006 年财务指标

指标类别及名称	2004 年	2005 年	2006 年年中
一、获利能力			
1. 净资产收益率（%）	- 3. 23	- 1. 15	30. 27
2. 总资产报酬率（%）	- 1. 91	0. 68	11. 67
3. 经营利润率（%）	- 2. 53	- 0. 64	10. 47
4. 销售利润率（%）	- 4. 31	- 0. 60	15. 25
5. 成本费用利润率（%）	- 4. 19	- 0. 59	16. 96
二、偿债能力			
1. 资产负债率（%）	36. 26	72. 45	50. 02
2. 已获利息倍数	- 1 263. 75	60. 50	4 040. 33

续表

指标类别及名称	2004 年	2005 年	2006 年年中
3. 速动资产（元）	26 765 949.96	63 386 014.27	39 509 902.80
4. 速动比率（%）	1.62	0.85	1.20
5. 流动比率（%）	2.61	1.28	2.07
三、营运能力			
1. 营运资金（元）	26 630 865.99	20 729 959.87	35 153 990.78
2. 总资产周转率（次）	0.48	0.52	0.87
3. 存货周转率（次）	0.94	1.52	1.44
4. 应收账款周转率（次）	27.28	99.53	255.74

从前两个完整的经营年度的财务指标看，该公司经营状况不是很理想。在阅读企业资料的过程中，项目经理注意到 2006 年年中与前两年的年度报表指标有较大差异，是否因行业特点造成的？如何按照企业的年度经营特点设计担保方案？带着这样的疑问，项目经理把财务审核的重点确定为如下几方面：（1）企业的核算特点；（2）企业的资产情况；（3）企业的收益情况；（4）企业的现金流情况。

三、财 务 核 实

1. 企业的核算特点

通过和主要经营者进行沟通，并查阅了解企业的财务核算制度，然后对前两个年度的月度财务数据进行对比分析，项目经理认识到该企业的财务核算有如下特点：种子行业实行的是模糊返利的销售政策，即先按公司出台的市场指导价收取预收款（一般在每年的 10～11 月），一个销售周期结束后（第二年的 6 月），公司根据市场情况出台结算价，按结算价确认收入，种子行业许多公司均采用每年 6 月确认一次收入的办法，因为在每年 6 月之前售价是不确定的，售价不确定，确认收入就存在困难。一般是企业采用按估计的结算价（一般都较保守）将每个客户的一定比例的销售做账确认收入，所以，从头一年的 11 月到第二年的 6 月，企业的财务报表上一直有大量的预收账款挂账，在此阶段，资产负债率偏高。因为企业的经营周期与会计年度的经营周期差异较大，所以会计年度末的财务指标不能反映企业完整经营周期的情况。因此，在后续审核和担保方案设计时，项目经理是按企业的经营周期进行的。

2. 企业的资产情况

因为种子业务主要是现款现货的交易方式，所以没有应收账款，该企业的资产中存货和无形资产——品种权在资产结构中所占的比重较大。因此项目经理在全面审核资产时，将这两项资产作为重点，进行了审核。

项目经理按其实际情况，将存货按包装物、原材料、库存商品进行了盘点分析，包装物主要是包装袋，金额较小，而且大多在两三年内都可用，不是审核的重点。而原材料（包括亲本种子和未加工的种子）和库存商品均是种子，存放时间过长，会影响种子的芽率、纯度，影响企业的未来销售收入。所以项目经理重点按品种对原材料和库存商品进行了盘点。首先查看了存放条件，看成品是否在冷库中，原材料是否防潮、防虫，通风是否良好。然后对照库存台账查看了入库原始单据，将库存台账和明细账进行了核对，按品种和年份进行了整理，以确认存货的不良率。经过核查，并咨询了行业内的专家，项目经理认定该企业存货数量和质量控制在合理范围内。

决定一个种子企业竞争力的因素有很多，其中，最重要的是品种，一个田间表现好的品种可以带来几个亿的年销售额。所以种业企业的品种是调研关注的重点，因为它们奠定了企业销售规模的基础。项目经理了解到种业企业还有如下特点：种业是知识密集型行业，有些品种要经过数十年的选育。一般来说，从一个品种的培育、区试、国家预试、取得植物新品种权证书，需要比较长的周期，一般要6~8年，所以现在种业企业多采取与研究机构和专家合作方式。

该企业也采取了合作方式，即和业内比较有名的专家和研究机构签署了聘用合同，由这些专家和机构负责育种，知识产权归公司所有，公司向这些专家支付一定的费用，并提供一定的科研条件。另外，该公司还和一些研究机构签订了授权开发协议，取得了独家经营权和授权经营权。由于这部分无形资产所占比重较大，所以项目经理逐份查看了合同原件和植物新品种权证书，并核对了对专家和机构的经费支出情况，以避免因为知识产权纠纷给企业经营带来的负面影响，另外还查看了品种的区试表现资料。

3. 企业的收益情况

将经营年度损益情况和会计年度损益情况进行对比，如表2-8所示：

表 2 – 8　　　　　　　Cbj 公司经营年度与会计年度损益情况对比　　　　　单位：万元

项　　目	2004 年会计年度	2005 年经营年度
一、销售收入	5 633	9 285
二、销售成本	3 536	5 823
三、销售利润	2 097	3 460
四、营业利润	– 123	131
五、净利润	59	470

　　因为企业享有税收优惠政策：种子生产销售免征增值税，2005 年以后，根据农业产业化国家重点企业扶持政策的有关规定，生产经营采取"公司加农户"模式的国家重点企业可免征企业所得税，所以应当核实企业销售收入和利润的真实性。

　　项目经理首先核实了前一年制种合同的真实性，对产量有了了解，接着结合存货情况，对可供销售数量进行了计算。然后根据销售处理程序，抽查了重点销售区域的销售合同及与之对应的销售提货单、财务记账联、库存商品明细账、银行日记账和银行对账单。在核实单据同时，关注了销售退回情况，确认低于 5%。

　　另外，项目经理对企业历年的成本构成及比例进行了核对，发现该行业是一个毛利率空间比较大的行业。一个比较成熟的公司更容易获得大规模的销售和丰厚的利润，所以该公司近年来的利润水平是逐渐上升的。项目经理重点分析了成本构成，并对占比重比较大的项目进行了核实，例如直接成本中的收购成本，销售费用中的推广费用和运费。项目经理还发现管理费用近年来比较固定，无大幅度增长。对以上项目进行分析核实后，项目经理结合掌握的资料，对企业贷款期内的收入和利润情况进行了保守预测，并与财务人员进行了沟通。

4. 企业的现金流情况

Cbj 公司 2005 会计年度现金流量如表 2 – 9 所示：

表 2 – 9　　　　　　　　Cbj 公司 2005 年会计年度现金流量　　　　　　单位：元

项　　目	2005 年会计年度
一、经营活动产生的现金流量	
现金流入小计	115 760 584. 10
现金流出小计	112 177 982. 55
经营活动产生的现金流量净额	3 582 601. 55

续表

项　　目	2005 年会计年度
二、投资活动产生的现金流量	
现金流入小计	0.00
现金流出小计	18 380 501.87
投资活动产生的现金流量净额	− 18 380 501.87
三、筹资活动产生的现金流量	
现金流入小计	31 204 730.00
现金流出小计	8 758 958.88
筹资活动产生的现金流量净额	22 445 771.12
四、现金及现金等价物净增加额	7 647 870.80

Cbj 公司经营年度各月现金流状况如表 2 − 10 所示：

表 2 − 10　　　　　　　Cbj 公司经营年度各月现金流情况　　　　　　单位：万元

项目	年月	2005.7	2005.8	2005.9	2005.10	2005.11	2005.12	2006.1	2006.2	2006.3	2006.4	2006.5	2006.6
期初余额		173	44	117	226	161	560	1 161	314	532	728	261	836
往来支出	购种支出合计	9	30	49	445	460	656	833	297	346	377	209	166
	日常费用支出	4	54	48	78	77	100	73	72	128	117	95	173
	营业外支出	0	—	3	—	0	0	—	—	—	10	—	—
	合计	54	84	100	523	537	756	905	369	473	504	304	339
	科研支出合计	20	9	33	25	102	196	30	11	227	382	61	52
	固定资产投入	32	1	0	13	56	20	2	21	—	18	2	11
	合计	52	10	33	38	159	216	31	31	227	400	63	63
	还借款	—	5	4	—	100	—	200	—	—	100	—	510
	其他支付	31	12	4	37	46	44	96	92	32	41	35	17
	偿还贷款	—	—	—	—	—	—	—	—	—	—	—	—
	合计	3	17	8	37	146	44	296	92	32	141	35	527
资金来源	销售回款（含保证金）	3	31	120	111	409	793	370	584	699	562	945	384
	银行贷款	—	—	—	—	800	—	—	—	—	—	—	—
	还借款	—	150	100	400	—	800	—	—	200	—	—	—
	其他流入	4	2	31	21	3	23	16	127	29	15	32	56
	合计	8	184	251	532	1 241	1 617	386	710	928	578	977	440
期末余额		44	117	226	161	560	1 161	314	532	728	261	836	346

　　现金流分析：行业内经营年度与会计年度不匹配，在经营年度内（每年 7 月到来年 6 月），一般企业从 7 月份开始采购，在收购期需要大规模收购资金，经营性现金流出主要集中在当年 10 月、11 月、12 月和来年的 1 月、6 月（主要是退客户保证金），经营性现金流入主要集中在当年的 11 月、12 月和来年的 1

月、3 月、4 月，持续到 6 月份。

从现金流出的类型看，影响净现金流量的因素为科研支出和日常费用，属于比较固定的支出。从以上构成分析看，前两年的经营性现金流入不足以覆盖这部分支出，所以股东和员工的投入为企业的持续经营做出了一定的贡献。日常费用主要是一些推广的前期工作费用，而且这部分的投入也是必要的，对企业的发展至关重要。要解决这一矛盾，扩大销售规模、增加收益是规避这种长期规划和短期经营矛盾的一个重要途径。

四、方案设计

在对企业进行了全面考察后，项目经理根据企业的行业特点和实际的财务情况，设计了担保方案。项目经理认为 2 000 万元贷款从企业财务成本角度来说不经济，因为企业可以获得股东单位的低息借款；而对于担保公司来说，初次合作就提供 2 000 万元的贷款担保，也有一定的风险。本着风险共担的原则，将担保金额调整为 1 000 万元。同时，项目经理认为 1 年期不符合企业经营特点，将担保贷款期限设计为 9 个月。该笔贷款在企业收购大规模开始季节（10 月份）发放，专项用于种子收购，并按企业现金流特点，在回款高峰分三次还款，以保证企业正常履约。

五、实际履约情况

企业认为该方案适合自身的实际经营情况，愿意接受，配合较好。贷款帮助企业完成了收购计划，企业在回款高峰分次提前归还了贷款。

六、问题与思考

1. 担保公司不能仅凭财务报表就轻易否定一个项目，应对财务报表及指标进行深入的分析，根据企业的行业特点和经营特点判断财务状况是否正常。

2. 在项目评审时，项目经理要根据企业所处行业的行业特点，对影响企业经营的财务数据进行重点审核。将会计期间、经营周期和担保周期结合考虑，特别是要根据企业的经营周期设计担保周期，并详细分析企业的现金流情况，把握资金的来源和去向以及回款月份的分布规律，合理设计还款方案。

担保业务的财务分析方法

一、背 景 资 料

2006 年，Gbe 担保公司的老客户 Cbk 公司一笔 500 万元流动资金的贷款担保业务到期，向 Gbe 担保公司提出续保，其资金继续用于流动资金周转。Gbe 担保公司派出的项目经理调查到该公司的主要产品如下：

1. 集成电路引线框架。该产品作为集成电路的基础电路材料，被称为现代工业发展的推动器，有广阔的市场前景，广泛应用于电脑内存条、数码相机、手机、通讯设备、航天等领域。

2. 分立器件。主要用于家用电器、电动玩具、屏幕显示等。

公司上述产品在国内市场占有率居于领先地位，其中集成电路类为全国国内采购部分的第一位，分立器件为全国国内采购部分的第二位。原材料主要采购自德国和日本，10% 左右来自国内采购，该公司以采购的铜带为原材料，利用先进的设备及生产工艺，生产集成线路引线框架和分立器件，向国内著名的封装厂家销售。

二、财 务 分 析

项目经理调查了公司的财务情况，并根据财务资料做出了以下的分析：

1. 企业近 3 年资产情况分析

企业近 3 年资产负债情况如表 2 - 11 所示：

表 2 – 11　　　　　　　Cbk 企业资产负债表（主要科目）　　　　单位：万元

项　　目	2003 年	2004 年	2005 年	2006 年 9 月末
一、资产总额	11 413	14 888	16 655	18 484
1. 流动资产合计	5 749	7 655	8 206	10 156
货币资金	500	1 239	855	1 410
应收账款	2 397	2 619	2 956	3 166
存货	2 237	2 986	3 544	4 711
2. 固定资产合计	5 252	6 827	8 049	7 923
二、负债总额	3 009	4 846	5 573	6 575
1. 流动负债合计	2 870	4 846	5 573	6 268
短期借款	2 078	3 381	3 901	3 883
应付账款	753	1 429	1 631	2 160
2. 长期负债合计	140	0	0	308
长期借款	0	0	0	308
三、所有者权益	8 403	10 042	11 082	11 908
1. 实收资本	6 900	7 200	7 200	7 200
2. 资本公积	60	360	360	360
3. 未分配利润	122	2 109	2 993	3 820
4. 盈余公积	—	—	529	529

由表 2 – 11 可分析如下：

（1）公司资产规模近 3 年来不断增长，截至 2006 年 9 月，公司资产总额已达 18 484 万元，其中流动资产和固定资产分别为 10 156 万元和 7 923 万元，分别占 55% 和 43%。

（2）在流动资产中，货币资金、应收账款和存货分别为 1 410 万元、3 166 万元和 4 711 万元。货币资金增加较多，主要是信用证的保证金增加较多的原因，如对 Bba 银行的保证金有 487 万元，对 Bbb 银行的保证金 302 万元。应收账款账龄全都在 3 个月以内，应收账款客户前五名总额占应收账款总额比例为约 68%，集中度较高，欠款客户中很大部分都是信用度较高且与公司有长期业务往来的客户。存货增加较多，较 2005 年年末增加了约 1 200 万元，主要原因有三：一是品种多，有约 60 个品种；二是模具量大；三是 9 月份正值生产的高峰期。固定资产主要由厂房和机器设备构成，其净值分别约为1 029 万元和 6 642 万元。

（3）负债总额 6 575 万元，其流动负债和长期负债分别为 6 268 万元和 308万元。流动负债中，短期借款和应付账款分别为 3 883 万元和 2 160 万元。短期借款基本与去年持平，应付账款比去年增加约 500 万元，账期为 2 个月，主要是对 Cbl 公司的应付账款，约 1 356 万元，占比约 63%。长期借款 308 万元，主要是今年 5 月对 Bbc 银行的按揭生产设备贷款,期限为 3 年。

2. 企业收入及利润状况分析

企业收入及利润状况,如表 2 – 12 所示:

表 2 – 12 Cbk 企业利润 单位:万元

项 目	2003 年	2004 年	2005 年	2006 年 1~9 月
一、主营业务收入	5 561	8 191	9 888	8 365
二、主营业务成本	4 401	6 332	7 866	6 721
三、主营业务利润	1 161	1 844	2 000	1 624
四、营业费用	48	117	83	68
五、管理费用	192	381	431	314
六、财务费用	100	289	285	294
七、营业利润	820	1 059	1 200	949
八、补贴收入	90	50	20	20
九、利润总额	818	1 109	1 220	969
十、净利润	695	950	1 040	826

由表 2 – 12 可分析如下:

(1) 公司 2004 年和 2005 年主营业务收入年增长率分别为 47% 和 21%,2006 年 9 月末达到 8 365 万元,初步估计全年主营业务收入会达到 1.2 亿元,增长约 20%。

(2) 营业费用和管理费用对主营业务收入的比值在当期分别为 0.81% 和 3.75%,而 2005 年其值分别为 0.84% 和 4.36%,可见公司在这两项费用控制上取得了一定的成效,特别是管理费用,下降了近 0.6 个百分点。但是财务费用在当期已达到 294 万元,超过了 2005 年全年 285 万元的水平,主要是因为银行利率和贴现率都较上年有所提高。总之,公司的财务费用较高。

(3) 净利润持续增长,增幅较大。2005 年末实现净利润 1 040 万元,较上年增加 9.5%;2006 年公司主营业务收入和净利润率分别按 1.2 亿元和 9.9% 计算,预计 2006 年公司净利润会达到 1 188 万元,净利润增长约 14%,公司具有较好的赢利成长性。

3. 现金流量分析

企业的现金流量情况如表 2 – 13 所示:

表 2 – 13   **Cbk 企业现金流量**   单位：万元

项　目	2003 年	2004 年	2005 年
现金流入总量	8 471	16 491	14 757
现金流出总量	8 459	15 583	15 141
现金净流量	12	908	– 385
经营活动现金流入量	5 135	8 807	9 243
经营活动现金流出量	6 103	7 641	8 156
经营活动现金净流量	– 968	1 166	1 087
投资活动现金流入量	0	0	0
投资活动现金流出量	860	1 183	1 476
投资活动现金净流量	– 860	– 1 183	– 1 476
筹资活动现金流入量	3 336	7 684	5 514
筹资活动现金流出量	1 496	6 786	5 509
筹资活动现金净流量	1 840	898	5

由表 2 – 13 可分析如下：

（1）公司 2003 年经营性现金净流量为 – 968 万元，而 2004 年和 2005 年经营现金净流量分别为 1 166 万元和 1 087 万元，显示公司最近两年的经营性现金流比 2003 年大有改善。预计今年公司也将有约 1 200 万元的经营性现金净流量。

（2）公司自 2003 年以来，连续三年对生产设备进行升级改造，分别形成了 860 万元、1 183 万元和 1 476 万元的固定资产投资的现金流出。预计 2006 年公司对模具和其他生产设备的改造，也将会形成约 600 万元的固定资产投资支出。

（3）公司的银行借款还旧借新，2005 年筹资活动现金净流量基本上为零，2006 年将延续 2005 年的态势。

（4）公司 2006 年净现金流初步估计为 600 万元。

4. 企业主要财务指标分析

企业的主要财务指标如表 2 – 14 所示：

表 2 – 14   **Cbk 企业主要财务指标**   单位：%

项　目		2003 年	2004 年	2005 年	2006 年 9 月
偿债能力	资产负债率	26	33	33.5	35.6
	流动比率	2.0	1.58	1.47	1.62
	速动比率	1.22	0.96	0.84	0.78
赢利能力	总资产利润率	6	6.4	6.2	——
	销售毛利润率	20.8	22	20.2	19.4
	净利润率	14.1	11.6	10.5	9.9
	净资产收益率	8.3	9.5	10.8	——
营运能力	总资产周转率	0.53	0.55	0.59	
	应收账款周转率	3.05	3.03	3.54	
	存货周转率	2.56	2.60	2.41	

由上表可分析如下：

（1）资产负债率很低，公司长期偿债能力较强，但是近几年，公司的资产负债率呈上升趋势，表明公司因为规模的扩大，增加了负债水平。流动比率和速动比率较高，公司短期偿债能力较强。

（2）在原材料价格大幅上升的情况下，公司的赢利能力虽有逐步下降的趋势，但幅度较小。自2003年以来，公司产品主要原材料铜的价格大幅上涨，以上海期货交易所的铜0611为例，2003年铜的价格为17 000元/吨，到2006年5月最高时已达83 200元/吨，涨幅约4倍。在主要原材料价格大幅上涨的情况下，公司的销售毛利率从2003年的20.8%下降到2006年9月的19.4%，销售净利率从2004年的11.6%降到2006年9月的9.9%，公司的赢利能力虽然逐步下降，但幅度很小，显示了公司具有较强的对下游客户的议价能力。公司在原材料价格大幅上升的情况下，大力改善产品结构，从附加值低的产品向附加值高的产品转化，如今年6月开始为深圳××公司（欧洲封装排名第一，世界前十名）提供第一批货物后，8月份开始大量供货。另外，公司与××公司（国务院智能身份证项目唯一指定公司）签订了国家智能身份证的项目，将在2006年底批量生产，这将成为该公司未来的另一利润增长点。公司今年产品的提价幅度约为20%。

（3）应收账款周转率、存货周转率均偏低，主要原因是：

1）由于部分原材料需进口，企业在一个进口周期储备了较多的原材料；

2）公司为了有足够的供货，在经营上加大了产成品的存货量；

3）由于该公司的业务客户比较固定，并且多属接到订单或电话立即送货，然后再收款，应收账款随着销售业务的增加而有较大的增长。

4）营运资金周转效率有所下降，主要是由于存货（原材料、模具）和应收款余额不断上升。另外，产品的主要品种和客户群体处于调整阶段，铺底和新产品上量方面还需要部分投入。

最后，该项目经理得出以下结论：此公司是一家步入成熟期的科技企业，但科技含量较低；公司生产经营正常，管理规范，主营业务收入逐年提高（每年约有18%的增长率），具有一定的赢利能力（销售净利润率和利润增长率约10%）；每年用1 000多万元的净利润实现对生产设备的升级换代，经营性现金流较好，贷款还旧借新，用较高的融资成本维持公司的滚动发展，在国内同行中有一定的竞争优势。

该公司当期与今年上半年相比，有以下变化：大力改善产品结构，从附加值低的产品转向附加值高的产品；大力改善客户结构，尽量选择优质的国外大客户，缩短应收账款的结算周期；根据客户需求，自己开发模具配套，但把开发模具的成本转移给了下游客户；由于国内铜带的质量不能达到生产工艺的要求，铜带的采购基本上又重新以国外为主。综合考虑上述情况，最后拟同意为其提供一年期的 500 万元流动资金贷款担保。

三、问题与思考

1. 公司的短期借款结构与公司现金流是否匹配？
2. 公司的销售收入与净利润是否对公司短期借款形成支撑？
3. 公司 2006 年的净资产收益率比 2005 年有所上升的原因是什么？
4. 公司 2006 年财务有哪些方面比 2005 年有所改善？

企业财务作假手段的识别

一、虚增销售收入及货款回笼——以 Cbm 企业为例

企业以虚增销售收入及货款回笼的方式作假，往往会产生大量的现金收款收据及发货单据，以 Cbm 企业为例：

1. Cbm 企业基本情况及融资需求

Cbm 企业成立于 2001 年，以食品包装系列产品经销为主业，主要客户是商场、酒店等，大客户约占销售 70%。公司的销售产品定向采购，采购渠道稳定可靠。

该公司拟申请贷款担保 1 500 万元，用于增加流动资金。

2. Cbm 企业财务状况

Cbm 企业财务状况如表 2 – 15 所示：

表 2 – 15　　　　　　　　　　Cbm 企业财务状况　　　　　　单位：万元，%

项目　　　　　　　年份	2004	2005	2006 年 4 月
总资产	3 358	9 310	10 830
净资产	2 438	7 348	7 935
销售收入	4 547	9 210	4 332
净利润	597	1 059	587
毛利率	25	20	23
净利率	13	12	14

该企业使用标准财务软件，账务明细完整、清晰，账表、账账相符。

3. 调研过程中发现的疑点

（1）实际存货量与报表数据不符；

（2）销售数量日均 85 万件，不太现实；

（3）注册资本增加，对企业是很好的资金支持，但多笔出资款到账后随即又转出，显示出资不实；

（4）应收账款大幅增长，以企业资金状况难以支持；

（5）银行对账单交易量较少，与主要客户结算方式与合同等不符；

（6）企业以各种借口，不提供纳税申报表原件。

4. 识破财务虚假的有效方法

抽查各年不同月份的整套会计记账凭证，并认真核查其原始凭据，是发现企业作假手段较好的方法。抽查某月整套凭证统计如表 2 – 16 所示：

表 2 – 16 　　　　　　　　　　**Cbm 企业某月凭证统计** 　　　　　单位：万元

正常银行货款回笼	正常现金货款回笼	正常新增销售收入	附虚假收据的现金货款回笼	附虚假发货单增加的销售收入
120	11	83	313	797

涉及现金收取货款的记账凭证中，其所附原始单据是现金收据，无法提供相对应个人卡交易明细单，并且与企业所述客户情况不符。

另外，当月部分新增销售收入中，仅有发货单，无发票、送货单等其他凭据，原始单据明显不全。

二、"一条龙"式造假——以 Cbn 企业为例

"一条龙"式造假是指对报表、账本、银行对账单以及支票头等进行全方位的造假，情节极为恶劣，影响非常严重。以 Cbn 企业为例：

1. 企业基本情况及融资需求

该企业是深圳一家较大的电子产品生产商，产品以内销为主。拟申请 1 000 万元流动资金贷款，用于公司短期资金周转。

2. 财务指标分析

财务分析如表 2 – 17 所示：

表2－17　　　　　　　　　　**Cbn企业财务指标分析**　　　　　单位：万元（列示的除外）

项目	序号	科目	2004年12月	2005年12月	增减（%）	2006年7月
安定能力	1	总资产	61 191 282	67 503 555	10	89 851 499
	2	营运资金	22 356 309	11 132 057	－50	12 130 593
	3	净资产	30 194 976	39 288 868	30	56 018 666
	4	资产负债率（%）	36	29	－20	34
	5	流动比率（%）	2.02	1.58	－22	1.40
	6	速动比率（%）	1.08	0.91	－16	1.01
经营能力	1	年营业收入	119 741 074	135 929 820	14	65 930 978
	2	销售利润率（%）	8	8	－2	8
	3	应收账款周转率（次）	20.12	13.65	－32	4.64
	4	存货周转率（次）	10.41	7.22	－31	4.77
	5	净资产回报率（%）	53	26	－52	9
	6	利息保障倍数	80.59	0.00	－100	0.00
成长能力	1	净资产增长率（%）	0	30	—	43
	2	销售收入增长率（%）	0	14	—	－52
	3	利润增长率（%）	0	11	—	－52
	4	利润增长额	—	1 072 864	—	－5 458 127

该企业采用手工方式作账，指标数据显示企业处于良性发展中。

3. 发现疑点

（1）账面显示：银行交易量大而现金交易相对较少，与其行业的同类企业状况不符，因该行业的同类企业多通过代理商渠道销售，由于不开发票的情况普遍，因此现金交易量会较大；

（2）企业以各种理由，不提供仓库盘点表、应收及应付账款统计表；

（3）仅提供当年的财务账册及凭证，以各种理由不提供前两年账册及凭证。

4. 财务核实情况

该公司有一完整的手工账，若从其账面看，显示报表、账账相符，账务明细完整、清晰，其账簿、凭证、原始单据及银行对账单抽查相符。

经过查实2006年某月整套凭证，记录银行收付情况如表2－18所示：

表2－18　　　　　　**Cbn企业2006年某月银行收付情况汇总**　　　　　单位：万元

正常银行货款回笼	非正常银行货款回笼	正常银行付款	非正常银行付款
280	623	234	790

备注：非正常部分系指：原始单据不符合实际的某银行结算，集中体现在一个月的最后一本凭证上。

由表2－18发现其原始单据有明显不符点：某山东客户货款回笼，银行应出具汇款通知书，而企业原始附件却是支票进账回单，而山东支票还无法在当地通用。

最后进一步核查证实，该公司为取得较高的融资额度，对 2006 年上半年的账簿、凭证、原始单据、纳税申报表及银行对账单进行了系统性的作假。当期的原始单据齐全，其伪造银行对账单仿真性较好，相关的盖章也有，银行的人也一时难识真伪，通过查其实际账号，才最终证实是假造对账单；纳税申报表也伪造较好，几近真伪难辨。

三、问题与思考

如何有效、高效的发现企业财务作假？主要应从以下几个方面考虑：

1. 了解企业所在行业的一般规律，包括结算方式、账期、纳税情况等；

2. 注重产量、销量及存货量的核证；

3. 核对银行对账单、纳税申报表原件；

4. 了解各种原始单据的具体使用范畴，并认真查看相关原始单据，以核证真伪。

非财务因素的尽职调查

一、背 景 资 料

借款人 Cbo 公司是一家生产高级面包、精美西饼、艺术蛋糕及广式月饼的中外合资食品企业，其中广式月饼销售额占其每年销售总额的 50%。月饼生产和销售具有很强的季节性，月饼生产原材料采购和广告宣传用款高峰集中在中秋节前的 3 个月，月饼销售全部集中在中秋节前，销售回款则集中在中秋前后的 2 个月内。故 Cbo 公司为满足月饼生产和广告宣传等季节性支出高峰，需要向银行申请流动资金贷款。因 Cbo 公司缺少符合银行要求的足额的抵押物，故向 Gbf 担保公司提出担保申请。

从 2003 年开始，Gbf 担保公司先后为 Cbo 公司提供了两个中秋节的流动资金贷款担保，Cbo 公司均提前偿还了贷款。2005 年，Gbf 担保公司对 Cbo 公司的调查中发现了一些问题，未同意提供担保。2006 年，Cbo 公司经营者失踪，公司倒闭。在三年的时间里，Gbf 担保公司在对 Cbo 公司的调查过程中，非常注重利用一些非财务信息，因此有效地控制了担保风险。

二、调 查 过 程

2003 年，Gbf 担保公司应 Cbo 公司的担保申请，对 Cbo 公司进行了首次全面调查。

1. Cbo 公司基本情况

Cbo 公司是由某香港企业和某内资企业于 1990 年共同投资成立的中外合资（港资）有限责任公司，成立已有十几年，法定代表人系香港人白某。Cbo 公司的经营模式是生产、配送和销售一体化。

成立初期，Cbo 公司只有 3 家分店 10 个销售点，产品只有 30 多种。经过 10

多年来的不断努力，Cbo 公司的分店已经增至 30 家，销售点达到了 200 多个（销售渠道如表 2－19 所示），品种也实现了多样化，达到了 200 多个品种。2002年，Cbo 公司的销售额达到了 3 000 多万元（其中月饼销售额占全年销售额的52%），是成立初年的 20 多倍。

表 2－19   销售渠道和各渠道销售比例

销售渠道	销售品种比例（%）	
	月饼	其他
1. 直营店（共30 家）	40	60
2. 加盟专卖店（10 多家）	5	10
3. 代销点（货架，200 多个）	35	30
4. 订单（当地及省内）	20	—

Cbo 公司注册了的××商标已成为当地糕点业家喻户晓的知名品牌，在消费者心目中已树立了新鲜、健康、美味的品牌形象。Cbo 公司的月饼深得当地消费者的厚爱，多年来，Cbo 公司一直为各地一些星级酒店、大型酒楼、机关团体提供馅料和月饼的代加工服务。Cbo 公司曾多次荣获国家工业局、国家国内贸易局、中国烘烤食品糖制品工业协会、全国饼店委员会、国家国内贸易局饮食服务业发展中心联合举办的中国月饼节的"优质月饼"、"名牌月饼"等称号，2001年还获得了"全国十佳饼店"的光荣称号。2002 年，公司加大了发展的力度，进行了产品结构的调整，购置了固定资产、进行了分店的装修和工厂办公楼的装修，并提出了发展"休闲饼屋"的规划。

2. 贷款用途及还款来源

Cbo 公司贷款性质属于季节性周转，从表 2－19 可以发现，2002 年月饼销售额占全年销售额的 52%，销售全部集中在中秋前的一个月内，企业为准备月饼生产，须在中秋前的 3 个月订购月饼生产所需的原材料，同时为备战中秋月饼销售大战，Cbo 公司还需进行集中式的广告宣传。每年中秋节前的 3 个月是月饼原料需求的旺季，备有足够的现金支付采购款，可以争取到较好的价格，有利于降低生产成本。而月饼销售回款一般是在中秋节前后的两个月内，月饼的销售利润较高，回款时间集中，故还款来源有保证。Gbf 担保公司调查认为，Cbo 公司的贷款用途真实，贷款期限短，在正常经营的情况下，还款来源充分。

3. 财务因素调查

对 Cbo 公司的财务情况进行调查后，Gbf 担保公司发现，Cbo 公司会计核算较为混乱，历史上形成了大量的往来账无法核对，资产负债率（71%）较高，但无其他银行借款。2002 年月饼销售占全年销售收入总额的 52%，公司平常月份的经营处于亏损状态，中秋前后的 3 个月为公司的销售高峰期，公司的利润主要来源于这 3 个月的月饼销售和礼品饼券销售，公司年利润呈下降趋势，基本处于微利或微亏状态。公司产品销售大部分是通过直营店和加盟店，现金收款比例较高，应收账款和存货的周转较快，回款有保证。财务调查表明，公司目前财务状况较差且有恶化的趋势，赢利能力弱，但短期经营周转尚能维持。公司在 2002 年至 2003 年加大了发展的力度，进行了产品结构的调整，购置固定资产、进行了分店装修和工厂办公楼装修，并提出要发展"休闲饼屋"的规划，表明经营者尚有加大发展的意图，但前景不明朗。

4. 非财务因素的调查

（1）公司治理结构和管理层

Cbo 公司的股东为某香港企业和某内资企业，法定人代表系香港人白某，股东某内资企业实际为一空壳公司，股东香港企业的实际控制人也为白某。

白某因其他生意往来，欠下了国内某大型国企 Cbp 集团的债务，Cbp 集团在 1997 年接管了白某拥有的 Cbo 公司，但 Cbo 公司的股权和法定代表人未作变更，Cbo 公司的管理层全部由 Cbp 集团派出，Cbo 公司的管理层均为在 Cbp 集团工作多年的员工，其家庭均在 Cbp 集团本部所在地。

Cbp 集团入驻以来，Cbo 公司的发展比较平稳，故 Gbf 担保公司判断 Cbp 集团是有意发展 Cbo 公司的。Gbf 担保公司提出 Cbo 公司的管理层总经理、副总经理、财务总监三人（全部为 Cbp 集团派出的人员，在 Cbp 集团工作多年，其劳动关系尚属于 Cbp 集团）为 Cbo 公司贷款承担个人连带责任，三人皆表示同意。此外，总经理同意以其个人名下的一个金额为人民币 40 万元的存单作质押反担保。

Gbf 担保公司分析认为，其三人并非 Cbo 公司的股东，为在国企工作多年的员工，家庭住址在国企的一个大院内，提供个人担保及存单质押担保，表明他们对还款有足够的把握。

（2）行业及企业发展前景

从财务调查可以看出，Cbo 公司的赢利能力弱，财务状况较差且有恶化的趋势。对此，Gbf 担保公司调查分析了其中深层次的原因。近年来，Cbo 公司所在地的大型超市发展迅速，大型超市已成为快速消费品销售的主渠道，超市的西饼一般是现场制作，吸引了大量的消费者，从而分流了原饼店的顾客。Cbo 公司所在地其他两家西饼店的发展迅速，门店数量与 Cbo 公司相比毫不逊色，竞争加剧。Gbf 担保公司判断，从中期来看，Cbo 公司在西饼销售上的亏损趋势估计无法扭转。在中秋月饼方面，月饼的消费具有极强的时令性，除中秋外，平时基本无销售，而且月饼消费的量具有一定的刚性，一般情况下，每年的消费量既不可能有较大的下降，也不可能有较大的增长。虽然大型超市的自有品牌月饼尚不构成大的竞争，但近年来，当地各高级酒店、高星级宾馆纷纷发展自有品牌的月饼，原有厂家的市场份额不断下降。月饼的价格近年来上升较快，厂家尚有较高的毛利。故从行业及企业的发展前景方面分析得出，对 Cbo 公司的贷款担保策略只能是短期介入。

（3）当季中秋月饼的市场竞争力

由于 Gbf 担保公司对 Cbo 公司的担保策略是短期介入，故 Gbf 担保公司对影响 Cbo 公司经营的短期非财务因素——当季中秋月饼的市场竞争力进行了深入调查。

Gbf 担保公司察看了 Cbo 公司的生产现场，Cbo 公司的现场生产人员介绍，Cbo 公司 2002 年刚更新了一些设备，目前的设备配备在西饼业内属较齐全的。Cbo 公司又介绍了当季拟新推出的十多个新品月饼，并向调查人员展示了其新设计的数十种新颖包装和销售礼品装（包装对月饼销售起较大的作用）。从产品设计、生产能力和包装设计方面可以看出，Cbo 公司已经作了较充分的准备。

（4）供应商和员工对 Cbo 公司的评价

通常，企业如发生经营状况恶化，企业可能会出现频繁更换供应商、长期拖欠供应商货款、内部员工跳槽增多、士气低落等现象。Gbf 担保公司通过介绍，认识了 Cbo 公司的两个供应商，一个是为 Cbo 公司做装潢设计的，另一个是为 Cbo 公司供应设备的，经询问，这两个供应商认为 Cbo 公司的管理层为人较守信用。在调查中，Gbf 担保公司有意询问了一些员工，未发现异常情况。

通过对 Cbo 公司的调查，结合财务和非财务的因素分析，最终 Gbf 担保公司同意为 Cbo 公司提供担保，担保金额控制在月饼生产季节性用款需求上，贷款合同期限为 6 个月，实际约定为 4 个月，并且是中秋节前归还部分，中秋节后 1 个月内全部还清。2003 年和 2004 年 Cbo 公司均能如期偿还。

三、问题暴露

2005 年，Cbo 公司再次向 Gbf 担保公司提出了担保申请，从财务数据上看，Cbo 公司的经营似乎与前两年一致，但 Gbf 担保公司在对以上非财务因素的调查中发现一些情况变化：

1. 原接管 Cbo 公司的 Cbp 集团人员准备撤出，Cbo 公司由邓某个人承包经营。据了解，邓某承包费相当低。担保公司判断：Cbp 集团的撤出表明，Cbo 公司经营无利可图，其前两年发展 Cbo 公司的意图已经根本改变，邓某相当低的承包费充分反映了 Cbo 公司的价值。

2. 原 Cbo 公司的供应商反映，Cbo 公司拖欠供应商货款严重。

3. Cbo 公司的商标面临纠纷，使用范围受限。

Gbf 担保公司对 Cbo 公司的担保策略是短期介入，一直保持相当的谨慎，以上情况的变化，表明 Cbo 公司经营已经陷入了困境，故 Gbf 担保公司未同意再次提供担保。2006 年，Cbo 公司出现经营者失踪、设备被偷偷转移、工人多月工资无法发放等严重情况，企业被法院查封。

四、问题与思考

财务报表数据是对企业历史经营情况的反映，而我们调查的目的主要是判断企业未来的偿债能力，当企业经营情况发生很大变化时，企业的财务报表数据并不能说明其未来的经营情况。

某些非财务因素对预测企业未来的经营发展具有前导性的作用，重视非财务因素的审查，可以帮助我们更准确地判断企业未来的经营趋势。

贷款担保项目的细节调研

一、背景资料

　　Cbq 公司是一家专业从事高精度、高密度双面及多层印制电路板（PCB）生产的内地与香港合资高新技术企业。公司成立于 2001 年 8 月，注册资本 1 000 万元，2004 年增资至 4 000 万元。公司于 2002 年 8 月通过 ISO9001—2000、QS9000 认证并取得美国 UL 认证，2003 年被某市经贸局评为先进技术企业，2004 年被认定为高新技术企业，2003 年通过 ISO 14001 认证。公司于 2003 年 9 月扩建厂房并添置多台设备，2004～2005 年设备投入继续增加，技术及加工能力有很大提升，月生产能力达 20 000 平方米。设备投入的增加使企业产能得到提高，但同时也面临流动资金方面的压力。因此，公司向担保机构申请一笔 1 000 万元流动资金贷款的担保。

二、调研方案准备

　　针对该公司情况，项目经理设计的调研方案侧重于以下方面：
　　1. 生产饱和度。设备的投入使产能大大提高，需分析提高的产能能否被顺利消化。
　　2. 质量控制能力。从产品工艺特点得知质量控制非常重要，需要对企业的质量控制体系进行检查及分析。
　　3. 市场状况及产品结构。该行业竞争非常激烈，有一定规模的厂家较多，而且近年迫于市场压力都在进行设备投入。该行业另外一个显性特征是层数越高的产品其毛利率越高，且呈跳跃式增长，故从其产品结构可以对其竞争力及赢利能力有大致的判断。
　　4. 资信状况。主要了解其历史贷款记录，并计划寻找 1～2 家供应商了解其付款情况，由于对供应商的付款不属于硬性负债，故企业间相互拖欠货款的情况较为普遍，从企业对供应商的付款情况能够了解其信誉状况。

5. 反担保措施的开发。股东仅能提供价值 40 万元左右的个人房产抵押，相对于其申请额度，反担保措施偏弱，因此在项目调研过程中，需要根据企业的经营特点及资产特质挖掘其他反担保措施。

三、调研操作流程

1. 生产状况

项目经理按照工艺流程对企业的各个生产车间进行调研，现场调研状况如下：

（1）生产现场较为繁忙。随机与现场工人交流，得知工人经常需要加班，从钻孔车间还了解到由于自有设备不足（企业自有钻孔机 11 台），在销售旺季部分产品还需要外发到其他专业公司加工；

（2）设备保养程度较好。每台设备都有保养手册，随机翻看了一台钻孔机及一台锣机的手册，对每次保养皆有清晰记录，可以看出其设备维护及管理是较为到位的；

（3）观察物料及半成品堆放齐整。特别注意到，批产品每道工序交接皆有检验单，于是项目经理在工作手册上记录了其中某批产品层压及沉铜两个工序的 QC 检验表，分别为 99.5% 及 98.8%，记录数据可与后面的质控部门的数据进行印证分析。

生产现场的了解使项目经理建立了对生产饱和度的感性认识，项目经理还需要掌握真实的生产数据，在与企业沟通中，项目经理了解到其生产安排皆由生产计划部完成，于是项目经理到该部门调研，抽取了该月剩余两周生产计划数据，如表 2－20 所示：

表 2－20　　　　　Cbq 公司当月剩余生产计划　　　　　单位：平方米

时间 项目	双面板	四层板	六层板	八层板	十层板	合计
第三周	2 041	1 791	653	121	23	4 629
第四周	2 318	2 004	792	98	17	5 229

企业月产能 20 000 平方米，以上数据与项目经理在生产现场了解的生产饱和的状况是吻合的，经过调研分析可得出以下结论：该企业新增设备基本处于饱

和状态，且企业的生产管理细致到位。

2. 质量控制能力

制造 PCB 板的工序多且复杂，尤其是多层板，全过程有三四十个工序，任何一个工序有一点失误，甚至只影响到拼板中的一块板，都会造成废品。生产时所需原材料门类、品种规格多，贮存期短且生产工序多，全厂的生产和物资管理必须全部处于受控状态，管理必须周密严格。项目经理首先去质量检测部门抽查了两批产品，合格率分别为98.2%及97.53%，与生产现场数据基本吻合，为了了解更为全面的数据，项目经理在计算机系统内将连续6个月的数据调出，其数据如表2-21所示：

表 2-21   Cbq 公司 7~12 月报废率

月份	7	8	9	10	11	12
报废率（%）	3.68	3.02	3.04	3.40	3.36	3.46

项目经理在该部门与相关人员交流，了解到企业有一套针对经营流程进行全过程控制的质量体系。质量控制实行从客户订单至成品测试的全过程控制，涉及市场部、工程部、制造部、品保部、采购部等五个部门，整个过程大致分为三个阶段：

（1）订单的处理及确认：市场部准确翻译客户需求，工程部评审合同中有关技术要求，制造部评估生产能力及交货期，市场部根据客户要求审核工程部人员转化制作的资料，最后与客户确认；

（2）制作过程的管理：品保部对原材料进行检测，制造部进行制作过程控制；

（3）测试：半成品及产成品的测试。

从该公司办公系统发布的文件得知，公司经常针对该管理体系对工作人员进行培训，并设定了较为科学的奖罚机制，故工作人员基本能够按质量控制文件指引进行操作，使企业在质量控制方面保持了较好的指标，进而使企业获利能力得到了较大的提高。

3. 行业地位及销售情况

近年来，随着通信产品、信息电子产品逐渐向高频化、高速化方向发展，这类产品的制造技术也进入全新的变革之中。目前 PCB 高密度化已成为电子系统产品最基本的需求，迫于市场压力，企业必须调整产品结构。项目经理从业内了解到，该公司在行业内属于规模较大的企业之一，业内对其评价较高。

企业产品的销售情况则需要到销售部门进行调研，项目经理首先抽查了2006 年 1 月前半月的出库数据，如表 2 – 22 所示：

表 2 – 22　　　　　　　Cbq 公司 2006 年 1 月前半月出库数据　　　　　单位：元

时间＼项目	双面板	四层板	六层板	八层板	十层板	合计
第一周	1 285 789	1 985 326	1 025 326	291 289	28 932	4 616 662
第二周	1 523 664	2 114 652	1 241 796	234 520	37 995	5 152 627

月出库预计在 1 600 万 ~ 1 900 万元之间，该数据还可以与财务因素调研中的销售收入数据进行印证核实。

在操作其销售系统时发现其历史年度数据保留较完整，于是采集 2004 年、2005 年两年的数据进行了统计分析，如图 2 – 1 所示：

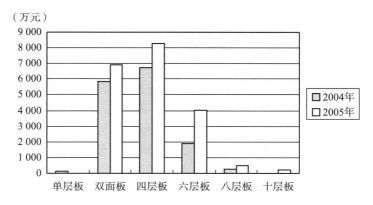

图 2 – 1　2004 年、2005 年销售数据

从以上数据得知：

（1）企业单、双面板比例下降，基本放弃单面板市场（与管理者所介绍的情况吻合）；

（2）多层板中六层板比例显著增长，由于六层板以上产品毛利率可达到30% 以上，该部分销售额对公司赢利贡献较大；

（3）企业业务总量在上升，设备投入产生了直接产能效应；

（4）企业销售额呈良性上升态势，并且销售结构在不断优化，在行业内处于较为领先的地位。

4. 企业资信

本案例中，通过对银行、工商、税务、海关、网络及周边渠道的调查了解到，该公司产品的质量过关，纳税记录良好，银行资信及客户资信无不良记录，企业的资信状况良好。项目经理将重点放在供应商对该企业评价上，由于该企业主要材料的供应商规模较大，属于境外上市公司，配合较难，信息采集有一定困难。项目经理在生产车间调研时观察到该企业的某种配套设备是 Cbr 企业制造的，而 Cbr 企业是担保机构的客户，于是项目经理到 Cbr 企业去了解 Cbq 企业的付款资信情况。Cbr 企业表示双方合作三年多，Cbq 企业付款记录良好，此外，Cbr 企业还透露 Cbq 企业从 2005 年开始采购量增加了许多，该信息从侧面印证了企业增加的产能及销售。

资信状况调研得到的基本是良性信息，特别是供应商对企业的评价很高，证明企业及管理者诚信意识较强。

四、反担保措施的设计

由于股东可提供的不动产价值较低，项目经理在调研过程中需要根据企业的经营特点寻求其他反担保措施。Cbq 企业产品的 80% 出口，根据国家的相关政策，企业享受增值税出口退税政策，项目经理核定其历史年度每年退税 400 万～600 万元，因此担保机构拟以出口退税账户质押监管作为反担保措施，理由如下：

1. 从历史记录观察，随着企业出口销售额的增长，其退税额也将相应增长；

2. 退税款到位一般有 3～4 个月的滞后期，期间累计退税额有 200 万元左右，若企业出现生产或销售方面异常，通过账户封闭可有效截留该部分资金；

3. 对于企业而言，该反担保方案相当于以其未来一年的现金流入量作为参考，使其提前使用该笔资金，企业的资金利用效率大大增强。

与企业管理者沟通，其果然对该方案非常认同。

五、问题与思考

1. 项目小结

综合前述部分的调研，项目经理对该企业分析如下：

（1）管理细致严谨，管理手段较为完善，在行业内口碑较好；

（2）设备投入较大，增加的产能基本被消化，且产品结构不断优化，使企业保持了较好的成长能力，购置设备的资金压力可通过滚存的利润逐步消化；

（3）企业及其管理者诚信意识较强，企业处于上升阶段，具备还款客观能力及主观意愿；

（4）存在的风险在于反担保措施较弱，出口退税账户作为反担保措施变现能力弱，且可能受国家退税政策的影响有一定调整，但其对企业制约力较强。

从以上分析可知，企业基本面较好，经营态势良好，可以为其提供流动资金贷款担保，在财务因素调研后将设计具体操作方案。

2. 调研经验小结

在对企业的非财务因素调研中，需要把握以下几点：

（1）调研之前尽可能收集该企业所在行业的信息，并消化企业所提供的资料，这样可做到有的放矢；

（2）点面结合，调研中记录局部数据，再收集整体统计数据，相互印证得到真实信息；

（3）横向数据及信息的分析比较，在调研中收集不同部门的信息及数据，进行信息对碰及分析，以得到正确结论；

（4）调研中注意细节把握，过程中充分利用企业已有的管理手段，如本案例中项目经理利用企业办公系统发布的信息了解企业各种情况。

反担保方案的设计与合法性审查

一、背景资料

借款人 Cbs 公司是从事 IT 产品生产及经销服务的企业，为履行与"××集团公司"签订的标的为 1 400 万元的办公自动化产品销售合同，向银行申请流动资金贷款 1 000 万元，期限一年，并委托 Gbg 担保公司提供贷款担保。拟定还款来源为该销售合同销售所得货款，借款人提供的反担保方案为：前述与"××集团公司"签订的办公自动化产品销售合同的应收账款质押、企业办公场地的租赁权质押、企业法定代表人的个人连带责任保证。

二、企业基本信息收集

评审责任人依据担保公司相关业务规范，向借款人收集以下常规资料：

1. 为确认借款人的主体资格，收集经过最近一次年检的企业营业执照（副本）、组织机构代码证、国税登记证、地税登记证的复印件，与原件核对后加盖借款人公章。

2. 为保证相关法律文件签署的合法有效性，要求借款人出具企业法定代表人身份证明原件、并收集法定代表人个人身份证件的复印件（本项目企业法定代表人为香港居民，所以要求其提供了社会保障号和驾驶执照号），并要求借款人预留企业印章和法定代表人个人印鉴。

3. 为确认委托担保事项的合法性，收集借款人公司章程（要求提供加盖工商局查询备案章的章程）、同意委托担保的股东会决议。

4. 为核实贷款用途及确认其合法性，收集借款人与某大型集团公司签订的办公自动化产品销售合同。

5. 为了解确认借款人的资产状况，收集资产权属凭证等。

6. 为了解借款人有无涉诉，要求借款人提供目前涉诉状况。

7. 全面了解企业的资产状况及主要管理人员个人的资产状况，为后续反担保方案设计做准备。

三、资料核查及分析

1. 资料核查

备齐上述常规资料后，评审责任人进一步进行以下核查工作：

（1）与借款人取得一致后，同销售合同的对方当事人"××集团公司"取得直接联系，核实销售合同情况，同时草拟书面询证函，请"××集团公司"在询证函上加盖公章确认情况。函件内容如下：

××集团公司：

根据贵公司于200×年××月××日与 Cbs 公司签订的《办公自动化产品销售合同》，贵公司向 Cbs 公司定购 WSI－3501 系列产品，Cbs 公司履行合同义务后，贵公司应向 Cbs 公司支付货款总计人民币 1 400 万元。

如以上情况及数据确实无误，请贵公司在本函下端"上述情况及数据真实无误，截至目前 Cbs 公司在《办公自动化产品销售合同》的履行中无违约行为发生"处签章证明。

我公司将对以上信息承担保密义务，除为担保及追偿目的需要或应国家有关机关的要求，未经贵公司同意，不向第三方披露以上信息或将以上信息用于非正当目的。

非常感谢贵公司的合作！

Gbg 担保公司

年 月 日

上述情况及数据真实无误，截至目前 Cbs 公司在《办公自动化产品销售合同》的履行中无违约行为发生。

年 月 日

（2）通过人民法院公众网查询有无关于借款人或其高级管理人员的裁判文书，通过人民法院在网站等媒体上发布的"老赖"名单、悬赏公告等查询有无关于借款人或其高级管理人员的不良记录公告。

2. 资料分析

通过对所收集信息的核查与分析，评审责任人发现以下问题：

（1）借款人与某大型集团公司的办公自动化产品销售合同回款是此次贷款担

保的主要还款资金来源，根据销售合同约定，买家的货款支付义务将分四次履行：

销售合同生效后 15 日内支付 20% 的预付款；

借款人交付产品后支付全部货款的 60%；

完成安装调试后支付全部货款的 15%；

人员培训及前期技术服务完成后，支付剩余 5% 的货款。

为控制项目风险，担保公司有必要依照销售合同的履行进程，对每期的相应回款进行监管，同时将合同履行情况作为保后管理的重要核查内容之一。

（2）借款人提供的反担保资产分析

①销售合同的应收账款质押。销售合同尚未开始履行，借款人还没有履行合同中的交货等义务，目前并不对相对方享有债权，即未形成真正意义上的应收账款，因此不符合应收账款质押的条件。而且该销售合同的回款是本笔担保贷款的主要还款来源，若同时作为反担保的主要内容，则会形成第一还款来源与第二还款来源重合的情形，无层次性和递补性，起不到两个还款来源互为补充的作用。

②租赁权质押。借款人办公用房的租赁合同中明确约定"未经房屋所有权人书面同意，承租人不得进行转租"，经与房屋所有权人联系，未能取得对租赁权质押的同意。由于可自由转让是质押物所必须具备的条件，也是质押有效的前提条件，若在以上房产上设立租赁权质押，其有效性难以保证。同时，虽然《担保法》明确了权利质押，但并未就租赁权质押做出详细规定，且此类质押也无相应的登记机构，质押权很可能无法对抗第三人。

③企业法定代表人的个人连带责任保证。从 Cbs 公司法定代表人披露的资产情况来看，其个人资产主要位于中国香港和美国，担保公司难以进行核实，且一旦出现风险需要追偿时，可能引起司法判决的他国承认与执行问题，给追偿造成较大困难。

因此，以上反担保方案不符合反担保措施合法、有效、资产可控且易变现的几项原则。

（3）在对企业资产的全面调查中，评审责任人发现借款人的关联企业 Cbt 公司取得了本市××工业开发区近 9 000 平方米工业用地的土地使用权，该块土地上正在建设的新生产厂房也即将竣工验收。

由于 Cbt 公司系借款人的三个主要股东出资成立，生产借款人所需的上游原材料，评审责任人认为该块土地使用权及其上在建工程可作为反担保抵押物。

（4）调查中评审责任人发现，由于借款人 Cbs 公司的法定代表人为香港居民，长期居住于境外，该公司的日常经营决策主要由本市居民、公司总经理赵某负责。为加强对企业日常经营的制约，评审责任人认为应增加赵某的个人连带责任保证反担保。

3. 问题解决方案及资料信息的补充完善

针对发现的问题，评审责任人提出以下解决方案，并要求借款人及相关主体补充以下资料：

（1）设置监管账户。通过预留担保公司责任人名章的方式，对借款人账户设置监管。银行贷款资金打入监管账户，由担保公司控制资金定向使用于履行借款人与"××集团公司"签订的办公自动化产品销售合同，同时要求该合同回款进入监管账户。担保公司要求借款人通知××集团公司，合同付款账号变更为监管账户。

（2）将本笔贷款担保的反担保方案调整为：

①Cbt 公司土地使用权及其上在建工程抵押。要求补充如下资料：Cbt 公司营业执照复印件、法定代表人身份证明、身份证件复印件、该公司章程、该企业股东会同意将土地使用权及其上在建工程抵押给担保公司作为 Cbs 公司担保贷款的反担保措施的股东会决议、《土地使用权证书》原件、土地出让金缴纳发票原件、在建工程施工合同、工程款总额及支付情况、已付款发票或收据。

②借款人总经理赵某的个人连带责任保证。要求借款人的总经理赵某补充如下资料：赵某个人资产及婚姻状况，赵某及其配偶同意为 Cbs 公司贷款担保向担保公司提供连带责任保证反担保的承诺书。

③借款人法定代表人的个人连带责任保证。要求借款人的法定代表人补充如下资料：个人位于大陆地区特别是本市的资产状况，本人及其配偶同意为 Cbs 公司贷款担保向担保公司提供连带责任保证反担保的承诺书。

四、问题与思考

1. 可以通过哪些途径核查借款人基本信息的真实性和合法性？
2. 如何处理第一还款来源与第二还款来源之间的关系？
3. 反担保方案设置时须遵循怎样的基本原则？

担保业务的法律风险防范

一、背景资料

Cbu 公司是一家生产数码电子产品的大型企业，其生产的电子产品具有较高的知名度，在电子行业中居于领先地位，因扩大生产规模的需要，拟向 Bbd 银行融资 800 万元，期限为一年。因其抵押物价值不足，Bbd 银行向 Gbh 担保公司推荐了该项目，要求 Gbh 担保公司为 Cbu 公司的该笔贷款提供担保。

二、反担保方案设计

经过对 Cbu 公司的实地考察，Gbh 担保公司认为该公司的产品具有一定的技术含量，市场竞争力较强，具备较好的销售成绩和完善的销售网络，经营性现金流充足，负债合理。担保公司还了解到，Cbu 公司为扩大企业的知名度，与影视明星杨某建立了合作伙伴关系，由其出任产品的形象代言人，而杨某通过此次合作，也成为了 Cbu 公司股东。鉴于 Cbu 公司抵押物不足，而股东杨某作为影视明星，具有一定的知名度及社会地位，有较强的担保能力，在落实了下列反担保措施的前提下，Gbh 担保公司同意为 Cbu 公司向 Bbd 银行 800 万元借款提供担保，期限一年。

1. 将 Cbu 公司正在建造的厂房抵押给 Gbh 担保公司；
2. 将 Cbu 公司法定代表人所持有的 Cbu 公司的股权质押给 Gbh 担保公司；
3. 由 Cbu 公司股东杨某提供个人连带责任保证反担保。

三、审查分析资料信息，控制法律风险

根据上述的反担保措施，Gbh 担保公司要求 Cbu 公司提供以下资料进行

审查：

1. 正在建造的厂房所在土地的土地使用权证，以此确认土地性质是国有土地还是集体土地，若是集体土地使用权证的，依《中华人民共和国担保法》第三十七条规定：耕地、宅基地、自留山等集体所有的土地使用权不能抵押。

2. 公司章程、股东名册及股东会决议，审查 Cbu 公司股东构成、各股东所占股权比例、股东会决议效力等。

在审查过程中，Gbh 担保公司发现 Cbu 公司提供的资料存在以下问题：

1. 代理人行为超出授权委托书的委托范围。在 Cbu 公司章程、股东会决议等法律性文件中，杨某的签名并非其本人签署，均由李某代为签署。鉴于杨某的个人责任反担保保证是该笔业务的主要反担保措施，其代理人李某的代理权限直接关系到其签署的法律合同的有效性，也是最终追究保证人杨某保证责任的合同依据。为此，Gbh 担保公司将重点放在授权委托书上，审查李某作为代理人的权限是否在委托代理范围内，其有无超越授权范围的行为。

通过审查发现，杨某出具的授权委托书主要是针对 Cbu 公司即将成立时所要涉及的相关事务，包括出席股东大会、董事会各种会议、行使董事会成员相关职责、签署公司相关的法律文件。依授权委托书可知，杨某的代理人李某与 Gbh 担保公司间签订的保证反担保合同等都明显超出了授权委托书的代理范围。根据《中华人民共和国民法通则》第六十六条规定：没有代理权、超越代理权或者代理权终止后的行为，只有经过被代理人的追认，被代理人才承担民事责任。未经追认的行为，由行为人承担民事责任。

Gbh 担保公司在发现问题后立即要求杨某重新出具授权委托书，明确李某的代理范围，使 Gbh 担保公司的反担保措施完全落实，以防止日后在诉讼中无法追究杨某的保证责任。

2. 股东会决议不符合公司章程规定。公司章程在公司中具有"根本法"的作用，公司内部的员工、制度均以其为准则，受其约束。Cbu 公司章程中对公司借款担保事项的表决程序未做规定，股东会决议中参与签名股东的累计股权虽然已占公司股权的二分之一，但是 Cbu 公司的公司章程中规定的股东表决权并不是依照股东出资比例行使的。为此 Gbh 担保公司要求 Cbu 公司其他股东补充签名，达到 Cbu 公司章程规定的占有表决权二分之一股东通过该项决议，以确保股东会决议有效。依据 2006 年 1 月 1 日开始实施的新《公司法》规定，占有股权比例最多的股东并不是当然的拥有同股权相同的表决权，公司章程可以另行规定。而 Cbu 公司恰恰采用了新《公司法》的规定，对股东享有的表决权另行做出了规定。

3. 抵押物不符合行政部门办理登记手续的规定。Cbu 公司提供的土地使用权证为国有土地使用权证，原来设计的反担保操作方案是将在建厂房抵押，但通过向国土资源管理局了解，在建工程因尚未办理房屋产权证，无法办理抵押登记，最后变通方式，将该在建厂房所占土地的使用权办理抵押。而依据法律规定，土地使用权抵押的，其上盖建筑物也随之抵押。通过此种方式办理了抵押登记，落实了反担保措施。

四、问题与思考

通过上述案例，针对担保公司日常业务中担保企业所属的不同行业，反担保措施应当多样、灵活。对于关系到担保公司权益的反担保措施，要对有关的各类资料进行审查，以防范担保业务中的风险。

1. 核实抵押物的权属，审查相关的附件是否合法有效。若以共有财产作抵押的，应提供抵押人对该抵押物占有的证明，以及共有人同意以该财产设定抵押的证明。

抵押物属公司法人所有的，应提交该公司同意将抵押物抵押的股东会决议，审查股东会决议是否符合公司章程的规定。

以土地作抵押的，核实土地性质属于国有土地或是集体用地。

以土地、房产、机器设备作抵押物的，必须到相关部门办理抵押登记，以保障担保公司对抵押物享有优先受偿权，在抵押物被处置分配款项时，不会因为存在多个债权人参与分配而导致担保公司的权益受损。

2. 慎重审查授权委托书的范围。在项目操作过程中，出现授权委托书的，应慎重审查授权委托书的范围、委托期限，明确代理人的代理行为是否合法有效，以预防出现无权代理、越权代理的行为，确保反担保措施的落实和实现。

3. 提高对公司章程的关注度。新《公司法》第四十三条规定："股东会会议由股东按照出资比例行使表决权；但是，公司章程另有规定的除外。"该规定就赋予了公司制定公司章程的自主性，所以，担保公司需仔细审查申请担保企业的公司章程，核实公司出具的股东会决议、授权委托书等法律文件是否符合公司章程，避免股东会决议存在瑕疵。

4. 明确质押事宜，预防重复质押。以股权质押的，鉴于各地区工商行政管理局对股权质押办理质押登记的无统一规定，对不能办理质押登记的，须将质押的股份记载于公司的股东名册上，明确质押事宜，防止出现重复质押的情形。

企业财务调查工作底稿的制作

一、背 景 资 料

Cbv 企业是一家经营铝制品的生产型企业，由于扩大生产需要资金，向 Gbi 担保公司提出贷款担保的申请，Gbi 担保公司经过与 Cbv 企业经营者初步接触，接受了 Cbv 企业的担保申请，并为此项目派出了两位项目经理，对 Cbv 企业进行了调查。

经过项目经理调查，了解到 Cbv 企业属于个体工商户性质，以前没有编制过完整的财务报表，也从来没有向银行申请过贷款。Cbv 企业的财务负责人及出纳由企业主的妻子担任，另聘请了一名会计，目前仅编制有利润表，没有编制资产负债表及现金流量表。不过，Cbv 企业提供了现金账（包括银行存款在内），仓管存货账，应收款、应付款、销售、购货、费用等明细账，银行对账单，私人存折及大量原始凭证。

二、财务调查工作底稿

Gbi 担保公司项目经理根据 Cbv 企业实际情况，在 2006 年 5 月初，对 Cbv 企业的生产经营状况、企业主经营思想、市场竞争情况、产品市场前景、企业生产管理能力、资金运作能力、营销方式及能力、原材料采购及结算、销售渠道及结算、关联企业、有无对外担保、资产负债情况、赢利情况及现金流情况等进行了详细的调查，并据此编写了担保调查工作底稿。以下是项目经理编写的财务调查工作底稿。

1. 收入情况调查分析

企业收入调查情况如表 2 - 23 所示：

表 2 - 23   Cbv 企业收入情况调查

反映收入项目	上一年				本年			
	核实原始单据总金额	核实原始单据总天数	（日）月均	全年	核实原始单据总金额	核实原始单据总天数	（日）月均	累计
销售合同	632 万元	2005 年 4 月全部需交货合同及订单	—	6 325 万元	662 万元	2006 年 4 月全部需交货合同及订单	—	2006 年 1～4 月累计 2 654 万元
仓管部门出货单	610 万元	2005 年 4 月全月	日均 19.7 万元	全年 6 075 万元	651 万元	2006 年 4 月全月	日均 21 万元	2006 年 1～4 月累计 2 643 万元
销售明细账	610 万元	2005 年 4 月全月	日均 19.7 万元	全年 6 075 万元	651 万元	2006 年 4 月全月	日均 21 万元	2006 年 1～4 月累计 2 643 万元
备注	1. ××企业与客户签订的正式销售合同比较少，主要以客户传真订单作为销售的主要依据，我们在核实过程中，将传真订单作为销售合同一并进行统计。 2. ××企业仓管出货记录及会计凭证附件中的出货单出货数量一致，但均没有金额，我们利用客户订单上的价格与出货单上的数量计算获得的销售收入与会计销售明细账收入一致。2005 年 4 月销售收入为 610 万元，2006 年 4 月销售收入为 651 万元。							

2. 成本费用调查分析

企业成本费用调查情况如表 2 - 24 所示：

表 2 - 24   Cbv 企业成本费用调查分析

成本	直接材料	Cbv 企业由于产品品种比较稳定且材料的损耗也比较稳定，该企业以产成品的重量 ×〔1 + 材料损耗率 0.1〕× 本月进货平均价格作为直接材料成本，我们经过现场观察其产品及生产工艺，认为虽然成本核算方法比较简单，但核算结果应该比较准确。经过抽查，该企业 2006 年 4 月份仓管账出仓成品重量为 1 352 727 公斤，平均进货价格为 37.5 元/公斤，计算获得 2006 年 4 月销售产品中材料成本为 558 万元。
	直接人工	查看该企业 2006 年 3 月经过员工签字认可的工资发放表工资总额为 19 万元；4 月尚未发放的工资表工资总额为 21 万元。该企业将当月全部人员工资作为销售成本入账。我们认为虽然可能造成成本核算不准确，但每月工资相差不大，从长期来看，对利润影响不大。（3 月份工资发放表已经复印留底）
	制造费用	该企业将产品喷粉表面处理消耗材料、电费及维修支出作为制造费用。查看该企业仓管粉末出库记录为 2 500 千克及会计购货明细账价格为 40 元/千克，计算获得喷粉成本为 10 万元。查看 2006 年 4 月电费交费单为 1.8 万元。当月无维修记录。合计制造费用 11.8 万元。（2、3、4 月份电费单已经复印留底）

续表

费用	销售费用	查看该企业提供的现金账，累计获得 2006 年 4 月该企业支出销售费用 5 万元，与该企业提供的利润表数据一致。
	管理费用	该企业将租地费用及企业主汽车费用、办公用品费用列入管理费用。该企业提供租金收据为 3.2 万元，汽油费发票 0.2 万元，过桥费发票 0.3 万元，购买纸张发票为 0.05 万元，合计 3.75 万元，与利润表数据一致。
	财务费用	经过审查现金账未发现财务费支出。
备注		我们获得的直接材料、直接人工、制造费用合计成本金额为 590.8 万元，销售费用为 5 万元，管理费用为 3.75 万元，与该企业提供的利润表一致。我们认为该企业提供的利润表提供的成本、费用资料基本真实可信，但是企业未计提折旧，根据固定资产价值（见资产情况调查分析）计算月折旧约 7.8 万元。经过调整 2006 年 1 ~ 4 月销售成本为 2 433.2 万元，销售费用 21 万元，管理费用 12 万元。2005 年全年销售成本为 5 621.6 万元，销售费用 65 万元，管理费用 40 万元。

3. 资产情况调查分析

企业资产调查情况如表 2 – 25 所示：

表 2 – 25　　　　　　　　　　Cbv 企业资产情况调查分析

	对方单位	原始单据核实金额及单据份数	原始单据账龄	估计坏账金额	说　　明
应收账款	黎某	未结算的发货单 6 份，金额 106 万元	1 个月	0	经过抽查 5 个最大客户的应收账款，与该企业提供的应收明细一致。该企业提供的 2006 年 4 月底应收明细合计金额为 462 万元。（应收账款明细已经留底）
	广州总代理	未结算的发货单 3 份，金额 43 万元	1 个月	0	
	陈某	未结算的发货单 3 份，金额 35 万元	1 个月	0	
	曹某	未结算的发货单 4 份，金额 35 万元	1 个月	0	
	叶某	未结算的发货单 3 份，金额 31 万元	1 个月	0	
其他应收款	对方单位	原始单据核实金额及单据份数	原始单据账龄	估计坏账金额	说　　明
	黎某	借款单 1 份，金额 8 万元	3 个月	0	查看该企业提供的应收款明细及借款单，仅有一笔往来款，属于企业主借款。

	分类	盘点表（或出入库记录估计）金额及单据份数	明细账金额	现场查看说明
存货	原材料	2006 年 4 月底盘点表 5 页，合计金额 199 万元	无	经过现场察看，库存铝板应该在 100 吨左右，查看仓管记录 5 月初进货 70 000 公斤，出货 21 000 公斤。判断存货金额基本真实。（原材料已经拍摄照片，4 月盘点表已经复印留底）
	在产品	2006 年 4 月底盘点表 3 页，合计金额 138 万元	无	现场察看在产品较多，约有 30 吨左右。（4 月盘点表已经复印留底）
	产成品	2006 年 4 月底盘点表 2 页，合计金额 38 万元	无	仓管记录 5 月尚未发货，现场察看在产品较少，约有 20 吨左右。（产成品已经拍摄照片，4 月盘点表已经复印留底）
	不良存货	无	无	现场察看未发现陈旧产成品及退货。
预付账款		该企业购货结算政策是货到 15 天内付款，无预付款。		
固定资产及无形资产		该企业土地是租赁村集体的土地，上盖物属于自建简易厂房，已使用 5 年，面积 5 100 平方米，当地建筑价值约 280 元/平方米，按照 10 年折旧，2006 年 4 月底价值约 71.4 万元。机器设备共 52 台，核实发票及收据金额为 546 万元，使用年限 1～5 年不等，按照 8 年计提折旧，应计提折旧约 189 万元，2006 年 4 月底价值约 357 万元。合计固定资产价值约 428.4 万元。（房屋及主要机器设备已经拍摄照片）		
货币资金		经过打印核实该企业提供的对公账户银行 1 个账户对账单原件、3 个个人存折原件，合计 2006 年 4 月底存款金额为 361 万元，与该企业提供的现金账金额 367 万元基本相符。（银行对账单及个人存折已经复印留底）		
备注		经过核实该企业总资产合计 1 658.4 万元。		

4. 负债情况调查分析

企业负债调查情况如表 2 - 26 所示：

表 2 - 26 　　　　　　　　　　Cbv 企业负债情况调查分析

	对方单位	原始单据核实金额及单据份数	应付账款分析
应付账款	××有色金属公司	4 月份全部进货单 8 张，金额 580 万元；其中未付款进货单据 4 张，金额 267 万元，与该企业提供应付款明细一致。	该企业主要购入铝材，供货单位仅有××有色金属公司，经过核对进货单、现金账、该企业提供的应付款账明细表，三者基本一致，企业提供的应付款明细账基本可信。企业提供的应付款明细账有户数 5 户，欠款总金额 297.6 万元。（应付账款明细表已经复印留底）
	××铝轧延厂	抽查 4 月份全部加工费单据 8 张，金额 35 万元；其中未付款单据 6 张，金额 23 万元，与该企业提供应付款明细一致。	
	××涂业公司	抽查 4 月份全部进货单据 4 张，金额 8 万元；其中未付款单据 6 张，金额 6 万元，与该企业提供应付款明细一致。	

续表

其他应付款	对方单位	原始单据核实金额及单据份数	其他应付款分析 察看该企业提供的现金账，未发现有其他私人借款。
	××村	无原始单据，该企业应付款明细中记载欠付××村2006年4月地租3万元。	
应付票据	对方单位	原始单据核实金额及单据份数。	应付票据分析 该企业不能开具银行承兑汇票，没有应付票据。
	—	—	
预收账款	对方单位	原始单据核实金额及单据份数。	预收账款分析 察看该企业提供的现金账，仅发现1笔预收账款。
	李某	收取预付款收款单1张，金额10万元。	
应付税款	对方单位	原始单据核实金额及单据份数。	应付税款分析 该企业属于个体工商户，平常交纳定额税，每月约0.27万元，销售开具发票时直接在税务局开具交纳税款，没有欠税。
应付工资	对方单位	原始单据核实金额及单据份数	应付工资分析 该企业通常在下月初发放上月工资，3月份已经发放。
	—	未发放的4月份工资表一张，金额21万元	
长期借款	对方单位	原始单据核实金额及单据份数	长期借款分析 察看贷款卡资料，该企业没有银行贷款。
	—	无	
长期应付款	对方单位	原始单据核实金额及单据份数	长期应付款分析 察看该企业2005年、2006年现金账未发现长期应付款。
	—	无	
备注	经过核实该企业2006年4月末总负债合计310.6万元。		

5. 现金流情况调查分析

企业现金流调查情况如表2-27所示：

表2-27 Cbv 企业现金流情况调查分析

项 目	连续3年		
	2004 年度	2005 年度	2006 年 1~4 月
银行对账单贷方	—	8 915 万元	4 322 万元
银行对账单借方	—	8 962 万元	4 213 万元
差额	—	-47 万元	109 万元
经营活动现金流入量	—	—	—
经营活动现金流出量	—	—	—
经营活动现金净流量	—	—	—
投资活动现金流入量	—	—	—
投资活动现金流出量	—	—	—

项　　目	连续 3 年		
	2004 年度	2005 年度	2006 年 1～4 月
投资活动现金净流量	—	—	—
筹资活动现金流入量	—	—	—
筹资活动现金流出量	—	—	—
筹资活动现金净流量	—	—	—

说明：由于该企业没有资产负债表，也没有编制现金流量表，故我们仅能通过银行对账单、企业借款情况及企业现金账来判断该企业现金流情况。该企业 2005 年购买设备支出现金 122 万元，没有处置固定资产，2005 年投资活动净现金流为 – 122 万元；没有利润分配，也没有借款，故无筹资活动产生的现金流；估算出该企业经营活动净现金流为 75 万元。

三、问题与思考

通过以上案例我们可以总结出以下几点基本要点：

1. 在调查工作开始之前，我们应该根据调查对象的情况，结合调查方案，设计出详细的调查工作底稿，这样可以避免调查工作出现漏项，完整反映被调查对象的实际情况。

当然，在实际工作当中，为了减少工作量，通常担保公司内部会依据以往的经验，设计标准格式的调查工作底稿。项目经理应该根据事前对调查对象的了解，有针对性地在格式工作底稿的基础上进行调整。

2. 工作底稿是调查工作的书面反映，对于真实记录调查过程非常必要，也是项目经理职业道德的要求。

3. 在制作工作底稿的过程中，项目经理应该充分运用财务、企业管理、信贷等方面的专业知识，对调查事项做出适当、充分的调查。只有获得比较充分的调查证据，才能制作出一份令人信服的调查工作底稿。

4. 在制作工作底稿的过程中，应该根据被调查对象的实际情况，灵活地调整调查工作方法，以充分了解被调查对象，并如实记录。

5. 在制作工作底稿的过程中，应该对重要调查工作方法做出说明，并运用专业知识对重要调查事项做出简要分析，以便于评审人员对调查工作进行了解和评判。

6. 在制作工作底稿的过程中，应该将重要原始书面材料复印留底备查，以便于后续调查报告的撰写和评审工作的进行。

总之，制作担保项目调查工作底稿是每一位项目经理的基本功。项目经理应该充分开动脑筋，运用自身的专业知识，根据调查工作底稿制作的基本要求，针对不同的调查对象选择不同的方法，这样才能制作出优秀的工作底稿。

第三篇

担保项目评审与实践篇

担保项目的评审原则

担保项目评审是担保业务从保前调研到担保方案实施之间的最终决策阶段，是担保机构技术水平和核心竞争力的综合体现，其主要作用在于对项目经理的尽职调研情况和方案设计进行检测和调整。作为评审委员会的一名合格评委，除了具备大公无私、客观公正等基本素质之外，更为重要的是要善于把握审慎、灵活、等价等基本原则，全面分析项目风险，合理提出担保方案建议，对项目经理提出要求并指导其完成尽职调研，最终通过集体的智慧和力量实质性地推进担保项目。

一、项目基本情况

Cca 公司是一家从事新材料研发、生产、销售的高新技术民营企业，自 19×× 年成立以来，公司销售收入连年攀升，到 2005 年已达到 1.25 亿元，2006 年计划达到 2.5 亿元。公司的利润也随销售收入同步增长，目前公司准备上市。公司成立之初的注册资本为 100 万元，后来经过陆续增资，到 2005 年年底，已增资至 3 500 万元。公司总资产达 12 000 万元，其中，固定资产占总资产的比例超过 30%，主要为生产设备，生产厂房是租用的。公司的资产负债率为 40%，其中银行短期贷款 2 000 万元，占总负债的 42%。

Cca 公司是 Gca 担保机构的老客户，自 2003 年开始发生业务。该公司的业务品种均为期限一年的生产所需流动资金贷款担保，单笔最大金额不超过 1 000 万元，在保余额不超过 1 500 万元，公司还款记录良好。截至 2006 年 4 月，Cca 公司在保余额 1 000 万元，此时公司又提出贷款担保申请，不过此次不是流动资金贷款担保，而是项目长期贷款，金额为 8 000 万元，期限三年。贷款原因是公司获得了一块 4 万平方米的工业用地，计划投入 1.2 亿元进行厂房建设，以扩大再生产。不过公司只能自筹到 4 000 万元，所以拟向银行贷款 8 000 万元。

项目经理 A、B 角对公司的变化情况进行了例行的尽职调研，对变化了的财务状况（简明的公司资产负债表及损益表见表 3－1、表 3－2）及反担保情况进行了说明与分析，习惯性地提出了自己的方案：同意以法定代表人夫妇的个人保证为反担保措施，土地证（购置价 800 万元）办理下来后增补为反担保措施，给予该公司为期三年的 8 000 万元长期项目贷款担保，届期一次性偿还；还款计划是上市后一次性还款或项目工程竣工验收合格后，由公司向银行申请固定资产抵押贷款，再一次性还款。

表 3 - 1 　　　　　　　　　　Cca 公司资产负债简况 　　　　　　　单位：万元

科　目	2004 年	2005 年	2006 年 3 月	科目	2004 年	2005 年	2006 年 3 月
货币资金	1 100	1 600	1 200	借款	1 800	2 000	2 000
应收账款	1 100	1 800	2 200	应付账款	600	1 100	1 200
预付账款	250	400	500	预收账款	200	300	400
其他应收	250	400	600	其他应付	1 000	1 400	1 500
存货	2 500	3 600	4 000	实收资本	3 500	3 500	3 500
固定资产	2 800	4 200	4 500	资本公积	400	1 200	1 400
其他资产	0	0	0	留存收益	500	2 500	3 000
总资产	8 000	12 000	13 000	负债及权益	8 000	12 000	13 000

表 3 - 2 　　　　　　　　　　Cca 公司损益简况 　　　　　　　单位：万元

科　目	2004 年	2005 年	2006 年 3 月	2005 年 3 月（同比）
收入	8 000	12 500	3 300	2 500
净利润	1 200	2 000	500	300

二、项目评审过程

由于此客户是老客户，评委们对公司的基本情况、经营管理层、产品及技术情况、行业及市场情况、生产情况、资信状况等都比较了解。如果该公司没有如此大规模的扩大再生产规划，如果此项目仍是还旧借新的简单重复，基于对该公司几年的了解，评审会将会很容易做出评审结论，项目经理的尽职调研也就过关了。但是情况并非如此，此次的贷款担保由以往的一年期流动资金贷款担保变为了三年期固定资产投资贷款担保，金额由以往的不超过 1 500 万元变为了 8 000万元。评委们看到不少中小企业出现了如下状况：在目前土地资源稀缺的情况下，有些企业一旦获得了土地资源就进行盲目扩张，"小马拉大车，最后拉不动"，导致企业陷入流动性困境而无法自拔。一些本来市场资源不错、成长性较强、发展前景较好的中小企业正是因此一蹶不振，所以评委们对这个项目也存有担忧。

本着扶持中小企业、规避风险的原则，评审会的评委们一致认为本项目情况特殊，本次评审会不做出结论，要求项目经理对若干重要问题进行补充调研、掌握真实全面的情况后再次上会。评委们指出，补充调研的重点应集中在以下几个方面：

1. 土建目的：新厂房建成后自用还是出租。如果自用，了解目前厂房的产能情况以及新厂房建成后的预计产能；如果出租，了解租金回收的计划及租赁意向。

2. 产品市场预测：生产规模是否已成为该公司发展的瓶颈，换而言之，该产品有多大的市场潜力来消化新增的产能；公司是否有新研发的产品将给公司带来新的市场份额。要求项目经理进一步了解该公司的产品及市场情况，调查有无新增市场或新增订单。

3. 土建项目可行性分析：4 万平方米土地的位置、面积、购置方式、建设规划、建设周期、工期安排、建设单位、目前工程进展；工程预算及目前投入状况；了解预算的科学性与可行性。

4. 用款及还款分析：了解工程承建方式、进度安排与用款计划；了解还款计划。评审会不认可项目经理提出的还款计划：上市后一次还款或竣工验收后抵押贷款一次还款，评审会认为公司必须有能力依靠自身的经营收入来还款，此项目才具有操作性，因此，建议项目经理与公司沟通分次用款与还款的方案，还款计划要考虑在保的 1 000 万元到期回款的安全性。

5. 上市情况：由于评审会听过了太多的上市意向，要求项目经理了解清楚公司上市的计划、融资标的、具体安排及目前进度。

6. 分保探讨：由于此次贷款担保金额过大，超出了 Gca 担保机构的担保规模上限，因此，建议 Cca 公司找另一家担保机构进行分保，要求项目经理落实分保相关事项，如土地证抵押等。

项目经理 A、B 角在进行了认真细致的补充调研后，再次将该项目提交到评审会，对评委关心及提出的问题进行了解答。

1. 土建目的：新厂房建成后自用。目前租赁厂房的生产规模已经饱和，制约了公司正常的订单业务，2005 年下半年已搭建临时厂房进行生产。

2. 产品市场预测：公司产品属于工业生产的必需品，市场潜力大，公司产品目前属于行业翘楚。从理论上讲，公司的发展壮大与生产规模的发展壮大应成正比。除此之外，公司还研发出了针对某行业的新产品，拟投入规模化生产，这将给公司带来新的市场份额。因此，从产品市场及公司目前的生产规模来分析，公司新建厂房并非盲目扩张。

3. 土建项目可行性分析：公司计划在 4 万平方米土地上建造 8 万平方米建筑物，包括厂房、办公楼及工人宿舍，项目经理通过某工程造价咨询中心了解到工程预算约 1.6 亿元，公司预算为 1.2 亿元，目前已投入 1 200 万元，建设周期大约一年半，即将开始动工。据此分析，公司的预算比较务实，不算太保守，应该不会出现实际所需投入远远超出预算的风险。

4. 用款及还款分析：项目经理经过多次与 Cca 公司沟通，达成了专款专用及分次还款的意向，即按照工程实际进度与付款需求，担保贷款专项用于支付项目工程款；还款采取每月等额还款的方式。

5. 上市情况：项目经理向公司了解了详细的上市计划与安排，估计顺利的话，一年左右可上市。

6. 分保探讨：项目经理与 Cca 公司及另一家担保机构经过多次探讨，达成分保意向，即 8 000 万元三年期贷款，各自担保 4 000 万元，土地证办理出来后抵押给两家担保机构。

经过项目经理的再次调研，评委对本项目的基本情况、企业状况以及资金需求等关键问题都有了较为清晰的了解，也到了该做出决断的时候。如何做到既保证在保的 1 000 万元贷款顺利还款，又保证新增的 4 000 万元贷款不会给企业造成较大的资金压力和还款压力，这就需要在放款环节和还款方式上做好方案设计。评审会给出的最终方案如下：

1. 基本方案：同意为 Cca 公司提供为期三年的基建项目贷款担保 4 000 万元，公司法定代表人夫妇承担连带责任保证，土地证办出后同时平均抵押给 Gca 及另一家承保的担保机构。工程完工后，配合 Cca 公司办理房产证。

2. 资金监管：做到专款专用。根据 Cca 公司的工程进度，由监理方审核完毕交 Gca 担保机构审核通过后方可划款，放款进度分 12 次：前 11 次上限为 340 万元，最后一次 260 万元。

3. 还款方式：

（1）考虑到 Cca 公司的用款需求，并缓解到期一次还款的压力，修改在保的 1 000 万元贷款的还款方式如下：2006 年 5 月还款 50 万元，2006 年 6～11 月每月还款 80 万元，2006 年 12 月～2007 年 3 月每月还款 100 万元，2007 年 4 月还余款 70 万元。

（2）新发放的 4 000 万元贷款的还款方式：在保 1 000 万元清偿完毕后，即 2007 年 5 月开始，每月还款 160 万元（共还 25 个月）。

以上的方案设计可以保证在每一时点上将在保余额控制在 4 000 万元以内。Cca 公司详细用款及还款方式如表 3-3 所示：

表 3 - 3　　　　　　　　　　Cca 公司详细用款及还款方式　　　　　　　　单位：万元

年度	月份	用款计划	还款计划	在保余额	备注
2006 年	5	—	50	950	—
	6	340	80	1 210	—
	7	340	80	1 470	—
	8	340	80	1 730	—
	9	340	80	1 990	—
	10	340	80	2 250	—
	11	340	80	2 510	—
	12	340	100	2 750	—
2007 年	1	340	100	2 990	—
	2	340	100	3 230	—
	3	340	100	3 470	—
	4	340	70	3 740	上笔 1 000 万元已结清
	5	260	160	3 840	—
	6	—	160	3 680	此笔 4 000 万元已放完
	7	—	160	3 520	—
	8	—	160	3 360	—
	9	—	160	3 200	—
	10	—	160	3 040	—
	11	—	160	2 880	—
	12	—	160	2 720	—
2008 年	1	—	160	2 560	—
	2	—	160	2 400	—
	3	—	160	2 240	—
	4	—	160	2 080	—
	5	—	160	1 920	—
	6	—	160	1 760	—
	7	—	160	1 600	—
	8	—	160	1 440	—
	9	—	160	1 280	—
	10	—	160	1 120	—
	11	—	160	960	—
	12	—	160	800	—
2009 年	1	—	160	640	—
	2	—	160	480	—
	4	—	160	320	—
	5	—	160	160	—
	6	—	160	0	—
合计	—	4 000	5 000	—	—

三、问题与思考

    1. 针对这个非常规项目（大额、非流动资金贷款担保），项目评审采取了审慎与灵活相结合的原则，注重分析项目的资金用途及还款能力，并将之体现在具体的方案设计中。迄今为止，Cca 公司的经营情况与土建项目的进展情况均正常，上市工作也如期推进。

    2. 担保机构给企业出具的最终评审结论是一个博弈的等价方案。一方面方案能够满足企业需求，企业可以接受；另一方面方案的风险可控，担保机构可以接受。过松和过紧的方案都不具有可操作性。

    3. 项目评审的结论作为最终决策，是一个担保机构技术水平和核心竞争力的综合体现。

对成长型企业的授信分析

一、背景资料

Ccb 公司（以下简称公司）成立于 2000 年 5 月，注册资本 1 000 万元人民币，由三个自然人投资，公司的主要经营范围是钣金、电焊、金属切削件及机床配件等的制造、加工、服务。从其目前的经营规模分析，公司正处于成长阶段，以下对该企业就其行业、销售特点、财务状况等方面进行分析，以确认是否为其提供担保。

1. 历史授信记录

Ccb 公司的历史授信情况如表 3 - 4 所示：

表 3 - 4　　　　　　　　　Ccb 公司的历史授信情况

贷款金额	人民币 350 万元
担保状况	以自有房产抵押
信用记录	信用记录良好
贷款可延续性	现有贷款抵押基本足额，银行认可程度高，可延续性较强

2. 本次申请情况

Ccb 公司本次申请情况如表 3 - 5 所示：

表 3 - 5　　　　　　　　　Ccb 公司本次申请情况

申请担保金额	人民币 300 万元
申请担保期限（月）	12 个月
担保贷款用途	新增 300 万元流动资金贷款
还款来源	第一还款来源：经营活动现金流量 第二还款来源：在建工程及土地使用权变现

二、经营管理风险分析

1. 产品业务及市场份额情况

公司目前产品业务为精密切割、钣金加工。公司依靠其先进的设备、技术和完善的服务以及多年建立的行业关系网络，发展迅速，目前已与苏州多家大型知名公司建立了稳定的合作关系。

该公司制造、销售多样化产品，并且产品可用于不同行业、不同消费者的公司，故消费类型转变对企业产生不良影响的风险较小。目前该公司的目标市场仍处于成长期，发展速度比行业平均发展速度更快，可以掌握行业发展先机。

公司在区域内钣金市场中占有较大份额，苏州及周边地区机械生产公司聚集，钣金市场巨大，目前任何一家钣金公司都不能做到垄断市场。

我们认为该公司对市场的判断基本合理，其战略基本可行。但追求领先的技术装备，必然带来较大的固定投入、较高的经营杠杆风险。同时，必然要求公司采取较积极的财务战略。

2. 供应分析

占公司成本比例较高的不锈钢板的月用量近 100 吨，均通过钢厂的区域代理经销商购买。不锈钢板市场供应充足，不存在货源依赖风险。不锈钢板的采购价格随行就市，存在较大的采购价格风险。但公司是按订单生产，且生产周期较短，风险比较容易控制。同时，据了解，公司也在根据市场价格波动的情况，适时地调整原材料库存，以期获得更大利润空间。

3. 生产分析

公司目前的主要产品生产工艺相似，但精密钣金加工对加工精度的要求较高，需要有精度较高的技术设备和素质较高的操作人员。钣金行业的技术含量主要来自于机器设备的技术水平。目前钣金加工设备的技术水平以激光和数控技术为代表，在相当长的一段时间内保持稳定。该公司装备的机器设备可以预见在较长的一段时间内都将有一定的优势，技术风险较小。

公司凭借其优势的技术装备和配送力量（加之公司产品生产程序简单，生产计划容易控制，生产风险较小），在与众多知名外企的合作中，始终能保质保量、按时交货，建立了深入合作的关系。但是，公司目前遇到了产能限制，许多新的客户无法合作，这也是公司短期内投资欲望强烈的诱因。

4. 销售分析

公司近三年的销售增长率均超过 100%。通过对该公司的销售结构分析可知，该公司的销售业绩主要受苏州及周边地区市场容量增长的影响。

（1）竞争程度：钣金行业竞争激烈，中小规模的钣金公司很多，其提供的产品层次差距较大。但精密钣金加工由于技术设备及配套规模上的门槛，很多小的公司无法涉足，目前竞争还处于一个相对有序的阶段。

（2）竞价能力：公司接受客户订单生产，价格基本由客户根据成本加成的办法确定。由于客户多是较大的外资公司，公司的议价能力较弱。

（3）客户需求：该公司生产的是工业品，而不是大众消费品。销售成功的关键在于高品质的产品、快速的周转和持续性的服务，而不在广告等，该公司在这方面做得比较好。

（4）集中程度：该公司的主要客户较多，不存在完全依赖某一两个客户的情形。

综上所述，我们可以得出结论：精密钣金加工业务稳定，现金流可靠；钣金业务技术含量高，利润丰厚，发展迅速。

三、财务风险分析

1. 财务报表质量

该公司的报表未经审计，但做到了账表相符。

2. 销售和赢利能力

该公司的销售和赢利能力情况如表 3-6、表 3-7 所示：

表 3-6　　　　　　　　　　Ccb 公司的销售情况　　　　　　　　　　单位：元

绝对额指标	2004 年	2005 年
营业收入	11 233 050	25 031 764

2005 年的营业收入在 2004 年的基础上，增长了 122.84%。公司销售业绩快速增长。

表 3 - 7   Ccb 公司的赢利情况

赢利能力比率	2004 年	2005 年
毛利率（%）	5.8	5.4
经营利润率（%）	0.7	1.5
资产收益率（税后）（%）	0.4	0.5
股本收益率（税后）（%）	0.9	1.4

公司报表反映的毛利率连续两年为 5.5% 左右。我们对此进行了深入了解：该公司称实际毛利在 30% 左右，主要影响是由于在销售持续快速增长的情况下，公司提前结转未开票（未入账）销售的成本，约 500 万元；另外，公司还存在一块未入账加工废料的销售收入，约 100 万元；再则存在少量劳务发票冲账的情况。这样算来该公司的销售毛利为 25%，但我们无法具体核实，只能从公司持续的固定资产投资来印证。

3. 资产管理效率

该公司的资产管理情况如表 3 - 8 所示：

表 3 - 8   Ccb 公司的资产管理情况

周转比率	2004 年	2005 年
应收账款周转天数	104	90
存货周转天数	19	24
应付账款周转天数	88	85
流动资产周转天数	126.37	136.26
营运投资周转率 = 净销售/营运投资	9.32	10.98
营运资金周转率 = 净销售/营运资金	(4.81)	(2.70)
总资产周转率	0.99	0.87

通过调整后报表计算的周转比率，与调查过程中获得的信息基本相符。公司的应收款结算分为开票后 60 天和 90 天两种，且多数为 60 天，应付款结算是月结 60 天。

公司总资产周转率低，主要原因是新增厂区，目前已投入近 600 万元，但尚未对公司产能销售产生影响。

4. 长期偿债能力

该公司的长期偿债能力指标如表 3 - 9 所示：

表 3 - 9　　　　　　　　　Ccb 公司的偿债能力指标

杠杆比率	2004 年	2005 年
资产负债率（总负债/总资产）（%）	55.0	64.8
总负债/有形净资产	1.22	1.84
固定资产/总资产（%）	65.6	67.5

目前该公司的资产负债率接近 65%，处于一个较高的水平。但通过深入分析其他应付款，我们发现有 700 多万元系股东个人借款，可视同出资。这样计算的资产负债率为 40%，较为合理。

5. 现金流量分析

该公司的现金流量情况如表 3 - 10 所示：

表 3 - 10　　　　　　　Ccb 公司的现金流量情况　　　　　　　单位：元

项　　目	2004 年	2005 年
主营业务收入净额	11 233 050.48	25 031 763.69
应收账款变动	- 2 266 646.16	- 2 994 287.51
主营业务收入现金流量	8 966 404.32	22 037 476.18
主营业务成本	- 10 567 448.87	- 23 652 103.97
存货变动	- 133 620.03	- 1 008 661.97
应付账款变动	1 798 510.23	2 927 936.52
生产成本现金流量	- 8 902 558.67	- 21 732 829.42
主营业务利润现金流量	63 845.65	304 646.76
经营费用	- 588 699.55	- 1 012 778.43
折旧和摊销	188 982.62	743 255.04
经营费用付出的现金	- 399 716.93	- 269 523.39
主营活动现金流量	- 335 871.28	35 123.37
其他业务收入（支出）	- 9 051.61	- 35 262.06
其他应收款变动	1 758 855.19	- 493 040.00
其他流动资产和负债变动	2 675 864.80	5 940 330.05
所得税费用	- 9 129.99	- 74 084.52
应交税金变动	13 749.52	26 962.05
其他业务收入（支出）及税金的现金流量	4 461 287.91	5 364 905.52
经营活动现金净流量	4 125 416.63	5 400 028.89

续表

项　　目	2004 年	2005 年
利息支出	− 14 417. 85	− 126 418. 13
为股利支付的现金	—	1 114. 49
为利息和股利支付的现金	− 14 417. 85	− 125 303. 64
扣除财务费用的现金净流量	4 110 998. 78	5 274 725. 26
固定资产支出	− 5 850 862. 23	− 13 000 000. 00
为固定资产和投资所支付的现金	− 5 850 862. 23	− 13 000 000. 00
扣除投资活动后的现金剩余（需求）	− 1 739 863. 45	− 7 725 274. 75
短期借款变动	− 1 700 000. 00	3 500 000. 00
股本（资本注入）变动	3 500 000. 00	5 000 000. 00
外部资金注入合计	1 800 000. 00	8 500 000. 00
包含外部资金注入的现金变动	60 136. 55	774 725. 26

按报表显示及调查获得的数据编制了现金流量表，2005 年，公司全年的主营业务利润现金流量只有 304 646. 76 元，而其他流动资产和负债变动（包括其他应付款在内）带来的现金流就有 5 940 330. 05 元。全年固定资产支出 1 300 万元，部分依靠经营活动现金净流量，部分依靠外部资金注入（主要是短期借款350 万元，股本注入 500 万元）。这样的资金来源结构还比较健康，也从另一个方面印证了公司 25% 左右的毛利率。

6. 财务状况评价

（1）该公司应收账款的对方单位均为实力雄厚的大企业，质量较高，且结算正常，现金流稳定，可以预测。

（2）该公司存货管理水平较高，占用资金较少。

（3）该公司固定资产比例高、增长快速、成新率高，公司后续发展动力强劲。

（4）该公司自有资金占比高，有息负债较少，资本结构较合理。

四、授信额度的确立

1. 借款原因分析

根据我们的定量预测，2006 年该公司的全年实际销售额将达到 5 000 万元左右。按现有的周转率水平，公司需增加近 400 万元的营运投资，初步估计 2006 年还需投入 800 万元的固定资产，总体资金需求约为 1 200 万元。2006 年全年预测经营现金流 900 万元左右，存在一定的资金缺口。

分析得出的借款原因为长期销售增长引起的营运投资增加和固定资产支出。

2. 还款能力分析

公司经营现金流充足，随着销售规模的扩大和固定资产投资规模的稳定，在 2006 年以后公司的偿债能力将逐渐增强。

3. 目前银行融资情况分析

截至报告日，公司共有银行贷款 350 万元，方式为以公司自有房产抵押，根据查询，银行信用记录良好。

4. 授信客户额度申请

该公司向我公司提出新增 300 万元贷款担保额度的申请，借款原因成立，还款来源可以确认。

五、综合结论

1. 经营风险及其风险化解能力

公司在生产能力增强的情况下，能够大幅度提高其销售收入，并且公司拥有良好的产品质量和信誉保证，短期内经营风险较小。

2. 财务风险及其风险化解能力

公司主要依靠较高的经营现金流，目前公司的采购和销售都有固定的结算模式，营运投资稳定。通过适当的对外融资即可解决较大投资的资金来源问题。

3. 授信额度及反担保分析

由于 Ccb 公司的借款原因成立，还款来源可以确认，建议给予 Ccb 公司贷款担保额度 300 万元，期限一年。

六、问题与思考

1. 如何看待该类成长型企业短期内销售增长过快、固定投资较大带来的资金压力及由此形成的经营性风险？

2. 对该类成长型企业，应该如何选择担保进入时机及合作深度？

3. 对该类成长型企业，应该如何采取适当的反担保措施进一步降低风险？

保前调研与风险防范

2006 年 7 月，在 Bca 银行的大力推荐下，Ccc 公司向 Gcb 担保公司申请一年期 500 万元的流动资金贷款担保，该笔贷款主要用于扩大业务规模，增加销售收入。该公司提供价值总额为 600 万元的汽车合格证作为质押（若车辆售出，则以新证换旧证）反担保，另外，该公司的大股东和实际控制人刘某提供个人连带责任保证反担保。

一、Ccc 公司的基本资料

Ccc 公司成立于 1998 年，注册资本 200 万元，2002 年增资到 500 万元。该公司主要经营某商用货车车型的销售，另外还开展汽车配件、汽车修理等业务，是南方某市营运车辆二级维护点厂家之一。公司总部占地两万多平方米，在珠三角地区设有 6 个销售网点，建立了销售、修理、配件供应、售后服务一体化的运行体系。该公司是某商用货车厂家的经销商及该车厂设在本地区的唯一一家 4S 专营店。经过多年的经营，Ccc 公司在本地区商用货车销售领域具有一定的知名度，销售额较稳定。

公司的结算方式主要根据以往的销售记录、对市场的掌握以及厂家的返利政策来确定。在采购阶段，一般情况下公司要先付给厂家一定数额比例的押金，然后再根据产品售出的时间来确定结算方式：如果 3 个月内产品售出，则当月销售当月结算；如果 3 个月内产品未售出，则公司须将产品全额买断。公司的平均结算周期为 3 个月。

在销售阶段，Ccc 公司的 6 个销售网点首先每月对其各自的销量进行预计，然后支付给 Ccc 公司所需车辆车款的 30% 作为保证金以取得车辆，待车辆售出后再与 Ccc 公司做结算。对于直接来公司买车的客户，则是现款结算。

二、Ccc 公司的财务资料

Ccc 公司的财务状况如表 3 – 11、表 3 – 12 所示：

表 3 – 11   **Ccc 公司 2003 ~ 2005 年度及当期资产负债**   单位：万元

公司资产负债状况			
项　目	前三年数据		2006 年 6 月末
	2003 年末	2004 年末	2005 年末	

项　目	2003 年末	2004 年末	2005 年末	2006 年 6 月末
一、资产总额	6 582	8 690	4 408	2 789
1. 流动资产合计	6 274	8 384	4 152	2 428
货币资金	3 134	3 151	998	162
应收账款	457	568	194	167
预付账款	213	1 223	—	—
其他应收款	212	71	216	150
存货	2 059	3 101	2 860	2 442
2. 固定资产合计	245	262	227	373
固定资产净值	245	262	227	223
二、负债总额	5 797	7 577	2 979	1 640
1. 流动负债合计	5 797	7 577	2 979	1 640
短期借款	—	200	100	—
应付账款	510	971	694	911
其他应付款	200	651	378	358
应付票据	4 342	4 785	1 224	135
三、所有者权益	785	1 112	1 629	1 650
1. 实收资本	500	500	500	500
2. 未分配利润	285	537	698	720

表 3 – 12   **Ccc 公司 2003 ~ 2005 年度利润**   单位：万元

公司主要经营指标			
项　目	前三年		2006 年 1 ~ 6 月
	2003 年度	2004 年度	2005 年度	

项　目	2003 年度	2004 年度	2005 年度	2006 年 1 ~ 6 月
一、主营业务收入	11 484	13 862	10 433	3 665
二、主营业务成本	10 829	12 592	9 682	3 484
三、主营业务利润	642	1 254	744	175
四、营业利润	173	488	248	31
五、利润总额	173	488	248	31
六、净利润	116	327	166	21

三、Gcb 担保公司业务部的调查分析

首先，调查人员从行业状况进行调查分析。调查人员认为，珠三角地区经济活跃，物流量的增大将使大吨位、高速度、安全可靠的重型商用货车成为汽车增长的主导，未来市场空间预期看好。

Ccc 公司销售的车辆品种比较齐全，基本能涵盖客户的需求。而该公司最主要的销售品牌，在本地区主要由 Ccc 公司和一家国有公司销售。不过，该国有公司采取买断车辆的方式销售，占用资金较大，且没有 4S 店的形象补贴金政策，利润率低。

其次，该公司经营多年，运作正常，具有相当的资本实力和销售规模。从该公司的资产结构来看，其流动性较好，主要是货币资金和存货，容易变现，应收款项较少，资产质量较好。从公司近 3 年的利润来看，由于 2004 年该公司有银行票据业务的授信扶持，利润较大，2005 年以后在没有银行授信支持的情况下，公司的经营依然正常，表明该公司已经具有一定的实力和抗风险能力。

最后，以汽车合格证作质押在各家银行均有操作，属于成熟品种。在销售中，每辆汽车都有一个相对应的合格证，具备汽车合格证才能出售，对汽车销售的影响较大，故对公司还款有较大的约束力。

基于此，Gcb 担保公司的调查人员拟同意对该公司提供 1 年期 500 万元贷款额度的贷款担保。

四、Gcb 担保公司的分析评审

在评审中，风险控制部主要针对该公司的行业竞争态势以及该公司的市场份额大幅下滑、库存量较大等疑点进行了调查，并重点对公司的赢利能力、现金流量状况等进行了分析：

1. 行业状况分析

商用货车市场主要分为重型货车、中型货车及轻型货车，2006 年以来重型货车、中型货车销量出现不同程度的下降。2006 年，国内的重型货车市场基本上被数 10 家公司分割，竞争异常激烈。特别是中型货车，国内市场需求不足，导致了生产企业生存的艰难。

另一方面，由于油价走高、车辆运行成本增加、用户赢利能力下降、货运市场冗余加剧等因素，用户购车积极性受到打击。而且，北京、上海、广州等地已

于 2006 年实施国Ⅲ排放标准，又加大了商用货车的成本。

2. 公司经营情况分析

Ccc 公司作为某商用货车的地区经销商和 4S 店，每年需完成计划销售量的 80% 以上才能拿到厂家全额的销售返利及 4S 店形象补贴金。Ccc 公司 2006 年全年的销售计划是 500 辆车，由于市场不景气，销售状况不理想，2006 年 1~6 月，Ccc 公司只销售了 170 多台，销售压力巨大。另外，此行业资金占用量大，利润率低，须以提高市场占有率及销售量取胜，但该公司近年来的市场占有率一直急剧下滑，在市场上的优势趋弱。如果该公司继续维持现有的规模，未来将存在很大的生存危机。

在与该公司主要负责人及财务经理的交流中，风险控制部人员发现，面对日趋激烈的市场竞争，该公司在成本和费用控制、销售策略和库存管理等方面没有行之有效的应对措施。公司市场竞争能力趋弱、赢利能力下滑的问题在 2006 年下半年能否扭转，不容乐观。新增贷款实质上只能暂时解决其资金占压问题，对公司的健康发展帮助不大。

3. 公司财务分析

风险控制部人员在现场主要对汽车类存货的情况进行了抽查。通过随机抽查 28 份汽车合格证书发现，Ccc 公司目前仍然存有很多 2005 年初购进的车辆，至今未售出，这说明不正常的产品积压严重占用了公司的资金，影响了公司的资金周转。该公司 2005 年的存货周转率为 3.2，2006 年上半年却仅为 1.3，这些都表明该公司的营运能力很弱。

销售方面，2005 年比 2004 年下降了 24.7%，2006 年上半年比 2005 年同期下降了 30%。由于汽车销售必须要开发票，其销售收入的数据可信度较大，2004 年公司的主营业务收入为 13 862 万元，2005 年的主营业务收入为 10 433 万元，2006 年 1~6 月的主营业务收入为 3 665 万元。2005 年公司的销售利润率为 2.3%，净利润为 166 万元。2006 年上半年公司的销售利润率却仅为 0.9%，净利润仅为 21 万元。利润率低虽然符合行业特点，但公司的销售收入和赢利能力急速下滑则不正常。

此外，Ccc 公司的资产规模急剧收缩，从 2004 年的 8 690 万元下降至 2006 年上半年的 2 789 万元，这对公司今后的发展是非常不利的，甚至对公司的生存构成了威胁。

Ccc 公司曾在 Bcb 银行有 1 000 万元、在 Bcc 银行有 3 000 万元以汽车合格证作质押开出银行承兑汇票的授信额度。2004 年，由于汽车行业的迅速发展及银行票据的扶持，公司效益较好。但是，公司完全依赖银行授信维持业务的发展，随着 2005 年银行授信的退出，公司的利润下滑严重。根据财务指标分析表

（见表3－13），从公司近年来的发展来看，公司的资产负债率偏高，流动比率不高，速动比率逐年下降，说明该公司的偿债能力不强。在调查的过程中，项目经理了解到 Bcd 银行已审批通过了给予 Ccc 公司 1 200 万元的银行承兑汇票授信额度，以汽车合格证质押、签订合同等事务在办理中。若全额动用 Bcd 银行的授信额度，企业未来的负债率将进一步攀高，极易出现偿债危机。

从 Ccc 公司近 3 年的现金流情况来看（如表3－14），公司的现金流主要来源于主营业务收入，随着银行授信的退出，公司的经营规模和现金流也随之减小。2004 年公司的经营性现金净流量为－145 万元，2005 年为－2 045 万元，存在着较大的资金缺口。核查公司 2006 年 3～6 月的货币资金状况，也呈现出下降趋势：3 月期末数为756 万元，4 月为295 万元，5 月为244 万元，6 月为162 万元。

表3－13　　　　　　　　　Ccc 公司 2003～2005 年度财务指标分析

项　　目		前三年数据			2006 年 1～6 月
		2003 年度	2004 年度	2005 年度	
偿债能力	资产负债率（%）	88	87	67.6	58.8
	流动比率（%）	1.08	1.1	1.5	21
	速动比率（%）	0.8	0.7	0.5	－0.12
赢利能力	总资产利润率（%）	3	5.5	5.6	1
	销售利润率（%）	2	3.5	2.3	0.85
	净利润率（%）	1	2	1.5	0.57
	净资产收益率（%）	22	44	15	—
营运能力	总资产周转率（%）	225	182	159	4.86
	应收账款周转率	40	27	27	0.97
	存货周转率	7	5	3.2	1.31
—	销售增长率（%）	—	21	－24.7	－30（比 2005 年同期）
—	利润增长率（%）	—	182	－49.2	－75（比 2005 年同期）

表3－14　　　　　　　　　Ccc 公司 2003～2005 年度现金流量　　　　　　单位：万元

项　　目	前三年		
	2003 年度	2004 年度	2005 年度
现金流入总量	13 667	15 421	12 020
现金流出总量	12 198	15 404	14 172
现金净流量	1 469	17	－2 152
经营活动现金流入量	13 367	15 221	12 020
经营活动现金流出量	12 168	15 366	14 064
经营活动现金净流量	1 199	－145	－2 045
投资活动现金流入量	0	0	0
投资活动现金流出量	30	38	8
投资活动现金净流量	－30	－38	－8
筹资活动现金流入量	300	200	0
筹资活动现金流出量	0	0	100
筹资活动现金净流量	300	200	－100

就该公司 2006 年上半年的经营情况看，虽小有赢利，但业绩比 2005 年有较大幅度下滑，自有流动资金缺乏，抗风险能力趋弱。考虑到公司的财务状况不健康，风险控制部建议不予担保。

Gcb 担保公司采纳了风险控制部的意见，后来又对 Ccc 公司的经营状况进行了侧面的跟踪了解，得知 2006 年下半年至 2007 年初，该公司的市场份额进一步下降，资金周转十分困难，销售收入也明显下降。

五、问题与思考

在此案例中，调查人员虽然也发现了 Ccc 公司的一些问题，但没有去做更深入的分析，而风险控制部门则对 Ccc 公司的行业状况、企业经营、财务状况等进行了仔细分析：我国商用货车行业的销量出现不同程度的下降，特别是重型、中型货车一直在低谷中挣扎，Ccc 公司作为该行业中的中小型企业，面临着更大的行业风险；Ccc 公司的经营呈持续恶化的状态；对 Ccc 公司的财务指标进行趋势分析，反映出该公司的销售收入明显减少，利润率下降，资金周转困难。这些分析为担保公司的业务决策提供了更为充分的参考，使担保公司能够有效地规避风险。

通过以上案例可以看出，在中小企业发展进程中，需要银行信贷的支持，但在中小企业融资过程中，担保公司人员如何才能既帮助中小企业解决融资难问题，又控制好担保公司自身的风险？在对企业进行调查评审的过程中，应该从哪些方面入手，才能做到对企业行业状况、经营状况的全局性把握，才能做到对企业运营情况的准确判断？对于企业提供的财务资料，担保人员应如何进行深入分析，才能真实反映企业的现金流状况、赢利能力和偿债能力，并据此做出正确评判？这些问题都值得我们思考。

保后检查与续保决策

一、背 景 资 料

位于珠江三角洲某市的借款人 Ccd 公司是一家电器生产企业，成立近 10 年，一直保持着良好的发展势头。到 2004 年末，企业资产规模达到 6 000 多万元。企业有自己的生产厂房和稳定的上下游销售渠道，其产品全部出口。但是，该企业产品的附加值不高，技术含量低，属于典型的劳动密集型企业，企业只有依赖不断地扩大规模、降低成本取胜。2005 年，该企业因扩大生产规模的需要，向银行申请流动资金贷款 1 000 万元，期限 1 年。银行提出由 Gcc 担保公司提供担保，该公司以自有的机器设备、厂房和土地等资产向 Gcc 担保公司提供抵押反担保。

二、担保公司调查评审情况

Gcc 担保公司的业务部项目经理按照公司的规定进行了项目调研，认为尽管该企业属于劳动密集型企业，但市场稳定，有比较成熟的上下游渠道，并且企业正处于发展壮大的时期，近几年的生产规模不断扩大，效益稳定增加，又有比较足值的土地、厂房、设备提供抵押反担保，故同意给予 1 000 万元的贷款担保。

风险控制部经过资料审查和现场调查后认为，项目经理的调查内容基本属实，企业的生产规模稳步扩大，用工人数逐年上升，生产场地不断增加，反担保措施变现能力强，对企业的约束强度大，同意给予 800 万元的担保，要求分 3 次发放，分期还款。此外，风险控制部也提出，有一些风险因素仍值得密切关注：

1. 利润率趋势不容乐观，不仅利润率较低而且呈持续下降的趋势；

2. 应收账款近年来居高不下，始终维持在 2 000 万元以上，并且应收账款客户大部分是该企业的海外公司，应收账款的账龄等真实情况难以核实；

3. 企业产品全部出口，面临人民币升值压力；

4. 企业应付账款增速明显，占用他人资金过多，要密切关注该企业的未来现金流情况。

Gcc 担保公司按照业务流程对该企业下定审批结论：同意给予 800 万元的贷款担保，要求分三次发放，分期还款。

三、保后检查情况

该笔担保贷款发放后，根据 Gcc 担保公司风险控制部提出的需要密切关注的风险信号，该项目的风险分类结果为"关注"。根据保后监管制度，项目经理对该公司进行了定期（每月一次）检查。检查内容包括：资金去向是否符合贷款用途；生产原材料的购进、产品的销售、原材料及成品的库存等情况；货款的回笼；反担保资产的安全状况。同时还对该公司现金流进行了跟踪统计，通过贷款银行配合，打印了企业基本账户和主要结算银行的银行对账单、企业贷款卡记录，了解银行贷款付息记录、其他银行借款的偿还情况，检查资金运转是否出现异常。此外，对企业是否发生诉讼等影响经营的重大事件、是否进行新的举债、对外担保、反担保企业或个人的保证能力是否发生变化、企业领导者目前的经营思路和发展举措等也进行了详细的了解，并按月要求企业提供财务报表和其他书面证明材料。

经过将近一年的时间，从企业的生产现场看，该公司运作经营一直正常，但外界的经济环境发生的一系列变化对该企业的低利润率无疑是雪上加霜：

1. 由于人民币升值压力的不断增加，该企业的利润水平持续下滑；

2. 虽然企业的规模还在扩大，一年内各项财务指标表面上看均正常，但原材料的价格持续上升，企业的成本不断增大。在企业利润低下，资金十分紧张的情况下，销售收入仍然大量滞留海外，应收账款居高不下，该企业大量占用上游资金，资金链十分脆弱。

在贷款到期前两个月，项目经理即与企业积极联系资金备款还贷，监督企业按备款进度落实还款资金。项目经理还根据企业提供的财务报表，做好了下笔续贷的调查手续，并提前报送风险控制部，进行保前审查。

项目经理认为该企业经营稳健，生产规模不断扩大，并且到期的第一笔还款有保证，企业的信用良好，同意对该企业继续予以支持，在还清上笔借款的前提下继续给予该企业 1 000 万元的担保，期限一年，还款方式不变。企业提供了财务资料，主要的财务数据如表 3 - 15 所示：

表 3-15　　　　　　Ccd 企业资产负债状况（调整后）　　　　　单位：万元

项目	前三年数据			2006 年末
	2003 年末	2004 年末	2005 年末	
一、资产总额	4 107	5 535	6 193	7 614
1. 流动资产合计	3 193	4 288	4 238	5 343
货币资金	326	371	365	592
应收账款	1 788	2 150	2 006	2 187
预付账款	760	563	227	168
其他应收款	−29	9	253	240
存货	324	1 065	1 227	1 460
2. 长期投资合计	—	—	388	388
3. 固定资产合计	705	1 131	1 776	2 152
固定资产净值	705	1 131	1 497	1 726
4. 无形及递延资产合计	208	116	70	157
二、负债总额	3 305	3 919	3 719	4 479
1. 流动负债合计	3 300	3 760	3 528	4 424
短期借款	300	366	250	900
应付票据	—		0	0
应付账款	1 765	2 274	2 614	2 980
预收账款	1 073	689	260	197
其他应付款	200	451	326	268
2. 长期负债合计	4	158	191	55
长期借款	4	158	191	55
长期应付款	—	—	0	0
三、所有者权益	802	1 616	2 474	3 136
1. 实收资本	100	800	800	800
2. 资本公积	695	485	921	1 071
3. 盈余公积	7	55	119	196
4. 未分配利润	—	274	634	1 069

　　风险控制部按照业务流程的规定，对该企业的近期经营情况、企业发展状况、财务状况进行了核查，并按照规定在企业现场随机抽查了企业的内部账册等资料，对上年风险控制部在业务评审过程中揭示的风险因素进行跟进核查。调查发现：一年来，该企业的发展情况不容乐观，该企业的内账和提供给 Gcc 担保公司的报表有很大出入，尤其是一直密切关注的应收账款、应付账款、所有者权益等科目有数千万元的差距，如表 3-16 所示，例如：该企业的实际应付款已经高达 7 637 万元，并且 50% 以上都有 6 个月以上的账期。该企业专门对贷款银行和担保公司伪造了报表，实际上企业的资金已经十分紧张。企业大量占用上游客户的资金，并且账期在不断延长，企业的资金链已经十分脆弱。所以，鉴于企业伪造报表，自有资金大量抽逃，存在风险隐患，风险控制部要求企业提前归还担保贷款，不再续保，停止和该公司继续合作。

表 3 – 16　　　　　　　　　**Ccd 企业真实的资产负债**　　　　　　　单位：万元

资产项目	—	负债及权益项目	—
货币资金	741	短期借款	1 161
应收账款	3 862	应付账款	7 637
存货	3 000	其他流动负债	580
其他流动资产	1 179	流动负债合计	9 378
流动资产合计	8 783	—	—
固定和无形资产	1 996	权益合计	1 401
资产总计	10 779	负债及权益合计	10 779

四、风险预警处理

从企业真实的财务报表可以看到，该公司 2006 年末资产负债率高达 87%，流动负债中应付账款达 7 600 万元，占比 81%，近三年公司销售逐年增长，净营运资金为 –400 万元，属于高风险的财务结构；公司账面权益合计仅 1 400 万元，历年积累的利润大部分已被抽离，销售增长主要依赖于供应商资金支持；该公司销售增长较快，年销售增长在 30% 以上，销售利润率 3.5% 左右，属外贸加工企业正常水平。由于无法获得企业以前年度真实的财务报告，2006 年度的现金流量无法测算，但以此推断，企业历年积累利润足以支持其正常的销售增长，无须对外融资，其资金的去向和用途不明。

由于发现风险预警信号及时，Gcc 担保公司立即制定了强有力的催收措施，并设计了科学合理的催收方案。一方面提前通知银行密切关注该企业的银行结算情况，向该企业提出多期、多笔小额的还款方式，迫使企业从海外调入资金，补充流动资金的不足，使得该公司的还款意愿得以维持和强化；另一方面，由于反担保措施设计得比较得力，借款人的违约成本过高，银行也积极配合企业进行再融资工作。鉴于该公司的基本面正常，银行方面按照抵押物的价值评估给予了 600 万元的贷款。担保公司为其原抵押物办理了注销登记手续，由该公司抵押给贷款银行。

五、问题与思考

由以上案例可以看出，担保公司在业务操作的每一个环节都应始终保持高度的风险意识。在项目评审阶段，应根据企业的具体情况设计合理有效的反担保方案，降低担保公司的风险。在保后跟踪阶段，应针对有风险的项目做好保后检查工作，而不能流于形式。通过保后检查及时发现问题并加以处理，可以有效地防止风险的发生，也可以防止担保公司做出错误的续保决策。

本案例的成功操作既防范了担保公司和银行的担保、贷款风险，又帮助企业渡过了短期资金周转困难的难关，实现了企业、银行、担保公司三赢的局面。

存货质押反担保的操作模式

一、背 景 资 料

借款人 Cce 公司是一家销售陶瓷工业燃料油的企业，因近期油价波动频繁，预计未来油价上涨，为购买燃料油，扩大库存，Cce 公司向银行申请流动资金贷款 1 000 万元，期限一年，并向担保公司提出担保申请，以 Ccf 公司的燃油设定质押反担保。

该公司股东包括张某和 Cch 集团，张某持股 40%，Cch 集团持股 60%。公司法定代表人是张某，实际控制人是张某的母亲徐某。Cce 公司是 Cch 集团的控股子公司，Cch 集团下属企业包括 Cce 公司、Ccf 公司、Ccg 公司三家企业。集团结构图及股权关系如图 3-1 所示：

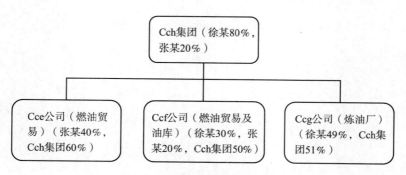

图 3-1　Cch 集团结构及股权关系

Cch 集团是 Cce 公司、Ccf 公司和 Ccg 公司三家企业共同的股东，对 Cce 公司、Ccg 公司绝对控股，对 Ccf 公司相对控股。Cce 公司、Ccf 公司、Ccg 公司之间有着密切的业务关系。Cch 集团的大股东是徐某，为集团的实际控制人，个人实力雄厚，现年 52 岁，离异。张某是徐某的独生子，现年 29 岁，未婚。Cch 集团、Cce 公司、Ccf 公司三家企业均有银行融资记录，在担保方式中，质押担保占 80%，关联企业担保占 20%。

二、反担保措施

经调查、核实、分析、评估、审批，担保公司同意为 Cce 公司提供 1 000 万元流动资金贷款担保，并要求其提供以下反担保措施：

1. 自然人反担保：徐某、张某提供个人连带责任保证反担保。尽管徐某、张某是借款人及其关联企业的实质控制人，但由于借款人是有限责任公司，当其不能清偿债务时，不能要求徐某、张某偿还。为了控制道德风险，担保公司要求徐某、张某承担连带保证责任。当担保公司发生代偿时，担保公司既可向借款人追偿，也可向徐某、张某追偿。

2. 法人反担保：Cch 集团、Ccf 公司、Ccg 公司提供连带责任保证反担保。借款人及其关联企业之间存在业务关系，关联度较高，不排除资金在集团内部相互调配的情况，而且 Cch 集团、Ccf 公司、Ccg 公司三家企业已存在的关联担保，占全部担保方式的 20%。为了防范借款人逃避债务，担保公司要求 Cch 集团、Ccf 公司、Ccg 公司承担连带保证责任。这样，一旦发生代偿，担保公司既可向借款人追偿，也可向其关联企业追偿。

3. 质押反担保：Ccf 公司以价值 1 500 万元的成品油向担保公司设定质押反担保，由担保公司指定 Cci 公司进行存货监管。Ccf 公司购买财产保险，将保险受益权转让给担保公司。

借款人 Cce 公司主营业务是燃料油销售，其关联企业也是化工企业。经调查，担保公司认为借款人及其关联企业可用于借款担保的财产包括房产、设备、存货，其中房产和设备已抵押给银行，存货尚未设定质押。担保公司选择了成品油作为质押物，而没有选择原油，原因为成品油的适用范围更广、变现能力更强。本次担保贷款为 1 000 万元，担保公司考虑成品油价格波动较大，要求质押物的市场价必须达到 1 500 万元。

担保公司的主营业务是担保，没有专职的存货监管员，因此对存货实行 24 小时监控在操作上存在较大难度，所以担保公司引进仓储公司对存货进行监管。Cci 公司是一家仓储企业，其主营业务是对抵押物仓储的管理及货物仓储理货。担保公司对 Cci 公司的资质、工作流程、企业信用等方面进行了考察，然后指定 Cci 公司对存货进行监管。

另外，借款人及其关联企业均属于石化行业，是安全监督委员会的监控行业，其产品属于易燃易爆品，存在安全事故隐患，所以担保公司要求出质人购买财产保险并受让保险权益，目的是为了防范事故风险，一旦发生事故可以优先受偿。

三、相关合同的签订

　　根据上述反担保设计，有关当事人和担保公司签订了担保服务合同及反担保合同。此案例中关键的反担保措施是存货质押，为了落实该项措施，担保公司与出质人 Ccf 公司签订《质押反担保合同》，又与 Ccf 公司、Cci 公司签订了《三方协议》。监管人 Cci 公司与出质人 Ccf 公司签订了《仓库租赁合同》（附录一）及《仓储合同》（附录二），出质人同意出租仓库给监管人使用并接受其监管。在质物交付监管人并受控制时《质押反担保合同》方可生效。

　　另外，为控制风险，避免质押物在担保期间遭受毁损，担保公司与投保人 Ccf 公司（出质人）、保险公司三方签订《保险权益转让协议》，将第一受益人变更为担保公司。此外，保险公司也可在保单上直接把担保公司列为第一受益人。

四、问题与思考

1. 存货质押物如何选择？

　　在现实操作中，很多银行都接受存货质押担保，但是对质押物的品种有严格限制。相对而言，担保公司的灵活性较大，通常会以风险控制为必要条件，根据项目的具体情况来选择质押物。一般来说，质押物要存在市场价值、便于监管、易于变现方可为担保公司接受。

2. 存货质权的生效条件如何确定？

　　《担保法》第六十四条规定："出质人和质权人应当以书面形式订立质押合同。质押合同自质物移交于质权人占有时生效。"《物权法》将质押合同的生效和质权设立的生效进行了区分，但质权的设立作为物权变动的一种，依据《物权法》第二十三条的规定仍应当进行公示。该法第二百一十二条明确规定，质权自出质人交付质押财产时设立。因此，在选择存货质押反担保方式时，应注意完成质物的现实交付，否则质权依法尚未设立。

3. 如何选择监管人？

　　存货质押的质押物是流动的，质押人保证被监管的质押物价值达到质押合同约定的金额，但是担保公司人力有限，要实现全天监管而不影响质押人的经营活动存在较大难度。因而，最佳方案是引入专业的仓储公司负责监管。在此建议担保公司要经过慎重考察确定仓储公司，因为如果仓储公司的工作流于形式，那么担保公司的风险保障系数将大大降低。

4. 质物毁损后质权人的优先受偿如何界定？

《担保法》第七十三条规定："质权因质物灭失而消灭。因灭失所得的赔偿金，应当作为出质财产。"《物权法》第一百七十四条也对此进一步予以明确，即"担保期间，担保财产毁损、灭失或者被征收等，担保物权人可以就获得的保险金、赔偿金或者补偿金等优先受偿。被担保债权的履行期未届满的，也可以提存该保险金、赔偿金或者补偿金等。"按照上述规定，质权人对担保财产灭失后所得的赔偿金、保险金等同样享有优先受偿权。

附录一：仓储合同

甲方：Cci 公司

乙方：Ccf 公司

乙方因业务发展需要以货物所有权凭证作质押或转让，并把货物储存于甲方指定的仓库，由甲方监管。根据我国《担保法》、《合同法》及其他相关法律法规的规定，经双方友好协商，达成如下条款：

一、仓库地点：

二、服务、支付和期限

1. 乙方把仓库转租给甲方储存拟质押物，使甲方具有排他性的使用（占用）权，所有费用及手续由乙方负责，如因此使质押物受到影响，乙方承担所有责任。

2. 甲方将履行《质押反担保合同》所规定的监管服务，每半年按人民币_____元（不含税）向乙方收取监管费，乙方可采用现金或支票方式结算。

3. 乙方于监管协议签订之次日付给甲方第一期监管费，于_____年____月____日前付给甲方第二期监管费人民币_____元。

4. 除非任何一方根据第六条款提出书面终止通知，合同自_____年____月____日起开始生效，直至乙方赎完仓单，甲方不再监管时自动终止。

三、仓储

1. 乙方提供的仓库，必须符合存储相关物品的条件，依照相关规定制定治安、消防、卫生、用电等内容的各项规章制度并负责实施，并负责日常的维护。

2. 乙方不把不符合下列条件的货物运送到甲方指定的仓库：（1）与货物清单中规定的不一致；（2）与每一批货物的包装标记不一致。甲方有权利拒绝或接受任何不符合规定的货物。

3. 由甲方监管的所有货物都必须恰当地标识，乙方并同意甲方根据协议规定令其合理储存及区隔。

4. 储存于仓库内的货物都为拟质押物，甲方根据货物监管的相关要求，确保所监管货物的总值不低于仓单值，为确保监管货物的品质、安全，乙方需提供给甲方质量证明等相关凭证。

四、出库

1. 当库存值在仓单值之上，乙方可运送或转运货物出库。

2. 如果低于仓单值，没有银行准确的书面指令，不许运送或转运货物出库。

五、额外服务（特殊服务）

1. 不属于通常监管服务所需而增加甲方劳动力，按甲方通常的费用标准，收取合理的额外费用。

2. 由于事先安排，不在通常监管区域内收到或运送货物，按甲方通常的费用标准，收取合理的额外费用。

六、责任和损失限制

1. 损失责任

乙方把货物交由甲方监管，甲方在下列条件下同意接受这些货物的监管：甲方对储存货物的丢失或损坏不负责任，除非是由于甲方的原因而造成的丢失或损坏；对这些货物，甲方不为乙方保火灾险或其他意外事故险，乙方因火灾或其他事故对财产所造成的损失，甲方无法律责任。

2. 保险

乙方必须进行财产保险，对任何原因所造成的货物损失不由甲方负责，但甲方同意当前符合要求的保险单继续生效。

3. 损失计算

如果甲方对乙方货物的丢失或损坏负责，为了计算这种损失，货物将按它的银行确定价格的存货成本来估算。

4. 装卸

甲方不负责进货卸货或出货装货，但应尽力提供与其相关的服务。

5. 随后损失

不是由于甲方的任何行为或疏忽而造成的随后损失，甲方不负责任。

七、义务及风险分担

1. 甲方负责监督管理，确保质押物库存不低于仓单值。乙方依据三方协议的要求，配合做好监管工作，并妥善安排甲方驻乙方人员办公、食宿等事宜。

2. 如果因为天灾、战争、扣押等，或者甲方不能控制的任何理由，或者因为不由甲方责任而造成货物的损失或损坏，或者因为法律所提供的任何其他理由，那么甲方不承担这种过失的责任。

3. 无须任何理由，任何一方在 30 天前以书面形式通知另一方，可终止该合同。该书面通知应有终止日期。无论什么原因的终止、无论是乙方或甲方或法律等作用提出终止，乙方应在终止日前赎回仓单，即由此而造成的损失，甲方应得到相应的补偿。

八、双方的地位

1. 甲方对存储的货物不被看做"货物的所有人"，只有在乙方违约对甲方造成损失时，才有货物的留置权。

2. 甲方对于合同中所规定的货物而言，是一受托监管者，对于完成监管任务所需的方法和措施，应有独立控制和自由处理的能力。乙方同意甲方按监管的要求，在任何适当的时间内，能独立控制并进行对货物的检查。

九、继任者与受让人

该合同对各方的继任者或受让人具有同等的法律效力。

十、违约与索赔

1. 执行或遵守合同条款时有实际性的违约。

2. 乙方延迟支付甲方监管费，超过 10 天（含），每超过 1 天，按月监管费的 1% 加收滞纳金；最长不得超过 15 天。

3. 争议或赔偿，由双方协商解决或按法定程序办理。

十一、此协议一式三份，甲乙双方及银行各执一份。

十二、未尽事宜，由甲乙双方另行协商解决。

甲方：（盖章）　　　　　　　　　乙方：（盖章）

法定代表人或其授权人签字：　　　法定代表人或其授权人签字：

签约时间：　　　年　　　月　　　日

附录二：仓库租赁合同

出租人：Ccf 公司（以下简称甲方）

承租人：Cci 公司（以下简称乙方）

根据《中华人民共和国合同法》等有关法律、法规的规定，双方就租赁仓库从事储存质押物的事宜经协商达成协议如下：

第一条　仓库地点：

第二条　租赁期限：自＿＿＿＿年＿＿月＿＿日起至＿＿＿＿年＿＿月＿＿日止。

第三条　租金及其他：甲方无偿出租仓库给乙方使用，所有手续及费用由甲方负责。

第四条 保险：甲方负责投保一切险。

第五条 甲方权利义务：

1. 依照相关规定制定治安、消防、卫生、用电等内容的各项规章制度并负责实施。

2. 保证仓库符合仓储要求，并负责日常维护。

3. 除有明确约定外，必须配合好乙方的正常监管工作。

4. 妥善安排乙方监管人员办公、食宿等事宜。

第六条 乙方权利义务

1. 有权监督甲方履行合同约定的各项义务。

2. 具有仓储质押物的监管权，对仓储场地不得出租、转让、转借。

第七条 合同的解除

1. 质押监管期满甲方赎回仓单后，自行终止。

2. 甲乙双方经协商一致后，也可办理解除租赁手续。

第八条 其他违约责任

1. 乙方承租甲方仓库，具有排他性的使用（占用）权，如因此发生争议，使质押物受到影响，甲方承担所有责任。

2. 乙方承租甲方仓库期间，如发生库内存放物品毁损、灭失，甲方承担所有责任。

3. 因不可抗力或其他不可归责的原因，使场地不适于使用或租用时，甲方应另行解决仓库租赁问题，所有费用及手续由甲方负责，如因此使质押物受到影响，甲方承担所有责任。

第九条 续租：

1. 乙方有意在租赁期满后续租的，应提前30日书面通知甲方，甲方应在租赁期满前对是否同意续租进行书面答复。甲方同意续租的，双方应重新签订租赁合同。租赁期满前甲方未做出书面答复的，视为甲方同意续租，租期为不定期，租金支付同本合同。

2. 租赁期满乙方如无违约行为的，则享有在同等条件下对场地的优先租赁权，如乙方无意续租的，应在租赁期满前30日内书面通知甲方；乙方有违约行为的，是否续租由甲方决定。

第十条 其他约定事项：场地在租赁期限内所有权发生变动的，不影响本合同的效力。

第十一条 未尽事宜，由双方协商解决。发生争议，可协调解决或以法定程序办理。

第十二条 本合同自双方签字盖章之日起生效。本合同一式三份，甲方、乙方、担保公司各执一份。

甲方：（盖章）　　　　　　　　乙方：（盖章）

法定代表人或其授权人签字：　　　法定代表人或其授权人签字：

签约时间：　　　年　　月　　日

反担保措施的选择与开发

担保机构经营的是信用，承担的是风险，从开展业务的第一天起，担保机构就必须重视防范风险、降低风险。担保机构面对的客户是广大中小企业，经营管理不完善、抗风险能力弱是这些中小企业的典型特征。

就当前中国的现状而言，市场经济建立时间短，法律制度不够健全，信用缺失、废逃债务的情况时有发生。担保机构开展业务面临的首要问题就是如何深入开发企业的反担保措施，提高企业的违约成本，让企业不敢且不能违约，从而将风险控制在可以接受的范围内。

一、背 景 资 料

Ccj 物流有限公司注册资本 1 000 万元，股东为两个自然人李先生、饶先生，分别持有公司 60% 和 40% 的股权。两人合作多年，职务分别是公司的董事长和总经理，日常事务由总经理负责。Ccj 公司有一个控股子公司南京 Cck 国际物流有限公司，Ccj 公司持有该公司 62.5% 的股权。

Ccj 公司的经营范围为：公路集装箱运输、兴办实业；国内商业、物质供销业；公路货代、铁路货代、配载；国内航空货代；仓储服务、货物配送、普通货物装卸、零担货物运输业务。而主导主业为：国内公路干线运输、公铁联运、公路航空联运、零担配载业务。

Ccj 公司 2003 年、2004 年、2005 年、2006 年 8 月的财务报表主要数据如表 3 - 17 所示：

表 3 - 17　　　　　　　　**Ccj 公司财务报表主要数据**　　　　　　　单位：万元

项　目	2003	2004	2005	2006.08
总资产	2 164	2 305	2 621	2 759
净资产	1 732	1 990	2 298	2 472
销售额	3 143	4 260	4 346	3 220
利润总额	273	258	308	174

Ccj 公司的主要客户有 20 家左右，公司的销售收入账期基本上为 90 天，应收账款保持在 1 000 万元左右。

Ccj 公司申请的流动资金担保贷款金额为 500 万元。

二、反担保措施开发

通常我们可以选择的反担保措施有：不动产抵押，如房产、土地等；动产抵押，包括机器设备、汽车、船舶等；信用保证，如企业保证、个人保证；其他权利抵押、质押或监管，如应收账款、出口退税、股票、存单、存货、保证金、专利权、商标权等。

首先，我们从 Ccj 公司自身的资产状况来发掘可资利用的资产作为反担保措施。该公司作为物流运输企业，必定有运输车辆和仓库。查看公司的固定资产明细，有 10 台货柜车和 11 台小车，其原值为 210 万元；仓库为向第三方租赁物，公司不拥有产权，不能作为反担保措施。

查看公司报表的其他资产类科目，发现应收账款余额较大，有 1 020 万元。其中占有份额较大的客户有 Ccl 公司等。Ccl 公司为全国知名上市公司，应收账款品质较好，发生坏账的可能性极小。经过进一步分析核证 Ccj 公司和 Ccl 公司的业务合作状况，发现 Ccj 公司和 Ccl 公司从 2003 年便开始合作，业务从 2004 年开始趋于稳定。在随后的 2005 年及 2006 年，Ccj 公司对 Ccl 公司应收账款的借方、贷方发生额及余额均有很好的持续性和稳定性，详细情况如表 3 - 18、表 3 - 19 所示：

表 3 - 18　　　　**2005 年 Ccj 公司对 Ccl 公司应收账款详细情况**　　　单位：万元

项目＼月份	1	2	3	4	5	6	7	8	9	10	11	12	合计
销售收入	34	32	60	44	50	45	43	44	48	33	75	91	599
回款金额	40	29	65	37	24	0	109	29	0	70	0	117	520
余额	4	7	2	9	35	80	14	29	77	41	116	90	—

注：月均回款 43 万元。

表 3 - 19　　　　**2006 年 Ccj 公司对 Ccl 公司应收账款详细情况**　　　单位：万元

项目＼月份	1	2	3	4	5	6	7	8	合计
销售收入	64	65	52	45	50	57	44	69	446
回款金额	0	0	76	90	65	38	95	33	397
余额	153	219	195	151	136	155	104	140	—

注：月均回款 50 万元。

由此可见，将 Ccj 公司对 Ccl 公司的应收账款进行监管是一种有效的反担保措施。其操作方式为 Ccl 公司出具承诺函，向担保机构承诺将其与 Ccj 公司发生业务产生的货款支付到指定银行（通常为贷款行）的指定账户，并承诺不通过其他方式向 Ccj 公司付款。担保机构再和银行、Ccj 公司三方签订账户监管协议。

其次，我们可以从公司以外的资源来开发反担保措施。公司的两个股东经营企业多年，有一定的积累，在公司所在地购买了住房。房产抵押可以作为一种有效的反担保措施，即使公司经营出现了重大问题，也可以通过变卖来偿还贷款。

对于股东的资产以及关联公司的情况，如果其不主动提供，我们很难将其完全弄清楚。为此，我们选择让股东李先生夫妇和饶先生夫妇提供连带责任保证反担保，这样可以在一定程度上防范其道德风险。另外，南京 Cck 公司作为企业保证，也是一个可以选择的反担保措施。

最后，为了逐步释放担保风险，我们可以选择让 Ccj 公司逐月等额还款的风险防范措施。

三、反担保方案的实施

我们将备选的反担保措施进行组合，形成了以下方案：

1. 两股东夫妇连带保证责任反担保；
2. 股东名下的房产抵押；
3. 将 Ccj 公司对 Ccl 公司的应收账款进行监管；
4. 在上述反担保的基础上，约定借款人每月等额还款 20 万元。

我们设计这样的方案是由于 Ccj 公司担保贷款需求为 500 万元，而其房产担保额仅为 220 万元。对 Ccl 公司每月销售回款在 40 万 ~ 50 万元，且该类业务比较稳定，正常经营每月还款 20 万元基本没有问题。股东夫妇连带保证责任反担保是为了防范道德风险。

同时，我们放弃的可选择的反担保有：车辆抵押及南京 Cck 公司的企业保证。原因是物流企业车辆折旧快，用了 4 ~ 5 年的车基本没有什么变现价值且车辆抵押手续繁杂，而 Cck 公司远在南京，调研企业比较困难，而且也是物流企业，固定资产不多，反担保功效不强。

最后，我们对上述反担保方案一一落实。针对个人保证签订了相应的个人保证合同；针对房产抵押签订好抵押合同后去国土局办理了抵押登记手续；月等额还款 20 万元则在委托保证合同里注明。应收账款落实过程相对复杂，牵涉到 Ccl 公司、贷款银行。由于 Ccl 公司为知名上市公司，在市场交易中相对地位较高，其确认函不能签署公司的公章或财务专用章。为了保证该反担保措施的有效性，我们让步同意其签署公司的业务专用章。同时，我们要求 Ccj 公司将和 Ccl 公司的结算账户转移到贷款银行，然后和 Ccl 公司、贷款银行三方签订了账户监管协议。

实践证明，该反担保方案是有效、可行的，Ccj 公司与担保公司合作过程中，从来没有发生过等额还款逾期和到期还款逾期的情况，企业也通过与担保公司的合作不断发展壮大。

四、问题与思考

从以上案例中可以看出，应收账款监管作为权利质押的一种，在公司无法提供充足的动产或不动产抵押反担保措施但应收账款品质良好的情况下，具有很高的实用价值。不过，应收账款监管的操作相对比较复杂，涉及担保机构、企业（包括贷款方及其客户）、银行等多方的协调处理，因此我们在设计应收账款监管反担保措施的过程中要着重考虑以下几个问题：

1. 应收账款及其产生现金流的大小和稳定性；
2. 发生应收账款的客户的资信情况；
3. 该公司和该客户的业务在公司整个业务中的重要性；
4. 客户的配合程度。

应收账款反担保方案的设计与实施

一、背景资料

Ccm 通信技术有限公司（以下简称 Ccm 公司）成立于 1995 年，注册资金 1 500 万元，自始从事技术服务工程业务，1998 年涉足移动通信服务领域，与国际知名通信设备提供商和通信网络提供商建立了长期稳定的合作关系。目前，该公司已成为包括多家国际著名企业在内的设备生产厂商的全面技术服务商，同时为国内几家主要通信运营商提供配套数据增值服务。Ccm 公司的主营业务模式以通信网络工程为主，移动增值业务为辅，收入结构中通信网络工程占 89%，移动增值业务占 4%。公司目前拥有 390 余名通过各厂商认证的专业通信工程师，具备 8 年的通信工程、系统集成、系统维护技术的服务经验，通过了 ISO9001 国际质量认证，获得了市建委颁发的"电信工程专业承包三级资质"、信息产业部颁发的"增值电信业务经营许可证"等资质证书。经过数年发展，目前已形成四大块业务，分别是通信工程服务、系统集成服务、系统维护服务和无线数据增值业务，2003 年公司的营业收入为 3 200 万元，2004 年营业收入为 5 130 万元，2005 年预计实现营业收入 9 150 万元。

Ccm 公司赢利模式如下：

通信网络工程：主要为国际知名移动设备提供商在国内承接的通信工程提供勘察测绘、安装督导、调试开通、网络规划以及优化维护服务，通过提供劳务收取佣金来获取收益。

移动增值业务：作为 SP（内容提供商），向移动用户提供短信、互动语音应答和彩铃服务，收取业务资费，按月与电信运营商分成结算，实现业务效益（一般为业务资费的 85%）。

2004 年，Ccm 公司经某担保公司（下称担保公司）担保，向 ×× 银行 ×× 支行申请流动资金贷款 1 000 万元，期限为 2005 年 1 月 19 日至 2005 年 6 月 2 日，还款时间分为 6 期，后如期归还。鉴于该公司经营管理规范、信誉良好，2005 年签署的技术服务合同继续延长，基站建设和维护数量将有大幅度增长。

由于工程施工和检验周期需要继续占用部分资金，同时需要部分资金支付培训费用和采购工程仪器设备，因此，担保公司同意在 2004 年授信的基础上将额度增加到 2 000 万元。最终，贷款银行审批通过了 1 500 万元。

该项目目前已顺利解保，企业在担保公司连续两年的扶持下，得到了较好的发展，现已无须通过担保公司就可以直接从银行获得贷款了。

二、Ccm 公司的资产状况

该公司的总资产 3 866 万元，主要分布为：固定资产总值 1 269 万元，净值 700 万元，主要是电子设备，可控性较弱，不太适合用于作为抵押物；存货 40 万元，存货量较少；应收账款 1 847 万元，为主要的资金占用形态；其他应收款 302 万元，主要是保证金、其他往来款；无形资产 381 万元，为一项作价入股的非专利技术。

按照传统的评价标准，该公司的融资资源缺乏，没有可以办理抵押登记的房屋、大型机器设备等可控的实物资产作为反担保物，缺乏对其有效的制约措施。但该公司主要的资产是应收账款，债务人为若干家国际著名设备提供商，严格执行合同条款的意识强，付款及时且有保证。如果担保公司能够设计相应的操作方案，将该公司的应收账款纳入担保公司的控制范围，那么该公司的主要资产应收账款，就成为可控资产，可以作为核心反担保措施，从而为担保公司提供有效的安全保障，使该项目的操作成为可能。

三、反担保方案的具体设计

项目评审中，担保公司认为，该企业有突出的核心竞争能力，有健康可靠的现金流，还款来源充足，该担保项目可以操作。尽管按传统操作习惯，企业缺乏实物资产作为反担保物，但与银行相比，担保公司在抵（质）押物的竞争上天然地不具备优势，如果仅局限于有形可抵押资产反担保，担保公司必然会流失不少经营状况不错的企业，自身的经营就会陷入业务路子越走越窄的困境。因此，深入挖掘企业的其他可控资产，设计新颖的能够控制住企业命脉和抬高企业违约成本的反担保方案，是担保公司要不断努力的方向。

如在本案例中，担保公司评审认为，该企业的应收账款量大，是该企业的主要资产，而且债务人都是信誉良好的跨国公司、寡头垄断经营的电信运营商。因此，如果能控制住应收账款的回笼，就控制住了该企业的核心资产，控制住了该企业的生存命脉，通过应收账款质押实现应收账款回笼控制，可以作为该笔业务的核心反担保措施。另外，公司法定代表人的个人连带责任反担保、公司股权的质押反担保可以把经营者个人及整个公司与该笔债务紧密地捆绑在一起，增加企业的违约成本。

针对该企业的这种情况，担保公司为该项目设计了如下的反担保组合，以控制企业的回笼应收账款为核心措施：

1. 由该公司的法定代表人××供个人连带责任保证反担保，并提供详细的个人财产清单。

2. 提供 100 万元保证金的质押反担保，并约定企业如果违约担保公司有权收取该保证金用于实现债权。

3. 提供不低于 1 000 万元的并可随时根据公司经营情况进行调整的应收账款质押反担保，签订质押协议，协议中明确应收账款债权转让的条件及对象，并事先取得该公司出具的空白《应收账款债权转让通知书》。

4. 该公司出具同意将其债务人支付的应收账款存入其在××银行基本账户的承诺函，续签资金账户监管协议。

5. 在《保证合同》中加入"凭担保公司《同意用款通知书》方可用款，在落实上述反担保措施后同意用款 1 000 万元，另 1 000 万元为额度授信，随借随还"。落实过程控制手段，严格审批用款额度。

除了以上反担保措施之外，担保公司加强了对 Ccm 公司的应收账款监管，主要有以下几个方面：

1. 由于该公司的上游客户为国际知名移动设备提供商，在与该公司的技术服务合同中已约定付款到担保公司的共管账户，企业想更改账户也绝非易事。因此，企业、银行和担保公司签订了《账户资金监管协议》，对企业在贷款银行开立的基本账户实行共管，确保该账户为企业与债务单位进行结算和回收应收账款的唯一账户。

2. 为了方便该公司的日常经营，允许企业在贷款银行开立一个一般结算账户，作为对外资金支付及非债务单位的资金往来，该账户由企业自行支配。

3. 将预留印鉴委托贷款银行代保管，担保公司给予该行一定的授权：

（1）由基本账户付款到一般账户，通过传真确认，要由担保公司指定传真号码传真出去的盖章指令，才可以加盖印鉴付款。

（2）由于该企业成本支出中的现金比例较大，约占 60% 以上，因此在保证监管有效实施的前提下，为提高账户监管效率，兼顾三方的业务操作实际，对于基本账户提取现金，以下两种情况无须取得担保公司的盖章指令：

①转入资金，转入当日从共管账户取得现金，取现金额不高于转入金额；

②转入资金，转入当日用于向税务机关支付业务项下有关税金，支付金额不

高于转入金额。

其他情形，均需取得担保公司的盖章指令。

四、项目实施情况

2004 年，担保公司为该公司提供了 1 000 万元的流动资金贷款担保；2005 年，担保公司为该公司提供了 1 500 万元的流动资金贷款担保。

在整个项目 2 年的操作中，企保合作状况良好，反担保措施之应收账款质押对资金的用途以及流向起到了很好的控制作用；同时，企业在担保资金的支持下，取得了良好的经营成果，主营业务收入 2004 年较 2003 年提高了 58%，2005 年较 2004 年提高了 30%。

自首次贷款发放以来，资金监管操作情况良好。企业每月提供已开发票、未开发票但债务人已确认的工作单明细表以及其他能够确定应收账款权利和金额的相应凭证的复印件，交由担保公司核定确认后，担保公司同意从共管账户转出对应金额的资金到一般账户，由企业使用。当应收账款回笼到共管账户后，企业提供银行进账单复印件，担保公司核销原已质押的应收账款，Ccm 公司的债务人（国际著名大电信设备提供商）已将资金支付到共管账户。如果企业要求使用共管账户的资金，应提供新的上述三种类型的应收账款明细及相应的凭证复印件，经担保公司核定确认后，该公司方可从共管账户中转出等值金额资金到一般账户使用。通过该笔业务的操作，担保公司也取得了较好的经济效益。

五、问题与思考

1. 该项目突出了担保公司"抓住企业核心资产"的反担保方案设计理念。该企业的核心资产应是其技术服务能力，能够与国际知名移动设备提供商签订服务合同更能说明这一点。本项目之所以能够成功操作，主要基于这些大公司的管理规范、注重信誉，对合同的执行严肃认真，能够保证按时足额付款并付款到指定账户。担保公司将该账户设定为共管账户，应收账款质押从而落到实处，真正起到了制约被担保人的作用。

2. 现金流的有效控制至关重要。通过项目的操作，担保公司进一步认识到，设定抵押权只是项目的一种安全保障措施，但持续良性的经营、健康稳健的经营现金流才可保障企业的还款能力。所以对于贷款企业或项目流动性的风险要首先、重点予以关注，充分考虑各方面的因素，这样才能更有效地保证担保期间的资金安全，走出"抵押文化"的怪圈。

3. 过程控制要在保证风险控制的前提下，尽可能地优化环节、提高操作效率。该项目的关键在于监管基本账户，开放一般结算账户，并将预留印鉴委托贷款银行代为保管，通过传真付款指令达到有效监管和调度资金的目的。同时，针对该企业现金支出较大的特点，授权贷款银行在几种情况下可以使用担保公司的预留印鉴，减少了工作量，提高了操作效率，银行和客户都比较满意。

4. 保后监管工作应常抓不懈。要经常关注企业的经营动向，检查项目运行各环节的情况以及银行、企业、担保公司三方相关职责的履行情况，发现问题，及时研究解决，防患于未然。

反担保方案的最优与次优选择

一、案例介绍

  Ccn 厂成立于 1991 年，是一家位于某华南城市甲区的个人独资企业，法定代表人为李某，主要生产铜锁，附带加工铜棒、五金产品。经过十几年发展，Ccn 厂现已成为一家拥有 5 条生产流水线、200 多员工、年产 800 多万把各类铜挂锁的专业制锁企业，其产品除国内销售之外，还远销欧美市场。

  由于生产环节有一定污染，而且甲区是市中心区，因此李某计划在该市乙区筹建——Cco 公司。计划总投资 500 万元，其中土地 60 万元，厂房工程用款 300 万元（总建筑面积 8 000 平方米），设备 100 万元，其他支出 40 万元。然而，企业发展遇到了资金瓶颈，为了解决这一难题，李某计划从两方面来筹措资金：一是企业自筹资金 200 万元，目前已投入 100 万元；二是通过银行融资 300 万元。因此，李某以个人名义向银行申请个人经营性贷款 300 万元，期限 3 年，按月还款，并向 Gcd 担保公司提出担保申请。

  Gcd 担保公司对李某及其经营的企业进行了详细调查，以下是担保公司的调查结果：

1. 借款人的基本情况

  借款人李某，现年 59 岁，目前是 Ccn 厂的负责人。19 岁任村生产队队长，1978 年任乡办五金厂厂长，1989 年创办 Ccn 厂，曾多次被选为镇人大代表。李某学历不高，但从业时间较长，行业经验较丰富，并担任了社会职务。

2. 企业背景情况

  截至 2006 年末，Ccn 厂的总资产 1 074 万元，总负债 180 万元，资产负债率 17%；实现销售收入 2 828 万元，净利润 264 万元，净利润率 9.3%。该企业现由李某两个儿子经营，但决策权仍被李某掌控，是一家典型的家族式企业。

3. 银行融资情况

（1）企业

2003 年，Ccn 厂曾向当地信用社借款 30 万元，到期按时归还，目前贷款卡没有银行融资及对外担保记录。Cco 公司成立时间较短，贷款卡也没有银行融资及对外担保记录。

（2）个人

李氏三父子的个人信用报告没有贷款记录。

4. 厂房情况

Ccn 厂于 1999 年租用甲区集体土地 30 亩，租金 5 万元/亩，租期 50 年。该公司一次性向村委会预付了 50 年的租金 150 万元，建了 5 栋厂房共计 19 000 平方米，自用 8 000 平方米，余下 11 000 平方米出租，每年租金收入约为 100 万元。厂房业已办理房产证，权利人是 Ccn 厂。

另外，Ccn 厂去年在租地上投资 90 万元兴建一栋 5 层员工宿舍楼，共有房间 76 间，计划对外出租，预计收益 20 万元/年。目前该项目已投入 75 万元，宿舍楼刚完成竣工验收，尚未办理房产证。

5. 新厂情况

由于 Ccn 厂生产排放有一定的污染，而所在地段的甲区厂房出租收益颇高，因而李某从长远考虑，计划将厂搬出甲区。2005 年李某成立 Cco 公司，股东为他的两个儿子。同年，新公司在乙区工业园购入一块面积为 15 亩的土地，当时地价是 60 万元（4 万元/亩），土地款已付清，并办理了土地证，权属人是 Cco 公司。随着近几年园区经济发展，土地升值较快，该宗土地目前市场价值已升至 180 万（12 万元/亩）。李某计划在新厂建成后，分步将甲区 Ccn 厂设备搬迁到乙区 Cco 公司，原 Ccn 厂厂房转租。

Gcd 担保公司经调查、核实，认为该项目还款来源较为充足，主要包括以下几方面：

1. 第一还款来源

Ccn 厂目前经营正常，资产负债率仅为 17%，可适当利用财务杠杆进行银行融资。如果把李某本次申请的个人经营性贷款 300 万元计入企业负债，那么按静态法计算的资产负债率将增加至 35%，仍然处于合理范围。企业销售利润率为 9%，有一定的赢利能力，融资规模与资产及销售规模相匹配，企业每年的折旧加利润基本能够偿还贷款。

2. 第二还款来源

（1）Ccn 厂每年厂房租金收入约 100 万元。

（2）新建员工宿舍预计每年租金收入约 20 万元。

本项目还款来源除了企业经营所产生的现金流之外，还有其他较稳定的收入来源（如租金收入）。还款方式采用按月还款，风险逐步释放，担保公司能有效控制风险。

二、反担保方案设计

Gcd 担保公司在调查完成后，根据项目情况设计反担保方案，该项目存在以下几个比较特殊的问题：

1. 既有自置土地，也有租赁土地。

2. 在租赁土地上盖厂房，部分已取得房产证。

3. 租赁土地上的自建厂房既有自用也有出租。

4. 贷款银行要求 Cco 公司用乙区土地提供抵押担保。

针对项目的特殊情况，Gcd 担保公司经分析、评估，设计反担保方案如下：

1. 标准型反担保（指反担保措施合法有效，能够对抗第三人）

Cco 公司把乙区土地向贷款人设定抵押担保，并办理抵押登记。

分析：Cco 公司土地目前市场价值升至 180 万元（12 万元/亩），抵押率 60%。抵押物土地权属清晰，可以办理抵押登记，能够对抗第三人。此案例第三人提供物的担保，贷款银行要求设定自己为抵押权人。当既有物的担保又有人的担保时，如果债务人（李某）不履行到期债务，债权人（贷款银行）可以就物的担保实现债权，也可以要求保证人（担保公司）承担连带担保责任。

担保公司向债权人（贷款银行）提供连带责任担保，可以要债务人提供反担保。如果贷款银行不要求土地抵押担保，担保公司则可要求土地抵押反担保，这对担保公司的保障系数最大，为最优方案，因为可获得抵押物的优先受偿权。此案例中，Cco 公司将土地抵押给贷款银行，一旦担保公司发生代偿，则贷款银行会将债权凭证移交给担保公司并协助追偿，担保公司对处置该宗抵押物拥有相对主动权。该方案为次优方案，担保公司没有选择余地，但仍然可以有效控制风险。

此案例中的贷款银行在订立借款、保证、抵押合同之后，先发放贷款后办理抵押登记。为了确保落实反担保措施，担保公司要求借款人李某向贷款银行提出申请，在取得抵押物他项权证之前账户最低留存 100 万元余额。上述措施可免去贷款银行和担保公司对借款人在放款后怠慢办理抵押登记的顾虑，加快反担保措施的落实，规避借款人的道德风险。

2. 非标准型反担保（指反担保措施合法，但不能对抗第三人或权利的担保）

Ccn 厂把甲区租地上盖物（厂房）向担保公司设定抵押反担保。双方签订抵押合同，房产证交担保公司，不办理抵押登记。

分析：抵押物（厂房）面积 19 000 平方米，抵押人已付 50 年土地租金 150 万元，厂房价值 600 万元。该抵押物存在市场价值，可以为企业融资提供抵押担保。为限制李某以后的融资规模，担保公司要求取得厂房的抵押权。李某同意抵押甲区厂房，但是不同意办理抵押登记，原因是办理抵押登记手续过于烦琐。由于 Cco 公司已将土地抵押给贷款银行并办理抵押登记，标准抵押物的抵押率为 60%，虽然担保公司不能办理甲区厂房抵押备案而取得优先受偿权，但是仍达到控制借款人融资规模和防范风险的目的。经双方协商，李某同意将厂房房产证原件交担保公司，并且签订《举债承诺书》，承诺今后举债必须经担保公司的书面同意。在签订反担保合同时，抵押物的房产证交担保公司，并且签订承诺书，承诺人包括 Ccn 厂、Cco 公司、李某及两个儿子。此案例，办理备案登记为最优方案，房产证交担保公司保管而不办备案为次优方案，两个方案均达到了控制融资的目的。

此外，租地上还有一栋宿舍楼，刚竣工未取得房产证。担保公司考虑到宿舍楼尚未领取房产证，且宿舍楼出租收益比厂房出租差，加上企业核心可控资产已抵押给贷款银行和担保公司，因而没有选择该宿舍楼作抵押物。

3. 加强型反担保（信用反担保或其他能降低担保风险的措施）

（1）Ccn 厂、Cco 公司提供连带责任保证反担保。

分析：Ccn 厂、Cco 公司既是贷款资金的使用者，又是抵押担保人，必须为贷款提供保证反担保。Ccn 厂是个人独资企业，不需出具股东会决议。Cco 公司出具股东会决议，同意为李某个人贷款向担保公司承担连带担保责任。

（2）李某配偶、两个儿子及配偶共 5 人提供连带责任反担保。

分析：李某所经营的企业是家族式企业，李某是决策者，其儿子是经营者。担保公司要求李某两个儿子为贷款提供个人反担保，目的是把李某家族成员的利益捆绑在一起，防范李某转移个人资产，降低道德风险。自然人提供反担保，已婚的应要求夫妻双方共同承担连带担保责任。此案例李某及其儿子已婚，因而提供个人反担保的有 5 人。由于李某女儿没有参与企业经营，而且不是企业的股东，所以担保公司没有要求其提供个人反担保。

三、问题与思考

1. 最优与次优方案的选择

在选择设计反担保方案时，经常遇到最优方案与次优方案的选择。在有效控制项目风险的前提下，担保公司可以根据项目具体情况灵活处理。当受客观因素影响不能选择最优方案时，担保公司可根据项目整体情况选择次优方案。

2. 抵（质）押物的选择

标准抵（质）押物和非标准抵（质）押物的区别是前者能够对抗第三人，享有优先受偿权。反担保措施中通常包含上述两种抵（质）押物方式，担保公司为控制风险必须争取标准抵（质）押物。

3. 租赁土地上盖物如何设定反担保

租用集体土地自建房产，土地使用权的权属人是村委会，上盖物所有权的权属人是承租方。担保公司可针对房产抵押权、收益权设计反担保措施。

4. 控制借款人举债规模

担保公司在保前应对借款人采取一些必要的措施，控制其举债规模，以免日后增加自身的担保风险。通常控制手段有以下两种途径：一是借款人及关联人签订举债承诺，保后经担保公司同意方可再向银行融资，否则构成违约；二是控制可用于融资的有效资产。保后必须关注借款人资金链的情况。

5. 反担保落实的时机选择

落实反担保的最优时机是在贷款发放前，次之为出款后通过限制借款人用款使之配合，最难时机为借款人使用全部贷款后。担保公司应在出具担保合同前预见落实反担保措施时可能出现的情况，采取有效措施防范和降低反担保人的道德风险。

反担保方案的合理设计

一、背景资料

　　某金属材料销售公司创建于 1995 年，由两位自然人共同出资，注册资本 1 000万元，主要从事金属材料销售、建筑材料销售、各类商品进出口业务等。该公司是国内多家大型钢材生产企业的一级代理商，多次被评为"重合同守信用企业"，该公司的法定代表人也曾是该市的劳动模范。由于近年来国内钢材价格的不断波动，企业年初制定的钢材采购计划无法实施，但又无法变更和其他企业签订的供货合同，导致企业流动资金严重紧缺。为继续保持原有的市场份额及行业信誉，该企业向银行提出了流动资金贷款申请，同时申请某担保公司为其提供保证担保。

　　担保公司审查分析了该公司银行对账单、原始发票、供销合同及完税凭证等材料后，认为该公司经营状况良好，供销稳定，且与贷款银行有多年的结算往来，基本符合担保条件，同意受理该笔业务。

二、反担保方案设计

　　该金属材料公司反担保资产比较充足，担保公司项目经理本着有效性和易操作的原则，进一步细化论证分析，力求设计出较合理的反担保方案。

　　初定反担保方案为：

　　1. 企业的存货质押。由于钢材属于大型建筑材料，具备存货质押条件，且该企业曾直接以存货仓单质押的方式在银行贷款并通过审批。

　　2. 企业的应收账款质押。该企业应收账款数额较大，仅一年期的应收账款就足以支付本次贷款到期后的本息。

　　3. 房产的抵押。该企业有一处价值相对较高且属于公司名下的产权，虽已抵押给银行，但依法可以将该房产的剩余部分价值抵押给担保公司，且该市房产抵押部门可以办理。鉴于此，项目经理将房产抵押作为反担保的重心，存货质押与应收账款质押作为辅助反担保措施。

风险审核部对该项目评审后，针对项目经理列出的反担保方案提出了如下意见：

1. 关于存货质押

由于该公司存货种类较多，进出频繁，原先设计的以仓单质押的方式对仓库管理的规范性、实物与仓单的对应性要求较高，操作起来十分困难；加上金属类存货重量大，如存放指定仓库会增加运输成本，且势必影响企业的运营效率。因此，担保公司与企业协商采用派驻第三方监管人现场监管的方式。

2. 关于应收账款质押

该企业上游客户均为国有大型金属材料生产厂家，购进材料时需严格按合同履行，现款现货；而对下游客户虽也有合同制约，但经常会出现货款不能及时收回的情况。因此，风险部要求在指定银行设立共管账户，在贷款到期前4个月所有的销售回笼款必须付款至指定账户，以确保企业按时还款。

3. 关于房产的抵押

因该房产是在公司名下的，所以二次抵押需经公司股东和前笔贷款的债权人同意。因此在其他反担保措施不易操作的情况下，担保公司只得与贷款行及该公司股东进行协调。

三、反担保方案的实施过程

1. 对企业库存的现场监管。担保公司首先对监管公司进行了调研、考察和比较，选择了一家专业从事融资监管且信誉优良的监管公司。其次，为保障存货质权的实现，担保公司要求监管公司与贷款企业签订仓库租赁协议，保证监管方对仓库的占有和使用，并对所有入库商品进行出质确认。再次，为解决存货价值波动的问题，担保公司项目经理测算了企业的最低的库存水平，一方面在合同中约定所有入库存货均作为质押；另一方面约定了几个主要品种的最低库存，使监管操作简易且行之有效。通过这一设计，帮助企业取得了较大的贷款额度，又没有过多影响企业的正常经营。

2. 应收账款质押。经多方联络协商，该企业的下游客户始终拒绝承诺将货款支付往指定的共管账户，而且在落实回款方式时，项目经理发现该贷款企业不仅收款的账户不确定，收款的方式也不确定，很多时候下游客户是以承兑汇票的方式支付货款，因此应收账款质押最终未能实施。

3. 房产余额抵押。该企业通过召开股东大会讨论，全体股东同意将上述房产抵押给担保公司。由于该企业在贷款行已有多年的结算往来，贷款行对其充分信任，同意该企业将房产进行余额抵押。

因此，该房产余额抵押作为反担保措施为担保公司所接受。

项目经理为该企业办理房产抵押登记时，发现该企业有一家合作关系非常好的贸易型公司名下也有一处房产，并且也为该企业向银行贷款办理了抵押登记，且该房产还有可作担保的余额，于是项目经理就向企业提出用该处房产再次办理余额抵押，使担保公司的风险降到最低点。最后，经过多方面协商，这家贸易公司同意将此处房产的剩余部分价值抵押给担保公司。

该企业多项可做反担保的资产中，仅房产抵押可为担保公司所接受，而两处房产均是公司性质的产权人所有，不能约束经营者的道德风险。由于该企业的法定代表人在业内具有很好的口碑，因此担保公司追加了该企业法定代表人连带责任保证的反担保措施。加上原先的房产抵押，使反担保措施足值，能够控制担保公司为其担保后有可能带来的风险。

具体操作为：该企业的法定代表人与担保公司签订个人连带责任保证合同，为该企业的债务提供连带责任保证，如贷款到期出现风险，保证人愿用全部资产、所有投资本金及收益、租赁收益、劳务收益、各种股权、期权、债权及收益、各种有效权利等全额清偿。

上述组合反担保措施得到担保公司评审委员会的认可，并与该企业及法定代表人办理了相关的房产抵押登记手续，签订了个人连带责任保证合同，担保公司向银行出具了担保意向书，签订了保证合同。最终，该企业归还全部贷款本息，担保公司的保证责任全部解除。

四、问题与思考

1. 担保公司在保前调查时，应尽可能地收集反担保资源的信息、了解反担保物的状态和特性，这是进行反担保方案设计的基础，是整个担保工作的重要环节。

2. 在反担保方案的设计中，要在安全性与可操作性方面作适度权衡，保证安全的前提下，要考虑企业的实际经营情况、第三方的配合程度及实施成本，争取企业的配合，使反担保措施最终得以实现。

3. 动产质押应选择权属清晰、价格相对稳定，且管理方便、易于变现的品种，在具体操作中应重点关注企业是否已将其动产多重质押，核实质押物的物权凭证如发票等以确认其权属是否归企业所有，防止企业利用其他公司的货物等来充当其自有资产。

4. 办理房产余额抵押要重点关注该房产是否有较大升值空间，是否易于变现，担保公司应与顺序在前的抵押权人协调好关系并获得其书面认可。

第四篇

风险管理篇

从赢利分析判断担保风险

一、背景资料

Cda 公司是 20 世纪 60 年代成立的国有炼油企业，注册资本 3 907 万元。公司主要产品有：0#、-10#、-20#、-30#柴油，90#无铅汽油，民用石油液化气，成品油全部销往石油经销公司。

该公司由最初年加工原油 2.5 万吨起步，历经三次技术改造，达到现年加工 20 万吨原油的生产规模，属于国家保留的小型炼油企业之一。

二、案例简介

为扩大企业原油加工能力，Cda 公司于 2005 年 4 月向 Gda 担保公司提出贷款担保申请，担保流动资金贷款 2 000 万元，资金用途为采购原油。

Gda 担保公司的项目经理对 Cda 公司进行了调查，结果如下：

1. Cda 公司 2003 年度、2004 年度的经营情况如表 4 – 1 所示：

表 4 – 1 　　　　　Cda 公司 2003 年度、2004 年度经营情况简表　　　单位：万元，%

年　度	销售收入	主营业务利润	毛利润率	利润总额	净利润率
2003	40 058	2 176	5.4	45	0.1
2004	49 183	2 394	4.9	49	0.1

从 Cda 公司的经营情况来看，产品净利润率较低，主要原因是国有体制下企业期间费用过大导致。但是现阶段，公司所处的石化行业是个整体赢利稳定的行业，且流动资金注入后，企业生产规模将会扩大，届时产品利润水平会有所提升。

2. 企业的原油年指标为 16 万吨，与其现有的生产能力相比还有较大的差额指标，原材料供应较充足且成品油产品由石油经销公司统购统销，企业的市场风险较低。

3. 企业现金流量大，贷款数额与其相比较偏低，预计企业贷款的还款来源可以得到一定保证。

基于上述调研情况，Gda 担保公司的评审人员同意为 Cda 公司四年期、金额为 2 000 万元的流动资金贷款提供保证担保，同时设定的反担保措施如下：

1. Cda 公司的法定代表人、财务负责人出具个人连带保证责任；

2. 由于 Cda 公司是一级防火单位，有极大的安全风险，该公司的企业财产险的第一受益人变更为 Gda 担保公司；

3. 企业部分设备抵押予 Gda 担保公司，设备评估值 6 000 万元。

2005 年 7 月，Gda 担保公司审保会通过了该项目的上述方案，Cda 公司与 Bda 银行（贷款行）、Gda 担保公司签订了相关合同并办理反担保措施后，Bda 银行向 Cda 公司发放了 2 000 万元的流动资金贷款。

2005 年 9 月，项目经理对 Cda 公司进行了贷款后首次保后跟踪，结果如下：

1. 贷款全部用于采购原油，并无挪用现象；

2. Cda 公司虽然持续生产，但出现了大幅度亏损，截至 2005 年 9 月 30 日，企业累计实现销售收入 26 105 万元，利润总额 –4 346 万元。

经调查，其经营亏损的原因是成品油销售价格为国家管制，在原油价格持续上涨的同时，成品油价格并没有同步调整。此时 Cda 公司如继续大量生产则亏损严重，故决定暂时停产待油价回落后再投入生产。

2006 年前三个季度，项目经理保后跟踪中调查的结果如下：

1. Cda 公司自从 2005 下半年生产亏损后，一直未能实现规模生产；

2. 2006 年，国家对成品油价格虽有所调整，但 Cda 公司因当地政府换届、国有企业改制等多方因素一直未能大量生产，故企业生产资金非常紧张。

3. Cda 公司 2006 年前三个季度累计亏损 2 328 万元，且一笔 450 万元的贷款到期，因企业无力偿还，导致此笔贷款出现逾期。

三、案 例 评 析

分析可知，Cda 公司信贷风险的形成主要是由于企业所属的石化行业在彼时存在一定的行业风险，而项目经理却没能仔细分析石化行业的赢利结构，导致本笔担保贷款出现了风险。

石化行业分为石油及天然气开采业、炼油业、化学产品制造业等子行业。由于行业垄断，我国石化行业近年来利润水平一直较高，但高利润多为石油开采业。随着全球经济的一体化，国内、区域甚至是国际宏观经济环境变化都对石化行业的发展产生了巨大的影响。2005 年国际市场原油价格不断走高，成为了影响我国石化行业发展最主要的因素。原油价格高涨，直接促进了原油开采行业业绩的提升，使得原油开采业取得了较大的发展与业绩的增长。但是对于炼油业，由于国内市场成品油价格仍不能及时和国际市场油价接轨，成品油价格不能有效反映原油成本的上涨，使得国内整个炼油行业都遇到很大的利润增长困难。Cda 公司作为一家小型炼油企业，既要面对高价的原油，又要将成品油的涨价幅度控制在一定范围内，企业的利润空间进一步缩小进而导致大幅亏损的出现。项目经理虽然认识到 Cda 公司产品利润率较低，但只是片面地将之归咎于企业的国有体制导致了企业较高的制造成本，况且产品净利润较低也似乎印证了项目经理的判断，因此评审过程中没有仔细研究石化行业的赢利结构便主观地认为该行业的赢利水平不错。最终，评审人员的狭隘片面评价忽略了 2005 年我国炼油行业亏损的真实情况（见表 4 - 2），为贷款担保的决策埋下了风险的隐患。

表 4 - 2　　　　　　2005 年我国石化行业效益情况简表　　　　单位：亿元，%

1 ~ 10 月累计	产品销售收入		利润总额	
项目	实际值	增长率	实际值	增长率
石油及天然气开采业	4 864.04	41.83	2 524.71	74.74
炼油业	8 340.53	35.29	- 214.50	—
化学产品制造业	12 874.72	31.42	767.91	11.51

四、问题与思考

从本书所述案例可见，项目经理对于一个行业风险分析的正确与否对于贷款担保风险起着巨大的作用，在某些特殊行业中，行业风险的分析甚至起着决定性的作用。影响企业行业风险的基本因素通常包括行业的赢利结构、行业的生命周期、行业与经济周期、行业产品的可替代性、行业的法律环境以及行业的政策环境等。

而在本案例中，对 Cda 企业的行业风险我们主要从几个方面分析：

1. 行业的赢利结构。从分析中我们可以看出：从 2004 年到 2005 年初，由于原油价持续走高，我国的炼油业利润不断被挤压，全行业的业绩大幅下挫。Cda 公司作为该行业的中小企业，面临着更大的企业行业风险。担保公司的项目经理却未能在评审中意识到该风险最终导致了贷款逾期风险。

2. 行业的生命周期。行业的生命周期包括新兴行业（朝阳行业）、发展行业、成熟行业以及衰退行业（夕阳行业）。企业因其行业所处生命周期的不同而临不同的风险和机遇，理性分析被担保企业所处的生命周期有助于担保公司的项目经理正确评价被担保企业如给予担保后所面临的行业风险。

3. 行业经济周期性。中小企业的行业经济周期性是判断企业行业风险的重要因素，周期性行业往往受经济周期影响波动较大。例如汽车行业常常与经济周期变化一致，总是随着经济的繁荣而繁荣、随着经济的萧条而萧条。

4. 可替代产品。可替代产品是指那些与其他行业的产品给消费者带来相同或效用相似的产品，如火车与飞机作为人们出行的交通工具即可以相互替代。如果一个行业的产品存在较多的替代品，那么其被替代的风险就很大，相应的行业风险也就比较大。

5. 法律与政策。法律和政策的改变可能促进某些行业的发展，同样也可能对某些行业的生存与发展产生负面影响。

担保公司的项目经理可以通过对以上几个因素的综合分析来评估被担保企业存在的行业风险。项目经理只有对被担保企业的行业发展趋势和面临的风险进行全面客观的分析和把握，并结合企业自身特有情况，才能正确判断被担保企业的基本行业风险，为综合评价企业的还款能力提供合理依据。

通过行业动态分析规避担保风险

担保业务是充满高风险的业务，对一个担保项目所处的行业、行业所处周期及国家的产业政策等进行综合分析，并与国外同行业进行比较，对预测该项目的前景至关重要，以下案例可为我们提供借鉴。

一、案例简介

2004年8月，某担保公司接到Cdb公司的贷款担保申请，该公司为氧化铝生产企业，拟申请贷款金额为2 000万元。

Cdb公司的氧化铝项目计划总投资为5.2亿元，其中一期项目年产氧化铝10万吨，投资2.6亿元人民币，该项目于2003年9月由上级主管部门批准12月份开工投建。Cdb公司的主要原材料铝土矿来源途径有两个：一是Cdb公司与某铝矾土煅烧厂签订有供货协议，该厂拥有储量1 400万吨，并持有Cdb公司500万元的股份；二是Cdb公司与某公司签订有转让协议，后者拥有勘查许可证和地质储量报告，矿产资源316.8万吨，目前正在办理采矿许可证。

年产氧化铝100千吨需要铝土矿约114千吨。根据矿山资源储量和需求量，Cdb公司项目可持续生产100～150年。该公司拥有的铝土矿资源主要为中低品位，设计采用拜耳法生产氧化铝，我国生产厂家都普遍采用这一工艺技术。主要工艺为，铝土矿经碱液配料、溶出、汽降，分解工序分解出氧化铝，母液蒸发浓缩后送入配料。当时氧化铝价格正处于高位，达到2 700元/吨，他们测算的成本大约在1 500元/吨，效益相当可观，所以该企业对发展前景非常乐观。

二、对氧化铝行业的分析

担保公司出于对于行业风险的担忧，对氧化铝行业进行了分析研究：

1. 氧化铝生产工艺流程与原材料市场分析

铝的生产由铝土矿开采、氧化铝生产、原铝的电解、铝材、铝合金的加工以及废旧铝的熔炼再生等过程组成，其产业链较短，但上下游（特别是氧化铝和电解铝）之间的关联度非常高。整个产业链中，氧化铝和电解铝的生产是关键，其产量和价格是整个产业的核心指标。氧化铝的生产过程就是把较为纯净的氧化铝从铝土矿中提取出来，生产 1 吨电解铝大约需要 2 吨氧化铝。

铝土矿主要有三种类型：三水铝石、一水硬铝石、一水软铝石。由于三种铝土矿的特点不同，各氧化铝生产企业采取不同的生产工艺，目前主要有拜耳法、碱石灰烧结法和拜尔—烧结联合法三种。通常高品位铝土矿采用拜耳法生产，中低品位铝土矿采用联合法或烧结法生产。拜耳法流程简单，能耗低，已成为主要方法，产量占全球总量的 95% 左右。

我国铝土矿由于主要为中低品位，所以主要采用联合法生产氧化铝，和国外相比，其生产成本较高，2003 年平均成本比国外高 31 美元/吨。目前已探明全球铝土矿储量约为 250 亿吨，以目前的消费量计算，仅已探明铝土矿储量就够用 200 年以上，全球铝工业不存在资源枯竭问题，也不存在因资源紧缺带来的成本长期上涨趋势。而且 2004 年，世界铝土矿产量 15 695.72 万吨，同比增长 2.48%。

2. 我国氧化铝的产能分析

我国属于铝土矿资源中等丰富的国家，目前探明储量 7 亿吨，占全部储量的 2.8%，排在第 7 位。我国铝土矿基本属于一水硬铝石型，高铝、高硅、低铝硅比、露天矿少，生产工艺复杂开采成本相对较高。山西铝资源最多，保有储量约占全国储量的 41%。

经过十几年的发展，我国已经成为仅次于澳大利亚的第二大氧化铝生产国。2004 年中国冶金级氧化铝产量 623.26 万吨，同比增长 11.1%。中铝公司作为仅次于美铝的全球第二大氧化铝生产商，目前垄断着国内 97% 的氧化铝产量。但产量的大幅增加赶不上快速发展中的电解铝行业，不足部分仍需要靠进口解决。仅 2004 年，中国的进口氧化铝就达 587 万吨，占氧化铝消费量的 47%。中国已经成了世界上最大的氧化铝进口国，其对氧化铝的采购量、采购方式，很大程度上决定着全球现货氧化铝的市场平衡和价格走势。高涨的氧化铝价格带来的暴利刺激着国内氧化铝产能的快速扩张。专家预计 2005 ~ 2007 年国内氧化铝年产量将分别达到 714.3 万吨、887.7 万吨和 1 118.5 万吨，同比分别增长 14.5%、24.3% 和 26%，照此趋势，国内氧化铝供应的紧张形势将大大缓解。

3. 氧化铝市场供应和需求分析

随着国内产量的增加，未来进口氧化铝的比重将下降。2004 年，我国进口氧化铝 587 万吨，占消费量的 47%，虽然 2005 年预计仍将高达 651.5 万吨，占 47.9%，但 2006 年进口氧化铝将回落到 585 万吨，所占的消费比例将下降到 40%，之后随着国内氧化铝产量的增加，其所占比例将会进一步下降。由于中国的购买在世界氧化铝市场上的重要地位，中国进口的减少将成为国际氧化铝价格下跌的主要原因之一。

近年来，我国电解铝业飞速发展，自 2001 年起产量跃居世界首位，连续 4 年产量增幅都在 20% 以上，且在全球电解铝产量的增长中，近半数来源于中国。从 2003 年起，我国政府对过热的电解铝行业进行一定调控，控制投资、提高电价、取消税收优惠，以淘汰落后产能。上述调控措施已经取得一定成效，2004 年，国内新增电解铝产能 143 万吨，由于氧化铝的价格和电价的高涨，在建成的产能中，仍有 116 万吨处于闲置状况，有 80 万吨属于被关闭或淘汰的落后、污染严重、规模过小的产能。2004 年年底，电解铝的国内产能为 977 万吨，同比增加 17.1%。未来产量增长预计将会逐渐放缓，2005 年、2006 年分别增长 12.7% 和 8.7%，达到 752 万吨和 817.8 万吨。

4. 氧化铝价格走势分析

目前国内氧化铝价格主要有 3 种：进口氧化铝现货价，由国际氧化铝 FOB 价格加上运费关税等形成；中铝公司现货价，由中铝公司参照进口氧化铝现货价制定，两者走势已经基本一致；中铝公司长期合同价，远远低于现货价，是中铝公司对集团内成员以及其他长期客户的长单价。随着国际氧化铝价格的下跌，未来 2 年国内氧化铝现货价格也将显著下降：预计 2005 年、2006 年进口现货价分别为 3 809 元/吨、2 712 元/吨；中铝现货价预计分别为 3 499 元/吨和 2 553 元/吨。

供应的紧张和价格的高涨刺激了世界范围内对氧化铝生产的投资，2003 年以来，以中国、澳大利亚、巴西、几内亚等国家为代表的新一轮氧化铝投资风起云涌。目前澳大利亚有在建项目 290 万吨，拟建项目 280 万吨；巴西在建项目 180 万吨，拟建项目 910 万吨；几内亚在建项目 70 万吨，拟建项目 360 万吨。全球 2007 年之前可以投产的氧化铝在建项目总规模为 1 381 万吨，其中国外 628 万吨，中国 753 万吨；另外，2007 年之后国外尚有 1 890 万吨的拟建项目。预计到 2006 年之后，全球氧化铝产能将全面大幅度过剩，产能利用率将再次下降。

产能过剩将使得氧化铝价格面临转折。国际氧化铝现货价格，2001 年、2002 年的 FOB 价格平均仅约 150 美元/吨，2003 年 291 美元/吨，而 2004 年上涨到 440 美元/吨的历史高位。在氧化铝供求关系逐渐得到改善的情况下，畸高的氧化铝价格势必回落。

三、行业分析后得出的结论

担保公司通过对氧化铝行业的分析，认为该企业氧化铝项目存在以下风险：

1. 企业建设规模较小，未达到规模经济。目前世界上氧化铝厂的规模绝大部分在 100 万吨/年以上，而我国仅少数企业可达到这样的规模。

2. 生产能耗偏高。我国六大氧化铝企业的加权平均能耗成本是 577.1 元/吨，国际市场平均水平为 200 元/吨。这首先是由我国的铝土矿资源品位较低决定的，其次，工艺、设备落后，也是导致我国氧化铝企业能耗成本高的原因。

3. 建厂投资成本高。这与我国氧化铝企业生产工艺复杂和经济规模小有关。

4. 总成本高。据有关资料估计，2001 年发达国家氧化铝平均经营成本为 150 美元/吨，而我国为 171 美元/吨。

5. 氧化铝价格不稳定，有下跌的可能。根据以上对氧化铝行业的成本分析及国内外市场分析，预计氧化铝价格将会显著下跌。

最终，担保公司拒绝了该公司的担保申请，并向其说明了理由，提出了我们的建议。近来，现货氧化铝价格已从最高价 5 200 元/吨下跌至 2 950 元/吨，下跌幅度将近 50%，随着大量国内氧化铝新建产能的逐渐投产，现货氧化铝供应大幅增长，价格还将继续不断下跌，使得现货氧化铝面临更大压力，该类企业的行业风险明显可知。

四、问题与思考

上述案例是担保公司基于对于行业正确分析以规避了担保风险的成功案例，充分反映了行业分析在担保业务中的重要作用。我们通过案例，也可以提出以下几点问题思考：

1. 如何通过关注国家宏观产业政策的调整变化来系统性评价行业风险？
2. 如何通过动态分析揭开某些行业繁荣现象的真实面纱？
3. 如何摆脱理论数据的束缚，理性推算企业的现金流？

企业成长期中的经营决策风险

机遇与挑战在中小企业的发展过程中是并存的，很多中小企业依靠机遇完成原始积累并生存下去不难，但要持续发展及并使规模上一个新台阶却相当困难，因为企业在投资机会、项目建设、资金安排的选择与决策等方面所面临的挑战是巨大的。而担保机构特别是政策性担保机构往往以解决中小企业融资难问题为成立宗旨，处于成长期中的中小企业是其主要的服务对象，对于企业成长期中的经营决策风险，如何做出担保项目决策，是一个不容回避的永恒课题。

一、公司基本情况

Cdc 公司是一家从事陶瓷日用品出口的企业，成立于 1996 年，经过近 10 年的发展，该公司在成品出口贸易的基础上逐步发展了颜料生产、花纸印制、白胎生产、贴花烤花等多家上游关联企业，成为一家集团公司。

Cdc 公司从 2002 年开始与担保机构 Gdb 合作，3 年来已合作四笔担保业务，担保金额从 50 万元增至 2 000 万元。合作期间企业快速成长，注册资本从 100 万元增至 4 000 万元，出口收入从 2 000 万元增至 1 亿元，年净利润从几百万增至 2 500 多万元，并于 2003 年开始兴建工业园。

然而，就在企业高速成长的时期，企业领导人的几项重大投资经营举措以及一系列的人事变动，几乎使企业经营陷入困境。

1. 工业园项目建设过程中发生了诸多问题

（1）2003 年 5 月开工不久，正在挖地基时就遇上雨季，工期延误近两个多月。每年 4～6 月为当地雨季是众所周知的，企业却未意识到天气问题。

（2）为了使厂房看起来更为标准化，企业领导人未听取公司项目部的合理建议，将原拟建的土建结构厂房改为钢结构厂房，结果 2003 年下半年项目重新开工后，恰遇上国内钢材价格飞涨，致使项目支出比原计划超出 30%。同时，企业建设资金到位并不及时，工地开工情况断断续续，造成工期延误。

（3）2004 年，建筑工地上有一名建筑工人因事故死亡，虽经调查 Cdc 公司并无责任，但施工的建筑公司被责令整改，致使工期延误两个多月。

（4）2005 年设备安装时，公司低价购来的二手进口设备花费了大量的时间进行调试，加上零配件不配套，使投产期延迟到 2005 年年中。

2. 建设期的其他投资举措导致的问题

（1）2004 年，由于工业园投产后新增的产能高于现有的市场份额，企业决定由单纯的外销发展为内外销并举，因此投资约 1 000 万元开拓内销市场。结果，该项目当年亏损，且占用了铺货的流动资金。

（2）2004 年在兴建工业园的同时，企业在异地又兴建了一条特种产品生产线，投资 400 万元，但由于技术原因，一直不能正常地达产。

（3）企业以前没有从事大规模生产的经验，为了使投产后产量迅速提升，企业提前囤积了将近 4 000 多万元的原材料陶瓷白胎，而所存的白胎与新生产线所生产的品种并不完全配套。

3. 人事变动方面的问题

（1）在兴建工业园前后，公司花了很多精力去搜寻各地陶瓷业的人才。2005 年初，企业尚未完全投产，就已聘请了四位原国营大型陶瓷企业的技术及生产管理人员、两位负责进口设备调试的日本技术专家及一位负责颜料生产的德国技术专家。

（2）2005 年末，三位高层管理人员离职，包括原财务总监高某、下属子公司总经理范某、工业园生产厂长李某。财务总监高某离职前透露公司隐性负债较大，且可能无力偿还 Gdb 担保机构担保的第四笔贷款 2 000 万元（但 Cdc 公司后来还是按期偿还了），并表示公司原先承诺的薪酬未能兑现。高某和范某离职后合作开立了新公司，经营与 Cdc 下属子公司同类的业务。

（3）为了提高管理水平，公司在 2005 年末高薪聘请了职业经理人刘某为副总经理，由其全权负责市场、融资等事宜。然而，在与刘某接触的过程中，担保机构发现此人作风较为浮夸，随意承诺企业董事长各种不现实的目标，例如无抵押担保地向银行贷款、迅速压缩现有库存等，为此担保机构曾专门约请企业董事长，对其进行提醒。2006 年初，刘某果然因业务上的受贿行为被辞退，企业也对担保机构的提醒表示了感谢。

4. 公司的融资情况

公司在 2003 年以前一直是以个人名下房产进行抵押，在银行取得的贷款额度不大。2003 年，公司以 1 500 万元购得工业园土地后（市场价值约 2 500 万元），原拟直接向银行申请项目融资，但发现此前为了能低价购得土地，地价中的1 000万元是与土地所在片区的村民私下协议后支付的，未在国土部门备案，因此土地证的登记价显示只有500万元。若用于贷款，企业也只能在500万元范围内进行抵押，抵押贷款融资无法满足企业需求。

因此，企业在2003年、2004年两次向担保机构申请，分别获得了一年期贷款担保1 600万元和2 000万元。由于贷款资金实为"短贷长投"，还款压力很大，1 600万元中有一部分为借新还旧。到2005年末2 000万元贷款到期时，由于企业发生了各种异常情况，担保机构要求企业必须还清贷款才可重新申请，企业也克服各种困难按时还清了贷款。

然而，也正是在上笔贷款清偿时，企业的财务总监高某离职，并向担保机构表示企业有巨额的隐性负债，包括工程欠款和欠供应商货款，纠纷一触即发。但在随后的半年内，企业以部分偿还的方式进行了缓解，并未发生高某所说的纠纷，而且企业顺利投产的消息一定程度上为其争取到了较长的赊账期。

二、担保机构面临的抉择

面对Cdc公司的种种境遇和新一轮的贷款申请，担保机构在评审时展开了激烈的讨论：

如果继续担保，则不排除短期内因各种债权人发难而致使企业经营瘫痪的可能性；即使不发生这种情况，企业的投产期一再延误，加上收入增量不大且利润下降，都表明工业园项目至少在短期内会成为企业的一个包袱。再者，企业董事长一直以来颇为冒进的作风及其过高的远景，使人无法判断企业是否能在投产后逐渐理顺生产并稳健地培育市场，反而担心其再着手新项目建设而使企业紧张的资金状况雪上加霜。

如果放弃合作，则应当考虑到企业产品确实已形成了较知名的品牌效应，企业在同业对比中综合实力突出。在资金最困难的时期，企业的销售收入能基本保持稳定，说明其有良好的供应商及客户关系。而且企业过往信用记录良好，项目一期已基本建成投产，如果这时候选择退出，担保机构有可能损失一位优质的客户。

三、问题与思考

1. 中小企业在经营管理中的问题有哪些？

2. 技改项目建设是企业发展的重要举措，也常常是中小企业在市场竞争中最终得以立足的根本，如顺利进行，会使企业整体经营实现飞跃，然而，如果由于各种原因没能完成，中途烂尾，则会导致企业"元气"大伤，甚至功亏一篑。因此有"不做技改等死、做技改找死"的俗语。那么，担保机构应该如何正确对待企业的技改项目融资，并监督企业用好技改资金呢？

3. 如果你作为担保机构的评审决策层，对于该公司的担保申请，你将做出怎样的评价及抉择？又将设计怎样的方案来防范企业的风险？

企业经营风险的分析与化解

一、公司简介

Cdd 通信有限公司（下面简称 Cdd 公司）成立于 2003 年，是一家较大规模的区域型手机经销企业，2004 年开始成为担保公司的业务客户。其前身从 1997 年开始进入通信产品的经营销售，有较长的经营历史和行业经验，同时也分享了行业的快速成长。

Cdd 公司前期主要经销 TCL 手机，是中原区 TCL 手机的总代理商。从 2004 年 5 月份开始，Cdd 公司新增代理品牌 GER、索尼、松下、摩托罗拉产品。Cdd 公司在全国多省份建立了分支机构与客户服务中心，公司业务的快速发展和代理区域的不断扩大，成就了其在区域内手机行业中的重要地位。

Cdd 公司早期与 TCL 合作，主要通过厂、商、银三方承兑的方式代理销售产品，资金实力、团队管理、渠道建设方面都得到了快速成长。随着公司的快速发展，在代理品牌和代理区域等方面有所突破，目前主要代理 GER、索爱、MO-TO 等国外一线手机品牌，销售区域也逐步扩展到全国范围。

Cdd 公司的前身从 1997 年开始经营手机批发业务，拥有丰富的行业经验，同时代理多种手机品牌，是目前所在省省内最大的手机批发企业之一，具备一定的市场抗风险能力。通过不断加强与一线手机厂商的合作，公司保持了在区域范围内的行业领先地位。

Cdd 公司的目标是成为中原区乃至全国最强的手机营销通路公司。因此，Cdd 公司在巩固市场地位的同时，非常注重加强企业自身的管理和代理品牌的选择，利用自身的渠道网络优势，与强势品牌合作，加大市场投入，建设手机零售卖场，向下游零售环节延伸。

Cdd 公司的销售方式主要有两种：包销和资金物流模式。包销指批发商在规定时间段内保证某一型号的手机销量达到某一数量，价格由厂家控制，价格下跌损失由厂家弥补，但是批发商要承担一定的市场推广责任。作为批发商，该公司主要就是通过"打款—到货—入库—自行销售—回款"的程序完成供销循环，从某种机型到货至销售完毕，不同的批发商、不同的区域市场都会有长短不一的回款时间，因此该款机型在市场上表现如何，能否得到消费者认同，厂家从不同的批发商处得到的信息并不完整和准确。另外，某些批发商为了更多地拿到厂家的销售返点，往往会虚报销售、少报库存，影响厂家的市场判断。而且，把销售完全交给批发商后，往往避免不了不同地区之间的窜货，影响厂家的供货。

随着市场变化，手机厂家最注重的是销售网络的建设，即通过有效方式控制整个渠道，避免经营风险。目前该公司在与 TCL 等厂家的合作中，针对部分机型采用了新的供销模式——资金物流模式。资金物流模式即 Cdd 公司负责向 TCL 打款拿货和回款，市场推广和向二级批发商的销售任务交给了 TCL 在当地的销售分公司，Cdd 公司根据销售分公司的订单向二级批发商发货、回款。相比较包销模式，该模式优势在于：

1. 厂家能准确地获取全国市场的库存，以便制定灵活的销售政策和价格策略；

2. 销售和钱、货分离，避免体外销售；

3. Cdd 公司不再负责市场推广，经营成本大大降低；虽然利润和自己以包销方式销售的利润相比低了一些，但十分稳定。

二、企业的经营风险分析

在企业快速发展的同时，也要看到企业存在的一些经营风险：

1. 上游代理产品风险

手机行业成长较快，快速成长的市场吸引众多竞争者进入，这在手机产业链上端的生产领域也是如此。国内手机生产企业由审批准入制转变为申请备案制后，品牌也趋于多元化，除了国际几家龙头企业外，国内中低档手机生产企业也加入了竞争行列。因此，代理销售领域在选择产品的过程中也存在较大的市场风险，如果厂家出现重大的经营问题，往往会将主要的代理商拖进泥潭。

2. 公司自身经营销售风险

手机已经成为一种快速销售商品，产品更新换代也越来越快。作为批发行业的销售公司，在解决了上游资源之后，最需要解决的就是自身产品的快速销售问题。虽然厂家多数对大的代理商会有保价措施，但销售风险仍然是代理商的主要经营风险之一。

3. 经营中的其他风险

目前在企业实际经营中仍存在诸多风险，如下游分销商的信用风险、物流及仓储过程中的货物安全风险等，都对企业的内部管理、外部环境提出了较高的要求。另外，目前批发销售类公司都在利用银行资金，外部融资环境的变化也会对公司的经营产生较大的影响。

三、企业经营风险的出现与分析

公司与多家商业银行保持着良好的合作关系，公司近 3 年来业务的快速发展，离不开银行资金的大力支持，主要以流动资金贷款和敞口承兑汇票两种方式。

Cdd 公司在 2005 年为了进一步谋求发展，与 GER 签约成为其主要几款手机的大陆总代理，相对应在全国范围内建立了更加完善的销售网络，同时加大与银行的合作力度，以配合与厂家的提货要求。从合作的第一年看，公司的销售规模大幅增长，企业的预付账款、应付票据、存货、应收账款等指标也大幅增加，鉴于代理产品的市场反应良好，公司也得以快速发展。但从第二年开始，Cdd 公司的该品牌代理销售逐渐出现问题：厂家对市场的把握不稳，新产品的研发、推广开始与市场出现脱节，产品销售逐渐不畅。但根据厂家与 Cdd 公司的协议，提货压力开始增大，大量的产品开始积压到经销商的库存当中，对 Cdd 公司的流动性提出了挑战，若没有新的办法解决，企业现金流将出现问题，最终将危及企业的生存以及大量银行贷款的安全。

基于与 Cdd 公司长期的合作以及对 Cdd 公司进行的深入了解和沟通，担保公司与银行共同认为，企业目前的状况是暂时性的，出现的经营风险仍在可承受的范围以内，如果处理得当，基本可以化解这次由于代理产品所带来的经营风险。主要理由如下：

1. Cdd 公司目前除了滞销的 GER 产品外，其他几个主力品种如 MOTO、索爱等的发展势头良好，销售规模也逐渐上升；

2. GER 公司宣布停止部分手机业务，但考虑到本身是较有实力的跨国公司，在国内还有大量其他产品供应，应该会负责处理滞留在渠道内的手机产品，以维护品牌形象；

3. Cdd 公司的部分库存手机也同时处于稳步降价销售阶段，相应价格也与 GER 达成了共识，得到了价格保护政策；

4. 由于有较大库存，担保公司通过与 Cdd 公司协商，采用存货质押的反担保手段，并派入监管人员，既保障了资金的安全，也可全程了解公司的经营状况。

因此，在担保公司的担保下，Cdd 公司得到了新一轮银行资金的支持。Cdd 公司也加大了其他市场优势品牌的销售力度，公司各项业务指标不断改善；另一方面，在经营风险逐步化解的同时，也加紧了与 GER 公司的谈判工作，库存手机数量逐步减少，并通过司法途径得到了部分赔偿，预计对 GER 产品的代理仍将会产生正常利润，并彻底消化库存产品。随着本次代理产品经营风险的消除，质押存货也部分置换成了市场流动性较好的产品，进一步降低了质物的处置风险。

四、问题与思考

综上所述，企业的经营风险需从以下诸方面去评析：

1. 企业所处行业的风险

对一个企业的把握要自上而下地去剖析，以大的市场作为分析的立脚点，根据该企业所处行业的特点与行业运行周期进行不同的风险判断。

2. 企业的主要经营风险

正确分清企业在行业内的地位有利于把握企业的风险承受能力，并且能够对主要的风险点进行有效的控制。

3. 从上下游客户分析企业的或有风险

每个企业都是一个产品链条中的一环，在分工日益明确的市场经济环境下，只有全面把握企业上下游主要客户的状况，才能有效地控制和规避相关风险。

4. 企业扩张行为带来的风险

不少企业在原有业务模式下能够有效地控制经营风险，但是在快速发展的过程中，却不能有效控制新业务的风险而给企业带来致命损害的案例屡见不鲜。因此，在观察分析企业的时候需要辩证、动态地去观察跟踪，才能及时发现企业的经营风险。

行政干预对政策性担保机构的不利影响

一、案例介绍

Gdc 担保公司是 2003 年初由华东某市级政府牵头组建的政策性担保公司,出资人主要为市级国有投资公司和四家区级国有投资公司,成立的时候还吸纳了一家民营企业,注册资本共计 8 500 万元。其中市级投资公司国有股为 6 000 万元,占总资本的 70.6%;四家区级国有投资公司 2 200 万元,占总资本的 25.9%;民营企业股份为 300 万元,占总资本的 3.5%。因此,从股权结构来看 Gdc 公司是一家国有资本控股公司。

公司设立的初衷是以国有资本来推动担保行业的发展,引导民营资本逐步进入担保市场,再寻求合适时机退出国有资本,最终实现社会资本服务于社会的目的。因此,该公司的从业人员,基本上是从政府相关经济部门抽调的,大多是担保行业的新手。公司业务的开展受政府影响较多,主要是配合政府的年度重点工作,对一些国有骨干企业的资金需求给予融资担保,业务品种相对单一。

公司成立不久,就遇到国家金融政策的调整。为提高经济运行的质量,防范通货膨胀风险,自 2003 年下半年以来,国家相继采取了一系列宏观调控措施,其中包括以总量调控为主的紧缩型货币政策和紧缩型土地政策。根据国家宏观调控政策,商业银行也普遍调整了信贷总量,减少了信贷规模,逐步上收基层银行授信权限。在此融资环境之下,该市一些规模较大、实力较强的地方大型骨干企业原来可以享有的信用贷款,一律停止。

Cde 公司成立于 1998 年,是由省里及市里 6 个投资公司共同投资兴建的国有大型汽车生产企业。Cde 公司坐落于一个水陆空交通条件都非常便利的国家级开发区,该区占据着承东启西、连接南北的枢纽地位,是长江流域重要的工业基地和物流中心。2003 年 3 月,该企业已全部完成一期至二期的投资建设,占地面积 130 多万平方米,现在已经形成年产 40 万台发动机和 30 万辆整机的生产能力。前两期工程都拥有各自的汽车生产四大工艺,即冲压、焊装、涂装、总装,并逐步形成了多个系列的产品结构体系,是一家当地政府极为重视、倾全力支持的汽车行业龙头企业。该企业原本在当地的建设银行有一笔为期 3 年（企业已使用贷款 1 年时间）的 4 亿元信用贷款，但按新的政策要求，银行贷款必须办理抵押或者提供相应的担保措施。

在银行紧缩信贷政策影响下，市政府根据 Cde 公司贷款出现的新需求，研究后决定由 Gdc 担保公司担保该公司在建设银行的 4 亿元贷款。同时，该市政府为确保对 Cde 公司最大的支持倾斜，要求 Gdc 担保公司不要按担保额的 1.5%／年的基本标准收取担保费，而要求其只象征性地按标准收费的 10% 即 60 万元／年收取担保费，以满足担保公司基本的经营费用和工资成本。

银行方面表示原则上同意由 Gdc 担保公司承接担保该公司的 4 亿元贷款，但要求必须按担保额的 20% 向银行缴存 8 000 万元担保保证金，锁定在保证金专户，且只按活期存款计付利息。

Gdc 担保公司的管理人员，对这种与公司章程、经营宗旨、议事程序、单笔限额和经济规则完全相悖的做法十分不解，并提出异议。认为担保公司设立的目的旨在为中小企业提供融资担保，且按财政部关于担保风险控制的有关规定要求，单笔担保额度不得超过注册资本的 1/10，即单笔上限额度只有 850 万元。而此举要求被保的企业属于大型企业，且担保额度又如此之大，远远超出了担保公司的上述限额，从注册资本的角度，也明显超过了公司的实力。根据相关规定，Gdc 担保公司经过反复权衡、酌酌，提出了一个解决问题的折中方案：

第一，要求政府正式出文，以明确此单业务的实际决策过程，留存备查。

第二，在担保费的收取上，要求仍按标准收费的 1.5% 即 600 万元计算。但在具体处理时，按照政府的要求，只收取现金 60 万元，另外 540 万元应收保费转为对 Cde 公司的投资，Cde 公司向 Gdc 担保公司出具相应的股权证明。这样至少保证了担保公司账面有与担保业务相应的业务收入，而不至于太过于背离公司的经营规则。

第三，在银行存缴的保证金，按照定期存款计息，锁定在建设银行开立的专户。

方案提出上报后，政府认为保费转投资，从担保公司经营的角度考虑有道理，但因操作手续烦琐等原因，最终未予采纳。银行方面认为此笔担保是政府干预行为，Gdc 担保公司又是政策性机构，为国有控股，坚持保证金只按活期存款计息。最终，Gdc 担保公司不得不接受政府决定，为 Cde 公司提供融资担保。

此单业务承保后，Gdc 担保公司已没有再运作的空间，一些已受理的中小企业担保业务只有中止，公司业务运转几乎陷入停顿。而其他签订了合作协议的银行在得知这种情况后，认为 Gdc 担保公司受政府干预太过严重，贷款风险太大，纷纷要求停止合作。

二、分析与启示

目前，我国中小企业信用担保行业以政府出资或政府引导出资的政策性担保公司为主，应该承认，对于正处于初级成长阶段的我国担保行业来说，这是一种能够较快形成行业效应的发展模式。然而，在市场化程度不高的地区，政策性担保公司在运营过程中，受政府部门的影响较大，难以按照市场经济的规则有效经营。

在本案例中，我们可以看到，政府在政策性担保公司的产生和运营过程中都起着至关重要的作用，如果政府尊重市场规则，引导措施恰当，对于整个担保行业的建立和成熟是极为有利的，但一旦政府在微观经济运行过程中干预太多，则可能极大地挫伤企业经营的积极性，轻则延缓企业发展，重则给企业带来生存危机。

因此，建立科学合理的法人治理结构，严格遵循行业操作规程，对推动担保行业的发展有着十分重要的意义。

1. 政策性担保公司如果缺乏良好的法人治理结构和按照市场规则运营的机制，是难以有效防御政府直接干预的。作为社会经济流转过程中的参与者和担保业务的具体操作者，担保公司只有建立起完善的符合行业特征的法人治理结构，按照市场运行规则和担保行业规则进行有效运营，把风险控制作为第一要务，才能保障资本的安全运营和不断增值。

2. 政策性担保公司作为地方政府发展经济的重要推手和有效的杠杆工具，按照政府的产业政策有侧重、有选择地支持一批骨干企业，可以帮助一些成长性企业快速跨越新的台阶，这是政策性担保公司应尽的职责。但担保公司毕竟是独立的市场主体，应该独立地按照市场规则运营和承担自己的责任，如果政府把担保公司仅当作方便自己直接融资的工具机构，甚至连费用收取标准都管死，既违反了《公司法》"依法自主经营，自负盈亏"的规定，也使担保公司很难获得自身的风险准备积累，更谈不上持续经营。

3. 从行业操作规范上来看，该担保公司担保如此大额度的单笔业务，已经严重违反了财政部制定的《中小企业融资担保公司风险管理暂行办法》中关于"担保公司对单个企业提供的担保责任金额最高不得超过担保公司自身实收资本的10%"的规定。这不仅给担保公司带来了极大的风险隐患，也违背了为广大中小企业服务的担保公司设立的宗旨。

4. 从银行方面来看，银行将4亿元的大单业务担保，落实在一个注册资本仅8 500万元的担保公司，没有在实质上分散风险，只是求得程序上的完善，如果企业真出现风险，担保公司即便全部赔付，银行也将遭受巨大的损失。因此，违背经济运行规律的行为，不仅仅会导致担保公司的违规操作，还会间接影响到相关金融机构的经营状况，这是非常危险的。

三、问题与思考

以上的案例，我们可以思考的问题是：

1. 政策性担保公司如何按照市场规则来进行运营？
2. 政策性担保公司如何借助政府的信用优势和资源优势来加快自身的发展？
3. 站在银行的角度，如何选择能真正分散或防范风险的担保措施？

企业失信的成本

一、背景资料

2006 年××月××日下午，随着××拍卖企业拍卖师拍卖锤的落下，一起曾流产过两次的拍卖活动终于宣告结束了，一场耗时达 4 年多、前后涉及 30 多家原告的经济诉讼案件也终于画上了句号。作为这一案件的被告，Cdf 企业的金老板也许此时正在某处静观，当他看到他企业名下的财产被拍卖时，他的心态是怎么样的呢？身子骨是否也屈了、心态是否也屈了？也许他认为人生就是一场赌博，以为可以赢，结果却输了，但这也是意料中的结果。

印刷行业是一个传统的工业行业，市场覆盖面广，行业竞争激烈，但企业生存的空间也大。Cdf 企业成立于 1991 年，企业注册资本 1 000 万元人民币，坐落于某沿海城市工业区，成立初期企业名称为 Cdf 印刷机械维修厂，1998 年更名为 Cdf 企业。企业主营业务为印刷，经营范围包括：印刷机械的维修、保养和调试，包装印刷，印刷机械零件销售等。企业成立后，取得了新闻出版局颁发的出版物印制许可证等资质证书。经过几年的发展，2000 年企业的总资产达到 4 000多万元，净资产也达到 3 000 多万元。该企业通过引进先进的德国海德堡对开四色和四开双色印刷机，在此沿海城市里赢得了不少市场。

二、企业老板骗保骗贷的经过

Cdf 企业为进一步扩大生产能力，于 2000 年 5 月向该市某政策性担保机构申请 500 万元的人民币贷款担保，用于购买设备和补充流动资金。企业将一台新进口的德国制造的价值约 800 万元人民币的海德堡对开四色印刷机抵押给担保机构，作为主要的反担保资产，其他的反担保措施还包括企业老板夫妇的个人连带责任保证等。而一场由这台抵押的印刷机所引发的旨在通过信用担保骗取银行贷款的闹剧也随即拉开了帷幕。

闹剧的主题：该企业老板从银行获得的贷款从来没有想过要偿还。一个人总会在不经意中暴露出他的真实想法。在得到银行的贷款后，该企业老板在与别人的一次闲谈中，顺口说道："我借银行的钱，又是由政府的担保机构担保的，从来就没有想到过要还。"真是一语道破天机，该企业老板后来的所作所为完全印证了他的说法。

第一幕：抵押资产，玩起猫腻。

该企业老板既然不想偿还银行的贷款，一开始就在抵押资产上玩起了猫腻。该企业作为反担保的抵押资产是一台新购买的德国海德堡对开四色印刷机。海德堡印刷机的印刷质量高、机器寿命长、保值性能强，是印刷业的宠物，作为抵押品也受到银行和专业担保机构的青睐。粗看这台印刷机的权属是十分清晰的，有发票，有经过证实的购货合同，由政府机构办理的抵押手续似乎也无懈可击。但后来证实，这台印刷机事实上并不属于该企业。该企业老板在与海德堡销售机构签订了购买合同后，又与一家在香港的外国银行签订了设备租赁合同。约定在租赁期间内，印刷机的所有权归外国银行所有。设备的发票则是通过一家没有进口设备经营权的企业开出的，当追查开发票企业时，该企业已经注销了。这样，从一开始就为赖账留下了伏笔。

第二幕：转移资产，逃避债务。

贷款在2001年6月到期后，该企业老板并没有按时归还（在借款时他就没有想到要还），贷款银行和担保机构立即催促企业还款，并随即向法院提起了诉讼。该企业老板赖意在先，为了避免因签订夫妇个人连带保证责任而可能以其夫妇个人名下的资产偿还贷款，他之前就采取了一系列转移财产的行动。

该企业老板夫妇在老家某市注册成立了一家印刷企业，成立时注册资本为450万元人民币，2000年12月（距偿还贷款时间还有6个多月）金老板夫妇就将其老家企业的全部股份无偿转让给刘某等三人，并办理了有关的工商变更登记。

2001年××月，老板夫妇又将其在该市购买了仅一个多月的两套住房转让给其亲戚，转移资产以逃避债务的意图暴露无遗。

第三幕：雇用打手，凶相毕露。

在担保机构对该企业老板恶意拖欠银行贷款的行为付诸法律程序后，该企业老板不是积极筹款还贷，反而是蓄意对抗，甚至勾结雇用社会上的不良势力，公然在担保机构人员陪同法院工作人员到该企业进行有关调查时，趁法院工作人员进入企业内部之机，威胁和殴打担保机构人员，这充分暴露了该企业老板恶意欠逃银行债款的丑恶嘴脸。

第四幕：自作聪明，游戏法律。

2002年5月，担保机构向法院申请执行，并通过区法院依法查封了印刷企业的设备等财产，其中包括一台日本三菱对开四色胶印机。这时金老板又自作聪明地玩起法律游戏来。先是冒出一个所谓的债权人——××保税贸易有限公司，称该保税公司为印刷企业办理了三菱印刷机进口手续，并垫付了购机款项。××保税贸易有限公司于2002年12月向区法院对被执行人的三菱胶印机提出《执行异议申请》。2003年6月，区法院做出裁定书，驳回了××保税贸易有限公司的执行异议，同月××保税贸易有限公司向中国国际经济贸易仲裁委员会××分会提出仲裁申请。2003年9月，仲裁委员会做出裁决书，裁决××保税贸易有限公司对三菱胶印机拥有所有权。中级人民法院于2003年9月向区法院发出《执行监督函》，要求区法院暂缓对被执行人的执行，致使第二日已经公告的拍卖无法进行。之后，中级人民法院经核实相关情况，于2003年10月依法驳回了××保税贸易有限公司的执行异议，并通知区法院恢复执行。区法院接到相关通知后依法公告拟于2003年10月对异议标的进行拍卖。但是，中级人民法院又通知区法院停止拍卖，致使拍卖再次中止，理由是涉外仲裁优先于法院判决，该案是否适合这一条，还需向最高法院申请司法解释。相应的申请通过省高院递送最高法院，2006年最高法院的意见下达，仍维持法院的执行裁定。

尾幕：金老板恶意逃避银行贷款，最终没有得到好报，他们夫妇俩投资的印刷企业的设备等全部通过拍卖用来偿还债权人的债务，一个曾经有一定规模的印刷企业由于老板的失信从此销声匿迹，并在当地企业信用网上留下了一个"恶意欠款"的劣迹。

三、问题与思考

"出来混，总是要还的。"电影《无间道》的这句台词据说是香港黑社会题材的影视片中，临近末路的大哥对小弟们说得最多的一句话，因其简单且蕴涵哲理而成为经典。该企业老板把商场当作江湖来混，岂不知商场也自有它的游戏规则，当走近末路时，"总是要还的"。

自古以来，中国就是一个诚信之邦，但当中国由计划经济向市场经济转轨时，曾经受到严重损害的社会信用体系还没有得到完全的修复和重建。一些企业的经营者总试图通过一些不当途径来谋取不义之财，整个社会都要为这些不守信的行为支付昂贵的成本。因此，当担保机构要为企业提供信用担保时，多渠道全方位地了解企业经营者的信用记录是担保机构项目评审工作中最重要的环节之一。

道德缺失引发的担保风险

一、背景资料

    Cdg 公司是一家民营广告公司，主营经营策划、各类广告制作、发布等。法定代表人钱某，男，是东北某城市多家媒体的兼职编辑、记者，其制作的城市形象宣传片曾获得市领导的好评，1999 年下海成立 Cdg 公司。

二、案例简介

    Cdg 公司于 2000 年 5 月与某市游泳馆签订游泳馆楼体一处大型户外广告位使用合同，使用年限为 6 年，并规定合同生效后由 Cdg 公司独家全权经营，使用费用由 Cdg 公司按合同内容规定支付。由于 Cdg 公司需要对广告位进行装饰，但其流动资金短缺，故 Cdg 公司于 2000 年 6 月向 Gdd 担保公司提出贷款担保申请，以钱某自有房产作为该笔贷款的反担保，在 Gdd 担保公司的担保下获得 Bdb 银行的贷款。

    Gdd 担保公司评审后，认为该项目前景尚可、反担保资产充足、还款来源有保障，同意为其提供保证担保。同年 10 月末，Gdd 担保公司与 Cdg 公司签订了一系列的反担保合同，合同约定，以 Cdg 公司的户外广告经营权作为质押反担保和以钱某 2 栋自有房产作为抵押反担保。

    Gdd 担保公司业务人员在办理上述反担保手续时，由于当时相关抵押登记部门尚未认可担保公司"抵押权人"的法律地位，Gdd 担保公司并不能对钱某的 2 栋房产办理抵押公示登记，故拟采取法院查封的方式控制反担保房产，即对《抵押反担保合同》进行具有强制执行效力的债权文书公证。

    2000 年 11 月末，Cdg 公司通过 Gdd 担保公司的保证担保获得了 Bdb 银行发放的一年期 50 万元的流动资金贷款。获得贷款后，钱某立即提取大额现金 15 万元用于酬谢在其贷款过程中帮助向银行说情的"关系人"。Cdg 公司将余下款项用于安装广告照明设备，并且将此广告位出租给该市一家著名的保险公司。这笔广告位出租业务为期 2 年，是该公司成立以来收益最好的一笔业务，保险公司也信守承诺按合同支付费用给 Cdg 公司。

2001 年 3 月，Gdd 担保公司在保后跟踪时发现，Cdg 公司业务经营正常，但公司内部管理人员已全部更换，此时，管理公司的是总经理钱某以及其弟弟、弟妹，该公司已成为典型的家族式管理的企业，财权、管理权和人事权高度集中。

2001 年 10 月末，在贷款到期前一个月，Gdd 担保公司对 Cdg 公司进行了最后一次保后跟踪。通过财务考察证明了此时企业完全有能力偿还到期贷款，企业法定代表人钱某也表示一个月后保证还款。但距贷款到期还有三天时，钱某突然通知 Gdd 担保公司 Cdg 公司无法还款，理由是他最近收购了一家媒体公司，已将准备还款的资金支付了投资款。至此表明，Cdg 公司用于还款资金被钱某挪用。

贷款出现逾期后，Gdd 担保公司向钱某提出协议，要求其立即转让正在发布的保险公司广告经营收益权，并且在保险公司给予配合的前提下，考虑帮助解决贷款展期的问题。钱某拒绝了 Gdd 担保公司的要求，同时钱某联系了对《抵押反担保合同》进行公证的公证机关，申请撤销此具有强制执行效力的公证书，企图使 Gdd 担保公司的反担保措施失效。

Gdd 担保公司在向 Bdb 银行承担担保责任后立即与钱某就贷款的追偿达成了协议：双方同意 Cdg 公司将近期收到的第二笔户外广告经营收益支付给 Gdd 担保公司作为偿还 Bdb 银行贷款本金的追偿金，并且钱某有义务协助 Gdd 担保公司办理广告经营权转移的相关手续。但是钱某再次失信，没有履行此协议规定的内容。Gdd 担保公司鉴于钱某屡次违约失信行为，决定就此停止与其协商，直接向市仲裁委员会提出仲裁申请，仲裁解决此纠纷。

2002 年 9 月，仲裁法庭的裁决如下：

1. 裁决 Cdg 公司偿还 Gdd 担保公司的担保款 50 万元以及 Bdb 银行的利息、违约金；

2. 裁决双方签订的补充协议有效，并要求 Cdg 公司将广告经营权移交 Gdd 担保公司且给予必要的配合工作；

3. 因未办理抵押登记手续，故裁定《抵押反担保合同》中有关房产抵押的条款未生效。

裁决下达后，Gdd 担保公司又申请市中级人民法院给予强制执行。Gdd 担保公司随后获得了游泳馆的户外广告位的经营权。鉴于钱某多次的违约失信行为，游泳馆也终止了同 Cdg 公司 6 年的买断合同。截至此时，Gdd 担保公司已将代偿款全部收回。在这期间，钱某又以各种理由于 2003 年年末和 2004 年年末分别起诉了游泳馆和 Gdd 担保公司，但都败诉了。

三、案例评析

改革开放 30 年来，中小企业在解决就业、促进经济增长和活跃市场经济发展等方面发挥了巨大的作用，但是部分个别的中小企业在发展中暴露出了一些缺陷与不足，阻碍了自身的发展。

企业的道德风险是中小企业发展中的突出风险之一。由于目前我国中小企业的财权、决策权、监督权和人事权均高度集中于企业负责人个人手中，或者为家族控制，并没有建立起现代企业制度，所以我国目前一定份额的中小企业其实际控制者仍为单一的自然人。由此可鉴，目前中小企业的企业道德风险即为该企业实际控制人的个人道德风险，一旦被担保企业的实际控制人出现道德风险，担保公司就将面临代偿的风险与可能。

通过本文案例的评析，我们认为 Cdg 公司存在的企业道德风险是导致该项目出现代偿的重要原因。而本案例中企业负责人的道德风险，主要表现在以下几个方面：

1. 信用意识淡薄。这一特征在钱某的行为上表现得尤为突出。贷款即将到期时，Cdg 公司还贷资金充足，钱某具备还款能力，但却无按期还款意识，将偿贷资金挪用于投资其他项目，导致贷款逾期。另外，贷款逾期后，他企图通过撤销法律文书达到收回抵押房产的目的。上述行为已充分表明了，钱某信用意识淡薄，缺乏责任感。正是因为 Cdg 公司负责人钱某的这种漠视信用的行为，最终导致了该项目出现风险。

2. 法律意识淡薄。钱某在贷款前后，与 Gdd 担保公司签订了《抵押反担保合同》等合同，与 Gdd 担保公司签订了《以抵押资产履行担保义务的协议》及其补充协议，但钱某均未履行合同及协议中规定履行的义务，体现了其法律意识的淡薄。

四、问题与思考

上述案例所揭示的企业道德风险存在于某些个别的中小企业当中，中小企业负责人出现道德风险的原因是多方面的，既有他们自身素质、修养的主观因素，又有我国经济转轨时期政策不健全的客观原因。解决这些问题显然不是短期内能做到的，但作为担保公司，我们应清醒地意识到以下几点：

1. 首先要辨清风险的诸多表现形式，并探索与挖掘识别企业道德风险的多种途径与方法。例如，可以从了解企业负责人的教育背景及婚姻状况入手，个别学历较低或离异的负责人思想上往往较为主观，不愿听从他人建议，较容易发生道德风险。

2. 关注公司的管理层构成。如采用家族式管理的企业负责人的权力高度集中且缺乏制度制约，负责人决策可能会靠主观意识来判定，容易独断专行，企业内部管理松散较容易滋生负责人道德风险。

3. 关注企业负责人的处事行为特征。对那些过分看中政治权力、在商业活动中曾采用欺骗手段获得不当利益的负责人，要给予高度警示。

4. 注重对企业负责人的经营思想进行分析。当部分中小企业负责人的"第一桶金"获得的较为容易或者付出对价相对较低时，他们便会在日后的经营中存在浓厚的投机意识，过于冒进的经营策略会使担保公司面临较高的风险。

担保公司在面对此类企业负责人时，一方面要坚决将存在企业负责人道德风险的项目否决，另一方面对于已经发生此风险的项目，担保公司要积极应对，对失信企业负责人予以严惩，提高他们的失信成本，并在社会中积极宣传和倡导中小企业负责人的诚信意识。

企业经营者道德风险的防范

一、案例介绍

　　Cdh 公司是一家集科技、工业、贸易于一体的自营进出口实业有限公司，1997 年成立，注册资本 680 万元，主营产品为电饭煲、电风扇、电火锅、电磁炉等家用电器，产品通过国家 CCC 认证。该公司拥有 5 条先进的装配线和全自动检测设备，生产配套设施完善，客户资源相对稳定。Cdh 公司大股东陈某从事家用电器生产、销售多年，具有丰富的生产经营管理经验，并与一些知名企业建立了长期的合作关系。

　　2003 年，Cdh 公司投入了 800 万元建造新厂房，投入了 200 万元购置设备，虽然有多年利润积累及股东增资的 380 万元，但由于生产规模的扩大及销售的增加，使生产流动资金仍然存在缺口。故 Cdh 公司向银行申请贷款 300 万元，贷款期限一年，同时向 Gde 担保公司提出贷款担保申请。

　　Gde 担保公司对借款人及经营者个人财产情况进行调查，结果如下：

1. 企业财务状况

企业财务状况如表 4 - 2 所示：

表 4 - 2　　　　　　　　　　Cdh 公司财务指标　　　　　　单位：万元，%

项　目	2002 年	2003 年	2004 年 4 月
总资产	1 621	3 148	3 364
流动资产	751	1 689	1 924
货币资金	28	86	238
净资产	1 095	1 838	1 940
资产负债率	32.49	41.59	41.62
销售收入	5 620	7 056	1 721
净利润	248	363	101

项　　目	2002 年	2003 年	2004 年 4 月
销售利润率	4.9	5.15	5.89
总资产利润率	37.52	19.93	
净资产利润率	45.35	24.76	
经营性现金流量	146.45	371.85	

2. 陈某个人资产

（1）以陈某配偶名义购买的房产 1 套，购于 2000 年 1 月，建筑面积 120.1 平方米；

（2）自建房产 1 栋，占地面积 192.3 平方米，建筑面积 325.2 平方米，三层混砖，土地国有，建于 2001 年 4 月；

（3）奔驰 S320 轿车 1 部（购于 1994 年 5 月）、凌志 LZS147 轿车 1 部（购于 1995 年 3 月）及货车 1 部。

3. 项目风险点

Gde 担保公司进行评审后，对项目风险点做出如下分析：

（1）家用电器行业竞争激烈，利润空间较小。企业销售渠道较为单一，应收账款余额较大，企业的资金被占用较多，且账龄难以确定，存在一定经营风险。

（2）企业银行贷款担保方式不明，另外是否有其他民间借款及或有负债也不明朗，具隐性债务风险。

（3）企业投入了大量的资金建设厂房、增添设备，2004 年与某大型供应商签订的产品购销合同金额达 4 285.25 万元，能否达到预期的生产能力和完成合同计划，对企业发展影响较大。

（4）企业涉税潜在风险出现的概率不确定。

4. 企业还款能力分析

（1）Cdh 公司融资资金是用于补充生产流动资金。企业上年投入了大量的资金建设厂房、增加和更新设备、扩大生产规模，目前已形成年产 120 万台电饭煲、50 万台电风扇的生产能力，拥有 5 条先进的生产线和全自动检测设备，预计 2004 年销售收入可达 9 000 万元。

（2）Cdh 公司的经营收入及利润水平均处于一个较高的水平，并呈现稳步增长的趋势。2003 年度，Cdh 公司的销售收入 7 060 万元，净利润 370 万元，销售利润率 6.1%，企业具备较强的偿债能力。

（3）Cdh 公司产品的销售客户均是知名的企业，信誉较好，应收账款回笼有保障，表现为经营现金流量较大，流动比率、速动比率较为合理，企业具备较强的短期偿债能力。

（4）陈某曾在知名家电企业担任公司重要职位 17 年，1997 年投资创建 Cdh 公司至今，具有较强的资金实力，拥有较雄厚的个人资产，个人还款能力较强。

5. 项目评审意见

经过 Gde 担保公司评审会讨论认为，Cdh 公司具有良好的赢利水平，具备一定的债务清偿能力，为其担保的风险相对较小，反担保措施较充分，所以同意受理此项目。考虑到 Cdh 公司一年内的清偿能力，Gde 担保公司评审会决定为该公司担保贷款 300 万元，期限一年。反担保措施如下：

（1）以 Cdh 公司原值 100 万元、共计 5 台的注塑机提供抵押反担保，办理抵押登记；

（2）以 Cdh 公司的房产提供抵押反担保，办理抵押登记；

（3）以 Cdh 公司的厂房、办公楼、食堂、宿舍提供抵押反担保；

（4）经营者夫妇承担个人反担保责任。

二、经营者道德风险的发生与化解

贷款发放后，Cdh 公司经营基本正常，反担保措施陆续落实。但 2004 年下半年由于原材料涨价，销售未达到预期，产品利润空间不断压缩，资金回笼速度减慢，加剧了企业的资金紧张。2004 年 7 月，Cdh 公司在 Bdc 银行的贷款到期（由 Gde 担保公司担保），Cdh 公司归还 280 万元后仍逾期 220 万元。另外 2003 年 Cdh 公司以经营者个人名义在 Bdd 银行贷款 300 万元（由 Gdg 担保公司担保），期限三年，由于分期还款未能按时归还，由 Gdg 担保公司代垫款 125 万元。而 Gde 担保公司担保的 Bdc 银行 300 万元借款于 2004 年 8 月 27 日到期，Cdh 公司无力全部归还，只能归还 50 万元，剩余 250 万元逾期。根据 Gde 担保公司与 Bde 银行所签订的合作协议约定，如果 Cdh 公司在 60 天内不归还全部贷款，那么 Gde 担保公司要为此代偿。

Gde 担保公司多次向陈某催收担保贷款，陈某以企业经营困难为由拒绝筹措资金还款。然而，Gde 担保公司在保后监管中发现陈某将 Cdh 公司部分回笼资金转入私人储蓄存折，造成 Cdh 公司表面上资金紧张。实际上，陈某在成功申请 Bdc 银行贷款半年后就陆续把资金投入房地产市场炒楼，因其主要精力都放在了房地产市场投机上，反而忽视了 Cdh 公司的经营。陈某为人急功近利，看到近期房价看涨，陈某宁愿贷款逾期持有房产，而不愿意出售房产还贷，最终造成Cdh 公司未能归还全部银行贷款，企业信用出现不良记录。

Cdh 公司贷款逾期的最直接原因是陈某恶意拖欠。根据保后调查情况，Gde担保公司立即对陈某采取行动，先向陈某明确其恶意拖欠贷款行为给 Cdh 公司和自己带来的严重后果，即企业、个人将丧失信誉，有了不良贷款记录，企业和个人今后将难以向银行融资。然而陈某依然非常顽固，对 Gde 担保公司的意见不予采纳。在沟通无效的情况下，担保公司发出律师函，要求 Cdh 公司归还银行贷款，否则通过法律诉讼手段查封公司及陈某个人的财产。陈某这时才意识到问题的严重性，立即出售投资房地产筹措资金，在两个月内将全部银行贷款还清。由于 Gde 担保公司保后监管到位，并及时采取了有效措施，因此没有为 Cdh公司担保贷款代偿，有效地控制了项目风险。

三、问题与思考

此案例由于企业经营者出现道德风险，造成 Cdh 公司贷款逾期，经过 Gde担保公司及时有效地处理，最终化解了风险。但是读者仍可从中得到启迪与思考：

1. 诚信是衡量企业道德风险的指标之一

诚信是市场经济中企业应当遵循的行为准则之一，也是企业得以发展的命脉。对于诚信欠佳的企业，担保公司应避免选择其作为担保对象。Gde 担保公司在保前调查中已察觉到陈某的信用记录不清晰，企业可能存在隐性负债，但 Cdh公司对其存在的各种负债（包括民间负债和银行负债）存在隐瞒，有失诚信，使担保处于风险之中。

2. 尽职调查及核实到位的重要性

Gde 担保公司对企业的资信状况、贷款用途及企业经营的信息没有进行详尽细致的调查和了解，贷款担保资料的不真实使贷款对象选择失误。因此，在保前调查中必须树立高度的风险意识，切实按照相关规定进行操作，保证担保资料的真实性、有效性、从源头上防范和控制风险。在能够取得真实信息的情况下，担保人应彻底调查，力求排除潜在不利因素。但是，由于银行信息录入的准确性和及时更新方面还没有得到很好的实现，而且很多企业的民间借贷难以核查清楚。在我国相关法律、法规完善之前，为解决此等问题，担保公司应竭尽全力加大调查的宽度，加强与银行系统的沟通，尽量控制风险。

3. 调查隐性负债以防范道德风险

Cdh 公司的隐性负债发生在 Gde 担保公司调查前的一年，而该时间范围内的财务状况是担保公司在调查、评审的过程中必须核查清楚的。在财务评审中已得知 Cdh 公司负债率偏高，多为硬性银行借款，短期偿债压力甚大，民间借款、或有负债等表外隐性债务不太明朗，债务风险较大，但 Gde 担保公司考虑到 Cdh 公司有一定的发展前景，经营风险可控，产品销售情况正常，具备一定的债务清偿能力，采取分期付款的方式，债务风险能够得到较大程度的化解。Gde 担保公司项目评审的关注点过于倾斜于企业的发展前景，其实此项目的风险点正在于陈某的道德风险和隐性债务上。在担保项目审查的过程中，担保公司应该全面充分衡量项目的优缺点，做出更加科学的分析。

在上述 Gde 担保公司为 Cdh 公司提供担保的调查过程中，由于当时尚未能通过人民银行征信系统查询个人信用报告，而陈某故意隐瞒负债，信息不对称使担保公司不能清晰了解该项目的隐性负债情况。目前，担保公司可以通过合作银行查询个人的信用报告，个人银行负债问题可以得到有效解决。但是，某些民间负债仍然难以调查与核证。

4. 企业出现道德风险后的应对措施

担保公司调查人员在保前应全面调查担保申请人的基本情况，保后监管人员应对企业经营状况和业主个人资产进行动态监管。在企业出现道德风险后，担保公司应尽快监控借款企业及反担保人的资产，同时向其解释说明拖欠贷款问题的严重性，根据企业具体情况采取相应措施，必要时可以通过法律手段追偿。

借款人弄虚作假骗保案

一、背景资料

借款人 Cdi 公司是一家成立于 1999 年 10 月的生产护肤用品的企业，公司注册资本为 100 万元人民币，股东为王某和 Cdj 公司，分别占公司 90% 和 10% 的股份。

2001 年 4 月，Gdg 担保机构为 Cdi 公司提供 60 万元人民币的贷款担保，期限为一年（2001 年 4 月 12 日～2002 年 4 月 12 日），反担保措施为股东王某（其配偶为贺某）夫妇和 Cdj 公司的连带责任保证。就本笔贷款担保，Gdg 担保机构与借款人 Cdi 公司签订了《委托保证合同》，并与王某夫妇签订了《自然人保证反担保合同》，与 Cdj 公司签订了《保证反担保合同》。但在与 Cdj 公司签订《保证反担保合同》时，Cdj 公司的法定代表人张某没有在合同上签字，而是委托王某的配偶贺某作为受托人在合同上签字（贺某为 Cdj 公司的员工），同时出具了 Cdj 公司的授权委托书及 Cdj 公司董事张某、李某、周某等三人签字同意作为反担保企业的《董事会决议》。

二、骗保经过

由于经营不善，Cdi 公司在 2002 年 4 月 12 日贷款到期日未能归还贷款，贷款逾期。之后，Gdg 担保机构积极向 Cdi 公司进行债务追偿工作，并与 Cdi 公司协商就一批货物的质押事宜补充签订了《质押合同》作为质押反担保。2002 年 9 月，经王某同意，Gdg 担保机构以 66 264 元的价格变卖了质押物。

由于 Cdi 公司不履行还款义务，Gdg 担保机构依约于 2002 年 11 月 15 日向贷款银行代偿了 612 762.51 元人民币，并与 Cdi 公司签订了分期还款协议书，但 Cdi 公司一直没有履行还款义务。经多次催收无效，Gdg 担保机构于 2004 年 3 月向法院提起诉讼，起诉 Cdi 公司、Cdj 公司股东王某及其配偶贺某，并申请采取财产保全措施。法院在2004年5月冻结了Cdj公司银行账户上的款项。

在法院冻结了Cdj公司银行账户上的款项后，Cdj公司向法院提出执行异议，称其并没有与Gdg担保机构签订任何的《保证反担保合同》，更没有为Cdi公司的本笔担保贷款提供保证反担保，要求法院解封其银行账户。

有鉴于此，法院于2004年6月委托有关司法鉴定机构对《保证反担保合同》上盖有的Cdj公司印章印文以及Cdj公司同意作为反担保企业的《董事会决议》上董事签字栏内"张某"、"李某"、"周某"的签名笔迹进行鉴定。

鉴定结果显示：

1. 《保证反担保合同》上所盖Cdj公司的印章印文，与Cdj公司在当地公安机关备案的相应内容样本印文不是同一印章；

2. 《董事会决议》上董事签字栏内"张某"、"李某"、"周某"的签名笔迹均不是本人的笔迹。

最后法院认定：

1. 《保证反担保合同》上的Cdj公司盖章、授权委托书上的Cdj公司盖章、《董事会决议》上的Cdj公司盖章均为伪造公章加盖；

2. Cdj公司同意作为反担保企业的《董事会决议》中董事张某、李某、周某等三人的签字均非本人签字。

根据《合同法》第三十二条的规定："当事人采用合同书形式订立合同的，自双方当事人签字或者盖章时合同成立。"据此，法院认定，为Cdi公司担保贷款提供反担保并非Cdj公司真实意思表示，Gdg担保机构与Cdj公司签订的《保证反担保合同》并未生效。

法院随即将案件移交当地公安机关进行侦查，经侦查查明：王某花钱找人刻制了一枚Cdj公司的公章，在与Gdg担保机构签订《保证反担保合同》时加盖这枚伪造的公章，并伪造了Cdj公司法定代表人张某委托其配偶贺某的虚假授权委托书，在签订《保证反担保合同》时作为委托代理人在合同上签字，同时王某自行打印了一份Cdj公司同意为Cdi公司担保贷款提供反担保的虚假董事会决议，并模仿Cdj公司董事张某、李某和周某的笔迹进行了签名。公诉机关当地检察院因此对王某以伪造公司印章罪提起公诉，王某对公诉机关指控的犯罪事实不持异议，法院最后根据《刑法》第二百八十条第二款规定，"伪造公司、企业、事业单位、人民团体的印章的，处三年以下有期徒刑、拘役、管制或者剥夺政治权利"，判王某伪造公司印章罪成立，判处其有期徒刑一年。

后经向Cdj公司的法定代表人张某了解得知，张某根本不知道公司与Gdg担保机构签订《保证反担保合同》一事，王某也没有向其提过由Cdj公司为Cdi公司担保贷款提供反担保的要求。向该项目的项目经理了解得知，在项目调研时，项目经理曾去过Cdj公司实地调研，但没有向Cdj公司提过是否同意为Cdi公的担保贷款提供反担保一事，因最初的担保方案设计中并没有把 Cdj 公司的反担保作为反担保措施之一，其只是去了解作为 Cdi 公司的股东企业 Cdj 公司的经营情况。

由于 Cdi 公司经营不善已经倒闭，加上 Gdg 担保机构与 Cdj 公司签订的《保证反担保合同》已被法院认定为无效合同，Gdg 担保机构无法向 Cdj 公司主张追偿权利，王某夫妇亦没有偿债能力，最终造成 Gdg 担保机构代偿损失 60 余万元。

三、问题与思考

本案的发生，除了主观上王某有为骗取贷款担保而伪造公章及假冒签字的违法动机外，Gdg 担保机构在与 Cdj 公司签订《保证反担保合同》时，经办人员由于缺乏风险防范意识而没有严格执行合同面签制度，只凭王某出具的伪造的 Cdj 公司授权委托书（Cdj 公司法定代表人张某委托贺某），就同意贺某在签订《保证反担保合同》时作为委托代理人在合同上签字，而没有要求 Cdj 公司的法定代表人张某进行面签，使王某有机可乘，也是造成贷款担保损失的主要原因。

从本案例中总结的经验教训是：

1. 担保机构在与借款人签订相关合同时，必须严格执行面签制度，合同签字时应认真核对签字人的身份证原件并留存签字人的身份证复印件。如果当事人确有特殊原因无法进行面签，委托代理人必须出具经公证的授权委托书，才能在合同上签字，以确保合同的真实性与有效性；

2. 签订合同时，担保机构如对借款人出具的公司印章的真伪有怀疑，应采取多种措施核对真伪，必要时应去当地的公安机关核正，以确保合同印章的真实有效；

3. 项目经理必须对反担保企业进行实地调研，除了了解企业的资产和经营情况外，应向其法定代表人或主要负责人明确表示是否同意为借款人提供反担保，并告知其作为反担保人的义务和责任；

4. 担保机构员工应加强风险防范意识和法律意识以防范企业骗保风险。

企业项目投资与担保风险控制

一、背景资料

Cdk 公司成立于 19××年 5 月 24 日，是一家房地产开发企业，资质等级二级，公司注册资本 4 000 万元。股东为两个自然人，分别担任公司董事长和总经理。

公司在建项目为中原地区某省会城市新区 CBD "××大厦"项目，占地面积 5 295.47 平方米（7.943 亩），为高档写字楼，《国有土地使用证》、《建设用地规划许可证》、《建设工程规划许可证》、《建筑工程施工许可证》四证齐全。项目建设规模 70 373.99 平方米，地上 30 层。其中：4 层裙房，用作商业及餐饮、会议；五层为架空层，用作屋顶花园；六至三十层为办公用房，每层 1 700 平方米；十五层为避难层兼作电梯机房、高位水箱间、通风机房等。大厦地下 3 层，用作地下车库、机电设备用房及平战相结合的人防地下室。大厦总高 120 米，属一类高层建筑，建筑耐火等级为一级，地上建筑面积 58 176.89 平方米，地下 12 197.1 平方米。项目总投资达 2 亿元，地下工程占工程量的四分之一，截至 2002 年 12 月，已建成地下 3 层、地上 2 层，完成投资 4 000 余万元，自有资金加上银行贷款共计 2 000 万元，施工企业垫付 2 000 万元。现该项目预售许可证正在办理中，预计 2003 年元月份获得该项许可。由于没有拿到预售证，公司采取 VIP 认购的方式，目前认购的有 20 余套，尚未有整层认购，现在的售价是每平方米 4 700 元，预计获得预售许可后能达到每平方米 5 200 元，封顶后可达到每平方米 5 500 元。

投资估算见表 4-3。

房地产行业是典型的资金密集型行业，具有投资大、风险高、周期久、供应链长、地域性强的特点。作为我国国民经济的主导产业，房地产行业在现代社会经济生活中有着举足轻重的地位。经过十几年的发展，中国房地产业正处于向规模化、品牌化、规范化运作的转型时期，房地产行业的增长方式也正在由偏重速度规模向注重效益和市场细分转变，从主要靠政府政策调控向依靠市场和企业自

身调节转变。房地产市场在经历了几年高增长后，出现了过热的趋势，中央从
2002 年起，加大了对房地产市场的宏观调控力度，出台了一系列调控措施，如
从土地供应、贷款发放、住房公积金管理、抑制房价到全行业的综合调控等。

表 4－3　　　　　　　　　　Cdk 公司在建项目投资估算　　　　　　　单位：万元

项目时间	第 0 年	第 1 年				第 2 年				第 3 年		合计
		第 1季度	第 2季度	第 3季度	第 4季度	第 5季度	第 6季度	第 7季度	第 8季度	第 9季度	第 10季度	
项目进度	—	土地购置	设计报批	基础工程	主体结构	主体结构	主体结构	机电安装	内外装饰	内外装饰	验收交房	
原始资金投入	13 250	—	—	—	—	—	—	—	—	—	—	13 250
土地购置	—	3 500	—	—	—	—	—	—	—	—	—	3 500
设计报批	—	—	1 248	—	—	—	—	—	—	—	—	1 248
基础工程	—	—	—	3 500	—	—	—	—	—	—	—	3 500
主体结构	—	—	—	—	4 500	2 500	2 552	—	—	—	—	9 552
机电安装	—	—	—	—	—	—	—	4 500	—	—	—	4 500
内外装饰	—	—	—	—	—	—	—	—	3 500	1 700	—	5 200
内外装饰	—	—	—	—	—	—	—	—	—	—	—	0
偿还贷款	—	—	—	—	—	3 000	1 500	1 500	1 500	1 000	—	8 500
（1）偿还本金	—	—	—	—	—	3 000	1 500	1 500	1 500	550	—	8 050
（2）偿还利息	—	—	—	—	—	—	—	—	—	450	—	450

　　不过，虽然目前整个房地产市场处于调控时期，但在未来 3～5 年时间仍是
城市化进程非常快的阶段，房地产市场仍然会以较快的速度发展。这段时间不
但是大中城市高薪阶层换房的高峰期，同时也是在金融创新产品与住房改革双
重推动下中低收入阶层购买自用住房的高峰期，此外，中小城市的发展和城镇
建设也将相继成为热潮。地区发展不平衡，是当前房地产市场的一个特点，与
一线城市相比，中部地区二线城市的房价目前处于比较低的价位，仍有上涨的
空间。

二、担保决策阶段的风险识别

Cdk 公司拟申请银行贷款 2 000 万元，期限 1 年，由 Gdh 担保公司提供担保。Gdh 担保公司经过考察，认为 Cdk 公司工程建设正常，在建项目定位准确，预计销售较好，现金流有保障，后续还款能力较强，且国内房地产行业进入快速上升时期，项目预期回报率较高。项目经理综合认为企业风险可控，同意为其提供担保，担保期限 1 年。反担保措施为：（1）Cdk 公司将 70% 股权转让给 Gdh 担保公司，Gdh 担保公司成为 Cdk 公司的控股股东；（2）原 Cdk 公司的股东提供个人连带保证责任。

Gdh 担保公司评审会审核通过项目经理的贷款担保方案，同意为 Cdk 公司提供担保。担保的贷款发放后，项目经理按照该项目风险分类结果及公司保后监管制度的相关规定，对该公司进行定期和不定期检查，检查内容包括资金去向、工程进度、销售情况、现金流量、新投资项目并参加公司的董事会会议、监督公司的重大经营决策等。

在担保贷款发放后近 10 个月的保后监管中，Cdk 公司经营运作一直正常，项目建设情况正常，各项财务指标也均达标。在贷款到期前两个月，项目经理即与企业积极联系还贷资金备款情况，监督企业按备款进度落实还款资金。

但贷款到期前，项目经理获知，Cdk 公司准备通过城中村改造购买一块土地，来建设大型商场，以进行新一轮的投资。Cdk 公司拟建项目占地 19 740 平方米，建筑面积 69 000 平方米，总投资达 3.5 亿元。主体建筑地下 1 层，地上 5 层，60 000 平方米；塔楼部分 12 层，9 000 平方米。

Cdk 公司大型商场项目投资估算如表 4 - 4 所示：

表 4 - 4   **Cdk 公司大型商场项目投资估算**

序　号	项　目	单项造价（万元）	占投资比例（%）
1	土地征用及拆迁补偿费	4 000	11.40
2	前期费用	1 018.8	2.90
（1）	城市管设配套费	165	0.47
（2）	人防工程建设费	82.8	0.24
（3）	电贴费	56	0.16
（4）	监理费	40	0.11
（5）	勘察设计费	555	1.58
（6）	招标单位收取前期费	120	0.34

序　号	项　目	单项造价（万元）	占投资比例（%）
3	工程费	22 318	63.60
（1）	土石方工程	168	0.48
（2）	主体工程	7 000	19.95
（3）	机电安装工程	5 000	14.25
（4）	室内装修工程	4 200	11.97
（5）	室外装修工程	5 600	15.96
（6）	基础设施费	350	0.99
4	开发间接费	2 255.47	6.43
（1）	工程保险费	100	0.28
（2）	不可预见费	1 174.34	3.35
（3）	建设单位管理费	781.13	2.23
（4）	顾问费	200	0.57
5	财务费	4 000	11.40
6	销售费用	1 500	4.27
总　计		35 092.27	100

三、借款企业管理决策风险的有效化解

通过对新项目的认真调研，项目经理认为该项目并不适合 Cdk 公司未来的发展，预期风险远大于预期收益，还可能会给公司今后的发展带来巨大的现金压力，甚至会影响 Cdk 公司正常的生产经营和还款能力，理由如下：

1. 该项目资金投入过大，超出 Cdk 公司可以承受的水平，资金压力显著增大，大规模的举债必然导致企业经营风险的加大。

2. 该项目为城市城中村改造，拆迁难度较大，存在较多不确定性，拆迁补偿费可能比预计的多，工期也可能造成延误，影响预期现金流计划，甚至可能导致企业资金链断裂。

3. 项目位置紧邻城市环路，不属于繁华路段和居民聚集区，建设大型商场存在一定的获利风险。

经过多次沟通与论证，Cdk 公司最终接受了 Gdh 担保公司的意见，放弃了此项投资。

Gdh 担保公司并不是简单否决了 Cdk 公司新的投资项目，而是积极帮助企业寻找更为合适的投资渠道。根据担保公司提供的信息，Cdk 公司成功收购了城市开发区内的一家小型国有企业，仅支付了较低的对价和职工安置款，即获得了一

块 5.6 亩的土地。该土地价值 600 余万元，虽地理位置稍偏，但升值潜力巨大。担保公司经过认真调研与分析，建议 Cdk 公司与国外酒店管理公司合作，建成一家经济型酒店。

理由如下：

1. 拟建的经济型酒店项目处于正在蓬勃兴起的高新技术开发区。经过多年的发展，该开发区高新技术企业、商贸企业、金融机构汇集，新投资项目源源不断地涌入，使这里终将成为城市发展的新动力。

2. 作为新区，该区域范围内相对缺乏的是能提供正规管理、服务完善的酒店宾馆。随着招商引资工作的不断扩大与新项目的不断建设，这一问题将越来越凸显出来，这也正为经济型酒店的发展提供了绝好的机遇和发展空间。

3. 相比城中村的改造项目，此项目对企业的资金压力较小，经济型酒店发展前景较好，预期收益较高。

最终，Cdk 公司采纳了担保公司的建议，对此项目进行了投资。

事实证明，担保公司控制受保企业管理风险的相关决策是正确合理的，Cdk 公司不仅如期归还了银行贷款，而且从新项目中获得了较高的收益回报。在与 Gdh 担保公司的长期合作中，公司更加快速、健康、高效地发展与壮大，也成为了担保公司长期合作的优质客户。

四、问题与思考

通过上述案例，我们可以总结出以下问题，供大家思考：

1. Gdh 担保公司否决 Cdk 公司提出的城中村改建商场的投资项目的依据是什么？还有哪些因素是应该考虑的？

2. Gdh 担保公司提出的开发区经济型酒店的投资项目 Cdk 公司为什么会接受？该投资项目的可行性表现在哪些方面？

3. 怎样评价 Gdh 担保公司在 Cdk 企业经营投资决策中的作用？

4. 通过此案例，你认为担保公司应如何控制借款企业的管理风险？可否举出一些措施与实例？

个别银行从业人员道德风险的防范

一、Cdl 公司情况简介

Cdl 公司成立于 1999 年，注册资本 2 000 万元，股东全部为自然人。公司的主营业务为建设金融证券网络、IP 电话网络、城域网以及智能化小区网络，同时代理光缆通信设备、IP 路由/交换设备、DDN/帧中继设备、宽带接入设备等宽带多媒体通讯产品。该公司于 2002 年取得中国增值电信业务经营许可证，2004 年被某资信评估机构评为资信等级 A 级。

2000 年，Cdl 公司投资 3 000 万元先后在香港和美国成立了香港公司和美国公司。香港公司和美国公司以经营国际电话批发和转接业务为主，同时还和其他运营商合作，开展电信增值业务，这两个公司已分别取得当地的电信运营商执照。

2004 年下半年，Cdl 公司最大的客户——某大型国有企业领导层换人，决定不再采用 Cdl 公司提供的设备，对 Cdl 公司的经营造成严重影响，致使 Cdl 公司现金流紧张，运作困难。到 2006 年 6 月 Gdi 担保机构收回贷款时，Cdl 公司已经濒临破产。香港公司和美国公司由于竞争原因在 2004 年也停止运营，所投资的大量设备（以程控交换机为主，原值 3 000 多万元）由于更新换代迅速，大部分被淘汰，已无变现可能。

二、Cdl 公司的财务状况

Cdl 公司近几年的财务状况如表 4 - 5、表 4 - 6 所示：

表 4 - 5 　　　　　　　　　　　Cdl 公司资产负债表

项　　目	2001 年	2002 年	2003 年	2004 年 6 月	2004 年	2005 年 10 月
货币资金	126	145	166	69	84	8
应收账款	664	612	1 444	1 724	1 718	1 244
存货	91	296	143	21	16	21
长期投资	3 000	3 000	3 000	3 000	3 000	3 000
固定资产	184	173	165	160	154	46
总资产	4 066	4 227	4 918	4 974	4 972	4 419
借款	0	360	200	110	300	132
应付账款	1 095	568	825	678	910	1 113
实收资本	2 000	2 000	2 000	2 000	2 000	2 000
留存收益	971	1 299	1 894	2 186	1 762	1 074
负债及权益	4 066	4 227	4 918	4 974	4 972	4 419

表 4 - 6 　　　　　　　　　　　Cdl 公司损益表

项　　目	2001 年	2002 年	2003 年	2004 年 6 月	2004 年	2005 年 10 月
销售收入	3 603	3 465	5 810	1 767	2 163	764
成本税金	2 643	2 806	4 543	1 326	1 674	429
期间费用	379	439	567	230	490	1 022
外收净额	0	- 7	1	- 8	- 17	1
投资收益	0	- 59	0	0	0	0
所得税	95	58	106	40	14	0
净利润	540	327	596	163	- 32	- 688

三、Cdl 公司在 Gdi 担保机构的担保情况

1. 第一次担保还款正常

2003 年 11 月，Bdf 银行客户经理王某向 Gdi 担保机构大力推荐 Cdl 公司，希望 Gdi 担保机构能为其贷款提供担保。项目经理经过调查，认为 Cdl 公司虽然经营正常，但存在以下几个不利因素：

（1）过于依赖单一大客户

Cdl 公司大部分业务依赖单一大客户（约占其年销售收入的 80% 以上），一旦该大客户出现合作不能持续的问题，Cdl 公司马上就可能出现经营风险。

（2）企业资产状况堪忧

2003 年末 Cdl 公司的主要资产为：长期投资 3 000 万元，应收账款 1 440 万元。实际上，长期投资中，香港公司和美国公司的经营状况很差，从来没有分过红，反而不断从 Cdl 公司抽走资金，所投资的设备贬值严重，难以变现。应收账款大部分为长期挂账，回收困难。所以 Cdl 公司的资产状况较差，企业现金流很容易恶化，一旦发生风险，债务追偿难度较大。

当 Gdi 担保机构向 Bdf 银行提出以上疑虑时，王某表示 Cdl 公司为银行老客户，结算和信用记录都非常好，其主要大客户同银行合作时间也较长，关系维护得较好，会继续合作。

出于对银行的信任，2003 年 12 月，Gdi 担保机构同意为 Cdl 公司担保 200万元，期限 8 个月，每月归还贷款本金 15 万元，贷款银行为 Bdf 银行。反担保措施为：

1）一套评估值为 70 万元的房产抵押；

2）应收主要大客户的应收账款监管；

3）Cdl 公司法定代表人（夫妇自然人）连带保证责任。

在第一次贷款担保时，Cdl 公司每月等额还款正常，贷款到期时也能按时还款。

2. 第二次担保出现风险

2004 年 8 月，Cdl 公司的第一笔贷款按时还清。Bdf 银行客户经理王某希望 Gdi 担保机构继续为该公司贷款提供担保。项目经理在进行是否继续为 Cdl 公司担保的保前调研时发现，Cdl 公司的经营业绩出现下滑趋势，其货币资金、存货都大幅下降，而应收账款却增加较快，现金流情况也不如往年。针对以上问题，王某和 Cdl 公司一致解释为有一笔较大额度的货款由于特殊情况没有按时回笼，不久就可以解决。于是，Gdi 担保机构同意继续为 Cdl 公司担保 200 万元流动资金，期限 12 个月，每月要求归还贷款本金 12 万元，反担保措施与上笔贷款担保一样，贷款银行仍然为 Bdf 银行。

同时，Bdf 银行在 Gdi 担保机构担保 200 万元的基础上，又再为 Cdl 公司发放了 100 万元信用贷款。由于多了 100 万元信用贷款，银行审批手续时间较长，该笔贷款在 2004 年 12 月才放款。

2005 年 1 ~ 5 月，Gdi 担保机构项目经理每月都通过 Bdf 银行客户经理王某了解 Cdl 公司的等额还款情况，王某均告知项目经理：Cdl 公司等额还款正常，银行结算也正常。Gdi 担保机构没有再从其他渠道获得 Cdl 公司经营的信息。

然而，真实的情况却是：Cdl 公司只在第一个月按期偿还了本金 12 万元，从 2005 年 2 ~ 5 月，该公司一直没有归还每月还款本金。而且从 2005 年 1 月开始，Cdl 公司在 Bdf 银行的结算量就急剧下滑，每个月只有 20 万元左右进账。

银行客户经理王某已经很清楚借款企业的经营出现了问题，但为了保障银行直接给 Cdl 公司发放的 100 万元信用贷款的安全，王某要求 Cdl 公司将其账上的所有资金全部用来提前偿还银行的信用贷款，而由 Gdi 担保机构担保的那一笔 200 万元贷款却没有按时扣还每月的还款本金，反而对担保机构项目经理谎称 Cdl 公司等额还款正常。同时，Bdf 银行风险管理部门也没有将该情况提示告知 Gdi 担保机构，所以担保机构对此一直不知情。

2005 年 5 月，当 Gdi 担保机构项目经理再次询问 Cdl 公司的还款情况时，王某才把借款企业拖欠等额还款情况告知 Gdi 担保机构。而此时，Cdl 公司已有 4 期等额还款没有正常偿还，Cdl 公司已经拖欠的等额还款额达 48 万元。

从 2005 年 5 月发现问题并开始追款到 2005 年 11 月，Gdi 担保机构一共向 Cdl 公司追回贷款本金 65 万元，贷款余额还有 123 万元。2005 年 12 月，该笔贷款出现逾期。直至 2006 年 6 月，Cdl 公司将反担保的房产变卖，该笔贷款才最终结清。

四、问题与思考

1. 担保机构应特别关注在担保基础上银行也给予信用放款的有关客户

这类客户如果经营正常可以相安无事，而一旦经营不正常，某些银行往往出于保障自身利益的目的，要求企业优先偿还银行的信用贷款，而对担保机构隐瞒贷款担保风险的真实情况。

2. 担保机构应警惕个别银行从业人员的道德风险

该项目出现逾期风险的最大源头正是由于银行客户经理刻意隐瞒企业没有按期还款的事实，造成 Gdi 担保机构失去了最佳追款时机，4 个月以后的追款难度远远大于刚开始逾期的时候。事后 Gdi 担保机构了解到，该银行客户经理王某同 Cdl 公司渊源颇深，经常和 Cdl 公司老板一起吃喝，通过 Cdl 公司为其增大存款业务量，同时还可能存在其他一些利益关系。

因此，担保机构不应该过于依赖合作银行从业人员提供的信息，要注重防范个别银行工作人员的职业道德风险，可以通过打印贷款卡，要求企业提供还款证明或付款凭证等多种方式查询企业等额还款的真实情况。

3. 多渠道获取信息，防范贷款银行风险管理中的漏洞

Cdl 公司有 4 期等额还款没有按时偿还，贷款银行在第一时间就已经知晓。

按照银行和 Gdi 担保机构的保证合同约定，贷款银行应积极做好贷款后的日常跟踪管理工作，加强对贷款使用的监督，发现借款人有危及贷款安全的情况时应及时通报情况。但贷款银行明显没有正常履行该职责，特别是在其客户经理刻意隐瞒情况的时候，银行风险管理部门也没有向 Gdi 担保机构提出风险警示，任凭情况逐渐恶化。所以担保机构不能过分信任银行的监管力度，而应该通过多方渠道了解信息。

4. 担保机构加强保前调研和保后跟踪管理是化解银行管理风险和道德风险的根本

（1）放款时间距离项目评审时间较长的项目，放款前应补充调研

该项目放款时间距离项目评审时间已经超过 3 个月，但项目经理在放款前没有去企业补充调研。当时企业的经营状况已经出现问题，其大客户已经更换领导并且基本终止了同 Cdl 公司的合作，现金流不正常，但这些信息由于项目经理的疏忽却没有了解到。

（2）要重视保后跟踪

该项目在放款后如果项目经理按时到 Cdl 公司进行保后跟踪，即放款后一个月内进行一次保后跟踪，之后每两个月进行一次保后跟踪，就可以及早发现问题。通过到企业感受人气、工作氛围和员工的工作热情，可以了解企业的运营现状与发展趋势；通过查看企业的银行对账单，可以了解企业现金流情况；通过查看存货出入库记录，可以了解其生产经营状况；同时还应该注意检查反担保的落实情况，如在本项目中设置了应收账款监管反担保，应该注意查看应收账款监管是否到位，其大客户的业务量是否正常等。经常性的保后跟踪可以尽早发现问题，且不至于造成拖欠 4 期等额还款还不知情的被动局面。

企业经营风险的识别与防范

一、案例介绍

Cdm 公司成立于 1999 年 10 月，是一家专业生产胶合板、贴面板和木装饰材料的企业。该公司注册资金 500 万元，占地面积 46 000 多平方米，拥有 400 多名专业人员和熟练工人。2001 年 11 月，Cdm 公司与澳门某公司合资成立了 Cdn 公司，注册资金为 137.98 万美元，实收资本 93.07 万美元。

Cdn 公司的主营业务是通过木材进出口公司从马来西亚、东南亚等地市场进口原木，将这些原木旋切、加工、干燥后出售给当地其他企业用于制造高档木材。经调查了解，一方面，该公司业务的上、下游企业较为稳定，但同时也呈现单一化特征；另一方面，其生产的这些较为高档的胶合板等产品虽然在市场上信誉较好，但由于本地缺乏森林资源，国内原材料供应紧张，且国际市场上的原木价格不断上涨，因此，Cdn 公司的生产经营存在着一定的风险。

此时，Cdm 公司于 2003 年 8 月 28 日在 Bdg 银行申请的 500 万元一年期贷款即将到期，但公司资金却非常紧张，无法按时还款，这对公司的正常运作形成了非常大的压力。因此，2004 年 8 月 10 日，Cdm 公司向 Gdj 担保公司申请为其在 Bdh 银行 1 500 万元流动资金贷款提供贷款担保，期限一年，其中 900 万元用于归还其他银行的贷款，600 万元用于增加公司流动资金以购买原材料。

Gdj 担保公司担保业务部门在收到 Cdm 公司提出的担保申请之后，对该公司及相关主体的情况进行了详细的调查和了解，初步查证了以下基本情况：

1. Cdm 公司、Cdn 公司财务状况。

Cdm 公司、Cdn 公司的财务状况如表 4 - 7 所示：

表 4－7　　　　　　Cdm 公司、Cdn 公司财务状况汇总分析　　　　　单位：万元，%

项　目	2002 年			2003 年 12 月			2004 年 6 月		
	Cdm	Cdn	汇总	Cdm	Cdn	汇总	Cdm	Cdn	汇总
一、资产总额	3 274	1 067	4 341	2 962	1 151	4 113	2 969	1 199	4 168
二、负债总额	1 757	228	1 985	1 285	210	1 495	1 676	253	1 929
三、所有者权益	1 517	838	2 355	1 676	941	2 617	1 293	945	2 238
四、主营业务收入	8 954	1 345	10 299	6 656	6 397	13 053	2 993	2 697	5 690
五、利润总额	427	66	493	238	183	421	17	4	21
六、净利润	286	66	352	159	183	342	17	4	21
七、现金净流量	43.36	58.42	101.78	− 33.76	− 19.44	− 53.2	− 92.73	− 16.76	− 109.49
八、资产负债率	53.67	21.37	45.73	43.38	18.25	36.35	56.45	21.10	46.28
九、流动比率	1.03	2.28	1.17	1.33	3.25	1.60	1.08	3.04	1.34
十、销售利润率	4.77	4.91	4.79	3.58	2.86	3.23	0.57	0.15	0.37

2. Cdm 公司和 Cdn 公司实质上为一套人马两块牌子，两公司的资产、现金流等财务管理也合并在一起。

2001 年，Cdm 公司增建了旋切干燥车间，并增加了厂房设备。2002 年，Cdm 公司进口了一批价值 100 多万美元的台湾胶合板生产设备，增建了两条生产线，扩大了生产规模。两公司资产经营情况正常，销售收入稳定，负债率为 46%，处于较合理的水平，但其负债主要为银行短期借款，公司利润水平低，存在较大的还款压力，目前的银行负债需要较长的一段时间才能逐步还清。

3. Cdm 公司股东陈某的个人资产：房产一套，车辆 5 部，其中货车 3 部，三菱越野车 1 部，轿车 1 部。

综合上述情况，Gdj 担保公司在该项目进行评审时，对贷款担保的风险点和企业还款能力做出了以下分析与总结：

（1）贷款担保的风险点：

1）Cdm 公司技术含量不高，没有明显的产业技术优势。所属行业目前利润率较低，尤其是上半年受季节性因素影响，加上原材料价格上涨和运输费用增加，企业销售利润率、净资产收益率较往年有大幅下滑，较弱的赢利能力将会直接影响到企业的长期发展。

2）Cdm 公司在银行负债较多，还款压力较大，且 Cdm 公司总体资产负债率处于较高水平，存在一定的债务风险。

3）Cdm 公司实际上是由股东陈某一人投资，因此，公司运作状况及发展前景受投资者个人的因素影响较大，除了股东陈某个人的经营理念、综合素质等因素，经营者的健康等其他因素都可能直接影响公司的运作与发展。

4）股东陈某及其 Cdm 公司是否还有其他民间借款等或有负债情况不太明

朗，具有存在隐性债务的风险。

5）通过企业保税情况的调查，公司还存在一定的税务风险。

（2）借款企业还款能力的分析：

1）Cdm 公司的资产负债率（两家企业合并统计）为 46%，处于较为合理的水平，但其负债主要为银行短期借款，存在较大的还款压力。

2）Cdm 公司的销售收入较为稳定，2003 年两家公司的销售收入达到了 1 亿多元，2004 年 1~6 月销售收入合计为 5 690 万元。但由于行业利润率较低，尤其是 2004 年上半年，受季节性的影响，加上原材料价格和运输费用的增加，企业利润水平较往年有大幅下滑，1~6 月份销售利润率仅为 0.36%，随着销售旺季的到来，利润水平有望提高。

3）Cdm 公司存货、应收账款占用资金量大，同时难以在其原材料供应商中获得商业信用，表现为应付账款额小，因此企业必须有大量的资金才能维持正常运作，从而造成了企业资金的紧张。

二、项目评审与分析

在评审会讨论过程中，Gdj 担保公司的评委认为：Cdm 公司生产的绿色环保型的胶合板、贴面板等产品是房屋装修不可或缺的装饰材料，市场需求量巨大，且人造木材科技含量较高，具有较好的发展前景；该公司只要生产正常，资产负债率较合理，经营风险就能够得到有效控制，公司可以保持较强的销售增长率及连续赢利能力。加上 Cdm 公司现金流量大，具备较强的债务清偿能力，反担保措施基本可以接受，评审会最终同意了此项目，为 Cdm 公司贷款担保 500 万元，期限一年，资金用途为购买原材料，且要求 Cdm 公司提供以下反担保措施：

1. 将 Cdm 公司价值 101.84 万美元的机器设备设定抵押，并办理抵押登记手续。

2. 将股东陈某一套建筑面积为 162.48 平方米的房产设定抵押，并办理抵押登记手续。

3. 由陈某兄长、陈某夫妇、Cdn 公司提供连带保证责任。

4. 对 Cdm 公司、Cdn 公司的存货进行监管，并签订存货监管协议。

同时，评审会还要求项目经理在保后监管过程中密切关注 Cdm 公司的经营状况，尤其是对其财务状况、贷款使用状况等方面进行有力监督。2004 年 8 月，在设备抵押反担保措施尚未办理抵押登记的情况下，因企业急需资金，经项目经理申请，500 万元贷款发放予 Cdm 公司。

然而，贷款发放后，Cdm 公司却并未按合同约定将贷款用于补充生产流动资金，而是将此笔贷款用于偿还股东陈某的私人借款，以致公司经营出现不正常状况。

2004 年 9 月，Cdm 公司抽调出近 200 万元用于归还股东陈某的私人借款，企业资金开始紧张。10 月份，Cdm 公司经营状况逐渐恶化，截至 10 月止企业累计亏损 25 万元。之后，Cdm 公司再次抽出 200 万元用于归还股东陈某的私人借款，同时，企业银行逾期贷款达到 240 万元，企业资金链出现断裂危机。而此时，Gdj 担保公司对于借款企业的反担保措施（设备抵押）尚未落实，担保项目出现了预警信号。2005 年 8 月 27 日，500 万元的贷款到期，但 Cdm 公司此时已无足够的资金来归还，贷款担保出现了预期风险。

三、问题与思考

根据本案例所述，我们可以从以下几个方面总结怎样识别和防范贷款担保的风险：

1. 保前调研应认真细致。担保公司项目经理在项目前期调研过程中，要尽量深入细致地了解企业真实的经营状况，探明企业借款的真实意图，才可能正确识别与认知企业的经营风险。

例如在本案中，Cdm 公司在申请贷款担保的前期过程中，谎报借款用途，Gdj 担保公司评审会在评审过程中已经意识到该公司有隐性负债的可能，但项目经理在项目调查的过程中却未能认真核实，致使 Gdj 担保公司在企业贷款用途不实的情况下提供了保证担保。

因此，项目经理的保前调查对于担保项目风险的防范起着至关重要的作用，是借款企业经营风险得到合理评估与分析的重要依据。因为在申请贷款时，个别借款企业为了能使申请顺利通过，在被调研的过程中可能会做出一些弄虚作假的行为，例如，提供虚假财务数据、夸大赢利能力、隐瞒个人资产等。此时，项目经理需要不断的查证与核实潜在的不明朗的风险点，切忌因相信感觉而掉以轻心。

2. 保后监管应有力与高效。在保后监管过程中，项目经理也应时刻关注借款企业的经营动向，一旦出现风险警讯，需立即采取措施，防止损失的扩大。

在本案中，在发现 Cdm 公司没有按照合同约定用途使用贷款时，担保公司应申请 Bdh 银行提前收贷等化解风险措施，进而还可以提起诉讼、保全债务人资产等法律手段。

3. 重视企业的经营风险。借款企业的经营风险与信用担保风险是紧密结合在一起的，而经营风险往往是引起信用担保风险最根本和最主要的原因。因此，要降低担保公司的信用担保风险，最主要的就是密切关注与监督借款企业的经营风险。

关注与查证借款企业的经营风险就是对其生产经营的全过程和各个经营环节的风险程度进行分析，包括对产品的采购、生产、销售等各方面情况的全面分析。例如在本案中，Gdj 担保公司在评审中已经注意到借款企业经营风险的存在，并告知项目经理在保后监管的过程中应该加大关注 Cdm 公司的经营状况，特别是应对其财务状况、借款使用状况等进行有力监督。

4. 反担保措施的落实。在贷款发放前，Cdm 公司的反担保措施并没有得到全部落实，例如进口设备并没有办理抵押登记。2004 年 9 月份，当 Gdj 担保公司知悉 Cdm 公司贷款挪用于归还股东陈某的个人民间债务且企业经营状况不正常的时候，其应该尽快落实反担保措施，使其符合评审会预设的反担保方案的要求，以防止风险敞口加大。而在此案例中，Gdj 担保公司在风险已经出现的情况下并没有及时办理对 Cdm 公司设备的抵押登记，也没有及时要求股东陈某增加其他反担保措施，使担保公司自身处于被动状态，以致在后期进入诉讼程序后也无法在财产处置中处于抵押权人等优势地位。

防范银行个别工作人员恶意转移风险

银保合作关系是担保机构应注重维系的重要外部关系之一。银行向担保机构推荐项目会有两种情况，一是该项目有发展前景，希望与担保机构一起予以支持；二是个别信贷人员发现该项目已经出现风险，将会影响到个人或小团体的利益，便隐瞒风险情况并将风险转移给担保机构。因此，在银保合作中，担保机构要注意防范第二种情况的出现。下面试以一具体案例进行分析。

一、背景资料

某电子数码企业 Cdo 成立于 1997 年，注册资本 5 000 万元，为高新技术企业，主要业务为数字机顶盒、数码技术及系统集成的研究和开发生产等，销售收入最高时有上亿元。财务报表显示，该企业的总资产 13 700 万元，净资产 11 700 万元，资产负债率 15%，年利润约 1 500 万元左右，对外投资 4 500 万元，固定资产 1 000 万元，银行贷款 1 500 万元。该企业的投资者任董事长兼总经理，是一位技术型的投资者，研究生学历，有多年从事电子技术的工作经历。

二、事件经过

2003 年 6 月底，Bdi 银行支行副行长找到某担保机构，称上述 Cdo 企业是该行的一家多年的贷款客户，信誉良好，企业经营正常。但目前遇到暂时性资金周转困难，多笔应收账款未能及时到账，因而不能按时归还即将到期的 600 万元贷款。鉴于这是一家多年的优质客户，银行同意以"还旧借新"的形式继续支持该企业，并已通过支行的审批上报至分行，分行也原则上同意，其条件是原贷款必须按期偿还，新的贷款待原贷款按期偿还后就可以批复。600 万元还贷资金，企业自筹 200 万元，已经到账，但有 400 万元的资金缺口，希望担保机构以委托放款的形式帮助企业偿还贷款。Bdi 银行支行副行长提出三点理由：一是按目前企业的经营状况看，企业可以自行还贷，只是因多笔应收款项未能及时到账，导致出现临时性的周转困难，资金不能在贷款到期日前到账；二是该笔贷款届期日恰巧是在 6 月底，而 6 月底又是银行的半年考核期，该支行的经营业绩一直良好，无逾期项目，如这个项目出现逾期，将会影响全支行半年的奖励，希望担保机构在帮助企业的同时也能帮助银行；三是强调该行与担保机构已合作多年，有着良好的相互信任的基础，担保机构的借款只是过渡性的，一旦企业偿还原贷款，新贷款立即就能够得到批复，届时企业可以用新贷款来偿还担保机构的借款，整个过程不超过一周。

由于当时距贷款届期日只有短短的两天时间，担保机构对企业未能进行充分的调查，但基于对合作银行的信任，担保机构很快以委托放款的形式借给企业 400 万元，用于偿还银行贷款。

根据担保机构与银行的约定，企业还贷后该银行分行应立即批复下一笔贷款，但此时该支行行长却告知担保机构该笔贷款的总额是 600 万元，由于企业自行还贷的 200 万元未能及时到账，现尚缺 200 万元贷款未还，贷款已出现逾期，新一笔贷款无法批复。这样担保机构借出的款项也就失去了还款来源，偿还这笔过渡性借款就变得遥遥无期了。

担保机构随即对企业及整个贷款情况进行了深入调查，发现其实还贷之前企业的经营状况已经出现急剧逆转，销售大幅下降，企业固定资产、库存、应收账款都严重不实。而该支行副行长对企业状况完全知晓却对担保机构隐瞒了真实情况。担保机构同时到该行分行调查，发现企业新贷款虽然已经呈报，但分行根本没有承诺一定批复这笔贷款，更不知道原贷款的偿还须借助担保机构的帮助，银行对该企业的策略根本不是继续予以支持，而是全力收贷。Bdi 银行支行副行长利用担保机构对银行的信任，明知企业无力偿还，却还把一个 400 万元的烂账包袱甩给了担保机构。

三、问题与思考

1. 注意区分个人行为和银行组织行为。本案例中，Bdi 银行支行副行长故意将其个人行为和单位组织行为混淆起来，让担保机构感觉到这是银行的组织行为，比如会影响到该支行的业绩和经济效益、银行与担保机构的合作一直处于良好状态等。其实，如果真正上升到银行与担保机构的合作层面上处理这件事，银行绝不会不顾忌双方合作的基本原则和信誉而将包袱甩给担保机构。

2. 注意一些关键时点。该类案例往往出现在月底、年中、年底这些需要考核、检查的时点上，这时容易构成表面上成立的理由，因为月底的检查、年中和年底的考核是每个单位都会遇到的情况，容易取得担保机构的同情，本案例中，银行个别工作人员就是利用了这一点。

3. 注意做好尽职调查。担保风险无时不在，任何时候都应该做好尽职调查。这类案例往往都经不起认真调查，只要展开细致调查，存在的问题都会暴露出来。

4. 注意核实企业自筹资金的到账情况。本案例中，600 万元偿贷资金中企业自筹还贷资金 200 万元，如担保机构事先跟踪 200 万元还贷资金来源并核实是否到账，就能尽早发现骗局而不致上当受骗。

5. 不要轻信企业的表面状况。本案例中，企业的基本资质会给人一个不错的印象：注册资本大，有一定的经营规模，高新技术企业，行业发展前景广阔，主要经营者属于技术型管理者等，但实际上企业经营已处于困境之中，再无持续发展的能力。

银行个别从业人员道德风险
对担保机构的影响

一、案例背景

1. Gdl 担保公司简介及市场环境

Gdl 担保公司成立于 2003 年，是某省一家发展迅速的民营担保公司。2005年，该担保公司成立分公司，并积极进入珠江三角洲某市担保市场。该市担保市场竞争激烈，数家当地担保公司凭借其拥有的稳定的银行渠道、与当地政府及有关商会良好的合作关系将市场几乎瓜分。作为市场的后来进入者，Gdl 担保公司面临着银行渠道开拓、客户资源培育等方面的巨大压力。

2. Cdp 公司基本情况

Cdp 公司成立于 1993 年，在国内已经有 10 多年的经营历史，是一家营业收入逾亿元、具有港资背景的印刷企业，其在香港拥有关联公司。

二、案例介绍

1. Bdj 银行推荐项目

2005 年下半年，该市的 Bdj 商业银行某支行向 Gdl 担保公司极力推荐该行老客户 Cdp 公司。Cdp 公司在该行有笔 1 000 万元担保贷款，将于 2006 年 3 月到期，该贷款由当地一家担保公司担保，但该担保公司已提出在贷款到期后不予续保。Bdj 银行在尝试向其他多家担保公司推荐该项目未果的情况下，将该项目推荐给刚进入该市不久的 Gdl 担保公司。Bdj 银行经办信贷员、支行负责人向 Gdl 担保公司传递的信息是：Cdp 公司是该行的老客户，双方有良好的合作关系，只需担保公司提供担保书，Cdp 公司续贷申请就能够通过审批；如果能够为 Cdp 公司提供担保，Bdj 银行今后将在业务上向 Gdl 担保公司倾斜。

2. Gdl 担保公司项目评审

Bdj 银行推荐的项目引起 Gdl 担保公司的高度重视，并积极安排项目经理跟进。2006 年 1～2 月，项目经理进行了调查，调查报告显示：Cdp 公司应收账款巨大，其中对香港关联公司的应收款项逾 2 000 万元，占总应收款项的绝大比例，账期逾一年；设备陈旧，大部分设备已有逾 10 年的使用期。另外，项目经理在调查时未能发现或重视下列问题：Cdp 公司已数月拖欠员工工资、水电费；Cdp 公司在其他银行一笔金额为数百万的贷款于 1 月份逾期，之后办理了贷款展期；公司的银行账户存款余额仅为数千元。风险控制部门的意见如下：香港的关联公司对 Cdp 公司的资金占用严重，企业提供的反担保设备的价值、合法性均值得怀疑。

3. 银行施压

Gdl 担保公司内部评审人员针对项目的可行性出现较为严重的分歧。风险控制部总监认为项目风险极大，不适合介入，理由如下：抵押物存在重大缺陷，对项目的保障能力有限；担保申请人账户资金维持在很低水平，主要资金基本上都流向香港关联公司，不利于项目的监控；该公司财务经理频繁变更，财务管理较为混乱。而 Gdl 担保公司的业务部负责人、公司主管领导从市场开拓及维持银行与担保公司的关系方面出发，主张应对企业提供担保。Gdl 担保公司最终的审批意见是要求追加抵押物方可提供担保，却引起了银行的强烈反应，Bdj 银行口头通知 Gdl 担保公司，声称该行近期信贷政策有所调整，对该担保公司推荐的项目暂缓审批。

基于业务压力及维护与银行合作关系的考虑，Gdl 担保公司最终同意为 Cdp 公司向 Bdj 银行申请的 1 000 万元续贷提供担保，并签订了保证合同，贷款担保期限为 2006 年 3 月至 2007 年 3 月。

4. 担保风险显现

贷款发放后不久，Bdj 银行的经办该业务的客户经理辞职。

2006 年 4 月，Bdj 银行经办该业务支行的主管行长辞职。

2006 年 6 月，Cdp 公司第一期还款时出现资金困难，Gdl 担保公司发现 Cdp 公司处于半停产状态。同时，银行决定提前收回贷款，并通知 Gdl 担保公司代偿。

Gdl 担保公司成立紧急处理小组，被迫代偿并进入资产保全阶段，预计将遭受较大金额的损失。

三、问题与思考

　　1. 面对银行的压力，担保公司应如何保持评审的独立性？

　　2. 在项目调查过程中，项目经理应如何提高风险敏感度，以及时发现并提示相关风险？

　　3. 担保公司如何平衡业务发展与风险控制之间的关系？

出口退税政策调整对在保企业的影响

国家政策对企业的发展能够起到促进作用，同样，企业的发展也容易受到政策调整的影响。中小企业整体实力不强、规模不大，这些特性决定了中小企业的经营具有单一性，不能通过综合发展来规避政策变化的影响和冲击。因此，担保机构应密切关注政策性因素对在保企业的影响。本文试以一具体案例进行说明。

一、背景资料

某铅酸电池生产企业，注册资本 3 000 万元，产品以出口为主，出口比例高达 90%，至今已有超过 10 年的发展历史。

该企业生产各种类型的密封免维护铅酸电池，产品广泛地应用于船舶设备、医疗设备、警报系统、电力系统、电信设备、控制系统、发动机起动、紧急照明系统、备用电力电源、大型 UPS 和计算机备用电源、峰值负载补偿储能装置、消防和安全防卫系统、太阳能、风电站、发电站、电动轮椅、高尔夫车、电动叉车、铁路系统、电话交换机等，其产品具有容量高、体积小、重量轻、寿命长等优点。目前生产基地已形成年产量达近百万千瓦时的生产能力。产品畅销欧美等 100 多个国家和地区，为国内出口量最大的密封铅酸电池制造商之一。

二、行业特性及行业发展状况

铅酸蓄电池主要应用于汽车、电子产品、邮电、通讯设备、电动车等，市场需求量非常大。

铅酸蓄电池虽然已有 140 余年的历史，是一个最古老的电池品种，但是铅酸蓄电池在电池工业中是不可取代的。与新兴的电池品种如镍氢电池、锂电池相比，铅酸蓄电池具有独特的优势：电池充电、放电可逆性好；电压平稳，无记忆效应；成本低廉；原材料丰富，且可以再生使用等。

正是由于铅酸蓄电池有以上优点，因此，铅酸蓄电池至今仍旧是产量最大、用途最广的电池品种。

欧盟、美国等发达国家和地区目前限制铅酸蓄电池在本土生产，很多电池生产厂转移到第三世界国家。由于铅酸蓄电池目前还没有替代品，同时由于其可以回收利用，所以欧盟及美国并未限制其进口，相反近年来进口量有上升趋势。

2005 年，我国铅酸蓄电池的出口金额达到 8.2 亿美元，比 2004 年增长了 40% 以上，铅酸蓄电池产品的出口正在快速增长。目前我国已成为世界上主要的铅酸蓄电池出口国家之一，我国越来越多的企业把铅酸蓄电池产品的出口作为企业寻求更大发展的突破口。

三、企业的经营特点

该企业的经营主要有如下几个特点：

1. 规模较大。由于小规模的电池生产企业已越来越无法应对市场的竞争，该企业这些年一直朝着规模化的方向发展，销售规模以年增长超过 50% 的比例快速扩大，到 2005 年已达到 6 亿元。但与此同时，其主要的原材料铅近几年大幅上涨，从 2004 年到 2006 年，铅的价格增长了近两倍，这一方面使小规模企业无法生存、纷纷倒闭，给该企业带来了市场空间；另一方面也给该企业带来了巨大压力，企业赢利不但没有与销售规模同步增长，反而急剧下降，2004 年更到了亏损的边缘，2005 年的净利润率也只有 2%。

2. 出口为主。该企业的主要市场一直是国外，为此该企业建立了辐射北美、澳洲、欧洲、西亚等地的销售和服务平台。在规模逐年扩大的同时，该企业保持了达 90% 的高比例出口额。

3. 对退税的依赖度较高。正是由于该企业高比例的出口和国家的退税政策，使该企业获得了国家大额退税资金的支持，是当地的出口退税大户，每年退税金额高达三四千万元，退税已经成为该企业的主要利润来源。

四、出口退税政策的变化情况

为了控制"高耗能、高污染、资源性产品的生产与出口"，2006 年 6 月，商务部、国家发改委、海关总署征求意见，拟对出口退税与出口加工贸易政策做出调整，拟将税号为 85071000（用于启动活塞式发动机的铅酸蓄电池）和 85072000（其他铅酸蓄电池）的出口退税从 13% 降至 0，即取消铅酸蓄电池的出口退税，并将该类产品列入禁止出口、加工贸易商品目录。

2006 年 7 月，中国化学与物理电源行业协会对国家调整铅酸蓄电池出口退税政策提出反对意见，并上报了商务部、国家发改委、国家信息产业部和中国工业经济联合会，还通过《中国工业报》等媒体连续报道了协会和部分企业的态度。

尽管行业协会和部分企业反对取消退税的声音强烈，但在 2006 年 9 月国家仍正式出台了新的退税政策，铅酸蓄电池的出口退税被全部取消。

五、出口退税取消对该企业的影响

1. 从短期来看，取消出口退税意味着该企业失去了每年几千万元的流动资金支持，要维持原来的经营水平，就必须补充流动资金，这在短期内难以实现。

2. 由于取消了出口退税但产品价格却不能同步增加，导致企业赢利水平下降，甚至可能导致企业出现亏损。据测算，当国家出口退税比例从 17% 调低至 13% 时，尽管只减低了 4 个百分点，但却导致该企业成本上升了 1 200 万元。

3. 原材料价格的上涨导致利润空间缩小，更使出口退税政策变化的影响更加突出。

六、担保机构的进入与退出

在主要原材料大幅上涨前，该企业一直保持较好的赢利水平，加上国家 17% ~ 13% 的退税政策，该企业的流动资金较为充裕，银行的贷款规模一直不大。在 2004 年、2005 年、2006 年 3 年的快速增长期中，该企业的贷款规模也没有同步增长，保持在销售规模的 10% 以内，出口退税资金在其中发挥着重要的作用。期间，该企业投资建设自用厂房，挤占了企业部分流动资金，资金压力开始加大。

鉴于该企业有着较好的基本面，销售规模快速增长，而贷款规模不大，于是担保机构从 2004 年底开始介入，为该企业提供贷款担保，最高时担保贷款总额近 3 000 万元。其主要的反担保措施除部分厂房外，还包括了出口退税款质押和账户监管。因该企业的产品以出口为主，因此，监控出口退税账户的资金流量，就可以大致掌握该企业的经营状况。担保机构从到账退税款中扣除一部分用于分期偿还贷款来逐步释放担保风险，因此尽管贷款规模不小，但风险处于掌控之中，安全有保障。

由于担保机构从分析中知道出口退税是影响企业经营发展的重要因素，因此一直关注国家相关政策的变化。从 2006 年下半年国家萌动调整出口退税政策开始，担保机构就一直密切跟踪，并收集与之相关的信息，进行分析研究，同时放缓担保步骤，分期退出。2006 年 9 月，国家新的退税政策正式出台后，担保机构就停止对该企业新增担保贷款，年底收回全部担保贷款，实现安全退出。

七、问题与思考

1. 应密切关注政策变化对在保企业的影响。政策的变化有可能对中小企业的经营产生不利影响，因此政策风险是中小企业的主要风险之一，担保机构对其要有清醒的认识，要予以足够的重视。

2. 对政策影响的分析不能只停留在定性分析上，还应该有定量分析，这样才能准确把握影响的程度，从而及时做出决策。

3. 担保风险防范应重点放在密切跟踪政策变化和把握好担保节奏上。在政策出现变化时，担保机构应及时采取措施，应对政策的变化，及时退出。

"一房多证"的法律风险及其防范

本案例介绍了房地产抵押中"一房多证"的现象给担保公司带来的法律风险，以提醒业内担保公司警惕或规避此种风险。

借款人李某经营某建筑公司，因资金周转需要向银行申请贷款100万元，期限一年，由 Gdm 担保公司提供担保，李某以其拥有所有权的坐落于某市上海路某门市房产向 Gdm 担保公司提供抵押反担保，该房产建筑面积216.12平方米，用途为商业服务。由于该笔贷款逾期未清偿，Gdm 担保公司代偿后进行追偿，在执行上述反担保财产时发现该房产存在"一房多证"现象，给担保公司追偿带来了障碍。

一、案例简介

李某于2005年3月10日向××市 Bdk 银行申请贷款100万元，期限为一年，请求 Gdm 担保公司提供担保。李某以其所有的坐落于某市上海路某门市房产作为抵押物向 Gdm 担保公司提供反担保，并在房地产管理部门——××市房产档案馆办理了他项权利人为 Gdm 担保公司的房产抵押登记。

2006年3月10日，李某无力清偿贷款，担保人 Gdm 担保公司向贷款人 Bdk 银行承担了保证责任，代偿本金100万元及相应利息。2006年6月，Gdm 担保公司向××市人民法院提起诉讼，诉请拍卖或者变卖李某提供的反担保财产，以拍卖或变卖所得价款优先偿还李某对 Gdm 担保公司所负的债务。人民法院判决支持了 Gdm 担保公司的诉讼请求。

2006年8月，该案进入执行阶段，××市人民法院下达了民事裁定书，裁定查封上述抵押物，并向××市房产档案馆发出了协助执行通知书。接到法院协助执行通知书后，××市房产档案馆工作人员经审查发现，该房产名义上存在三个所有权人，分别为李某、郑某和王某，并办理过三本房产所有权证，其中载明所有人为王某的房产证因另一起债务纠纷也被法院裁定查封，并已进入拍卖程序。

同一处房产出现了三本房产所有权证，且因两笔不同的贷款、不同的房产抵押人、不同的房产抵押权利人，办理了两本房产他项权利证，这使 Gdm 担保公司在申请法院执行过程中遇到了未曾料想的障碍，也给 Gdm 担保公司带来了追偿权难以实现的风险。

二、问题与思考

通过分析，笔者认为造成"一房多证"的原因可能存在以下四种：一是开发商或原房产所有权人先后将同一套商品房出售给两个以上购房者。二是原房产所有权人利用作废房产证进行抵押贷款，抵押已不属于自己的房产。三是不法分子伪造房产所有权证及土地使用权证。四是抵押人将已设定全额抵押的房地产再次设定抵押。另外，房产管理部门审查不严，房产权属登记管理混乱，交接不清，各自为政，对房产所有权证挂失、补证管理欠规范，也易造成多头办证、一房多证、一房多号、有证无号（无门牌号）、门牌号与房产所有权证不一致等奇怪现象，使怀有不法动机者有机可乘。

针对"一房多证"造成的求偿权无法实现的风险，通过反思其发生的原因可以得出以下对策：

1. 担保公司应做好贷款担保的审查、管理工作

担保公司应严格落实贷前调查、贷中审查、贷后监督和跟踪的制度，仔细分析借款人的贷款用途及还款来源。借款人系房地产开发企业的，要认真调查开发项目的合法性、可行性和开发前景、销售效益，并对其开发资质、经营状况、抵押物的价值及其是否是有效的抵押物等进行逐一审查。担保贷款一经发放，就应严密监控资金的流向和用途，确保专款专用。在签订反担保合同时，必须对反担保人的主体资格进行审查，如果反担保人为企业法人，不但要前往工商登记机关审查其经营登记情况，还要对其股权结构、财务状况、或有负债等情况进行调查和分析。此外，还必须对反担保财产进行实地勘察。

2. 谨防房产重复抵押风险

我国法律规定抵押人可以就同一抵押物设定数个抵押权，后设定抵押的行为可以称为再次抵押。再次抵押有余额抵押和重复抵押之分：余额抵押是指抵押人在同一抵押物上设定数个抵押权，但抵押权所担保的数个债权的总额不超过抵押物的总价值；重复抵押又称超额抵押，是指抵押人以同一抵押物向一个或几个债权设定抵押，抵押物所担保的债权总额大于抵押物价值的情形。最高人民法院

《关于贯彻执行〈中华人民共和国民法通则〉若干问题的意见（试行）》第一百一十五条规定："抵押物如由抵押人自己占有并负责保管，在抵押期限间，非经债权人同意，抵押人将同一抵押物转让他人，或者就抵押物已设置抵押部分再作抵押的，其行为无效。债务人以抵押物清偿债务时，如果一项抵押物有数个抵押权人的，应当按照设定抵押权的先后顺序受偿。"根据这一规定，重复抵押是否有效，取决于先位抵押权人是否同意，该司法解释对重复抵押作了限制性规定。《中华人民共和国担保法》第三十五条规定："抵押人所担保的债权不得超过其抵押物的价值。财产抵押后，该财产的价值大于所担保债权的余额部分，可以再次抵押，但不得超出其余额部分。"该条明确允许余额抵押，但完全禁止重复抵押。最高人民法院《关于适用〈中华人民共和国担保法〉若干问题的解释》第五十一条规定："抵押人所担保的债权超出其抵押物价值的，超出的部分不具有优先受偿的效力。"该条虽然没有宣布重复抵押无效，但超出其抵押物价值部分的抵押权既然不能优先受偿，那么重复抵押权最终也无法实现。由上分析可知，担保公司在办理房产抵押反担保登记的过程中，应认真审核，严防抵押人将已设定全额抵押的房地产重复设定抵押。

3. 担保公司应提高自身"免疫力"

目前，担保公司要求反担保人提供的抵押物多为房地产，而房地产权属证书是权利人享有该不动产物权的证明，担保公司不仅要对房地产进行实地勘察，且要对房地产的权属证明与房地产登记机关的管理登记簿进行仔细核对，担保公司可以要求房地产权利人前往房地产登记机关申请查询、复制房地产的登记资料。根据2007年10月1日起实施的《物权法》第十七条规定，不动产权属证书是权利人享有该不动产物权的证明。不动产权属证书记载的事项，应当与不动产登记簿一致；记载不一致的，除有证据证明不动产登记簿确有错误外，以不动产登记簿为准。担保公司不能仅凭借抵押人手中的房产所有权证来设定抵押担保，而还应针对抵押物是否存在"一房多证"的可能性，对房产权属、房产源、交易情况及房产平面分割图等资料进行全面核实，防止抵押物存在不为担保公司所知的权属纠纷，以防范担保公司承担保证责任后追偿权无法实现的风险。

出口退税政策风险分析

一、背 景 资 料

2006 年，Cdq 公司由于生产经营需要，向 Bdl 银行申请流动资金贷款，同时向 Gdn 担保公司申请贷款担保。Gdn 担保公司项目经理调查情况如下：

1. Cdq 公司的基本情况

Cdq 公司始建于 20 世纪 60 年代，原是一家中等规模的国有棉纺织厂，主要生产纯棉、细纺纱线、布和静电植绒布等产品。1996 年，企业整体改制，在经过资产清理、剥离非经营性资产后，企业摆脱了沉重的历史包袱。同时，职工和管理层还获得了公司约 45% 的股权，企业活力被激发，开始进入发展的快车道。

2. Cdq 公司的经营情况

Cdq 公司自 2000 年以来，从德国、日本、瑞士等国家引进代表国际先进水平的气流纺纱机、精梳机、自动络筒机、喷气织机等设备以及国内领先水平的检测设备，使企业 60% 的技术装备都达到了国内外同行业的领先水平，同时也使其中高档产品在经济效益中的比重由原来的 30% 上升到 70% 以上。

Cdq 公司目前生产的纱产品主要包括纯棉普梳、纯棉精梳、气流纺纱等；布产品主要包括帆布系列、卡其系列、直贡系列、弹力系列及提花、色织系列等。

该公司产品的国内市场以江浙、福建、广东等沿海地区为主，同时还出口到 16 个国家和地区。到 2005 年，公司产品的出口率已达 50%，外贸依存度较高。

棉花是 Cdq 公司的主要原料，棉花成本占生产总成本的 72% 左右。新疆、河南是 Cdq 公司内地主要的原料供应地，Cdq 公司已经与相关的棉花经营公司建立了良好、稳定的合作关系。同时，公司还积极从国外进口棉花，保证棉花的充足供应。

在生产方面，Cdq 公司贯彻落实 ISO9002 质量体系标准，严格规范运作，以客户要求为准，把产品质量适应市场和满足用户要求作为重要目标。

3. Cdq 公司的财务分析

Cdq 公司近三年的财务报表均由会计师事务所审计，审计意见类型为无保留意见。通过抽查财务凭证和明细科目发现，公司的财务管理规范，主要数据反映了 Cdq 公司的财务状况和经营成果，其会计报告信息基本真实。

（1）营运能力分析

相关指标表明，Cdq 公司营运能力良好，销售收入随着公司规模的扩张同步增长，存货周转率和应收账款周转率高于行业平均水平，企业呈现良好的发展态势。

（2）偿债能力分析

Cdq 公司近 3 年资产负债率在66%左右，对工业企业而言基本正常。流动比率和速动比率低于1，短期偿债能力较弱。考虑到 Cdq 公司主要存货为棉花和生产前期中的棉布，而且当地棉花和棉布市场已形成较大规模，存货流动性高于应收账款，Cdq 公司实际短期偿债能力可以接受。

（3）赢利能力分析

Cdq 公司近三年净利润虽然稳步增长，但是主营业务利润率却逐年下降至10.23%，仅略高于行业平均水平，主要原因是占生产成本72%的棉花价格在逐年走高。不过，Cdq 公司的成本费用率却是呈下降趋势，略低于行业平均水平。

总之，Cdq 公司的财务状况在同行业中属于较好水平，但是由于行业整体赢利水平较低，赢利能力易受原材料（棉花）价格变动影响。

4. 行业分析

Cdq 公司属于纺织行业里面的棉纺织细分行业。我国加入 WTO 以后，随着经济的高速增长和贸易投资环境的不断改善，国内外市场需求不断提升，棉纺织行业在以压锭为代表的结构调整任务完成以后，保持了平稳、健康的发展态势，经济运行质量良好。

当前，棉纺织行业一个显著的发展特点是技术进步在加快，技术改造投资力度在加大。先进生产装备的增加，先进生产技术的引入，顺应了市场需求，增加了行业的发展后劲，提高了棉纺织业的市场竞争力。

在市场需求的拉动下，全国各地不断出现棉纺新增产能，并呈现出以下趋势：一是向沿海发达地区集中，二是向原料产地集中，三是向出口大户集中，四是向民营企业集中。

国内市场方面，随着我国经济的快速增长和全面建设小康社会步伐的加快，我国人民的生活质量不断提高，内需成为拉动国民经济增长的主要力量。作为人民生活消费品的棉纺织品，在未来的 5 ~ 10 年，其国内需求会有进一步的增长。

国外市场方面，由于产品差异化不明显，企业之间更多地依靠价格来竞争，出口退税成为外贸依赖程度较高的纺织企业主要的利润来源。

总的来说，纺织行业作为劳动密集型行业，其行业整体上利润微薄，净资产收益率约为 5.06%，成本费用利润率为 2.93%，只有工业行业平均水平的 50% 左右，被许多商业银行列为慎贷行业。

二、案例分析

在对 Cdq 公司和棉纺织行业进行了细致的调查和了解后，Gdn 担保公司认为，Cdq 公司技术装备水平较高，产品市场需求较大，是当地棉纺织行业中排名靠前的龙头企业之一，所属行业为地方支柱产业，符合 Gdn 担保公司的担保条件。该公司的不足之处在于产品利润率较低，易受原材料（棉花）价格变化的影响。同时，Cdq 公司出口产品约占 50%，外贸依存度较高，利润率对汇率变动、出口退税政策等变化敏感度较高。因此，对棉花价格、汇率和出口退税率的变化进行跟踪预测，进而测算这些变化对企业赢利水平的影响，并制定相应的应对措施，对贷款担保决策具有非常重要的参考意义。

由于本案例侧重出口退税政策风险，所以对近年来棉花价格和人民币汇率的变化不作分析，仅分析棉纺织行业出口退税的政策变化及其对 Cdq 公司的影响。

1. 国家政策是构成企业外部经营环境的重要方面，政策风险直接影响企业经营效果，严重的会直接导致信用风险的发生。以××钢铁公司为例，钢铁行业宏观调控政策直接导致其违规审批项目的流产，导致银行 40 多亿元的贷款成为不良贷款。政策风险对企业的影响可能是致命性的，因此也是担保公司进行贷款担保分析决策时应认真考虑的风险之一。尤其对国家产业政策、能源环保政策调控的行业，必须对照企业的实际，判断是否存在对企业有重大影响的政策风险。

出口退税政策是各国为促进本国企业出口而普遍实行的一种税收优惠政策。实行出口退税实质上降低了企业产品的成本，提高了企业的赢利水平，增强了本国产品在国际市场上的竞争力。一般认为，出口退税率的变化对外贸依存度较大的企业的利润水平具有显著的调节作用，会对企业出口积极性产生重大影响，因而是国家调节国际贸易的重要工具。

出口退税的具体方式有"先征后退"和"免、抵、退"两种方式。其中，"免、抵、退"适用于产品既有出口又有内销的企业。纺织企业大部分实行"免、抵、退"的方式。免税，是指对出口货物免征本企业生产销售环节的增值税；抵税，是指用出口货物应该退还的所耗用的原材料等已纳增值税款，抵顶内销货物应纳的增值税款；退税，是指出口货物占本企业当期全部货物销售额

50%以上，应抵的增值税额大于应纳增值税额，对未抵完的税额予以退税。1995年，国家税务总局颁发的《出口货物退（免）税若干问题规定》，对生产型企业降低退税率后的核算程序为：免征出口环节增值税；按出口货物适用的增值税率与所适用的退税率之差，乘以出口货物销售额（折算成人民币），计算出出口货物不予退税的税额，从当期进项税额中剔除，计入产品成本；用剔除后的进项税余额，抵扣内销货物的销项税额，即按以上所说的"抵、退"进行。按照我国出口退税政策规定，降低的退税额，是新旧退税率之差，乘以出口货物销售额，直接转为成本增加额，也就是毛利的减少额。

2. 我国纺织品服装出口退税政策的变化情况

我国纺织品服装出口退税政策的变化情况如表4-8所示。

表4-8　　　　　　　国内纺织品服装相关出口退税政策的变化情况

时　间	事　件	原　因
1995年7月	国家将纺织品服装出口退税率由13%下调至10%	—
1996年12月	国家将纺织品服装出口退税率由10%下调至6%	—
1998年1月	国家将纺织品服装出口退税率上调至11%	摆脱亚洲金融危机的负面影响
1999年1月	国家将纺织品服装出口退税率由11%上调至13%	—
1999年7月	国家将纺织品出口退税率由13%上调至15%，国家将服装出口退税率由13%上调至17%	—
2001年7月	国家将棉纱、棉布、棉制产品出口退税率由15%上调至17%	—
2004年1月	国家将纺织品服装出口退税率由15%、17%下调至13%，出口退税由中央和地方共同负担	
2005年1月	国务院调整中央与地方出口退税分担比例	调整地方负担不均衡，调动企业出口积极性
2006年9月	国家将纺织品出口退税率由13%下调至11%	减少贸易顺差，通过税收政策为"两高一资"产业投资降温
2007年6月	国家将服装出口退税率由13%下调至11%	—

从表4-8可见，我国纺织品出口退税率的调整经历了三个阶段。1998年之前，我国纺织品出口退税率处于第一个下调阶段。1998年至2004年1月为上调阶段，主要是为了摆脱亚洲金融危机的负面影响（由于我国保持汇率稳定，造成纺织品竞争力下降）。2004年1月至今处于第二个下调阶段，主要是由于自2000年以来，我国纺织品出口一直高速增长，国际贸易顺差不断扩大，而棉纺织业又属于"两高一资"（高能耗、高污染、资源性）产业，所以需要通过下调

纺织品的出口退税率来减少国际贸易顺差，为棉纺织业的投资降温。

从历史上看，出口退税率最低曾达到 6%，目前 11% 的出口退税率水平，仍有下调的空间；从效果上看，国家为了缩减贸易顺差和降低"两高一资"产业的投资，仍有下调出口退税的潜能；从调整周期和调整幅度看，在未来 1 年，国家有可能再将纺织品出口退税率下调 2%。

3. 出口退税率下调对棉纺织行业的影响

（1）利润空间压缩

如果产品售价不变，出口退税率下降几个百分点，毛利率就相应下降几个百分点。

出口退税政策调整使本来就微利的纺织企业更加无利可图，而追求利润最大化正是企业生产经营的目的。从事出口业务的企业需要垫付一定期间的周转金，如果企业以自有资金周转，在出口无利润或利润很小的情况下，将损失利息收入；如果企业以借贷资金周转，从事出口业务还将支付利息，这样企业不但赚不到钱还要倒付利息，最后企业只有放弃出口业务。

（2）纺织品出口下降

由于出口退税率的下降实际上增加了企业的成本，出口企业要维持原有的利润水平，就必须将这部分成本转嫁给进口商。但是，由于棉纺织产品同质化严重，众多出口企业依靠价格竞争，进口商选择余地较大，导致出口企业的议价能力较低，只能部分转嫁，导致企业出口量减少。

（3）出口价格优势减弱

出口退税率下调，加上国内棉花价格的暴涨，我国的棉纺织品在国际市场上的价格优势将大大削弱，国际市场的订单将会大量转移到南亚和东南亚国家，从而失去出口的竞争力。素以质优价廉取胜的中国纺织品，价格优势的减弱，将使其出口形势变得严峻。

4. 对 Cdq 公司赢利水平的影响分析

出口退税率每下降 1%，产品毛利率将减少 1%。不考虑价格转移等的影响，由于 Cdq 公司外贸依存度达到 50%，如果出口退税率下调 2%，利润率将下降约 1%。不过由于企业可以通过价格转移等方法降低出口退税率变化对企业的影响，所以 Cdq 公司实际利润率的下降可能没有这么大。

对 Cdq 公司来说，由于产品利润率高于行业平均水平，2% 甚至更高幅度的出口退税率下调，并不会导致 Cdq 公司亏损，只会使其赢利下降。如果出口退税率下调至 6% 的幅度，则应密切关注企业的经营情况和财务状况，加强保后监管。

三、风险控制措施

1. 针对棉花价格上涨的风险，建议企业通过商品期货交易所进行棉花期货交易，锁定棉花成本，对冲棉花现货市场涨价带来的不利影响。

2. 针对人民币持续升值带来的汇率风险，建议企业在外贸合同中，争取采用以人民币计价，以外币结算，或者在外汇市场对外币进行对冲交易。

3. 针对出口退税率持续下调的风险，根本办法是增强企业的创新能力，提高产品附加值，优化出口产品结构，提升企业的利润水平。短期而言，可以将部分出口产品转为内销。

四、问题与思考

企业面临的政策风险是复杂的，并且往往行业内企业均面临此类风险。作为担保公司，在判断企业风险时，不但要关注企业自身的财务风险、经营风险等内部风险，而且要关注企业面临的政策风险等外部风险。只有不断加强对政府有关政策的解读，分析政策变化对企业的影响，才能有效地全面控制担保风险。以下问题值得我们思考：

1. 如何量化分析出口退税率调整对企业经营的影响？

2. 担保公司如何防止和控制政策变化带来的系统性风险？

3. 政策风险对担保公司业务决策有何影响？

银行工作人员职业操守低下引发的担保风险

一、案例介绍

2003 年 12 月，在 Bdm 银行支行行长助理的推荐下，Gdo 担保公司为陈某在 Bdm 银行的个人经营流动性贷款提供了融资担保服务，贷款数额为人民币 100 万元，期限一年。

Gdo 担保公司的担保业务部门与陈某进行了初步接触之后，查明如下情况：（1）担保申请人陈某与其配偶王某共同经营一陶瓷经销部，属个体户。（2）该经销部在日常经营管理上缺乏比较规范的财务管理制度。经项目调查人员了解，该经销部既没有制定规范的财务报表，也没有其他比较完整的财务资料可供核查，且该经销部的现金坐支现象十分明显。根据这些实际情况，Gdo 担保公司项目调查人主要核查了其尚存的部分日常财务收支流水账、发货凭证等可以反映其经营状况的原始资料，估计 2001～2003 年该经销部的销售收入平均每月为 80 万元。（3）因目前该产品的销售量扩大，陈某拟购进增量存货以满足批发客户的需求，故陈某决定以个人名义向 Gdo 担保公司申请 100 万元的融资贷款担保。

对该项目进行评审以后，Gdo 担保公司得出以下结论：

该经销部主要从事商贸性陶瓷产品经销业务，且相关财务管理制度不甚健全。按照 Gdo 担保公司担保业务操作规程的要求，对此类规模不大且有关管理建制较差、资信状况较难核实的非生产性客户，一般情况下会尽量避免承接，但考虑到银行方推荐人与客户的关系甚好，对陈某情况非常了解，且对其资信状况、经济实力和为人品质都非常认可，尤其是陈某承诺办妥市场价 83 万元的房产抵押反担保登记手续。基于对银行方面的信赖与认同，Gdo 担保公司认为基本能够控制项目风险，原则上同意受理此项目，但要求落实以下反担保措施：（1）将陈某所有的某市城区一套商品房（建筑面积 110 平方米，评估价 33 万元）抵押给 Gdo 担保公司，并办理抵押登记和有关公证手续；（2）将陈某所有的某市城区另一套商品房（建筑面积 150 平方米，评估价 50 万元）抵押给 Gdo 担保公司。Bdm 银行支行行长助理后来提出建议，将上述两套房产都抵押给银行，Gdo 担保公司同意了该操作方案。

Gdo 担保公司经办人在办妥了这两套房产抵押申请手续并拿到房地产交易所的业务受理抵押回执后，出具了保证担保合同。

贷款发放后，适逢春节长假，经办人员没有循例对陈某及其经销部进行保后监管跟踪调查。孰知，春节假后，经办人员在保后监管工作中突然发现陈某的办公电话无人接听，手机也停机。经多方打听，也不见陈某的踪影，而且陈某经销部所在的陶瓷建材批发市场的经营铺位也被转租。更为严重的是，陈某的房产抵押登记手续也迟迟未能办妥。后经办人员到房地产交易所了解到，由于陈某拟办理抵押登记的一处房产为按揭房产，不能办理抵押登记，致使另一处房产也因房产评估值小于贷款金额，房地产交易所不予办理抵押登记手续（当地当时房地产交易所规定如此）。因此，最终两处房产都未能真正落实抵押登记手续（取得他项权证明），抵押合同实际无法生效，均不能对抗第三人。

意识到事情的严重性，经办人员立刻向公司作了汇报，Gdo 担保公司接到报告后也立即组织相关人员对此事进行全面调查。调查中担保公司发现：陈某并没有将其担保申请的资金用于经营性流动周转，Bdm 银行支行行长助理才是本笔担保贷款的策划者。该行长助理利用其职务之便和与 Gdo 担保公司之间多次合作所取得的信任，在 Bdm 银行与 Gdo 担保公司之间传递不实信息。从整个事情经过来看，至少包括 Bdm 银行支行行长助理、Gdo 银行经办人员、借款人陈某在内的相关人员参与了此项资金的调用、分配和瓜分，此项银行贷款融资担保业务，也是陈某和银行方面相关人员联合精心策划的诈骗行为。

了解到事实真相之后，Gdo 担保公司立即以诈骗为由向公安机关报案，但案件侦查至今未有结果。

二、问题与思考

1. 就我国目前担保行业的业务特征而言，担保公司与银行等金融机构之间是一种合作的关系，并且这种关系主要是建立在相互信任的基础上的。然而，在贷款项目的运作过程中，相关人员的道德风险是否可以控制，其判断标准往往比较主观，并没有一个可以将道德风险予以量化的客观评判标准。因此，在具体融资担保项目操作过程中，防范相关人员包括银行方面工作人员的道德风险实属必要。这就需要担保公司在项目操作过程中坚持独立评审原则，严把审查关，严格履行业务操作规程，切忌掺杂个人主观感情。

本案中，在陈某不符合 Gdo 担保公司的担保要求而 Bdm 银行极力推荐的情况下，Gdo 担保公司更应当严格评审，把好监管关。例如在承担担保责任之前，加强反担保措施、加快落实反担保措施，这是 Gdo 担保公司降低其所承受的道德风险发生几率的主要手段。

然而，在实际操作中，加强反担保措施、加快落实反担保措施从时间上考虑是有较大操作困难的。这种情况下，担保公司如何衡量客户的道德状况是否与风险敞口匹配，往往也是基于推荐人的信用。但问题就在于，推荐人在担保过程中并不承担任何风险或责任。Gdo 担保公司在为陈某担保之时，全部担保金额都存在风险敞口。对此问题，担保公司可以考虑对以纯道德信用为基础来开始担保责任的项目加以量化的控制。

2. 反担保措施的实际操作性是量化其保障力度的前提。Gdo 担保公司的经办人没有反映拟抵押财产的有效性，评审人员因此而被误导。可见，在项目评审过程中，明确抵押物的合法性、有效性是十分重要的。具体有如下建议：

（1）注意抵押财产的合法性。如明确抵押物是否为法律禁止流通物，是否为根本不能变现的财产，抵押人是否拥有抵押物的处分权等。《担保法》第三十七条也列明了不得设定抵押的财产：土地所有权；耕地、宅基地、自留地、自留山等集体所有的土地使用权，但《担保法》第三十四条、第三十六条规定的除外；学校、幼儿园、医院等以公益为目的的事业单位、社会团体的教育设施、医疗卫生设施和其他社会公益设施；所有权、使用权不明或者有争议的财产；依法被查封、扣押、监管的财产；依法不得抵押的其他财产。

（2）注意抵押财产的真实性。抵押财产应是在法律上没有缺陷、真正为抵押人所拥有处分权的财产，在其之上应没有其他法律负担，在此之前也应未设置过他项权利，抵押财产所担保的债权没有超过它自身的价值，没有设置多重抵押等。

（3）考虑抵押财产的变现能力。对抵押财产要充分考虑其变现的能力，即使真实合法的财产其变现能力也会因各种原因降低，从而使担保公司的利益受到损失。另外应充分考虑到抵押财产不能变现的可能性，以免出现担保公司无力接受该项财产又无法变现的情况。对一些价值虽然很高，但专业性很强的机器设备等财产应特别慎重，由于专业性很强，这类财产一般很难进行变现，一般不要将这样的抵押物作为风险控制的重点。

3. 在项目的具体操作过程中，还要求担保从业人员具备一定的法律业务知识，这不仅可以做到在项目操作中尽量降低风险出现的几率，在风险出现之后也有可能采取适当的法律措施维护自身权益。在本案中，Gdo 担保公司的经办人员直到房管部门通知才得知两套房产不能办理抵押登记手续，但此时项目已经出现风险了。假设 Gdo 担保公司的经办人能够了解清楚抵押物情况，熟悉我国担保法方面的法律规定，落实监管反担保措施，那么该次风险是可以预料并加以避免的。

还应当注意，担保公司在办理他项权证的过程中，必须跟进好登记的情况。抵押登记具有对外的公示效力，但是当登记存在瑕疵，该"公示"是无法对抗善意第三人的。如果房地产权利登记部门的记载中无有关抵押记载，抵押权未经公示而缺乏公信力，即不具有对抗第三人之效力。

4. 在合同签订前，应当尽量运用各种合法的手段，通过不同的渠道来核实担保财产的真实性、合法性。主要方法是要求抵押人提供抵押财产凭证原件，对数额较大的不动产还应当要求抵押人提供有关机构做出的资产评估报告。

连环计骗取借款引发的思考

一、案例背景

为了有效地控制风险，担保机构一方面必须建立完善的内部管理制度，另一方面必须确保制度得到严格执行，即控制操作风险。本案例是企业施行连环计，担保机构操作人员未按规定流程操作，结果导致风险的出现。

Cdr 公司是一家粮食加工企业，2006 年在担保机构申请贷款担保，获得批准的方案为：一年期 900 万元贷款担保，每月等额还款 40 万元。反担保措施为原值 420 万元的 7 套房产抵押，法定代表人夫妇及总经理赖某夫妇的保证担保。贷款银行 Bdn 通过贷款审批，主合同签订完毕后，6 月 1 日，担保机构将房产抵押登记材料报送到国土局，待抵押登记办理完毕后即可放款（当地国土局办理房产抵押登记所需时间为 15 日）。

二、连环计实施过程

房产抵押登记递件后的第二天（6 月 2 日），Cdr 公司总经理赖某匆匆忙忙跑到担保机构向项目经理求助，提出因为有一笔货款急于支付，在房产抵押登记手续办理完毕前，能否同意先发放 300 万元贷款用于应急。此为第一计——无中生有。

项目经理急企业所急，当天就将企业申请提交单位评审会讨论，并申请通过担保机构下属的一家典当公司为企业提供 300 万元典当款供企业临时周转 15 天。最后，评审会通过的方案为：典当公司以 Cdr 企业 100% 的股权作为当物，为其提供典当放款 300 万元供其使用。待房产抵押登记办理完毕担保贷款放款后，900 万元担保贷款中的 300 万元划回典当公司以偿还典当款，其余 600 万元供其自行使用。评审会提出：由于典当的当物是企业的股权，较难处置，该项目的风险控制要点在于担保贷款发放后如何将其中的 300 万元划回典当公司以还款，要求由典当公司与项目经理设计方案，报评审会。

评审会通过以上方案后，项目经理就和赖某一起去贷款银行沟通，但贷款行提出本笔贷款规定用途为 Cdr 公司进货所用，只能划给 Cdr 企业的供应商，不能直接划到典当公司。赖某一听，面露急色，但随即出了一个主意，可以先将 300 万元担保贷款划到 Cdr 企业的供应商 Cds 公司处，再从 Cds 公司划款到典当公司，并拍着胸脯保证说 Cds 公司为自己"控盘"，资金调拨由自己说了算，而且银行实时支付也是一个瞬间的事，仅多办理个划账手续而已。此为第二计——声东击西。困难好像迎刃而解，项目经理觉得这也是个好办法，但为安全起见，项目经理与贷款行经办人员、企业约定，在 300 万元未划回典当公司之前，企业不能够将余下的 600 万元转出。

典当业务与担保业务的配合操作在该担保机构属成熟业务，典当行确定了操作流程，如图 4 – 1 所示。

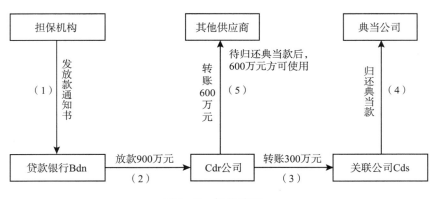

图 4 –1　操作流程一

操作要点如下：

1. 典当行放款前，项目经理调查清楚借款企业、赖某与 Cds 公司的关系，并再次落实典当款的回路。

2. 担保贷款的发放、归还典当款由典当公司工作人员进行全程封闭式操作。

3. 借款企业提前准备好两张支票交给典当行经办人员：一张从 Cdr 企业转账至 Cds 公司，另一张从 Cds 公司转账至典当公司，金额均为 300 万元。典当行经办人员事先应验明支票的真伪，核对与企业在银行的预留印鉴是否一致，以确保在借款企业不配合的情况下也能转账归还典当款。

项目经理落实相关事项后，各项工作开始启动。

6 月 3 日，典当公司放款 300 万元到 Cdr 公司账户。

6 月 19 日，房产抵押登记办理完毕，担保贷款放款前置手续办理完毕。

6月20日，典当公司经办人徐某持担保机构出具的《担保贷款放款通知书》与 Cdr 企业的财务经理洪某一起到达贷款行 Bdn 办理放款手续。放款前，徐某按照规定索要 Cdr 公司准备的两张还款支票。财务经理洪某打了几个电话后告诉徐某，Cds 公司的主管外出，支票无法盖章。怎么办呢？好在事情又"顺利"地解决了，洪某想出了另一个方案，此为第三计——偷梁换柱：

1. 将担保贷款中 300 万元从 Cdr 公司转账到另一关联公司 Cdt，再从 Cdt 转回典当公司。

2. 作为后备方案，另外 600 万元转到 Cds 公司，即使 Cdt 公司的 300 万元划不回典当公司，待 Cds 公司的主管回来就可以把支票准备好用于偿还典当款。

操作流程如图 4 - 2 所示：

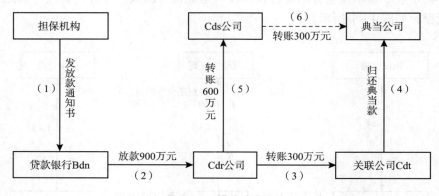

图 4 - 2　操作流程二

典当公司经办人徐某一想，这也是个好主意，未经领导批准擅自改变了操作流程。时间已近下午四点，洪某进一步建议，自己先到 Cdt 公司取转账支票，徐某留在贷款银行办理放款和转账手续，并交给徐某两张转账支票，一张 300 万元从 Cdr 公司转账到 Cdt 公司，另一张 600 万元从 Cdr 公司转账至 Cds 公司。两张支票明显为事先预备好的，但并未引起徐某的警觉。洪某与徐某约好，洪某拿到支票、徐某办完转账一同到 Cdt 公司的开户行碰头，徐某再从开户行将 300 万元转回典当公司。

徐某很快办理完转账手续，将 900 万元担保贷款中的 300 万元划入了完全不知底细的 Cdt 公司，另外 600 万元划入 Cds 公司。徐某办理完转账后到了 Cdt 公司的开户银行，但左等右等，企业的财务经理洪某一直未到，而且手机也关机，此为第四计——走为上。时间已近下午 5 点钟，徐某有点着急了，他还在想可能是约错了地方，洪某的手机又恰好没电了，就给项目经理打了电话。项目经理与企业总经理赖某联系，发现手机也处于关机状态。时间到了下午 5 点 40 分，徐某意识到大事不好，才向领导汇报了情况。至此，担保机构担保贷款加上典当公司放款共计 1 200 万元。

6 月 21 日，担保机构的风险追偿工作全面展开。经查实，转到 Cdt 公司的 300 万元早已划出，不知去向。而划到 Cds 公司的 600 万元偿还了 Cdr 公司欠对方的货款。Cds 公司为一家正规的国有企业，根本不是如赖某所说自己能"控盘"的公司。此为第五计——金蝉脱壳。

虽然经过担保机构和典当公司的合力追偿，所有款项已全部追回，但追债过程长达 7 个多月，过程非常艰辛，耗费了担保机构大量的人力、物力。

三、问题与思考

1. 事后查明，这是一起蓄意安排骗取典当公司资金的案例。Cdr 公司的总经理赖某在银行工作多年，熟悉担保、典当的操作流程，所以精心安排，连连施计演出了这么一场戏。其实在整个过程中有许多的疑点，只要项目经理、经办人员细心思考就能发现其中的问题，例如：为什么事情的发展总是出现很多问题？为什么面临的问题总是能"顺利"解决？为什么看似无心设计，但方案总是天衣无缝、合情合理？

2. 注意防范经办人员的操作风险。如果典当公司经办人徐某按照典当公司要求的流程操作，不擅自改变操作流程，或者项目经理按照要求查明 Cds 公司是否真是赖某所能"控盘"的企业，风险的"尾巴"就会露出来。

3. 风险控制中操作风险的防范极其重要，一方面要设计好方案，注意每个环节的严格控制、环环相扣；另一方面就是重视员工风险教育，警钟长鸣，杜绝有规不依、有章不循的现象出现，这样才能走上一条良性的、可持续发展的道路。

担保从业人员品质瑕疵造成的业务风险

一、案例介绍

2004 年 5 月，由 Gdp 担保公司提供担保的一笔 300 万元个人银行贷款即将到期，债务人叶某为 Cdu 公司负责人。由于叶某有赌博的不良嗜好，平时无心经营企业，欠款较多，Gdp 担保公司决定该笔贷款到期后不再继续提供担保，并催促叶某及时归还担保贷款。为了避免 Gdp 担保公司代偿后向其追偿，在中介公司的推荐下，叶某找到了 Gdq 担保公司，以 Cdu 公司生产流动资金紧张为由，向 Gdq 担保公司提出了一年期总额 300 万元的融资担保申请。

在接到 Cdu 公司的担保申请后，Gdq 担保公司立即指派项目经理王某与叶某接洽，进行尽职调查，了解项目基本情况。为了达到成功融资的目的，叶某刻意隐瞒了自己已有 300 万元贷款且拖欠未还的事实。一方面，他向前来调查情况的项目经理王某进行大力公关，另一方面，他授意编制了一套虚假的财务报表，以表明企业的经济效益良好。面对着金钱等物质利益的诱惑，王某没有按照 Gdq 担保公司规定的调查流程进行细致、全面的调查，单纯凭企业贷款卡上记载的情况即判断企业没有贷款，简单地收集了企业所提供的报表资料后就草草结束了整个项目的调查工作。在该项目进行评审时，Gdq 担保公司评审委成员对 Cdu 公司的财务状况提出疑问，王某却以 Cdu 公司财务制度不健全、有关凭证已经销毁为由，竭力为 Cdu 公司申辩。最后，由于王某向 Gdq 担保公司提供了不实的调查报告，Gdq 担保公司经审批同意为 Cdu 公司提供 300 万元的融资担保，期限为一年。

贷款按时发放后，项目经理王某并没有按公司规定的操作流程及时跟进落实该笔贷款的用途，而是依然沉浸在叶某漫天的谎言之中，甚至在平时的保后监管工作中也没有对 Cdu 公司的经营情况进行关注。实际上，叶某将其中的 200 万元贷款用于偿还了前述 Gdp 担保公司担保的部分贷款后，又将剩下的 100 万元贷款带到澳门赌场，希望通过赌博赢钱来偿还所有的欠款，结果全部输光。

转眼间，Gdq 担保公司担保的 300 万元贷款也已经到期。尽管 Gdq 担保公司多次催促，但叶某却迟迟未能归还银行的贷款，Gdq 担保公司最终不得不实施代偿，并向法院提起诉讼。Gdq 担保公司申请法院对该公司资产查封的一个月后，项目经理王某才发现叶某已不见踪影，意识到事态严重，王某立即上报公司。Gdq 担保公司马上组织相关人员对该项目进行处理，快速申请法院查封了叶某正在按揭的反担保房产。

最后，Gdq 担保公司通过法院胜诉判决，追回了大部分代偿款项，挽回了大部分损失，并对经办的项目经理王某进行了严肃处理。

二、问题与思考

按照担保行业的行业特性，担保公司识别风险和控制风险的能力只有高于商业银行才能获得生存和发展的空间，这就对担保公司从业人员的职业素质提出了较一般金融机构更高的要求，从业人员素质的高低直接影响到担保公司经营风险和道德风险发生的几率。

从以上案例中，我们能够发现：一方面，在当前市场经济建设的过程中，部分中小企业及其经营者法制观念淡薄，守法意识不强，为了最大程度地攫取经济利益，他们想尽办法营私舞弊，钻制度漏洞，而国家也没有相应的一套较完善的信用监督机制对其信用状况进行监督；另一方面，个别担保公司从业人员素质不高，职业道德缺失。担保行业是一个高风险行业，融资担保业务是一项专业性较强的工作，担保从业人员不仅需要具备专业技能，更需要具备良好的职业素质和道德品质。

从项目经理王某身上可以看出，某些担保从业人员的职业道德水平不高，一旦其选择谋取个人私利，就极易产生道德风险。加上个别担保公司在项目评估、审核的过程中，个人主观因素占有很大的比重，风险控制不严，使一些基本面不是很好的中小企业也获得了贷款担保，给担保公司带来了无法预期的潜在风险。

总而言之，一名合格的担保从业人员应当同时符合下列要求：首先，需要具备金融、财务、法律、审计、项目评估等多方面专业知识；其次，要具备较高的政治、思想、文化素质，正确的世界观、人生观和价值观；第三，要有高度的职业责任感，遵纪守法、严于律己、秉公廉洁、恪尽职守。只有这样才能专心致志地做好担保工作，不论在多么复杂的条件下，都能够忠于职守、尽责尽力，严格按规程办事。

风险控制与防范是担保公司生存与发展的生命线，而担保从业人员就是这条生命线上的排头兵。一旦排头兵被腐蚀了，整个阵营也将土崩瓦解。因此，提高和加强担保从业人员的职业素质，防范担保从业人员道德风险，是相当重要和紧迫的。简单来说，可以从以下几个方面来加以控制和完善：

1. 严把进人关。担保公司在进行社会公开招聘或就职考核时，既要注重拟招录人员的学历和个人能力，更要注重他们的思想道德品质。坚决杜绝将有劣迹记录的人员招录进担保公司，从源头上减少道德风险发生的可能性。

2. 建立完善的激励约束机制和担保公司内部业务规章制度。定期组织担保从业人员进行规章制度的学习和职业道德的培养，经常性地开展以案说法的风险防范教育，使担保从业人员认识到每个岗位都是"风险口"，都有可能出现道德风险，使他们明确违反操作规程的后果，增强其自律意识。

3. 在具体开展业务的过程中，实行 A、B 角双人调查制度。从防范和控制道德风险和违规操作发生几率的角度完善各项规章制度，以消除不法分子的侥幸心理，减少其作案机会。

4. 强化内部控制机制。建立业务部门、审批部门相关岗位之间相互监督制约的第二道防线；建立内部稽核监督部门对业务全面实施保后监管检查的第三道防线；完善内部授权、授信制度和内部权力、责任制衡制度等。

担保从业人员道德风险的防范

一、担保机构从业人员道德风险的定义

从广义上说，担保机构从业人员道德风险是道德风险在担保机构从业人员中的具体体现，它是担保机构从业人员违反担保行业职业道德、担保机构内部管理制度而给担保机构带来的无法预期的损失。从狭义上说，担保机构从业人员的道德风险是指由于信息不对称和契约不完备等原因导致担保机构从业人员的活动不能被有效地观察和监督，导致从业人员过度冒险以及担保机构内部管理出现漏洞。担保机构从业人员道德风险不同程度地表现在以下几方面：（1）担保机构从业人员不尽职责或进行违规操作，使项目留下了风险隐患；（2）担保机构从业人员在信息不对称的情况下，为掩盖真相或弥补亏损，进行过度冒险交易，致使风险项目情况日益恶化、担保机构变主动为被动；（3）担保机构个别从业人员的道德低下，影响了担保机构在企业和银行中的形象。

担保机构风险控制的一个重要环节在于对项目进行深入调研，而项目调研是否深入、细致，除了需要从业人员有较强的业务能力外，更取决于他的职业道德和操守。

二、担保机构从业人员道德风险实例

2006 年 3 月，家具生产企业 Cdv 公司向某担保机构申请一年期 1 000 万元流动资金贷款担保。企业基本情况如下：该企业于 1998 年成立，注册资本 500 万元，2005 年增值税纳税申报表中的报税销售收入为 2 200 万元；企业提供的 2005 年内部财务报表显示，总资产 8 210 万元，净资产 3 186 万元，2005 年销售收入 1.2 亿元，净利润近 1 100 万元；2004 年销售收入 8 000 万元，利润 680 万元。据 Cdv 公司介绍，该公司 2005 年的 1.2 亿元销售收入中，有近 8 000 万元销售是通过该公司在香港成立的 HKCdv 公司实现的。

项目经理 A 角和 B 角在调研中发现：企业的账务非常不明晰，内部账务非常不完善。Cdv 公司的对公账户上显示，2005 年货款回笼不到 2 500 万元；HKCdv 公司香港账户对账单显示，2005 年回款不足 3 000 万元。在公司 8 210 万元总资产中，固定资产不足 800 万元，存货 1 600 万元左右，应收账款 4 200 万元（其中，近 2 200 万元为应收关联企业 HKCdv 公司的款项）。也就是说，企业 2005 年 1.2 亿元的销售收入中，能够核实到的回款不足 5 500 万元。经过和企业负责人沟通，得到解释：Cdv 公司和 HKCdv 这两个公司坐收坐支情况较多，除了以上两种回款途径外，部分货款回笼至个人账户，项目经理要求企业提供个人存折或银行卡的对账单，企业只提供了几个存折，上面显示月回款合计不足 100 万元。企业解释为存折找不全或部分存折已销户。

项目经理 A 角已发现企业提供的销售收入和实际回款有较大的出入，并且可能存在资产不实的现象。由于项目经理 B 角工作调离，而新的 B 角没有介入前期的调研工作，对该项目了解不够充分。项目经理 A 角怀着种种侥幸的心理，将企业所述内容未经核证便提交评审会讨论，将没有核实到的近 7 000 万元回款全部记入到香港 HKCdv 公司账户，夸大了其香港 HKCdv 公司账户的回款金额，应收香港 HKCdv 公司 2 200 万元账款也直接按照企业提供的余额明细提交评审会。以担保额不足 400 万元的房产申请了 800 万元的流动资金贷款担保，每月等额还款 20 万元。

在评审会上，评委认为从回款和销售来看，该企业和关联公司的交易过大，回款多来自香港公司，单凭对账单便认定回款为货款回笼欠妥；该企业产品全部自行生产，没有外协加工，以原值不足 800 万元的机器设备，不足百人的企业，年产值达到 1.2 亿元比较令人质疑。以上问题项目经理 A 角都无法回答。

评审会研究决定派一名评委到企业核实情况，发现如下疑点：

1. 香港 HKCdv 公司的回款和项目经理 A 角提供的数据不一致，相差近 7 000 万元；

2. 项目经理 A 角在评审报告中反映 2006 年通过香港 HKCdv 公司销售 8 000 万元，从企业财务了解到，通过 HKCdv 公司销售的产品，一般有 1 个月左右的账期，而应收账款余额中应收 HKCdv 公司款项有 2 200 万元与项目经理 A 角所说香港 HKCdv 公司 1 个月 700 万元左右的销售额差距；

3. 从应收账款明细账中看到 2005 年全年对关联企业 HKCdv 公司的应收借方累计额不超过 2 000 万元，也就是说，应收账款明细账显示，Cdv 公司 2005 年通过 HKCdv 公司销售也就是 2 000 万元左右的货物；

4. 通过水、电费的核实发现，2005 年并未比 2004 年有增长，相反有下降，这一点至少可以说明 2005 年的销售额应该不会比 2004 年增长太多；

5. 1 600 万元左右的存货根本核实不到，企业目前的存货大概在 600 万元左右；

6. 核实财务 2005 年入库统计，入库成品价值不足 6 000 万元；

7. 通过打印该公司贷款卡，发现该公司未结清贷款中有多次欠息记录，但项目经理 A 角未向评审会报告；

8. 通过向行业协会及其他同行企业了解情况，得知该企业年生产能力不到 7 000 万元。

以上种种现象表明，企业的实际情况和报表显示严重不符，Cdv 公司明显在弄虚作假。而项目经理 A 角已在该担保机构工作两年以上，应该有识别上述虚假信息的能力，但该项目经理隐瞒不报，纯属个人道德风险。

三、问题与思考

1. 担保机构如何防范从业人员的道德风险？

2. 可以通过哪些方法核实企业的销售收入？

3. 可以通过哪些渠道核实企业提供信息的真伪？

担保机构的流动性风险

一、案例介绍

Gdr 担保公司是一家由三个股东共同发起成立的商业性投资担保公司，成立于 2004 年 10 月，注册资本 6 000 万元，其中，办公楼等实物资产占 60%，货币资金占 40%。

该公司以投资业务和专业化担保为主要经营范围，以中小企业和个人消费者为主要服务对象，为中小企业融资和个人经营性贷款提供信用保证，协助其获得银行、信用社贷款。该公司主要提供针对流动资金贷款、科技型企业技改贷款、出口型企业信用证贷款、入住园区企业的建设性投资贷款、城镇改造基础设施贷款以及下岗失业人员再就业贷款的担保服务。

Gdr 担保公司设立后，先后与 Bdo 银行、Bdp 农村信用合作社签订了合作协议。在合作协议中，Gdr 担保公司与合作单位约定了业务操作方案：Bdo 银行和 Bdp 农信社给予该公司注册资本 5 倍的信用担保额度；每单笔担保业务，Gdr 担保公司须存缴担保额 20% 的保证金，如果所担保企业贷款到期未还，由银行从保证金专户中直接划款代偿；担保公司在代偿后 10 日内，补齐保证金。在为企业贷款提供担保服务的具体操作过程中，担保公司向客户收取贷款额 10% 的保证金，担保公司自己交存另外 10% 的保证金。

截至 2006 年 8 月底，Gdr 担保公司累计在保融资担保额为 24 000 万元，其中 Bdo 银行贷款担保 14 000 万元，存入保证金专户资金 2 800 万元；对 Bdp 农村信用合作社贷款担保 10 000 万元，存入保证金专户资金为 2 000 万元。

2006 年 9 月，由于一家借款企业资金周转出现问题，无法按时偿还在 Bdo 银行的 500 万元贷款。根据 Gdr 担保公司与 Bdo 银行签订的协议，担保公司应先行代偿，由 Bdo 银行直接在保证金户划扣 500 万元。10 天后，Bdo 银行要求 Gdr 担保公司补齐 13 500 万元在保项目 20% 的保证金，即 2 700 万元。因为 Gdr 担保公司在 Bdo 银行的保证金专户被划走 500 万元后仅剩 2 300 万元，需要再补充 400 万元保证金。此时，Gdr 担保公司的注册资本中货币资金已全部打入 Bdo 银行和 Bdp 农村信用合作社保证金专户，公司账户只有 150 万元货币资金，资金周转出现问题，现金流出现缺口。Bdo 银行采取措施，要求担保公司用注册的办公楼抵押融资补充保证金，但 Gdr 担保公司迟迟没有回应。Bdo 银行追查原因，到登记部门查询，才发现该公司办公楼已于一年前抵押给了另一家银行。Bdo 银行认为担保公司的经营理念和操作手法都存在较大隐患，继续合作可能导致更多问题，且会使银行陷入风险状态。于是，Bdo 银行决定停止与 Gdr 担保公司的合作关系，并提前催收该公司担保的所有企业贷款。Bdp 农村信用合作社在得知此消息后，也停止了与担保公司的合作。

二、问题与思考

现代经济社会，任何一个经济实体的信用或商誉都是与其资本实力密不可分的，因此任何一个经济实体的发展都面临着流动性风险问题。所谓流动性风险，是指由于无法获取或无法足额获取所需的现金及现金等价物而导致损失的风险，更明确地讲，是指由于不能在经济上比较合理地进行筹资，或者不能以账面价格变卖或抵押资产，以偿还意料之中或意料之外的债务而造成损失的风险。现金保障对于企业的持续经营是生死攸关的（《流动性风险——企业资产管理和筹资风险》（美）班克斯 著，褚韵译），以资金为生命线的担保公司尤其受到流动性风险的影响。因为作为提升企业信用度的有效手段，担保公司并非仅以其自身的信誉提供担保，在风险出现的时候，担保公司还需要依赖自己雄厚的资金实力来维系或恢复该种信誉。具体而言，通过本案，我们可以得出：

1. 流动性风险危险性较大，严重影响着担保公司的信用与信誉，甚至可置担保公司于死地，成为担保公司破产倒闭的直接原因。

2. 信用担保是资金密集型行业，具备一定的资本实力是其生存的必要条件之一，担保的规模一定要与担保公司的资本实力相适应。

3. 担保公司应具有一定的资本实力，这样才能切实履行其代偿职能，从而给合作银行带来信心。甚至可以这样说，担保公司的信誉是"赔"出来的。

4. 担保公司的资金必须实际到位，杜绝虚假出资，同时在经营过程中不能抽逃或挪用注册资金，切实保证代偿资金的充足。

5. 银行在选择合作的担保公司时，对其经营策略、操作方法、偿付能力要有充分的考察，并进行有效的监控，方能防患于未然，降低风险发生的可能。

当然，流动性风险并非仅仅是担保公司的资金问题，与担保公司的经营管理制度也是密切相关的。因此，要解决担保公司的流动性风险问题，还应当从更高层次做出努力：

1. 全面实施资产负债管理。流动性风险不是单纯的资金管理问题，而是多种问题的综合反映，因此，担保公司还应当从资产负债综合管理的角度来探讨流动性风险的防范。（1）强化经营系统的调控功能，规范担保公司的经营行为。建立应对流动性风险的内部决策控制机制、实施控制机制、事后监控和预警机制。（2）建立高效、科学的系统内资金调控反馈机制，进行有效的资金调剂，建立起系统内资金预测、统计和分析的管理体制。（3）实现资金的优化配置，充分利用好有限的资金资源，以增强系统内资金的效益性和流动性。

2. 对资产负债进行结构性调整，尤其是优化储备资产结构，建立分层次的流动性准备。根据资产的流动性，通过配置各类资产的数量，确定相互间的配比关系，构建适宜的资产结构，建立起多层次、全方位的防范流动性风险的防线。

3. 建立健全流动性风险预警机制。（1）做好对资产负债流动性的预测和分析，通过对流动性供给和需求变化情况的预测和分析，完成对潜在流动性的衡量。（2）建立流动性风险的预警系统，包括预测风险警情、确定风险警况、探寻风险警源。通过对风险警情指标的预测来确定风险警况、探寻风险警源，以最终排除警情，达到将流动性风险减至最低的目的。（3）建立定期的流动性分析制度。包括流动性需求分析、流动性来源分析和流动性储备设计，同时还应当建立流动性风险处置预案，提高防范流动性风险的能力。

反担保物估值不当的风险

一、反担保物价值高估风险

1. 返租房产高估风险

2005 年，Cdw 公司向某担保机构申请贷款担保 1 500 万元，提供的反担保物为某商业楼三楼部分商场——S 商铺，建筑面积为 1 000 平方米。某房地产评估公司为其出具了评估值为 2 600 万元的评估报告。另外，Cdw 公司提供了 S 商铺的租赁合同，承租方为 Cdx 公司，租金为每月 15 万元，租赁期限为 3 年。该商业楼的基本情况：临马路，交通方便，位于新兴商业区内，周围有成熟住宅区；该商业楼楼高四层，总建筑面积约为 8 800 平方米，每层为 2 200 平方米，1 ~ 3 层为商业用途，第 4 层为办公用途。当时该楼一楼商铺出售均价为每平方米 5 万元，但一楼均为独立商铺；二楼均价为每平方米 3 万元，三楼均价为每平方米 2.3 万元。

经市场调查，发现目前三楼有二手商铺出售，售价为每平方米 3 万元左右，有成交案例。现该商业楼一楼商铺空置率为 5% 左右，二至三楼商铺均已出租，有麦当劳、面点王、国美电器等商家。

担保机构评估人员调查得知，该商业楼为 Cdw 公司开发，在发售时，二楼、三楼所销售的商铺均同 Cdx 公司签订返租协议，租赁期限为 3 年，按售价的年利率 8% 返租，即三楼商铺租赁均价为每月每平方米 153 元。

经过实地勘察，评估人员发现该商业楼三楼 S 商铺，现为一家知名百货公司租用，而根据评估人员的经验和对商场连续几天人流量的观察，评估人员认为该百货公司无力承担每月 15 万元的租金。后通过多种渠道了解到，Cdx 公司与此百货公司签订的租赁协议中约定，租金为每月每平方米 55 元。经评估人员调查核实，这种租金水平属于正常的租金水平，不存在故意压低租金的现象。据此，评估人员认为 S 商铺 2 600 万元的评估值属于严重高估。大型商铺以后的变现对象主要为机构，其评估方法应主要参考收益现值法，而收益的确定应以商铺的真实租赁收益为依据。考虑到新兴商业区的特点，评估人员认为其合理的评估值应为 750 万元左右。

经过充分沟通，Cdw 公司最终认同了评估人员关于 S 商铺估值的观点，大量补充了反担保物。

2. 汽车价格变化导致的高估风险

2003 年 8 月，Cdy 公司向某担保机构下属的典当公司申请典当，金额 16 万元。Cdy 公司提供的典当物为一辆拖头汽车，该车为新车，原价 20 万元，典当期限为 3 个月，车辆质押给典当行。

评估人员对拟典当的车辆进行了实地勘察，确认该车为全新车辆，完整无损。另外，市场调查显示，同类型的新车市场价为 21 万元，使用期一年内的二手车成交价格为 13 万元左右。考虑到该车尚未使用且为全新车，评估人员与 Cdy 公司协商后，同意典当金额为 14 万元。

不料，3 个月后典当到期，该车绝当，而该车的生产厂家对车辆价格进行了下调，新车价格降到 18 万元。二手市场上，该种车辆的成交价格迅速下跌，导致典当车辆变现困难，最后勉强以 14 万元的价格出手。

从上述案例可以看出，由于评估人员对车辆价格变化之快缺乏认识，对二手车市场了解不够充分，以致产生变现困难的风险。

二、反担保物价值低估风险

2006 年，Cdz 公司向某担保机构提出了 5 000 万元贷款担保的申请。某担保机构经过评审，通过了该笔贷款申请，但前提条件是 Cdz 公司需向某担保机构提供价值不低于 3 000 万元的反担保物。于是，Cdz 公司提供了一栋商业房产作为反担保物。该商业房产用途为某旅游城市一家知名度较高的三星级宾馆，共六层，总建筑面积为 15 000 平方米，一至四层建筑面积为 10 000 平方米，五至六层建筑面积为 5 000 平方米。其中，一至四层有房地产证，五至六层无房产证。由于没有房产证不能进行有效的抵押登记，所以五至六层不纳入评估范围。

根据企业提供的可核实资料，该宾馆近几年的营业收入稳定在 3 200 万元左右，净利润为 330 万元左右。评估人员根据收益现值法进行估算，得到该宾馆整体价值为 3 600 万元，可抵押部分价值为 2 400 万元。

不过，Cdz 公司认为，该宾馆 5 000 万元很容易找到买家，担保机构所给的评估值偏低。Cdz 公司还表示，如果该宾馆的抵押额不足 3 000 万元，拟放弃在该担保机构的担保申请，另外寻找其他融资渠道。

经过再次与企业沟通，评估人员了解到，企业的实际营业收入要高于3 200万元，真实净利润达500万元左右，但企业无法提供可核实的证明材料。为了证实企业的说法，评估人员通过多种渠道对当地的旅游资源、宾馆业现状进行了深入的了解，再结合该宾馆的情况得出如下结论：

1. 根据该宾馆的营业面积、客房入住率、收费标准、管理现状等情况，预计其每年净利润应在500万元左右；

2. 随着我国居民收入水平的提高，旅游热的兴起，加上当地丰富的旅游资源，预计该宾馆的客房入住率、收费标准将来都会逐渐提高，其营业收入和净利润有较大的提升空间。

评估人员根据调查了解的情况，对该宾馆进行了重新估算，得到其整体价值为6 900万元左右，可抵押部分价值为4 600万元左右，远高于3 000万元。

低估反担保物价值，其风险在于：一是使担保机构失去好的客户；二是使需要贷款的企业得不到贷款，失去发展的机会。

三、问题与思考

1. 建立一套完整的反担保物评估程序

对反担保物的评估需要实施一套完整的评估程序，如对反担保物进行实地勘察、原始文件的搜集、市场调查、历史背景的了解等。仅对反担保现在的价格进行调查，而忽视了对其特殊历史背景的调查，有可能酿成巨大的风险。因此，评估程序的每一环节都必须实施到位，马虎不得，这是评估人员降低反担保物估值风险的前提条件。

2. 选择正确的评估方法

一般而言，对反担保物的评估应以市场比较法为主，对商铺而言则不一定。大型商铺主要以机构及大客户买卖为主，非常注重投资回报率，具备投资价值是大型商铺容易变现的前提条件。所以，大型商铺的评估宜采用收益现值法为主，市场比较法为辅。而中小型商铺一般以普通投资者买卖为主，对投资回报率不敏感，应以市场比较法评估为主，收益现值法为辅。根据反担保物的特点，采用适当的评估方法，才能有效控制反担保物的风险。

3. 对未来进行预测

评估人员对反担保物的评估，收集到的主要是过去和现在的资料及信息，因此评估的价值反映的是现在的价值，但实际需要的是反担保物的抵押到期价值。两者之间的矛盾要求评估人员依据自己的知识经验，在已有资料的基础上，对反担保物的未来价值进行预测，并将这一预期因素体现在估值中，以规避反担保物未来价值被高估或低估的风险。

4. 把握反担保物的真实价值

高估反担保物，一旦项目出了问题，损失立即兑现，但也不能因为害怕损失而故意低估反担保物的价值，这不仅会导致担保机构流失客户，同时也会损害客户的利益。因此，评估人员在评估过程中要保持客观而公正的立场，把科学性与艺术性结合起来，冷静分析，力求把握反担保物的真实价值。

第五篇

保后管理篇

贷款担保风险的等级分类

一、背 景 资 料

Cea 公司主营各类灯饰的生产和销售，其产品 80％用于出口。从 2004 年起，Gea 担保公司就开始为该公司从银行融资提供担保。随着 Cea 公司销售规模的逐年扩大，Gea 担保公司为其担保的规模也从 2004 年的 750 万元增加到 2006 年末的 1 500 万元，反担保物为 Cea 公司拥有的总计 4 000 平方米厂房和办公楼，2004 年前述反担保物的评估价是 650 万元。

二、贷款担保风险的分类

2006 年以前，受益于国内制造业显著的成本优势，Cea 公司的海外订单迅猛增加，生产经营规模不断扩大，销售收入快速增长，企业经营效益显著提高。依据 Gea 担保公司收集的 Cea 公司相关资料，2005 年末，Cea 公司资产总额 8 600万元，资产负债率约为 45％，年销售额约为 15 000 万元，较 2004 年增长 20％左右，销售毛利率 12％，与上年基本持平，实现净利润 850 万元，较上年增长30％，Cea 公司存货周转率、应收账款周转率与上年相比保持平衡。从现金流看，2005 年公司每月的现金流入量均在 1 200 万元以上，全年的经营性净现金流为 870 万元，超过了净利润，说明其收益质量较好，正常的还款能力能够得到保障。同时，随着房产价格的上涨，作为反担保的抵押物价格也有所增加，评估值超过了 700 万元。综合上述因素，Gea 担保公司将其对 Cea 公司提供的 1 000 万元贷款担保风险等级分类为正常。

2006 年初，Cea 公司以销售增长需要扩大流动资金投入为由，向 Gea 担保公司申请增加担保额度到 1 500 万元。鉴于 Cea 公司多年以来良好的经营业绩和良好的还款记录，2006 年初，Gea 担保公司将对 Cea 公司的担保额度提高到 1 500万元。

2006 年末，Gea 担保公司检查人员对 Cea 公司的经营情况和还款能力进行例行的检查和评估。根据 Cea 公司提供的相关资料，其 2006 年末的资产总额为 9 100 万元，资产负债率与上年同期相比基本持平；全年销售总额较上年提高 10%，达到 16 500 万元，销售毛利率和销售净利率都保持了比较平稳的状态。但根据从银行获取的信息显示，Cea 公司的每月结算量较上年明显下降，现金流状况趋于恶化，还款能力受到一定影响。由于从两方面获取的信息存在明显的差异，Gea 担保公司检查人员决定对 Cea 公司进行更加深入细致的现场调查。

现场调查发现，Cea 公司的产能利用率较上年明显下降，部分生产线处于闲置状态，原料和产成品库存也较上年同期减少很多。调查人员根据现场调查情况结合从银行渠道获取的信息，对 Cea 公司提供的资料的真实性提出了质疑，经再三交涉和要求，Cea 公司不得已拿出了其内部的财务资料。资料显示，2006 年受化工塑料和各类金属材料价格大幅上升的影响，公司的生产成本大幅上升，但由于同业竞争激烈，生产成本的上升难以向下游转移，造成销售毛利率大幅下降，企业经营处于微利甚至亏损的状态，经营效益明显下滑。由于 Cea 公司错误地判断了市场，在价格高位采购了较多的原料，而在产品定价时又缺乏必要的灵活性，脱离市场情况企图通过产品提价转嫁成本上涨的压力，造成订单明显下降，原料和产品形成积压。2006 年，公司实际销售了 12 800 万元，较 2005 年下降 15% 左右，资产负债率也上升到了 59%，流动资产周转率明显下降，每月的经营现金流入量不到 1 000 万元，全年的经营性净现金流不到 100 万元，财务状况趋于恶化，还款能力明显不足。

根据上述了解到的信息，Gea 担保公司检查人员在对该笔担保分类时提出以下意见：

1. 公司的经营状况不容乐观，财务状况趋于恶化，还款能力受到明显影响，虽然目前还没有出现逾期不还款的情况，但若上述情况持续下去，后续能否正常还款将出现重大不确定性。

2. 公司提供的反担保抵押品由于工业地价的大幅上涨使其市价明显上升，2006 年末，该抵押品的评估价已超过 1 000 万元，反担保的保障程度增强。依据上述理由，Gea 担保公司将该笔担保的风险等级分类确定为关注。

三、问题与思考

做好贷款担保风险级别分类，应重点关注以下问题：

1. 对还款能力的评估是对贷款担保风险进行准确分类的关键。在对还款能力进行评估时，应注意重点关注受保人是否有能力通过正常的主营业务收入归还贷款本息。

2. 要注意通过不同的渠道收集分类的依据，特别是应注重通过无关联的第三方如银行、供应商、下游客户等获取信息，因为第三方提供的信息对准确分类有更重要的借鉴意义。

保后管理的要点分析

担保公司的担保业务流程一般包括受理、调研、评审、决策、签约、办理相关手续、放款等阶段。比较担保项目的评审阶段，放款后的保后管理阶段周期更长，工作更繁杂。担保公司业务人员在工作量较大时，容易产生懈怠心理，忽略保后管理工作。从全过程的风险管理观点看，保后的管理工作实际上更重要。

严格地说，保后管理工作不能消除由于评审疏忽造成的先天性系统风险。但完善的保后管理工作却可以及时发现这些事先存在的问题，更重要的是，完善的保后管理工作可以及时发现由于客户内部以及外部条件变化导致的事后风险因素，从而为发现问题、规避风险创造条件。

一、保后管理的基本要求

通常我们把担保公司的保后管理工作分为月报分析、季访、分级、处置等不同的管理内容：

1. 月报分析

按时收取客户的财务报表并对其进行认真分析，是担保公司保后管理阶段需要进行的一项基本工作。当我们拿到客户的财务报表后，首先应与客户申请担保时的报表相比，查看其财务状况是否恶化，然后再分析其财务状况与评审报告中对客户的财务预期是否一致。此外，我们还应对以下重要信息引起关注并应及时了解原因：

（1）不能按时收到财务报表。

（2）客户货币资金减少数额较大。

（3）应收账款数额增加较快且连续几个月没有显著降低。

（4）存货周转速度放慢。

（5）销售收入比预期降低，等等。

2. 季访

季访不能简单理解为每季度到被担保企业走访一次，而应做到每季度至少考察一次。在实际保后管理工作中应做到：在担保贷款发放的一个月内应了解客户贷款资金的使用情况（与企业负责人、财务人员交流并查账核实）；担保期间应结合被担保企业的经营特点定期走访，了解企业经营情况；在担保贷款到期前一到两个月，应走访企业，了解企业还款资金来源及筹集情况，并为下一笔业务做准备。在保后季访过程中应通过各种技术手段了解企业的经营信息，在出现以下情况时应引起高度重视：

（1）在贷款银行流水减少。

（2）出现拖欠员工工资现象。

（3）客户主营业务出现变化迹象。

（4）客户管理层变动。

（5）客户财务人员变化。

（6）客户生产、办公地址变化，生产、办公条件变差。

（7）由于客户原因造成原定的走访日程经常发生改变。

（8）企业的重要客户订单显著减少。

（9）存货陈旧、管理不善，等等。

3. 分级

在月报分析和定期走访客户后，应对客户进行分级管理。一般而言，担保公司可仿照银行机构五级分类原则对担保项目进行分级管理，按项目的风险程度分级为正常、关注、次级、可疑、损失，并可按风险分级计提担保风险准备金。

4. 对未到期非正常类项目的风险处置

二、担保项目的过程管理

所谓保后的过程管理，就是尽可能做到实时掌握企业经营信息，从而将担保公司的风险度控制在最低。

对担保公司而言，反担保措施设置的目标在于：一是在被担保人不能履行还款义务、担保公司代位赔偿后，可以依据抵押权或求偿权对债务人进行追偿；二是对被担保人造成压力，使其努力经营避免丧失被抵押资产的所有权。但反担保只是保证被担保人偿还担保债务的一种手段，在债务的还款来源上不能依赖抵押物和保证等反担保措施。更何况，一般被担保人向担保公司提供的反担保措施相对来讲要弱，一旦担保公司不得不通过抵押物变现或向反担保保证人行使追偿权时，其花费的成本与精力将使该笔担保业务遭受更大的损失。所以。担保公司在开展担保业务时，除了要求被担保企业提供必要的反担保措施外，还要针对被担保人的经营特点，设置必要的控制手段，主动地防范担保业务可能产生的风险。

以下是一些保后管理阶段可以采用的手段，对担保公司开展业务或许能提供借鉴。

[例1] 部分申请担保的企业经营管理较为完善，并已在企业内使用综合业务管理系统，如果客户能够向担保公司开放其业务管理系统，担保公司就能够实时地掌握客户的进、销、存信息。结合库存商品的抵押，担保公司不仅可以实时了解企业的经营状况，还能够实时掌握反担保资产的状况。

一家总部设在北京的 IT 产品经销企业，其在北京地区有六家销售门店，同时在国内其他各地有几十家直销网点。基于该企业的成长历史、销售规模、行业影响和较完善的经营管理，担保公司同意为该企业向银行申请的 1 500 万元授信提供担保，帮助企业组织货源，扩大销售规模。作为一家商贸企业，该公司没有固定资产提供抵押，担保公司采取的主要反担保措施是企业提供的流动库存商品质押。该企业的库存商品有以下特点：一是流动性强，二是分布广，无法进行有效监管。但该企业有运行多年的 ERP 管理系统，公司的进、销、存能够实时反映在内部管理系统中。针对这一特点，担保公司要求企业在其进销存系统中向担保公司开放窗口，使担保公司能够通过互联网实时查询企业的销售情况和库存商品的地点、品种、数量、金额。网络实时查询不仅让担保公司掌握了该企业的销售状况，而且结合定期的实地盘查，也使担保公司能够掌握反担保库存商品的真实状况，使企业提供的反担保措施有了现实意义。现在，担保公司与该企业已有了多年的担保合作，企业在担保公司的支持下业务也有了迅猛发展。

[例2] 国内汽车消费市场需求旺盛，汽车销售大部分通过厂家授权的 4S 店进行销售。由于汽车经销商在 4S 店建设中投入了大量资金，致使经营所需流动资金不足。汽车合格证作为商品车的有效凭证，在商品车销售中不可或缺。

针对这一特点，担保公司在 2001 年与银行合作，采用流动库存商品（商品汽车）质押加汽车合格证代保管的措施，为知名品牌汽车经销商向银行申请开立的承兑汇票提供担保。采用的过程控制措施如下：客户将采购的商品汽车的合格证交给银行或担保公司代为保管；在实现销售时，客户先将资金存至指定银行账户，银行或担保公司再释放代为保管的汽车合格证；指定银行账户资金只能用于向厂家继续采购商品汽车或用于解付担保公司担保的银行承兑汇票。

通过这种过程措施，担保公司可以实时地掌握客户销售额和销售进度，并控制客户销售回款及其使用，从而在一定程度控制了风险。

三、问题与思考

　　担保合同生效后，项目经理应做好保后跟踪检查工作。具体要求是：每季度登门拜访客户，了解被担保人的经营管理及产销情况；每月定期审阅客户财务报表，分析财务状况的变动趋势，密切注意是否有预警信息；还要关注客户管理层的人事变动，以及通过各种途径了解客户在各银行的资金往来情况，从而全面掌握被担保企业的运作情况。

　　事物的变化都存在一个由量变到质变的过程。完善的保后管理能够通过各种迹象在量变阶段就及时发现被担保客户经营恶化的趋势，从而使担保公司能够迅速采取措施保全自己。但细心者可以发现，上述管理内容仍然存在一个缺陷，即它只能在客户经营发生变化的一段时间后才发现问题。如何能够在变化的过程中就发现问题呢？这里就涉及一个过程管理问题。只有将过程控制措施与月报分析、季访等工作有效地结合起来，才能够使担保公司的保后管理工作落到实处，有效地控制担保项目的风险。

保后检查与担保业务风险防范

一、保后检查的定义

保后检查是担保公司对担保项目进行保后跟踪检查并做出评价的过程，是保障贷款安全回收的一种必要手段。通过保后检查可以发现贷款在运行中存在的问题，并提出防范贷款风险、加速信贷资金周转的对策及建议。

保后检查的主要内容包括：跟踪已发放的贷款，掌握贷款的去向和用途，监督专款专用；按期审查借款企业的资产负债情况、贷款使用和还贷情况、固定资产的异常情况、经营情况、账户设置和管理状况；抵押物的使用、保养、投保情况等。具体如下：

1. 期限的检查。任何贷款都有一定的期限，对未到期的贷款检查其是否能按期归还。

2. 用途检查。检查各项贷款是否按合同约定的用途使用，检查是否有挪用、变相挪用、套用贷款或私自拆借贷款的情况发生。

3. 检查借款人产、供、销的运行情况，主要看生产与销售的运转是否相互支持，是否形成较严重的产品积压。如果产品积压严重，应判断其对按期还款的影响程度。

4. 检查借款人还款资金的来源，分析是否具有按期还款的能力或还款资金是否落实。

5. 写出综合性的保后检查报告，对贷款周转使用中的问题提出建议，对加速借款人的资金周转以及解决生产和经营中的问题提出改进措施。

二、保后检查案例

Ceb 公司为一家民营高科技企业，专门为供电系统生产检测设备，在该领域有连续 10 多年的经营历史，主要产品在国内同业中占有相对优势的地位，具有较强的竞争力。该企业总资产近 2 亿元，年销售收入 2 亿多元，资产负债率 50%。该公司资产、销售收入的规模较大，负债率也不高，货款的回流周期一般为 3 个月，因下游客户大部分是各地供电局，现金周转情况也属正常，企业订单充足，产品供不应求。

在判断企业当时的基本面较好的情况下，Geb 担保公司提供了三笔总额为 1 000 万元的流动资金贷款担保，期限一年。贷款发放后，贷款资金用于经营周转，满足了客户订单需求，促进了企业销售收入及利润的增长，担保风险分类为正常，保后检查的周期为 3 个月。

但贷款发放后半年，在保后检查中 Geb 担保公司发现如下问题：Bea 银行贷给该企业的流动资金贷款 4 000 万元，期限为 1 年，但企业贷款的真实目的为建设厂房，属于固定资产投资，企业预计的投资回收期为 3 ~ 4 年，贷款期限与实际使用项目回收期不符。如果按期归还贷款，企业营运资金将难以为继，因此能否续贷是关键，在企业经营正常的情况下，Bea 银行的信贷政策变化是主要风险。鉴于此，该项目担保风险分类被列为关注，保后检查的周期缩短为两个月，对现有贷款的续贷采取逐步压缩的措施。

在担保贷款到期时，虽然该企业的经营情况正常，Bea 银行对企业的信贷政策未发生变化，但是根据担保分类与应对措施，Geb 担保公司还是主动将贷款压缩至两笔，金额为 700 万元，维持风险分类为关注，检查周期为两个月，同时再次提醒企业需密切注意 Bea 银行信贷政策的变化，及早采取应对措施。

Geb 担保公司担保的 700 万元贷款续贷前，企业贷款卡信息记录显示 Bea 银行对该企业贷款的风险分类为关注，Geb 担保公司预感到 Bea 银行的信贷政策开始紧缩。因此，尽管该企业当时的经营还正常，Geb 担保公司还是压缩贷款的额度至 300 万元，贷款期限半年，归还方式为按月等额还款。

此后，Bea 银行不再续贷并加大催收力度，使企业资金链非常紧张，Geb 担保公司根据以上形势及时召开专题会议，制定了详细的催款方案，并派出资产保全人员展开督促工作。经过 Geb 担保公司保众多人员的努力，最终使贷款全部偿还，Geb 担保公司的代偿风险得到了控制。

三、问题与思考

1. 在发现企业经营状况出现下滑信号时，应如何进行担保业务的决策？

2. 企业的负债结构不合理，担保公司如何采取措施促进企业发展并化解自身风险？

担保业务的保后管理和追偿

一、担保情况介绍

借款人 Cec 公司是一家以 SMT 加工为主业起家的企业，2000 年销售收入 3 315 万元。当年，Gec 担保机构为 Cec 公司提供了一年期 100 万元贷款担保，Cec 公司向担保机构提供股东个人房产（评估快速变现值 80 万元）抵押及股东个人连带责任保证反担保。之后几年内，Cec 公司业务有较大发展，还款记录良好，Gec 担保机构持续为 Cec 公司提供贷款担保，担保金额随其发展壮大而增长。2003 年，Cec 公司销售收入 15 642 万元，产品品种增加了手机电池板、手机充电器板、无线网卡、小灵通手机、MP3 等，并与 Ced 电信签署了 1 个亿小灵通手机的供货合同，次年，Cec 公司增加注册资本至 2 000 万元。2004 年 1 月，Gec 担保机构以 Ced 电信应收款账户监管为主要反担保措施，向 Cec 公司提供一年期 1 000 万元贷款的担保，并约定 Cec 公司按月等额还款 50 万元。此时，Cec 公司银行贷款总规模已达 1 750 万元。Cec 公司在扩大销售规模的同时也开始资本运作，其主要股东在英属维京群岛成立公司，收购国内某公司，以买壳上市的方式在美国 OTCBB 市场谋求上市，其融资"题材"就是小灵通巨大的市场需求。Cec 公司在内地购买了大宗土地，经评估后列入公司资产，之后变更为外商独资企业。整个"集团"内公司达 10 余个，各项费用剧增。2004 年 9 月 6 日，Gec 担保机构以 Cec 公司股东个人房产抵押（评估快速变现值 127 万元）及股东个人连带责任保证为反担保措施，为 Cec 公司再次提供一年期 500 万元贷款担保，约定 Cec 公司按月等额还款 25 万元。至此，Cec 公司银行贷款总规模激增至 6 495 万元，同时公司还向员工募集资金。2004 年 11 月，该公司从 OTC 融到第一笔投资款 50 万美金，经营计划包括扩大销售规模、提高赢利水平、机卡分离双模小灵通手机的研发、批量生产，后续累计融资达 550 万美元。

二、保后监管

项目经理按照 Gec 担保机构的保后监管规定，对 Cec 公司进行了定期和不定期的保后检查，检查内容包括公司采购、出货、货款回笼情况，重点对该公司的现金流进行跟踪统计，通过检查公司基本户和主要结算银行的银行对账单、公司贷款卡、公司银行日记账记录，了解资金运转情况。

以下为 2004 年该公司各月银行对账单、公司银行日记账、应收账款、应付账款核查情况：

1. 通过检查该公司 2004 年各月在 8 家主要结算银行的对账单，了解公司款项进账及余额情况。公司款项的进账额及月末余额在 Beb 银行发生的最多，2004年累计进账 15 422 万元，月末余额平均 100 万元。

2. 通过核查公司银行存款日记账，了解 Beb 银行账户的资金进出情况、资金的来源及用处。在剔除往来款项、贷款等后，2004 年累计回笼货款 8 594 万元，累计付出购买材料款 10 266 万元。

3. 通过核查公司往来明细账，了解公司的应收应付情况，核查公司 25 个客户的应收账款变化情况。2004 年 5 月开始，该公司对 Ced 电信的供货减少，改为向 Cee 供货，应收账款监管账户的回款量下降。11 月后，公司增加了 Cee 回款，应收账款监管账户内全年回款 2 425 万元，低于评审预计回款，仅为预计量的30%。另外，Cec 公司的主要结算行——Beb 银行账户 2004 年各月货款回笼少于用出购买原材料的款项，2004 年 12 月 31 日的应付账内挂有两笔较大的预付款。

与 2003 年同期相比，Cec 公司 2004 年的应收账款、存货、银行借款增长较大，销售额却没有体现出大的增长。资金呈现"出多进少"的局面，公司资金日趋紧张。2004 年 Cec 公司两笔由 Gec 担保机构担保的贷款等额还款均正常，但是 2005 年 1 月，其中一笔贷款到期未还，出现逾期，Cec 公司以股东股份协议转让款和部分货款在该月底逾期还款。2005 年 2 月，Cec 公司由 Gec 担保机构担保的另一笔贷款等额还款也出现逾期。

2004 年底，由于 Cec 公司陆续收回的海外投资款均用于归还银行贷款，公司董事会内部矛盾加剧。2005 年 2～4 月间董事会几经改组，高层管理人员变动频繁。对外公司则表现出日常资金紧张、销售萎缩的局面，公司解释为其主导产品更新换代，双模小灵通手机在几个月内将进入批量生产，销售量下降只是暂时的情况。但公司已不再配合银行及担保机构的调查，以各种理由拒绝提供相关资料来证明其解释。项目经理通过与 Cec 公司及其关联公司人员交谈，并通过各结算银行调查了解，认为该公司资金紧张可能不是暂时的，也不仅仅是由行业的大气候导致的，股东可能有抽逃资金行为。基于上述理由，Gec 担保机构于 2005 年 5 月请求贷款银行对 Cec 公司提前收贷，并采取法律措施查封了该公司的银行账户，贷款银行在调查之后却回复暂不采取措施。8 月，该公司开始拖欠员工工资。9 月 6 日，该笔贷款逾期，尚有贷款余额 250 万元。此后，Cec 公司另外三笔贷款也在逾期或展期后出现欠息，四家银行及四家担保机构均对该公司进行追债。

三、保后追偿

逾期后，Gec 担保机构项目经理和法务经理将工作重点放在对 Cec 公司账户的清查上，保前调研记录保留了该公司 17 个账号及往来频密的关联公司的两个账号。通过对账号清查，发现该公司在没有贷款发生的 Bec 银行账户上有资金往来，其中一个账户在 2005 年 7 ~ 9 月有 800 多万元款项进账，而此期间执行董事王某已表示连利息都付不起了。经项目经理查实，2005 年 9 月 23 日该账户进账 260 万元，2005 年 9 月 27 日，Cec 公司将 236 万元打给××公司，然后由××公司背书给潮州人开的小商店套现。在此调查的基础上，Gec 担保机构提前向银行代偿，取得追偿权后申请人民法院查封了 Cec 公司账户，冻结资金 158 万元，加之预计快速变现值 127 万元的抵押房产，追偿权得到保障。至此，该项目追偿由被动转为主动。

四、问题与思考

从本案的整个处理过程思考，可以总结出如下经验教训：

1. 对以资本运作为主导方向的公司需特别警惕：

（1）Cec 公司在内地购买大宗土地，只付了少量预付款，评估后却增值数十倍列入资产，虚增资产；

（2）为了跟上 UT 斯达康的东风，促使短期内销售额翻倍增长，Cec 公司投入了"小灵通"生产项目，并在 OTCBB 市场上成功融资，但是 Cec 公司自身的资产质量和经营质量却并无提升；

（3）尽管 Gec 担保机构在项目审核过程中，从其资产中剔除了几千万不实资产，并以此财务报告作为审核依据，但对 Cec 公司对外贷款激增、对内向员工集资等种种"圈钱"的行为缺乏警惕。

2. 如果贷前审查阶段预计的公司经营成果没有实现，必须仔细分析原因并补充约束措施。本案例中，Gec 担保机构担保的一年期 1 000 万元贷款主要以

Ged 电信应收款账户监管作为反担保措施。在担保期间内，公司所计划的经营成果没有达到，之后双模小灵通手机的试产也一再延期。项目经理对于 Cec 公司跟风进入小灵通行业的风险缺乏分析，在出现了一些不好的苗头时，也没有进一步分析原因并采取补救措施。

3. 贷前调研及保后跟踪应详尽记录有关信息，以便在追偿阶段债务人不配合的情况下，也可以找到有效的工作方向和重点。

附　　录

一、"小灵通"行业背景

我国自 1998 年信息产业部成立后，采取了邮电分营、电信改组、资费下调等一系列措施，为开放电信市场作准备。中国电信自无线寻呼及移动业务分拆出去后（该两项业务收入占整个电信业务收入的一多半），也期望能够找到新的增长点。"小灵通"即利用现有市话交换资源的无线接入系统走入市场，并发展迅速。由于小灵通在技术上是落后的过渡性技术，其系统稳定性差、话音质量不好、掉话率高，信息产业部曾在数月内连下 4 个文件对"小灵通"的发展进行规定。"小灵通"在国内的发展一直处于一种微妙的状态中，一方面是庞大的市场需求，另一方面是政府的管制和来自中国移动和联通的竞争摩擦。

随着小灵通市场的进一步发展，其技术上也在不断演进，如作为设备制造企业的 UT 斯达康加大了技术投入：2002 年，500mw 的基站出现，可实现省内漫游；基于小灵通的 Internet 数据业务的数据传送速率提高；2004 年，在小灵通推出了短信互通后，UT 斯达康提出的机卡分离双模小灵通又给业内注入了一支超强的兴奋剂。尽管如此，如影随形的政策风险和来自竞争对手的阻击，加之其缺乏统一的制式标准、可用的品种和数量太少等因素，小灵通仍然前路坎坷。

二、电子柜台交易市场（OTCBB）简介

OTCBB 是美国多层次成熟证券市场的一部分。美国证券市场是一个多层次全方位的市场体系，其结构如图 5-1 所示：

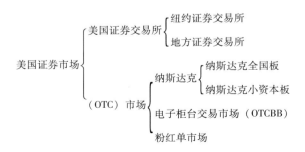

图 5-1　美国证券市场结构

OTCBB 市场的主要融资方式是 PIPE（Private Investment in Public Equity），指私募投资基金投资于上市公司的股票。目前美国资本市场 PIPE 融资大大高于 IPO 市场的融资额，交易数量也大得多。PIPE 的兴起，一定程度上让中国企业通过买壳上市在海外进行融资变得更加容易。

反向收购（又称买壳上市）是指非上市公司股东通过收购一家壳公司（上市公司）的股份控制该公司，再由该公司反向收购非上市公司的资产和业务，使之成为上市公司的子公司。一个典型的买壳上市由两个交易步骤组成。一是买壳交易，非上市公司股东以收购上市公司股份的形式，绝对或相对地控制一家已经上市的股份公司；二是资产、股权转让交易，上市公司收购非上市公司而控制非上市公司的资产、股权及营运。

一般来说，反向收购可从 OTCBB 切入，之后再视机会进入主板市场（NYSE、AMEX 或 NASDAQ）。

由于海外 OTCBB 买壳上市成本低、时间快、成功率高，避免了直接上市的高昂费用及上市流产的风险。近年来，越来越多的中国民营中小企业选择以反向收购的方式在 OTCBB 融资，那些具有良好的成长性、较高的利润率和增长潜力较大的企业非常容易引起基金和投资机构的关注与投资，成功融资和成功升级至主板的企业也不少。但据美国联邦证券监管机构称，近年来也有一些财报不实的中国公司通过反向收购方式进入美国资本市场，利用法规漏洞进行投机交易，从中牟取暴利。

保后监管中的应急机制

一、背 景 资 料

借款人 Cef 公司是一家化工生产型企业，因公司规模扩大需要向银行申请一年期 400 万元的流动资金贷款，由某担保公司提供担保，该公司以其股东的个人房产向担保公司提供抵押反担保。

该公司地处工业园，注册资本 550 万元，原名为 Cef 化工有限公司，后更名为 Cef 化学有限公司，两名自然人股东，主要从事杀虫剂、除草剂、杀菌剂三大系列以及十几个中间体和原药品的生产和销售。400 万元贷款的主要用途为增添设备和补充流动资金，还款来源为企业的销售款和综合效益。在我国化学添加剂市场中，此类产品的技术研发刚起步，而该企业开发生产的某化学添加剂 A 产品技术先进、成本低，已经走在了市场的前列，该产品以向印度出口为主，有着广阔的市场前景。

该企业厂区已具有一定规模，且企业的法定代表人为我国资深化工专家，拥有多年化工行业的工作经验。担保公司通过评审该企业的基本状况，认为符合担保条件，同意提供担保。

二、风 险 发 生 与 应 急 机 制

担保贷款发放以后，担保业务部门项目经理按照保后管理要求对此项目制定了详细的跟踪调查计划。针对该项目生产的 A 产品特点，安排了每个月的定期检查，包括：资金用途、生产设备和原料的购买、销售情况、库存状况、反担保资产的安全状况等。

但在第一个月的检查回访中，项目经理就发现该企业在资金使用上出现较大的问题。企业将所有贷款准备用于购买三条新生产线的设备和新厂房的建设，并已付了预付材料款和定金，造成企业流动资金得不到补充。如果该企业不考虑自

身的资金状况盲目投入，使固定资产投入总预算已超过企业现有资金供给的550万元（银行贷款400万元，自筹资金150万元），将会造成资金枯竭，企业生产停滞、贷款无法偿还的严重后果。

担保公司立即启动应急机制，召开专题会议，重新评估项目的风险和还款可能性，聘请科委化工专家分析论证该企业A产品的市场前景及预期利润。专家小组经过评议，认定该项目A产品的价格有较大上升空间。担保公司资产保全部和评审委员会经充分讨论后，采纳了化工专家意见，同意继续担保。担保公司为该企业组建了专项工作小组，监控所有贷款用途，进出账加盖担保公司印鉴章，实行账户监管，保证专款专用。同时，担保公司还和该企业经营团队一道对企业原经营发展计划进行了评估分析，特别是对企业现有资金计划安排进行了调整和修订。

经过工作小组的努力，该企业经营团队扭转了一味贪大、冒进发展的观念，接受了担保公司为其设计的稳健发展、滚动建设的计划安排。经过多次协商，该企业决定调整原有的投资方案，将建设三条生产线改为建设一条生产线，让工厂生产先运转起来。经专家工作组测算，一条生产线和新厂房建设预计需要资金300万元，剩余资金近250万元可作为产品开发、原料购买所需的流动资金，从而使资金最大限度地用于生产。经过半年的努力，生产线和厂房全部建设调配完成，可以生产主要产品A。同时，市场开拓也有了明显进展，订单已经可以满足全年生产。根据现有状况，征得担保公司同意后，该企业决定加大生产量，再投资一条生产线，占用资金180万元，两个月的安装调试完成以后即可投入生产。此时，企业的流动资金不足20万元，考虑到4个月以后的还款和企业现在的发展状况，担保公司决定通过联合互保方式帮该企业再融资500万元。经过多方面的努力，在3个月内成功通过与另一家担保公司联手担保帮助企业再融资500万元，提前1个月将上笔贷款还清并续贷1年，继续由本担保公司进行担保。

经过两年的转贷，企业成功转型，现已经拥有5条生产线，年销售额达到3 300多万元，利润达到800多万元，第三年把贷款和本息全部还清，成为银行优质客户。担保公司化险为夷，担保项目顺利结束。

三、案例小结

由于缺乏化工行业知识，担保公司对企业缺乏足够的了解，加上被保证企业不顾自身条件，盲目跃进，造成了信贷资金合理使用上的失控，企业再次面临资金短缺。尽管该项目有较好的反担保抵押物，但也有可能产生担保公司代偿的风险，造成银行信贷资金不能按时归还的局面。担保公司在第一时间启动了担保应急机制，聘请专家讨论，成立了专项工作小组，帮助企业设计短期发展计划，并得到了企业的全力配合，以有效手段解决了企业短期资金周转的问题，成功防范了代偿风险，实现了企业、银行、担保公司三赢的局面。

四、问题与思考

1. 在担保业务操作过程中，行业专业知识具有不可替代性。涉及行业、产品等诸多方面的专业知识，尤其是高新技术产品，担保公司在保前调研阶段必须聘请行业专家进行论证分析。

2. 保后跟踪阶段的应急机制和处理突发事件的应变能力对于担保公司而言十分必要，也是化解代偿风险的有效手段。

3. 要从企业和担保公司实际情况出发妥善化解担保公司承担保证责任后凸显的风险。

4. 担保公司为企业提供续保应注重以下前提条件：

（1）充分了解企业的市场信誉、企业负责人的诚信度等信用信息；

（2）对企业的产品市场前景、利润率及还款可能性进行详细的分析论证；

（3）对可能出现的代偿风险以及自身识别风险、承担风险的能力有清晰的认识。

构建遏制风险蔓延的防火墙

对于担保机构而言，担保项目逾期是指银行与借款人的主合同已届期，但借款人未能全部或部分履行还款义务，项目已出现比较明显的风险信号，担保机构处于全力配合银行催收并须在短期内履行代偿义务的阶段。如果方法得当、处理及时，可能防止风险进一步蔓延，否则可能产生代偿风险，担保机构风险控制方面的声誉也将受损。本文介绍两个典型的逾期项目催收案例，以揭示逾期项目催收的方法和特点。

一、巧用第三人诉讼程序，快速处置资产

Ceg 面粉公司是某担保机构的老客户，2004 年 6 月第一次申请一年期的 700 万元贷款担保。贷款后期资金十分紧张，但企业还是设法如期归还了贷款。考虑到企业从事面粉行业多年，经营风险较小，且有厂房作抵押，信用风险敞口不大，次年 7 月担保机构再次同意担保贷款 650 万元，期限一年，约定每月等额还款 25 万元。但在贷款发放 3 个月后企业即拖欠利息，自 2005 年 11 月起一直未履行等额还款义务。担保机构从不同侧面了解到，企业负责人黄某四处借钱，民间借贷金额高达 1 000 万元，借款年利率高达 30%。

担保机构判断企业可能存在重大问题，迅速决定由债务追偿部从 2006 年 1 月份开始积极介入。经过对企业风险起因、现状和可能恶化的局面等进行全面的调查分析，担保机构发现 Ceg 面粉有限公司存在的问题由来已久。公司管理混乱，管理层素质低下，黄某长期包养二奶，追求低级享受，家庭关系动荡不安，没有把精力放在经营管理上。企业的主要设备老化，普遍使用年限近 10 年，近几年基本没有进行过技术改造和生产设备的投入。由于生产管理跟不上，产品缺乏竞争力，主要销往下游一些低档次的粮油经销部，毛利率逐年下降，而且产生不少坏账，市场也日渐萎缩。2002~2004 年，该公司的销售收入分别为 5 689 万元、5 409 万元、5 363 万元，呈下降趋势。本来该公司作为传统的面粉加工行业，拥有稳定的销售渠道，如果没有太大的变故，是不会产生经营危机的。但该

公司从 2005 年初开始，先后出资近 2 000 万元，与他人合伙在东北伊春投资复合肥项目，进入了完全不熟悉的行业。黄某采取欺骗手段骗取担保，其第二次借款虽仍以流动资金贷款名义申请，但实际大部分资金已投往东北。上述情况担保机构的项目经理未发现，亦未在调查报告中披露新项目投资的情况，给风险判断带来重大误导。由于东北项目投资规模失控，迟迟不能投产，而原有面粉项目的资金被抽空，拖欠了供应商大量货款，黄某不得已在 2005 年下半年大量进行民间借贷，拆东墙补西墙。实际上，该企业在 2006 年初已处于半停产状态，开工明显不足，但当项目经理到现场调查时，黄某谎称是因为白天供电不足所致。

担保机构债务追偿人员加大了对黄某的催收力度，督促其归还拖欠利息、制定还款计划，且每周须到担保机构报告经营情况。该企业起初归还了一个月的利息近 3 万元，但黄某自 2006 年 3 月上旬到担保机构面谈一次后，便以在外地追债为借口，避而不见，最后干脆更换手机，拒绝与担保机构联系。2006 年 4 月份，该企业的经营情况急转直下。因连续多月拖欠员工工资，大部分员工辞职，企业停产，但黄某依然杳无音信。不断有追债者找上门来讨债，既有供应商，也有高利贷放款人，一些债权人甚至采取搬走企业设备、存货等激进手段。

针对 Ceg 面粉有限公司存在的问题，担保机构敏锐地感觉到该项目的风险很高，如不尽快处置抵押物，众多债权人以各种合法的、甚至非法的途径进行处置，势必会影响抵押权的实现。由于采取非诉讼途径已经不能取得效果，必须尽快立案起诉，保全财产，以在诉讼程序中取得先机。为此，担保机构设计了一套环环相扣的方案：首先，积极向贷款行反映情况，并表明保证人清收债权、履行保证责任的决心，争取贷款银行在最短的时间内宣布贷款提前到期，在未要求担保机构代偿的情况下，先行起诉借款人。其次，担保机构通过房产登记部门、银行等途径查询借款人和黄某个人的资产状况并及时向贷款银行反映，通过贷款银行配合查封保全了抵押物及相关资产，使风险敞口得到缩小。再次，考虑借款人最有价值的资产为抵押给担保机构的厂房，但在原告没有抵押权的情况下，担保机构巧妙地根据民事诉讼法的有关规定，以有独立请求权的第三人身份参加了银行对借款人的诉讼过程中。如此一来，不但简化了诉讼环节，而且保障了担保机构参与诉讼活动的权利。通过参与法庭调查、辩论，确立了担保机构作为第三人参与诉讼程序的正当性和有效性。最后终于取得了担保机构预期的审判结果，法院判决依法拍卖抵押给担保机构的厂房，并以所得款项优先清偿贷款银行债权，担保机构仅对不足部分承担保证责任。

在执行阶段，经过公开拍卖抵押厂房及已查封的黄某个人房产，贷款银行的全部本息及追偿费用得以清偿，担保机构的保证责任也全部解除。

二、争取企业配合，直接授权处置抵押物

Ceh 科技有限公司是一家主要从事金融证券网络、光通信设备等电信服务和代理业务的企业，注册资本为 2 000 万元。2003 年 12 月，该企业通过担保机构担保，向银行贷款 200 万元。该企业信用良好，从未拖欠分期还款本金和贷款利息，并提前一个月归还贷款。鉴于以往良好的信用记录，2004 年底，担保机构给该企业续保 200 万元，期限 1 年，要求每月还款 12 万元，以企业实际控制人郑某和另一位股东各占 50% 产权的一套住房作抵押。2004 年下半年开始，由于网络经济泡沫破灭，导致包括 Ceh 科技有限公司在内的一些中小型网络供应商陷入困境。再加上由于该公司最大的客户——某证券通信公司领导层变动，不再采用 Ceh 科技有限公司提供的设备，对该公司的经营造成了严重影响，致使公司现金流紧张，经营陷入困境。在放款半年后，企业就已连续两次欠息，分期还款也未能履行。

担保机构的债务追偿人员介入后，认真分析了企业现状，了解到郑某为人比较诚实，具有很强的事业心，虽然企业暂时陷入了困境，但逃债动机不明显，配合意愿较好。因此，追偿人员决定在形势未有进一步恶化前，采取刚柔相济、软硬兼施的策略：每隔一两天上门催收，给郑某施加无形压力，并建议郑某加强销售回款管理；要求企业制定明确的还款计划，除基本开支外，定期还款几千元到几万元不等，以达到逐步缩小风险敞口的目的。

尽管企业采取了裁员、缩减费用等办法，但企业经营并没有获得明显的好转。企业办公面积由 2 000 多平方米缩减到不到 100 平方米，仅留下 5 名员工苦撑困局。同时，细心的债务追偿人员发现，每次约郑某商谈风险化解方案时，总有不明身份的人跟踪其后，经向郑某反复询问，其终于道出实情：为保证企业渡过困境，郑某以高利贷方式拆借了 100 多万元，且已逾期半年之久，放债人扬言绑架郑某，搬空公司资产。债务追偿人员意识到该公司已岌岌可危，不能再依赖企业的销售回款还款，必须抢在其他债权人之前迅速处置抵押物。经过对郑某及其家人财产进行调查，发现郑某前几年买有一部价值 30 万元的小轿车，但以朋友名字入户，且交给朋友使用。迫于还款压力，郑某及其朋友将小轿车质押给担保机构，缩小了风险敞口。

不过，处置资产的重点是该公司已抵押给担保机构的房产。依照有关司法程序，如果双方协商处置不成，只能以向人民法院起诉的方式处理，申请法院变卖或拍卖抵押房产。如此一来，处置时间漫长，而且可能扩大风险敞口。考虑到2005 年以来二手房市场交易火暴，债务追偿人员说服郑某通过非拍卖方式处置

抵押房产。但由于另一位抵押人远在国外，郑某一人无法直接以转让方式处理房产。为了快速、低成本处置抵押房产，担保机构采用了事先公证预授权的方式。即担保机构在签订房产抵押合同时，要求二位抵押人以公证方式出具委托书，载明若项目逾期，担保机构有权以房产产权人的受托人的身份，直接变卖处置抵押房产，以变卖所得清偿债务人所欠债务。从操作程序来说，担保机构有权直接处置房产，而且快速简便。但为了慎重和公平起见，担保机构通过专业评估机构对房产进行了价值评估，确保变卖价格不低于评估价格，并想方设法与远在国外的另一位抵押人取得联系。最后，郑某自行通过房产中介找到合适的买家，担保机构直接代表另一抵押人与买方签订了房产转让合同。另外，在解除抵押登记前，为郑某提供过桥资金担保，终于使郑某以较高价格直接变卖了房产，以变卖房产所得直接还清了贷款。

三、问题与思考

1. 逾期项目催收要把握好刚柔相济、软硬兼施的原则

在这一阶段，借款人可能存在多种心理状态：（1）确实遇到了暂时的困难，但为了保持良好的信用记录，想方设法筹措资金以履行还款义务；（2）因经营遭受重大打击，短期难以重振，破罐破摔；（3）逃债动机十分明显，迅速转移资产，仅留下企业空壳。不管发生哪一种情况，项目催收都刻不容缓，稍有处理不当，将引起担保机构代偿损失。担保机构应根据项目情况，采取刚性催收与柔性催收相结合、非诉讼处置手段与诉讼处置手段相结合等多种措施。

2. 逾期项目催收应立足于早发现、快处理

从贷款担保事前防范、事中控制、事后化解的风险管理流程来看，逾期项目催收处于非常重要阶段，如果处理及时、果断，可以遏制项目进一步恶化，同时处置成本也较低；反之，如果迟疑不决，错过了最佳处置时机，将会导致损失扩大。如何制定合适的催收方案，需要项目经理和债务追偿人员做艰苦细致的调查策划工作，项目经理要善于发现项目的风险信号，一叶而知秋。如个案一中，在债务追偿人员初次与黄某商谈处置的过程中，尽管黄某一再表明企业仅是暂时困难，会尽快还款，但债务追偿人员还是从黄某疲惫的身影、消瘦的脸形中敏锐感到该公司可能存重大经营问题。然后，债务追偿人员迅速到工厂进行实地调查、对其上游供应商进行电话询问，果然发现工厂停产、存货搬空、供应商不断逼债的情况，而且黄某也没有如期到担保机构报告经营情况。债务追偿人员根据问题

的严重性，以最快时间争取到贷款银行的支持，抢在其他债权人到法院起诉之前完成了诉讼程序。

3. 逾期项目催收手段多样化，要勇于创新、打破陈规

一般来说，项目逾期后催收手段包括：（1）上门勤催收，天道酬勤；（2）增加反担保，缩小敞口；（3）以物抵债，相对于现金回收是一种不得已的选择；（4）债务重组，以让步换取企业配合；（5）诉讼途径处置等。在逾期项目的催收阶段，应特别重视非诉讼手段，以节省处置成本。如在个案二的处置过程中，债务追偿人员了解到郑某逃债动机不明显，直接变卖对其有利无害，因此采取行使公证预授权的办法进行处置，节约了处置时间。一般而言，诉讼手段追偿是穷尽非诉讼手段之后的选择。即使采取诉讼手段处置，也应考虑申请支付令，强制执行公证，以第三人身份参与诉讼、仲裁、调解等多种解决方式。

逾期项目的风险化解

一、担保贷款项目的基本情况

1. 借款企业的基本情况

借款人 Cei 公司是一家纺织服装生产加工企业，企业产品全部出口，长期为美国某知名公司（以下简称美国公司）生产、加工贴牌运动休闲装系列，已合作近 10 年，贸易额较稳定。2002 年下半年，国际纺织市场回暖，美国公司订单增加，Cei 公司组织布匹采购，已签金额 3 800 万元的采购合同，企业自筹资金 2 850 万元，尚有资金缺口 950 万元。因此，Cei 公司向银行申请开具 3 800 万元银行承兑汇票，自存保证金 2 850 万元，敞口 950 万元，向 Ged 担保公司提出担保申请，期限为 6 个月。

2. 提供担保的基本理由

Ged 担保公司调查后同意为 Cei 公司提供担保，理由是：

（1）Cei 公司与美国公司合作多年，是美国公司在中国指定的两个合作生产基地之一，美国公司在大陆的生产加工订单在其两个合作基地中有向 Cei 公司倾斜的举措（有合同及其他文件纪要为证）。

（2）Cei 公司有三个生产加工基地，当时年产量 36 万打，产值 2.1 亿元人民币，只占其生产能力的 60%，具备扩大销售规模及市场份额的生产基础。

（3）2002 年 1～11 月期间，Cei 公司现金流量显示：流入 2 亿元，流出 1.6 亿元，经营净流量 0.4 亿元。公司无其他负债，具备与申请贷款金额相匹配的还款能力。

（4）主要经营者具有服装设计专业本科学历，1992 年创办 Cei 公司，积累了近 10 年的经营管理经验，同时兼任当地的一些社会职务。

3. 反担保措施

设计组合式反担保措施中，能落实抵押登记的价值不高，但对主要经营者有一定约束力。包括：主要经营者个人住宅一套，价值 60 万元，可办理抵押登记；200 万元定期存单质押；两套总面积 700 平方米的宅基地综合楼，虽无房产证，但已收存全部报建报批相关文件及支付土地款、工程款的发票，签订了委托处置的所有法律文件；主要经营者个人及下游关联度较高的客户提供连带责任保证反担保。

二、突发事件出现

1. 保后持续跟踪

2003 年 1 月 9 日，Ged 担保公司与 Cei 公司签订担保合同。2003 年 3 月，Ged 担保公司进行了第一次保后检查，Cei 公司已按原计划完成采购，原材料已入库且工厂生产呈忙碌景象。

2003 年 5 月，Ged 担保公司进行第二次保后检查（当时正是"非典"期间），存货中原材料布匹下降幅度较大，已包装的成衣成为存货的主要部分。经了解，当时突发的"非典"疫情并没有影响生产，Cei 公司生产订单基本完成，70% 的货物已委托发运，余下的货物将在一周内全部发运。经与主要经营者交流得知，按合同约定第一批发出去的货物预计 6 月初可以陆续回款，6 月底将全部回款完毕。

2. 突发事件出现

2003 年 6 月中旬，Ged 担保公司向企业发出担保贷款到期通知函，同时了解到，Cei 公司的第一批销售货物尚未回款，此时工厂基本停产。主要经营者做出解释为：生产完此批订单后生产工人 90% 全部放假，以回避"非典"带来的风险；

2003 年 6 月底，Ged 担保公司了解到 Cei 公司第一批销售货物仍未回款。在项目经理的一再追问下，Cei 公司主要经营者终于讲出了实情："非典"期间从大陆及香港地区运抵的货物美国海关一律不得出港，美国公司以没收到货物为由拒绝支付货款。

三、面对突发事件的具体措施

1. 冷静分析逾期的性质

Ged 担保公司根据项目经理反映的情况，立即召集会议讨论分析，做出如下判断：

（1）根据保后跟踪检查的情况，被担保企业确实已经按计划使用资金，按合同发货，货物确实已经按合同要求到港，货款没有按计划回笼确实是受"非典"突发事件影响；

（2）当时中国"非典"疫情已经开始得到控制，货物受"非典"影响而滞留港口是短期的，但是解禁的确切时间也很难判断；

（3）该企业的老板在香港有贸易公司，并且有一定的资金周转规模，在必要时，可以抽出资金支援本企业还债。

2. 确定处理原则：提供缓冲时间与保持高压并举

基于以上判断，担保公司确定了以下化解危机的原则：第一，由于企业遇到的是临时性危机，因此要给企业预留一定的缓冲时间，不要过早启动严厉的清偿手段以免搞垮企业，为此，Ged 担保公司做好先行代偿的准备；第二，由于不能具体确定货物进港解禁及其回款时间，必须督促企业挖掘资金潜力，对其保持较高的压力，以使其做好以各种方式筹集资金还款的准备，尽早归还贷款。

3. 采取的具体措施

具体工作上采取以下措施：

（1）立即派出项目经理长驻企业，及时跟踪了解运往美国货物压港解禁进展情况；

（2）督促企业全力压缩其他方面的应收款项（当时账面应收款项 326 万元）；

（3）根据企业档案中工作底稿提示记录了企业及其关联公司的银行账号，派人去银行查实，4 个账号中两个有余额，共有存款 150 万元；

（4）在说服企业高度重视自身信用记录及一旦形成不良记录的严重性的基础上，要求企业研究考虑抽调其关联企业部分资金以解燃眉之急。

2003 年 7 月 9 日，Cei 公司银行承兑汇票到期，企业销售回款仍无法按期到达，Ged 担保公司先后采取了以下追收手段：

（1）与企业协商，在企业没有偿还到期债务之前，超过 5 000 元的开支要知会担保公司，同时收存财务专用章，监管全部资金账户。

（2）将查到的企业及关联企业账户资金 150 万元全部划转到贷款银行账户。

（3）督促企业收回应收账款 100 万元，存入贷款银行账户。

（4）要求企业逐步压缩关联公司采购规模，支持其尽早还款。

（5）对企业反担保资产进行盘点清查，按变现难易排序，同时做好强制执行及诉讼的准备工作。

4. 企业逐步还贷，危机化解

2003 年 7 月 20 日，贷款逾期 11 天后，企业通过催收及处理变卖闲置资产收回现金 160 万元，加上原账户存款 150 万元和 200 万存单变现共 510 万元，尚有 440 万元未能落实，Ged 担保公司向企业发出通牒，要求尽快归还贷款，否则将通过诉讼途径追偿。

7 月 26 日，企业从香港的关联公司借入资金 440 万元，次日 3 800 万元银行承兑汇票全部承兑。

事后得知，企业已于 9 月 2 日收到美国公司的货款，并立即偿付了其关联公司的借款，关联公司因资金问题只造成轻微损失。

四、问题与思考

在上述催收过程中，一方面，担保公司考虑到企业遇到的是临时性突发事件，为企业留有一定的缓冲余地；另一方面，担保公司采取了比较有力的催收措施，并制定了合理的催收方案，使企业的还款意愿得以维持和强化，因而能够在清收过程中积极配合担保公司的工作，最大限度地挖掘自身潜力，承担还款义务，体现了银行、担保机构与企业共渡难关、共同化解危机的决心和诚意。

实现追偿权的艰辛历程

一、背 景 资 料

2004年7月，借款人Cej科技有限公司（以下简称"借款人"）向担保机构（以下简称"我方"）申请贷款担保。借款人注册资本7 500万元人民币，性质为中外合资企业类型的有限责任公司。主要生产电风扇、热风机等家用小电器，产品基本采用OEM的形式外销。由于行业竞争激烈，家用小电器的利润率下降，从2002年开始投资生产DVD，2004年初又投资生产小灵通手机。借款人向我方申请贷款担保前的近三年财务指标良好，其中2003年总资产2亿多元，销售收入3亿多元，利润近千万元，资产负债率不高，偿债能力指标较好。

2004年之前，银行每年给予借款人约8 000万元的综合授信额度。但是，由于2004年国家实行宏观调控政策，银行银根紧缩，对借款人缩减了将近3 000万元的授信额度，造成借款人的流动资金非常紧缺。

鉴于借款人系生产型企业，已具备一定规模，接单能力较强，产品销售渠道稳定，项目经理提出申请，评审会在借款人以生产厂房抵押、法定代表人王某之子以一套生活住房抵押、法定代表人王某夫妇承担个人无限连带责任保证的前提下，讨论通过一年期1 000万元流动资金贷款担保，还款方式为每月归还贷款本金55万元，余款到期一次性还清。

二、项 目 风 险 凸 显

借款人获得贷款后，前三个月每月正常归还贷款本息。但还款三个月后，我们得知，供应商开始催收货款，借款人生产经营出现不正常现象，生产工人减少，生产能力不足，出口额下降。不过，法定代表人王某称从海外融通的资金很快到位，企业很快就会渡过危机。我方敦促项目经理和有关人员尽快展开调查，弄清企业情况，并建议银行做好提前收贷的准备。

经调查，我方发现借款人于 2005 年 1 月份开始拖欠员工工资，负债明显增多，财务报表不真实。作为"两头在外"企业，借款人通过台湾××公司接订单、采购原材料，内地生产，香港××公司出口销售，生产、销售和采购原材料实际上都由法定代表人王某一人控制，借款人在财务报表中虚增了销售收入。

出现风险后，借款人的销售回款很少，借款人的资金链即将断裂。昔日好端端的一个企业竟然即将垮台，简直是晴天霹雳。鉴于该项目风险敞口大，形势危急，我们必须赶在其他债权人前面查封保全资产。

三、保全资产，启动诉讼程序

要保资产，首先要寻找借款人、保证人等债务人的财产线索，我们主要从以下三方面着手：

1. 通过在保证人住所附近的数家银行查询，我们找到了保证人的银行账户，查到保证人王某之妻在××银行的账户上有银行存款 22 万元，且在该银行另外一个账户中每月有固定租金收入入账。保证人作为出租方，将某大厦 15 楼自有物业出租给五家公司作为办公使用，月租金从几千元到几万元。保证人以该物业作为抵押物，已经从银行获得按揭贷款 1 000 万元。

2. 通过向借款人的供应商了解，我们发现借款人有一条价值昂贵的 DVD 生产线。

3. 派人到国土部门查找借款人、保证人和抵押人名下的不动产，除抵押房产外，没有发现其他有价值的线索。

2005 年 2 月底，我方果断地代借款人向银行偿还余款。紧接着，我方向××区法院对借款人、保证人、抵押人等被告提起诉讼，并向法院申请诉讼财产保全，诉讼标的为 798 万元。向法院申请查封如下财产：保证人的银行存款账户和应收租金账户，借款人的机器设备和抵押人的不动产。特别提请法院予以查封、冻结承租人应支付给保证人的租金。

法院查封了上述资产，向存款银行、各个承租人、国土部门送达了协助执行通知。然而，各被告故意不领法院的传票，法院邮寄送达，也被各被告以"查无此人"为由退回法院。法院最后通过公告送达起诉状和传票。两个自然人被告故意拖延诉讼时间，寄希望于政府支持中外合资企业发展的政策。在提交答辩状期间，两个自然人被告对管辖权提出异议，认为其身份证地址在外省某地，要求将本案移送外地法院。法院经审查，驳回被告的管辖权异议，但两个自然人被告不服，准备好上诉状，向上一级法院提起上诉。

很显然，对方在恶意应诉。但由于我方已经冻结了保证人的个人存款、每月租金约 10 万元人民币的应收租金账户，在一定程度上切断了借款人所需的流动资金。我方再晓之以情、动之以理，力陈随着时间的增加，违约金逐日递增的道理，并将每日递增的数额计算给各个被告。各个被告迫于压力，认识到我方采取的保全措施已经扭转了诉讼形势，一改之前的拖沓、不配合态度，积极主动地与我方合作。

四、追偿的最终实现

2005 年 6 月底，被告主动到法院撤回了对管辖权异议的上诉，与我方达成调解协议，法院据此制作了《民事调解书》，确认了债权金额和我方对抵押财产依法享有的抵押权。另外，被告与我方商定了分期还款金额，并约定于 7 月底前履行完毕，若被告逾期不履行，须双倍支付迟延履行期间的债务利息，我方可向法院申请强制执行。调解结案为我方尽快进入执行程序奠定了基础。

履行债务期间，借款人首先自己偿还了 120 万元，然后通过其他机构还款 55 万元，我方向法院申请解除查封，向国土部门申请解除自然人名下抵押登记的房产。但由于借款人涉及其他诉讼，借款人名下的抵押房产没能解封。借款人的形势进一步恶化，生产经营已完全停止，根本无法偿还银行贷款。另外，据说借款人的法定代表人涉嫌刑事犯罪，异地公安机关已经展开调查。如果按照"先刑事，后民事"的原则，刑事案件优先，民事案件在后，我方担保债权的实现将遥遥无期。故时不我待，亟须快速推进案件。而此时，恰好债务履行期届满，我方立即于 8 月初向法院申请强制执行，申请拍卖动产和不动产。预计拍卖款所得加上已经查封的存款和应收租金，基本可以实现我方的担保债权。

2005 年 9 月，区法院委托拍卖行刊载公告，拟拍卖借款人的 DVD 生产线。然而，××贸易公司以事先准备好的借款人与其签订的委托代理合同中所有权保留条款为由，称该 DVD 生产线在借款人付清设备款之前，贸易公司仍保留设备的所有权，向法院提出执行异议。区法院驳回了贸易公司的执行异议。

贸易公司在执行异议被区法院依法驳回的情况下，不知采取何手段，竟然与借款人串通一气，向××仲裁委员会申请仲裁。该仲裁机构做出仲裁裁决，裁决贸易公司对 DVD 生产线拥有所有权，并对借款人拥有 150 万元人民币的债权。

上一级法院于拍卖日前向区法院发出执行监督函，要求区法院暂缓执行，致使次日进行的拍卖无法进行。之后，上一级法院经核实相关情况，依法驳回了贸易公司的执行异议并通知区法院恢复执行。区法院委托拍卖行拟再次对异议标的进行拍卖，但上一级法院又通知区法院停止拍卖。

因贸易公司多次恶意提出执行异议，致使两次依法进行的拍卖中断，影响恶劣。后经上级法院撤销仲裁裁决，认定 DVD 生产线的所有权归借款人所有，我方终分得执行款 98 万元。

在拍卖动产的同时，我们也请求法院启动了拍卖不动产的程序，请求法院将拍卖所得优先支付作为抵押权人的我方。

借款人将位于××区的厂房抵押给我方，并在国土部门办理了抵押登记手续。我方对抵押房产享有抵押权人的充分权利。但国土部门在我方办理抵押登记后，曾向借款人发文，决定收回借款人房产红线内的部分土地，并要求借款人 30 日内到国土局协商补偿事宜。该行政决定竟然未以任何形式告知作为抵押权人的我方。

执行法院征求我方意见后，致函国土部门，提出将上述房产进行整体拍卖，再由竞买人替代借款人办理相关收地补偿事宜的处理方案。但是国土部门并不认同该方案，坚持认定其行政决定具有法律效力。法院无奈，拟中止执行，建议我方对国土部门提起行政诉讼。由于民事执行案件需等到行政案件结案后才可恢复执行，所以如果我方提起行政诉讼，案件的执行又将继续拖延下去。鉴于前述法院方案实事求是，有利于维护各方当事人的利益，也有利于国土部门提高土地征收效率，我方作为抵押权人，多次到国土部门陈述区法院的处理方案。

国土部门经过多次研究，最终同意了我方的要求，函告法院同意拍卖。于是，拍卖公司启动拍卖程序，拍卖起叫价 395 万元，最终成交价 680 万元，我方的债权终于在 2005 年年底得到全部受偿。

五、问题与思考

经过一波三折，作为债权人的担保机构，最终克服了重重困难，实现了担保债权的追偿。从该案件的艰辛追偿过程来看，我们可以得出如下启示：

1. 担保项目出现风险后，担保机构就要按照 "Wish for the best, prepare for the worst"（怀着良好的愿望，做最坏的打算）的原则，做最坏的打算，千方百计地查找债务人的财产线索。查找财产的线索主要有：

（1）查找金钱。主要是指查找借款人和保证人的银行存款、到期债权、股票、投资收益、股息和红利等收入。以查找银行存款为例，关键是查明债务人在银行的存款账户、账号。项目出了问题后，要想找到债务人的账户、账号，很不容易，我们曾尝试到人民银行查询，到工商、税务部门查询，到债务人交纳水、电、保险、邮电等费用的相关管理部门查询，做了很多调查工作。但在项目调研时，由债务人提供账户、账号，从债务人的会计账簿中查找账户、账号，是最简单便捷的办法。因此，担保机构的项目经理在项目调研时，要处处留心，多方收集信息。

（2）查找动产。主要是查找债务人的机动车辆、机器设备、办公设备、库存产品、原材料、船舶、航空器等。除由债务人提供情况、向知情人了解外，可以对经常停放在债务人处的车辆进行核查，或者到机动车辆管理部门查询，也可以到债务人的生产场所、施工现场查看机器设备、办公设备、库存产品和原材料，并审查有关固定资产账簿及原始凭证，还可以到航空器、船舶主管登记部门查询。

（3）查找不动产。主要是查找债务人使用的土地、房屋和林木等地上定着物。除由债务人提供情况、向知情人了解外，可查阅债务人的固定资产账簿及有关权利证书，或到土地、房产、林业管理部门查询。

2. 代偿后，担保机构要迅速保全财产，尽快启动司法程序，迫使债务人予以配合。财产保全由法院采取查封、扣押、冻结等方法。担保机构可以采取诉前财产保全措施，也可以采取诉讼财产保全措施。采取保全措施，可以防止债务人转移、隐匿、毁灭财产，保护担保机构的合法权益，维护法院判决的权威性，有利于保证法院生效判决的彻底执行。更重要的是，保全措施可以有效触动债务人的切身利益，切断债务人的现金流，迫使债务人主动配合担保机构。

3. 抵押权的实现也存在着一定的风险。代偿项目的追偿工作，一般来说耗时耗力，不可预见的因素较多，存在一定的难度，需要追偿人员协调好各方面的关系，灵活应对，敢于碰硬，积极推进。同时本人认为，只注重反担保措施，而忽视第一还款来源，是项目经理在项目调研中的一个误区。

一些项目经理片面以为，只要设定了抵押反担保，求偿权就有了保障。岂不知，抵押权并非完全可靠，抵押房屋的执行在《最高人民法院关于人民法院执行设定抵押的房屋的规定》中受到明确的限制。法定优先权也足以让反担保抵押权相形见绌。如税收优先权，债务人欠税在先，抵押在后的，且抵押设定在2001 年 5 月 1 日之后的，税款优先于抵押权受偿。这就要求担保机构作为抵押权人在经济往来中，及时了解纳税人的纳税情况，以保护自己的利益。至于设备抵押问题，常见到债务人提供了设备发票、买卖合同，在有关部门办理了抵押登记，但到拍卖抵押设备时，卖方主张债务人的设备款未付清，并不拥有设备的所有权，如本案一样提出执行异议。这要求担保机构在调研时区分"阴阳合同"，核实设备款的支付情况，争取向卖方求证。

另外，项目经理要意识到启动诉讼程序很繁杂。从查找财产线索，申请法院查封保全资产，提起诉讼，送达传票（拒收则需要公告送达），开庭审理（管辖权异议、申请回避），做出判决（不服则上诉），到最终申请执行，需要较长的历程。即使到了执行阶段，法院委托评估、委托拍卖，当事人可能提出执行异议，可能执行中止，要执行终结也非易事。执行难是当今社会关注的难点，有时可谓"执行难，难于上青天"。

当然，债务追偿人员要知难而上、正气凛然、坚持原则、讲究策略，敢于同形形色色的"老赖"作斗争，想方设法化解疑难杂症，降低担保代偿率。

代偿项目的追偿措施

一、背景资料

借款人 Cek 公司是一家食品生产企业，因生产需要向银行申请流动资金贷款600 万元，期限一年，由 Gee 担保公司提供担保，该公司以自己的机器设备、厂房、土地等资产向 Gee 担保公司提供抵押反担保。

担保贷款发放后，Gee 担保公司的业务部门项目经理按照该项目风险分类结果，根据公司保后监管制度的规定对该公司进行了定期（每月一次）和不定期检查。检查内容包括资金去向是否符合贷款用途、生产原材料的购进、产品的销售情况、原材料及成品的库存状况、货款的回笼等生产经营情况以及反担保资产的安全状况。此外，还通过对该公司的现金流进行跟踪统计，从合作银行打印的企业基本户和主要结算银行的银行对账单、企业贷款卡记录，了解银行贷款付息情况、原有借款的偿还情况以及资金运转情况。同时，对企业是否发生诉讼等影响经营的重大事件、是否进行新的举债或对外担保、反担保企业或个人的保证能力是否发生变化、企业领导者目前的经营思路和发展举措等也进行了详细的了解，并按月要求企业提供财务报表和其他书面证明材料。

在担保贷款发放后近 10 个月的保后跟踪中，该公司运作经营一直正常，各项财务指标均正常。在贷款到期前两个月，项目经理即与企业积极联系资金备款情况，监督企业按备款进度落实还款资金。但贷款到期前，该公司在其他银行的一笔贷款到期，按原计划该企业归还完毕后可实现续贷，但因该银行压缩信贷规模，这笔贷款收回后未能立即发放新贷款。因此，资金链突然被切断，该公司的流动资金非常紧张。恰逢春节将至，是产品的畅销期，该公司为了保证生产，将全部回笼货款均用于支付材料款，不愿用来偿还到期贷款。在此情况下，Gee 担保公司为维护自身信誉，在与银行约定的代偿期限内为该客户代偿了绝大部分贷款。

二、追 收 经 历

代偿发生后，Gee 担保公司立即成立了由担保业务部项目经理、法律部、资产保全部等人员参加的专项催收小组，先后采取了以下追偿手段：

1. 发出催收通知，要求该公司尽快筹款还债，以保证债权不超过法律规定的诉讼时效。

2. 迫使该公司配合，Gee 担保公司派出了一组财务人员对该公司的财务状况进行重点审计，准确核实到其现有的资金、存货、应收账款等资产以及待履行的主要合同金额。在此基础上，向该公司提出了清收应收账款、压缩存货、加快资金周转及回笼的具体方案，并派出资产保全人员协助该公司大力追收大额应收款。通过掌握该公司的公章和财务印章，控制了该公司的银行账户，所有回笼的款项除部分用于保证正常生产之外，全部用来还款。同时派出人员进驻该公司，对该公司的生产经营活动进行 24 小时的全面监管，防止意外风险的发生。

通过采取上述措施，在一个月内陆续收回代偿款本息近 200 万元。

3. 为使该公司在短期内筹措更多的资金，达到既能早日还清代偿款又能保证生产不受太大影响的目的，按照设计的追偿方案，Gee 担保公司还积极帮助该公司联系新的融资渠道。因为该公司经营情况尚正常，整体形象较佳，基本符合银行的贷款要求，只是由于原贷款银行的信贷政策调整而出现资金短缺，因此，Gee 担保公司重点向本地市场竞争力较弱、急需信贷业务的两家银行进行了推介，同时引导该公司在资料准备与现场考察方面进行全面配合。

4. 为了给该公司施加压力，还依法通过法律途径进行追偿，依照已赋予强制执行力公证的抵押合同向法院提出强制执行。

虽然有足值的房地产抵押，并且也已经提出强制执行，但 Gee 担保公司的最终目的是收回代偿款，所以没有立即处置抵押财产，而是以处置抵押财产为砝码，向该公司施加压力，促使该公司加快筹资进度。为此，Gee 担保公司还要求该公司签署一系列授权文件，授权 Gee 担保公司可以将抵押房地产随时进行拍卖还债，这些措施使该公司感觉到了还款的紧迫性。

三、最 终 结 果

鉴于 Gee 担保公司强有力的催收措施和设计合理的催收方案，该公司的还款意愿得以维持和强化，该公司开始积极配合担保公司进行再融资工作。鉴于该公司良好的基本面以及 Gee 担保公司的大力协助，该公司向另外一家金融机构成功融到一笔 700 万元资金，立即偿还了剩余 400 余万元代偿款本息。Gee 担保公司为其原抵押物办理了注销手续，由该公司抵押给新贷款银行。

本案的成功操作既维护了担保公司和银行的合法债权，同时又帮助企业渡过了短期资金周转困难的难关。

四、问题与思考

通过以上案例的解决过程，我们可以看出，如果被担保企业代偿款久拖不还，担保公司可以通过三种途径进行追偿：

1. 运用法律手段处置反担保抵押资产；

2. 倘若企业基本面尚好，为企业寻找再融资途径；

3. 严密监控企业开户银行资金结算情况，控制企业的销售回款用于归还代偿款项。

通过以上各项有效的催收手段，加大了代偿款项最后安全收回的可能性。然而，针对代偿项目的追偿，我们还有许多问题值得思考，比如：

1. 担保公司在代偿之后应如何把握追偿的尺度？

2. 在追偿过程中，担保公司应采取哪些保全措施？

诉讼追偿中的财产保全策略

一、背景资料

借款人 Cel 公司（下称借款人）是一家组装机电设备的有限公司，因经营中补充流动资金需要而向 Bed 银行（下称银行）申请流动资金贷款 500 万元，期限为 2005 年 3 月 17 日到 2006 年 3 月 16 日，由 Gef 担保公司（下称担保公司）为其提供保证担保。借款人和其他第三人向担保公司提供了如下反担保措施：（1）借款人的机器设备抵押反担保并办理抵押登记；（2）作为第三人的张某提供房产抵押反担保并办理抵押登记；（3）第三人王某提供第三方保证担保；（4）借款人的股东之一赵某提供其在借款人处拥有的 90% 的股权质押并记入股东名册。

2006 年 3 月 16 日借款期限届满时，借款人由于经营不善，不能按期归还银行借款本金。根据银行的代偿通知，担保公司履行了 500 万元的代偿义务。

二、诉讼追偿

一般来说，代偿后的追偿可以分为非诉讼追偿和诉讼追偿两种。对于担保公司而言，应根据不同的情形在这两种途径中进行选择。比如，如果借款人经营状况尚可，只是临时出现资金紧张，在担保公司可合理承担的期限内有还款来源，并且借款人还款意愿较强的，担保公司可以采用双方达成分期还款协议等类似手段分期收回代偿款及相应费用。准确判断其还款来源及意愿应取决于对借款人的综合判断，读者可参阅本书其他各篇的分析，此处不赘述。如果能够通过上述手段及时回收代偿款，则可以避免冗长的诉讼程序，节省诉讼成本。

尽管非诉讼手段是追偿的首选途径，但诉讼手段依然是担保公司不可忽视的重要救济途径。如果双方无法达成还款协议或债务人不履行还款协议，诉讼则是最后的救济途径。因此，本文重点分析如何通过诉讼手段进行追偿。

根据《中华人民共和国担保法》及最高人民法院关于该法的司法解释，担保公司代偿后则依法取得对债务人、反担保人和其他共同担保人的求偿权，本案中并没有与担保公司处于同一地位的其他担保人，且实践中担保业务也较少涉及共同担保问题，故此处仅讨论对债务人和反担保人的追偿。

1. 取得代偿证明文件

代偿是担保公司行使求偿权的基本前提条件之一，是产生求偿权的事实前提。一般来说，代偿证明文件可以是银行出具的、专门针对代偿问题的书面证明文件，也可以是担保公司履行代偿义务的划款凭证或类似付款凭证文件。特别值得注意的是，担保公司履行代偿义务时，必须根据银行的要求将代偿款划入其指定账户。除非银行指定，不应擅自将代偿款划入借款人的还款账户，否则可能导致求偿权的丧失。因为这样做可能被视为借款人自行还款，而借款人还款的事实必然导致主债权因借款人履行还款义务而消失，但担保公司并不一定能取得对借款人和反担保人的求偿权。至于担保人上述擅自划款行为对借款人产生的债权，则不属于该借款担保的相关法律关系，而属于企业之间的借贷行为，或者产生不当得利之债，这主要取决于借款人与担保人关于划款事实的认定。

新的借贷关系形成的债权不能作为担保公司求偿权的主债权，此处对新的债权不作讨论。总之，担保公司行使求偿权应有代偿事实及其证明文件。

2. 申请诉讼财产保全

申请诉讼财产保全是实现担保公司求偿权的重要司法保障措施之一。对于不同的财产可以根据情况决定是否采取诉讼保全，以便节省诉讼费用和时间。为此，担保公司在整个担保期间都应密切关注借款人及保证反担保人的财产变动状况，如银行账号新开或注销、产品库存、新购设备或其他资产的添置或处置、对外投资等。以下结合本案例作一简单分析：

（1）应采取保全措施的情形。

①未办理抵（质）押登记的资产。

如本案例中借款人的银行存款、其他未抵押机器设备、机电配件、半成品机电、成品机电、持有的股权，第三人王某占有的上述类似资产等，有被恶意转移（包括转让、隐匿）的风险，可能出现担保公司胜诉后无财产可供执行的尴尬情形。此外，如果在担保公司通过诉讼追偿之前，借款人或王某其他诉讼而被案外人先行申请查封或冻结上述资产，则会影响到担保公司的清偿顺序，从而可能无法实现求偿权。所以，应当及时向人民法院申请对上述资产采取诉讼保全措施。

②抵押并登记的机器设备。

此类资产由于办理了抵押登记，担保公司优先受偿权已经合法成立。但如不及时采取保全措施，该优先权未必能得到实现。毕竟，机器设备属于动产，客观上可以被整体或分拆转移（包括转让、隐匿），且上述恶意行为一般不会影响抵押物的价值。

在实行抵押物所在地登记制度的背景下，抵押人可能通过搬迁设备的方式使得善意的受让人无法真正地了解拟买卖设备的真实状况。在实行抵押人住所地登记制度背景下，抵押人可以通过变更住所地等方式对受让人隐瞒抵押物已设定担保物权的事实。所以，此类抵押物亦在诉前或诉讼中向法院申请采取保全措施。

③已质押的有限责任公司股权。

根据我国《担保法》的相关规定，有限公司股权质押自记入公司股东名册生效。然而，该文件并非由一个统一的登记机构或保管机构监督，而是企业自行保管，故难以保证其真实性和权威性。善意的第三人无法通过正常的渠道查询该股权的实际状态。根据我国民法中的善意取得制度，担保公司不能将求偿权延伸到对善意受让人的追偿。

（2）可以不采取诉讼保全措施的情形。

财产保全是指人民法院根据当事人的申请，对被申请人的财产或有争议的标的物采取查封、扣押、冻结等强制措施，使其处于人民法院的有效监控之下的司法行为。财产保全的目的在于防止被申请人在生效判决执行前转移财产、抽逃资金，拒绝履行判决确定的法律义务，换言之，若财产处于不能转移的状态则可以考虑无须进行诉讼保全。因为诉讼保全在一定程度上对作为申请人的担保公司会产生资金利用上的影响，如申请诉讼保全应当预先支付保全费，受理法院也会根据案件的具体情况要求申请人提供担保，常见的担保方式之一是交纳保证金。尽管保全费依照法律的规定一般最终由被执行人承担，但其前提是判决生效且能够执行。诉讼保全保证金则在解除保全或者执行完毕后方能退还申请人。针对以上分析，若担保公司在资金利用率上有较高要求，可以考虑对某些财产不申请诉讼保全，况且诉讼对于资金融通需求强烈的企业会有很大的不利影响。笔者认为，对以下财产可不采取诉讼保全措施：

①已办理抵押登记的不动产。

关于不动产，我国相关法律法规并无明确概念，笔者认为不动产可以暂且简单地理解为不能移动或者移动后会损害其财产价值的物。如土地（使用权）不可能被移动，房屋及其他地上建筑物虽然可以移动，但移动的结果是其价值减少甚至灭失。不动产的所具有物理特点完全可以防止抵押人在物理上转移或隐匿抵押物。

不动产转移的另一层含义是（法律上）所有权的转移。然而，不动产在登记部门办理的登记手续可以有效防止其向第三人转让。对于不动产，我国目前基本上是实行不动产统一登记制度，且登记部门位于不动产所在地，便于善意的受让人查悉转让标的登记的法律状态。并且依照我国法律规定，不动产物权的设立、变更、转让和消灭，未经登记，不发生效力，所以未经登记的转让不会妨碍抵押人的优先权实现。

通过对不动产本身的特点及其转移生效要件的分析，笔者认为，对本案例中抵押人张某提供的抵押物可以不申请财产保全。

②已办理质押登记的股份（股票）。

上市公司的股份（股票）也是企业融资的常见担保物之一。根据《担保法》及其司法解释的规定，出质人以其持有的上市公司的股份质押的，质押合同自出质登记之日起生效，所以质押登记也可以起到防止质物被恶意转让的作用。

根据我国现行相关法律，能够由统一机构办理出质的权利还有专利权、商标权和著作权等知识产权。因本案例未涉及此类权利出质，故不赘述。

综上所述，在担保公司的诉讼追偿过程中，务必注意代偿证据的取得，这是"赢得官司"的前提。同时应当根据实际情况及时、合理地申请人民法院采取诉讼保全措施，以避免"赢了官司输了钱"。

三、问题与思考

1. 担保公司行使求偿权的前提是什么？
2. 如何根据担保公司的资金利用情况节约诉讼成本？
3. 如何结合追偿对象的财产状况采取诉讼保全措施？

代偿项目担保债权的追偿

一、背景资料

Geg 担保公司位于东北地区某沿海城市，是一家国有独资的政策性担保公司，在对受保企业 Cem 公司的 800 万元担保债权的追偿工作中，以扶持符合国家和区域产业政策的中小企业为出发点，以诉讼保全为主要追偿手段，在保障自身权益的前提下积极履行社会责任。在经历了起诉、保全、执行、调解以及和解等一系列司法程序后，用时半年圆满高效地结束了债权追偿，为债务企业提供了一个起死回生的机会，也为担保公司自身积累了宝贵的债权追偿经验。

Cem 公司是一家集设计、生产加工、内外销售为一体的规模较大的女装企业，成立于 1998 年，注册资金 400 万元。其内销产品"××牌"女装曾经一度为知名品牌，其外销产品多为贴牌女装，主要销往韩国、日本。经过几年的发展，该企业从一个小企业发展成为拥有 6 000 平方米厂区、2 500 平方米厂房、3 条生产线、年生产能力近 25 万件（套）、资产规模 2 500 多万元的中型企业。

服装行业尤其是外向型服装企业一直是该城市政府大力扶持的对象。作为国资背景的 Geg 担保公司，自成立以来，就积极响应和配合政府的地方产业政策。2003 年初，在政府相关部门和服装行业协会的大力推荐下，Geg 担保公司首次对 Cem 项目进行了担保审核。虽然 Cem 公司提供的抵押物（350 台缝纫设备）不是很充分，但考虑到企业正处在上升阶段，又符合政府的产业政策，Geg 担保公司为 Cem 公司提供了 200 万元的融资担保。虽然受到"非典"的影响，2003 年度 Cem 公司依然取得了良好的经营业绩，并顺利归还了担保贷款。

在 Geg 担保公司的扶持下，Cem 公司的生产规模不断扩大。由于原有一期生产能力饱和，2004 年上半年，Cem 公司开始兴建 2 600 平方米的二期厂房。出于对 Geg 担保公司的信任和依靠，为整合融资渠道，Cem 公司将全部 800 万元流动资金贷款集中到 Geg 担保公司的担保服务范围内，并将 2 500 平方米一期厂房和该厂房所占用的 3 000 平方米土地以及全部缝纫设备抵押给 Geg 担保公司。因该抵押不足值，Cem 公司承诺，一旦二期厂房建成，补充抵押给 Geg 担保公司。

二、风险出现

2005 年上半年，由于二期厂房建设的实际支出大幅度超出预算，挤占了一部分流动资金，导致企业资金紧张。基于企业生产正常、订单正常的实际情况，Geg 担保公司本着继续扶持企业的这一初衷，为 Cem 公司到期的 800 万元贷款提供了 5 个月展期担保。

然而，担保贷款展期期间，同 Cem 公司长期合作的外方公司突然发生变化，订单逐步减少并开始拖欠回款。加上基础建设扩张造成资金紧张以及人民币升值、原材料涨价、劳动力成本提高等多种外部因素，自 2005 年下半年，Cem 公司进一步陷入困境。

2005 年 9 月，展期后的 800 万元贷款即将到期，Cem 公司已经无力偿还该笔贷款。此时，Cem 公司除了 Geg 担保公司担保的银行贷款 800 万元，还欠工程款 200 余万元，并开始拖欠工人工资，生产经营持续下滑。此时工程队向 Cem 公司发出了催收通知。

鉴于情况十分紧急，Geg 担保公司在 800 万元贷款到期时向银行履行了代偿义务，并于第一时间起诉了 Cem 公司，同时保全查封了 Cem 公司的二期厂房。Geg 担保公司对二期厂房的查封使得工程队十分紧张，工程队也在同一法院对 Cem 公司提起了诉讼，并轮候查封了二期厂房。

三、追偿过程

2005 年末，随着 Geg 担保公司诉 Cem 公司一案的一审判决生效，案件进入执行程序。此时，工程队对 Cem 公司的诉讼程序也进入了执行阶段，Cem 公司处于非常艰苦的处境。为了便于执行，法院将两个案件分配至同一个法官手中。

Geg 担保公司自诉讼和执行以来，始终坚持确保国有资产安全为最高原则。在维护自身权益的前提下，尽量保全客户企业的利益，发挥担保公司的最大社会效益。在正常的法院诉讼程序和执行程序之外，Geg 担保公司也同 Cem 公司、工程队进行了认真而耐心的谈判，并提出了多种和解方案，其中包括收购工程队债权等方案。

法院执行程序进入 2006 年 1 月份，随着春节的临近，Cem 公司的 100 多名工人因长时间未开工资而躁动不安。Cem 公司为解决欠薪四处筹款，并向员工表示一定争取在春节前发放工资。Cem 公司的工人绝大部分为外地农民工，Geg

担保公司认为农民工的工资是应该优先解决的大问题，并决心将农民工工资问题在债权追偿中一并解决。

同时，Cem 公司所在地的土地管理当局紧急催促其补缴该企业所拖欠的 65 万元土地出让金以及 10 万元滞纳金，在规定的时限内必须缴纳，否则收回国有土地使用权。

至此，Geg 担保公司为通盘解决 Cem 公司的问题，逐步摸清了 Cem 公司的全部债权债务关系和全部资产状况，如表 5 - 1 所示（含资产和债权的对应关系）：

表 5 - 1　　　　　　　　　Cem 公司的资产与债权债务情况

债权人	担保公司	工程队	土地局	工人
债权本金（万元）	800	200	65	60
一期厂房	抵押	—	—	—
二期厂房	查封	承建并查封	—	—
厂区土地	部分抵押	—	欠出让金	—
全部设备	抵押	—	—	停产

在法院的大力调解下，在充分考虑了司法公开拍卖的诸多弊端后，历经多方、多轮的谈判，一个初步的和解方案已经初具框架。那就是 Cem 公司以大部分资产（全部土地、一期厂房、二期厂房、全部设备）抵偿给 Geg 担保公司，Geg 担保公司代为支付工程队的工程款，并给 Cem 公司一定的补偿。

在补偿的问题上，Geg 担保公司同 Cem 公司进行了艰苦的谈判，Geg 担保公司在充分考察债务人全部抵债资产的内在价值后，提出补偿 125 万元，并指定补偿价款的实际用途。其中 60 万元用于支付 Cem 公司拖欠的工人工资，65 万元用于补缴土地出让金。

但是，Cem 公司想要提高要价，Geg 担保公司给予婉拒。就此补偿金问题，双方陷入长时间僵局，甚至发生了十分激烈的争执。由于 125 万元补偿款仍然不能解决企业彻底垮掉的问题，Geg 担保公司上上下下经过周密的研讨和决策，最终同意将抵债资产无偿租赁给 Cem 公司使用二年，再给 Cem 公司一个重生的机会。

至此，由于 Geg 担保公司有理有据的斗争和让步，各方利益都得到了全部或部分满足。法院法官本着公正和效率原则，对该案件下达了抵债裁定。裁定 Geg 担保公司以合计 1 125 万元并让渡二年使用权的代价取得 Cem 公司的大部分资产。

在裁定下达之前，Geg 担保公司和 Cem 公司还多次走访 Cem 公司所在区政府，取得区政府的同情和支持。在区政府的协调下，工商、税务、土地、房产机关都给予了支持和配合，同意 Cem 公司以当年取得土地的价格补缴土地出让金，免除滞纳金，部分减免抵债资产的过户税费，总计节约 30 余万元。

在抵债资产办理过户过程中，Geg 担保公司为 Cem 公司补缴了 65 万元土地出让金，并及时支付了 100 多名工人的拖欠工资 60 万元，其中多数人满意地登上返乡的列车。Geg 担保公司在取得房产和土地权证的同时，通过法院向工程队支付了 200 万元工程款。随后，Geg 担保公司同 Cem 公司签订了抵债资产无偿租赁二年的协议。

至此，在 2006 年春节前，Geg 担保公司和 Cem 公司的担保债权纠纷案件得以圆满解决。2006 年春节后，Cem 公司的历史使命结束，从 Cem 公司脱胎出来的某公司诞生，更加符合当地产业政策的某公司使用 Cem 公司的大部分厂房，人员还是 Cem 公司的原班人马。当地主要报纸对这一转变给予了大篇幅的正面报道。

一年多以来，Geg 担保公司同 Cem 公司的继承企业某公司和谐相处，圆满解决了抵债资产后续的供电、供水、供暖等问题。在此期间，该城市房地产市场始终保持着稳步上扬的趋势，尤其是在工业用地价格成倍增长的情况下，Geg 担保公司接受的 Cem 公司的抵债房地产的价值大幅度增长，现有价值已经超出了抵债时 Geg 担保公司支付的对价。这种价值的增长不是 Geg 担保公司侥幸得来的，而是在担保债权的追偿过程中，对 Cem 公司所在工业区的房地产紧俏和稀缺程度进行了认真评价后，最终下决心以资抵债，而不是经拍卖程序得来的。

四、问题与思考

1. 在与欠债企业的诉讼中，耐心的谈判与有条件的和解是否优于单一的诉讼执行程序？

本案例的答案是肯定的。如果案件执行阶段，Geg 担保公司只追求司法拍卖的便利，加上评估、拍卖费用，并要满足其他债权人的优先债权，拍卖当时就会发生大额损失，客户企业 Cem 公司就会彻底垮掉，也不会有后期所创造的良好的社会效益。

2. 国资背景的政策性担保公司为了维护国有资产的安全，是不是就要把欠债企业逼上绝路呢？

从本案例来看，当然不是。在诉讼追偿中，创造和谐共赢的局面是政策性担保公司不懈的追求，也是实现担保公司社会效益最大化的最佳途径。该担保追偿案件，以复杂艰苦的追偿过程创造了和谐共赢的追偿结果，同时也在 Geg 担保公司形成了一种可借鉴的追偿模式和追偿理念。

3. 担保公司的经营原则、制度体系、决策程序和执行模式能否在担保债权的追偿工作中得到考验和提升？

答案是肯定的。Geg 担保公司在该笔担保债权的追偿工作中，充分体现了扶持中小企业的政府背景和企业化管理、市场化运作的经营模式。该案例的任何重大决策都不是拍脑门做出的，而是经过了一套完整而周密的决策程序才完成的。而且，决策的执行也显示了灵活而不失原则的特色。

担保债权的追偿是一项复杂的系统工程。在创造和继承了有益的追偿模式和理念后，担保债权的追偿工作仍要与时俱进，不断适应新的变化。实事求是、具体问题具体分析应该是担保债权追偿工作的一个基本思路。

借款人串通第三人妨碍担保机构追偿案

一、背景资料

2005 年 5 月，借款人××物流有限公司（以下简称"借款人"）因缺少流动资金向担保机构（以下简称"我方"）申请贷款担保。借款人注册资本 2 250 万元，由一股东提供土地和海关总署批准的出口监管仓库的资质，由另一股东出资金，共同建设海关监管仓工程。从财务报表看，借款人自身并没有稳定的现金流，但借款人证照齐全，工程报建手续完善，已经投入 2 000 多万元的资金，表面上看运转正常，发展前景良好。借款人还同意以其关联公司在异地某市（以下简称"异地"）所拥有的一栋房产向我方提供抵押反担保，反担保物相对足值。

项目经理调研后，将该项目提交评审会。评审会在追加借款人的一股东提供企业保证的反担保措施前提下，通过 1 500 万元、两年期的贷款担保方案。后由于该股东不愿意承担保证责任，评审会决定分次放款，通知贷款银行首次放款 1 200 万元，待办理完企业保证手续后，再放余款。2005 年 6 月 22 日，担保机构到异地办理房产抵押登记，之后放款 1 200 万元。由于未全部满足反担保条件，余款未予发放。

2006 年 4 月，由于政府对借款人的项目用地进行规划调整，所属片区需要整体搬迁，借款人的土地使用权被收回。监管仓工程被迫停工，预期的经济效益破灭，借款人丧失第一还款来源。

紧接着，坏消息接踵而至。我方接到法院公函，得知抵押人的抵押房产已被其他债权人申请法院查封，并已进入评估拍卖程序。贷款银行为确保债权安全，宣布贷款提前到期，担保机构即予以代偿。由于在拍卖抵押房产的过程中，抵押人提交了其与某公司（以下简称"第三人"）签订的一份租赁期为 10 年、全部租金 980 万元、一次支付的租赁合同，对抗抵押权，导致法院执行受阻，第二还款来源面临重大风险。

二、抵押资产状况

由于没有发现借款人的其他财产线索，该项目的处置主要依赖于抵押人提供的相对足值的反担保抵押物——房产。抵押房产为异地的一栋八层写字楼，建筑面积 6 988 平方米。评估师指出，抵押房产所属片区为市区成熟办公区，交通方便，整体作价 1 340 万元时，具备很好的投资价值，预计此价位变现容易。

抵押房产一楼为商业铺位，二楼至八楼用作写字楼，均长期处于租赁状态，分别租给了近 30 家企业。

项目经理在项目调研时，仅仅收集到两份房产租赁合同，这两份租赁合同均系传真件。从这两份租赁合同看，承租人为异地的两家公司，分别租赁 412 平方米、519 平方米的房产，每月支付租金，租期分别为 2 年、5 年，租赁合同起始日均发生于抵押登记日之前。

然而，抵押人提交给法院的租赁合同显然与上述租赁合同不同：承租人为第三人，签订日期为 2005 年 5 月 20 日（即抵押登记日之前），期限为 10 年，免租期 7 个月，承租人一次性支付金额为 980 万元的全部租金。

三、抵押资产的处置

该项目代偿数额巨大，借款人没有还款来源，反担保抵押物之上又存在长期租赁合同而无法变现。我们将重点放在撤销抵押人向法院提交的其与第三人的租赁合同上。我们到异地了解到，第三人在抵押物处设立了租赁办公室，该大楼所有单元的出租已由第三人负责。分析研究抵押人向法院提交的租赁合同，我们发现，该合同做得天衣无缝，无懈可击，无法从中找出破绽；而 980 万元划款凭证，通过银行了解到，第三人和出租人在抵押登记办理前，确实存在资金往来。

但我方并没有气馁，而是积极制定应对策略：多次约见借款人、抵押人等企业的有关负责人，晓以利害；继续到异地查找证据，到公安局经济侦察大队了解情况，论证追究抵押人和借款人刑事责任的可行性，以涉嫌贷款诈骗罪给其施加压力。同时，针对其向法院提交的租赁合同的效力，一方面督促抵押人主动撤销，另一方面提出由申请执行人独自、我方独自或双方共同向法院提起撤销权诉讼；或退而求其次，承认租赁合同的效力，带租约拍卖，我方竞买，再与第三人、抵押人打持久战。在我方的压力下，抵押人出具了解除租赁合同的声明，抵押人和第三人的共同授权代表到法院提交了解除租赁合同的协议书。

　　正当法院着手委托拍卖房产时，第三人突然变卦，不承认解除租赁合同的协议系其真实意思表示，一方面声明抵押人向法院提供了伪造证据，另一方面向公安派出所报案。这样，房产的执行再次受阻。

　　经过努力，我方再次到异地进行调查，取得了与抵押房产有关的真实的租赁合同、租金支付单和水电费支付单等关键证据。原来，抵押人在我方办理抵押登记前，曾向第三人借款 980 万元用于归还抵押人所欠其他银行的借款。在我方办理抵押登记后，抵押人用租金作为还款来源，由第三人到抵押物处收取租金，以清偿其借款。但由于抵押人另有经济纠纷，抵押物即将被拍卖，抵押人与第三人倒签了一份将整个写字楼出租 10 年、租金 980 万元一次支付的租赁合同。

　　法院择日举行了执行听证，敦促抵押人妥善处理解除租赁合同与否的事宜，否则将依法追究其法律责任。与此同时，我方与借款人在法院达成调解协议，确认债权 1 385 万元，我方案件也进入了执行程序。

　　抵押人在我方面前承认撤销租赁合同，而在第三人面前则不承认撤销租赁合同，并且由于抵押人尚欠第三人款项，第三人亦不同意撤销租赁合同。经过不断催促，抵押人逐步清偿了第三人的欠款，共同到法院撤销租赁合同，法院恢复执行，再次启动评估拍卖程序。

　　法院要求抵押人提供抵押物申请带租约拍卖的租户，经我方确认，30 家租户中，8 家租户的租赁合同受到了保护，这 8 家租户的租赁面积就占了抵押物总建筑面积的 43％。在拍卖会现场，我们看到拍卖公告连同 8 家租户的租赁合同一起分发到了竞买人手中。抵押物最终以 1 888 万元成交，我方的债权完全安全，并得到优先受偿。按照法院的《民事调解书》，我方额外获得了 135 万元的收益。

　　法院为何要让抵押人和第三人主动撤销租赁合同才启动拍卖程序？因为该合同的倒签日期刚好在我方办理抵押登记日之前，法院不能于执行阶段撤销该合同，剥夺当事人的实体权利。法院为何仅保护了 8 家租户的租赁合同？这是因为 8 家租户的租赁合同发生于抵押物登记之前，其余租户的租赁合同发生于抵押登记之后。这均涉及抵押权和租赁权的冲突问题，下面从法律角度予以分析。

四、相关的法律分析

　　房地产租赁权，是指房地产所有人将房地产出租给承租人使用，获得租金收益的权利。房地产租赁权体现的是房地产的使用价值，转移房地产的占有，而抵押权体现的是房地产的交换价值，不移转房地产的占有。故房地产抵押权和租赁权可以并存于同一房地产之上。抵押权未被行使之前，两者大可相安无事。然而，一旦债务人无法清偿抵押所担保的债务，抵押权人必然通过行使抵押权拍卖、变卖抵押物，导致第三人获得抵押物的所有权，或者抵押权人通过行使抵押权而获得抵押物。获得抵押物的人有可能希望自己使用该抵押物，也有可能希望将其租赁给出价更高的人，这便产生了所有权与租赁权的冲突。

其一，先租后抵，即租赁权设立在先，抵押权设定在后。我国《合同法》第二百二十九条规定："租赁物在租赁期间发生所有权变动的，不影响租赁合同的效力。"《最高人民法院关于适用〈中华人民共和国担保法〉若干问题的解释》第六十五条也规定："抵押人将已出租的财产抵押的，抵押权实现后，租赁合同在有效期内对抵押物的受让人继续有效。"说明我国从立法角度上对租赁权的对抗效力予以了确认，明确了"买卖不破租赁"原则。也就是说，即使房地产抵押权人行使抵押权获得了抵押物，或抵押物因抵押权的行使而被拍卖、变卖，抵押物的受让人在租赁合同有效期内仍然受到租赁合同的约束，在租赁期届满前，受让人不能随意变动租金，不能解除原租赁合同。

其二，先抵后租，即抵押权设定在先，租赁权设立在后。对已设立抵押的房地产能否出租，《担保法》没有明文规定可以或禁止，不过，现行的部门规章已有明确规定。依据建设部 1995 年 4 月颁布的《城市房屋租赁管理办法》第六条的规定，如果房屋已经抵押的，未经抵押权人同意的，房屋不得出租。建设部 1997 年 5 月颁布、2001 年 8 月修正的《城市房地产抵押管理办法》第二十九条规定："抵押权人……要求在房地产抵押后限制抵押人出租……的，抵押当事人应当在抵押合同中载明。"第三十七条规定："经抵押权人同意，抵押房地产可以转让或者出租。抵押房地产转让或者出租所得价款，应当向抵押权人提前清偿所担保的债权。"第四十九条规定："抵押人擅自以出售、出租、交换、赠与或者以其他方式处分抵押房地产的，其行为无效；造成第三人损失的，由抵押人予以赔偿。"而《最高人民法院关于适用〈中华人民共和国担保法〉若干问题的解释》第六十六条规定："抵押人将已抵押的财产出租的，抵押权实现后，租赁合同对受让人不具有约束力。"从上述规定可以看出：抵押房产的出租行为，须经抵押权人同意，出租所得价款，应当向抵押权人提前清偿所担保的债权。以抵押房地产出租的，不适用"买卖不破租赁"原则。抵押权可以对抗租赁权，抵押权具有优先于租赁权的效力。抵押权实现后，即使租赁合同仍在有效期间，抵押物的受让人仍然可以不受租赁合同的约束而解除租赁合同。

五、问题与思考

通过本案件和上述的法律分析，对于先租后抵的房产和先抵后租的房产，担保机构可以总结出如下经验教训：

对先租后抵的房产，租赁权对抗抵押权，租赁行为可能造成抵押物价值贬损、变现困难等麻烦。担保机构的项目经理在进行项目调研时，要关注抵押物的变现能力，包括具体的租金收缴方式、租期、使用状况、有无权属争议、有无拖欠物业管理费和水电费、能否顺利移交抵押物等。为防止租赁合同偷梁换柱，要求抵押人将签字盖章的租赁合同复印件送担保机构备案，对租赁合同期限超过担保机构所担保的债权的期限的，要求租赁双方确认租金支付方式和租期。另外，担保机构最好质押监管抵押物的租金收益，与抵押人签订不动产收益权质押反担保合同，与银行、抵押人签订租金监管合同，承租人出具将租金收益划入指定银行账户的书面承诺。这样，可以确保租金收益作为借款人还款来源的补充。

对先抵后租的房产，抵押权不受租赁合同的影响。但作为担保机构的抵押权人，为维护自己权益，限制出租行为需要在抵押反担保合同中载明，租赁行为需要取得抵押权人的同意，抵押人出租抵押物所产生的租金收益应当向抵押权人提前清偿所担保的债权，抵押物的租赁期限一般不超过担保机构所担保的债权的期限。同时抵押人要书面告诉承租人抵押财产已设立了抵押权，以免由于租赁合同的解除而导致承租人向出租人提起赔偿请求，影响抵押物的顺利移交。

担保风险的早期预警和化解

一、借款企业基本情况

借款人××电子有限公司（以下简称"借款人"），系 1993 年成立于华东地区的外商投资企业，生产电脑配件及多媒体音箱等电子产品。经过近十年的发展，到 2003 年，该公司总资产和年销售收入均超过 2 亿元。同年，公司以其关联公司的名义，在长三角经济发达的某镇工业区购买了 40 亩土地，在其上建起7 000 多平方米的工业厂房，并取得国有土地使用权证，另外又购买了 3 000 多万元的机器设备。该公司原材料主要通过国内采购，产品全部出口到欧美，结算主要通过香港银行进行，没有银行借款，应收账款和应付账款均超过 4 000万元。

二、担保及贷款情况

借款人于 2003 年 8 月向当地 Bee 银行申请 1 000 万元人民币的流动资金贷款，并申请由 Geh 担保公司提供担保。经过考察，Geh 担保公司同意为其在 Bee 银行的 1 000 万元流动资金贷款提供连带责任担保，其中 500 万元的期限为 10个月，另外 500 万元的期限为 1 年，该公司以其 3 000 万元的机器设备作为抵押反担保，借款人的关联公司以上述的土地使用权和地上建筑物提供了第三方抵押反担保，已办理抵押登记手续，借款人企业的所有自然人股东和关联公司提供连带责任保证反担保。

2004 年 6 月和 8 月，上述担保贷款陆续到期，借款人准时归还后，分别与Bee 银行和 Geh 担保公司办理了续贷和续保手续，并重新办理了土地使用权抵押登记手续和机器设备抵押登记手续，借款人重新取得了 1 年期限的 1 000 万元人民币贷款。

三、担保风险的产生及应对

2004 年 11 月开始，国内原材料，特别是铜和塑料等的价格开始以较快速度上涨，借款人由于按国外订单生产，产品价格难以提高，开始出现经营亏损。2005 年 3 月后，公司资金出现紧张局面，经常开出空头支票被银行警告和处罚，并开始拖欠银行贷款利息。供应商的货款和职工工资拖欠情况也时有发生，累计拖欠近 100 家供应商货款金额超过 1 500 万元以上，一些国内供应商特别是本地供应商陆续到工厂催收货款。

2005 年 3 月下旬，Geh 担保公司的客户经理进行保后检查，通过到借款人企业和贷款银行实地了解情况，与有关负责人交谈，客户经理发现了上述风险预警信号，并立即上报领导。Geh 担保公司领导非常重视，经过慎重研究，采取了一系列措施：

1. 立即由担保业务部、风险控制部、资产保全部、法律部等组成工作小组，密切关注借款人经营情况和财务状况；

2. 保持与贷款银行的密切联系，关注借款人资金结算情况；

3. 要求借款人加大对应收账款的回收力度，及时调回国外资金，做好供应商的应对工作并采取措施防止紧急情况的发生；

4. Geh 担保公司开始做好不良资产快速处置的前期准备工作。

四、追偿措施

2005 年 4 月，该借款人的经营情况仍没有好转，大部分供应商停止对其供应原材料，并加大力度催收货款，有的甚至采取了过激行为或者到法院提起诉讼。工厂生产也开始出现不稳定情况：工人工资久拖未发，工人情绪不稳定，供应商货款无法支付，资金链出现断裂。局势即将失控，担保贷款必然难以归还，Geh 担保公司经研究决定正式启动不良资产处置程序：

1. 签署有关快速处置抵押资产的合同文本

2005 年 4 月底，Geh 担保公司与 Bee 贷款银行一起共同向借款人施加压力，要求借款人和抵押人与 Geh 担保公司补充签署了一系列的合同文件：

（1）全力配合 Geh 担保公司进行资产处置的承诺书；

（2）签署抵押物的预转让合同（即预先签署国土和房屋管理局的房地产买

卖合同）；

（3）签署预委托授权文件（即预先签署转让资产的董事会决议、办理转让交易和公证授权委托书等）；

（4）收存转让所需的其他手续和资料（借款人和抵押人的营业执照、公章等），以便于发生风险后快速处置不良资产。

2. 寻求当地镇政府的支持

2005 年 5 月初，Geh 担保公司与当地镇政府联系，当地政府开始出面临时接管并控制工厂局势，安抚工人和供应商。Geh 担保公司临时垫资 100 多万元，由当地政府出面发放了拖欠的工人工资，妥善处理了工人问题。Geh 担保公司考虑到通过处置土地使用权能收回不良担保债权，便同意放弃了借款人机器设备优先受偿的抵押权。而供应商则在当地政府的协助下，由当地法院将借款人的全部存货和机器设备查封，以便妥善解决供应商的货款问题。

3. 办理在建工程的完善手续和房地产转让过户手续

2005 年 5 月上旬，Geh 担保公司在 2 名拥有房地产经营管理方面丰富经验的专业人员协助下，在国土、规划、建设、消防等有关部门的配合下，于最短的时间内完善了厂房的地上建筑物的规划报建、竣工验收、消防验收等产权确认相关手续，交纳了全部过户交易所需的税费，Geh 担保公司还请求房管局加快办理了土地使用权证和房地产证的抵押登记、过户、归档、办证、出证等手续，提前将房地产产权过户到 Geh 担保公司的名下。

4. 履行银行担保贷款的代偿手续

2005 年 6 月，借款人的贷款开始到期，Geh 担保公司立即代偿了 Bee 银行的全部担保贷款，获得了反担保资产的处置权利。

5. 迅速变现处置房地产

2005 年 6 月底，该公司主要经营者估计无力挽回大局，截留了其在境外的全部货款，全部股东及高级管理人员集体弃厂出逃，失去联系。而 Geh 担保公司经过多方努力，于 2005 年 7 月成功处置了不良资产，安全地收回了贷款担保的全部贷款本息和处置费用，成功地化解了担保风险。

五、问题与思考

本案例得以成功处置，给我们留下了深刻的启示：

1. 加强保前调查和进行定期科学的保后检查十分重要。一旦发现风险预警信号必须引起高度重视，群策群力，及早处理，有效化解担保风险。

2. 落实抵押反担保手续。务必妥善办理反担保抵押登记手续，采取切实有效的组合反担保措施，特别是事先办妥抵押资产的预转让和预授权等有关手续，便于发生风险时快速处置抵押物，及时变现。

3. 在处置抵押物的过程中，加快处置进程，提高处置效率，遇到问题要及早处理，果断化解。

4. 担保公司要密切和贷款银行以及当地政府联系，争取各方面的支持和帮助，创造处置抵押财产的最有利条件，并协调好各方利益，实现多方共赢。

全面调查与担保风险防范

一、背景资料

2006 年底，位于华南某市的 Gei 担保公司在年终进行清产核资工作时，担保业务部和资产保全部对一笔贷款担保业务进行了呆账损失申报，申请核销金额 12 万元。相对于数亿元的年担保金额，这个数字不大，但却是这家担保公司成立多年来的第一笔呆账，公司责成风险管理部、法律部、财务部、审计专员等相关部门和人员进行认真的审核和分析，并要求对造成损失的主要责任人进行严格的责任认定和处罚。

按公司的呆账核销制度规定，相关部门进行了呆账核销的审核。通过调阅业务档案和凭证，向各级经办人员了解调查评审过程，向审批人员了解决策经过，还通过合作银行的相关人员了解当时情况，对被担保人和各个反担保人、反担保财产进行了再次调查和核实。结果发现，该业务从受理调查开始就受到一些特别因素的困扰，评审方案的反担保措施没有完全得到落实。

二、无法深入的业务调查

2003 年 7 月，Gei 担保公司接待了一位来自邻近 S 市的客户李某。据李某自我介绍，其从事家庭用厨房不锈钢水槽的制造已有 4 年多的时间，产品通过山东、湖南、江苏等地的经销商进行销售。老厂设在 S 市，以中低档产品为主，年初在邻近的 H 市又开了一个新厂，计划生产高档产品，因为半年来原材料大幅涨价、新厂投入等原因，流动资金非常紧张，需要 300 万元的贷款，故向 Gei 担保公司申请贷款担保。

Gei 担保公司正处于业务高速扩张期，李某的住所和经营场所都不在本市，监管成本较大，本不符合担保对象的标准，但考虑到 S 市和 H 市都在 1 小时的车程之内，保后管理还算方便，且是由 Gei 担保公司有着紧密合作关系的 Bef 银行介绍，因此还是受理了申请，开始业务调查。

据项目经理调查，李某提供的内部报表显示，2002 年销售收入约 1 200 万元，利润 120 万元；2003 年 6 月累计销售收入 520 万元，利润 40 万元。因两个厂都是以个体经营户的形式注册登记，纳税是按核定的金额缴纳，因此其提供的纳税报表与内部报表的经营业绩数据差距较大，难以相互参考。6 月末报表上总资产 450 万元，负债 200 万元。

现场调查的情况是：李某在 S 市的工厂位于郊区，是向村里租用的非标准厂房，但设施较齐全，厂区整洁，有工人约 80 人，生产情况基本正常。位于 H 市的新厂面积仅相当于老厂的 1/3，员工约 20 人，正在进行调试生产。

项目经理要求李某提供内部账册和原始凭证进行抽查，李某提供了内部账册，但记载较零乱且不完整。另外，李某表示原始凭证基本上每月进行清理，所以只能提供半个多月来的采购和销售单据，显示的业务量约占月均销售的一半。老厂的银行对账单上一年内的结算量很少，不能反映其收入状况，李某表示其90% 以上的结算是通过现金交易和个人存折转账，但不愿意提供存折进行抽查核对，并坚持说资料已销毁。

相对于以往的业务，这笔业务的资料核实工作相当困难，可核对的资料非常有限，项目经理的调查只能到此为止。

该客户愿意提供的反担保条件包括：

1. 其夫妻共有的位于 S 市的一座 4 层自建别墅，占地约 600 平方米，建筑面积约 700 平方米，装修豪华，使用了约 2 年，估价 180 万元，但尚未办妥房产证，无法办理抵押登记，只有收存同意批地建房的文件原件。

2. 其妹所有的位于 S 市的一套自建房，楼龄有 10 年，面积约 60 平方米，位置较偏，估价 8 万元，有房产证可办理抵押登记。

3. 其朋友王某提供了一套位于本市的房产作抵押，市值约 20 万元，可办理抵押登记。

4. 以 S 市的工厂设备作抵押反担保，其中有发票可办理抵押登记的设备市值约 27 万元。

5. 妻子和妹妹共同承担个人保证责任，两家工厂作保证反担保。

三、略显冒险的业务决策

Gei 担保公司经过认真评审后认为：李某在行业内有 4 年多的经营历史，虽然规模不大但业务相对稳定，鉴于调查中可核实的数据有限，提供的可办理抵押登记的反担保财产价值不高，本着谨慎性原则，经与李某沟通，决定大幅削减担保额度，同意先担保 80 万元，期限 1 年，按月还款，然后根据对李某两个工厂的经营发展和资料核实情况考虑追加担保额度。

Bef 银行在审核中虽也发现该业务较牵强，但一来是内部人员介绍，认为李某具有一定的诚信度，二来十分相信 Gei 担保公司的担保能力，再三审核后，同意发放 1 年期的个人经营贷款，按月归还，前提是再追加户口在本市的王某作为共同借款人。

王某同意作共同借款人后，Gei 担保公司开始组织担保法律文件和落实反担保条件，期间出现新的情况：首先是李某妹妹的房产正在办理换发新房产证，短时间内将无法办抵押登记；其次是王某的本市房产，房管部门不接受担保公司作为抵押权人办理抵押登记工作，Bef 银行又不愿意抵押在其名下。

考虑到李某有一定的资产实力，担保金额仅 80 万元，几个月还款后风险敞口即可释放，2003 年 9 月，Gei 担保公司在落实其他反担保条件的情况下通知 Bef 银行发放了贷款。

四、突发的逾期与艰难的资产保全

令 Gei 担保公司意外的是，李某仅正常还款了 2 个月，从第 3 个月起就出现逾期，自此每期都不能正常还款。经过催收陆续收回了约 18 万元逾期款项，之后收款十分艰难，Gei 担保公司只好按协议约定时间向 Bef 银行逐次代偿，至 2004 年 9 月到期，累计代偿款金额达 55 万元。

在催收过程中担保公司了解到，该客户的工厂货款以往被拖欠的较多，而原材料的价格飞涨导致原材料采购必须是现款现货，资金周转出现严重问题，加上贷款金额较少，投入后不能从根本上解决新厂的资金需求和带来的资金缺口，形成了恶性循环的局面。

由于李某的工厂经营没有好转，出现了停产的情况，还款已十分困难，代偿款余额仍有 48 万元，Gei 担保公司于 2004 年 10 月启动了资产处置程序：

1. 对设备的处置。对反担保资产中的机器设备，由于已办妥了抵押登记手续，并在催收过程中又要求客户签署了委托拍卖的有关文件，因此 Gei 担保公司决定不通过诉讼程序，直接委托拍卖，但在发布了三次拍卖公告后，始终没有买家有兴趣，经过业内人士分析，主要是因为设备属半自动型，机器性能虽尚算正常，但技术水平相对落后，加上搬移成本较高，估计成交困难。

2. 对房产的处置。首先，对于李某妹妹的房产，由于一直未出新房产证，也就没能补办抵押登记手续。Gei 担保公司当初就知道它楼龄长、位置不好、价值较低，处置难度会很大，接纳作反担保资产的主要考虑是作为对李某的一种心理约束。如要处置，只有通过诉讼的途径。其次，对王某的房产，由于未办抵押登记，如要处置，也只有通过诉讼的途径。最后，对李某的别墅，由于其价值较高，又是其家庭的住房，一旦提请处置可以对李某形成较大的心理压力，很有可能促成其尽快筹款归还，即使最终要执行拍卖，也可以完全覆盖代偿债权。

基于这样的考虑，Gei 担保公司重点对李某的别墅房产的权属进行了再核实，结果在 S 市房管局查询时发现，该房产已于 2003 年 9 月，也就是该笔贷款发放的当月办出了房产证并被业主——李某夫妻取走了。

面对这个意外的情况，Gei 担保公司认为李某的个人诚信有严重问题，为避免其他不利情形的出现，于是在 2004 年 11 月分别向本市和 S 市法院提起了诉讼，并对上述三处房产申请了诉前保全。立案后，又在房管部门对李某夫妻名下的房产再次进行了全面查询，发现其在 S 市还有一套按揭中商品房，于是又对该房产进行了诉讼保全，法院对该房产进行了查封。

在案件审理过程中，S 市和本市法院根据最高人民法院 2004 年 11 月 4 日公布的《人民法院民事执行中查封、扣押、冻结财产的规定》中"对于只有一套住房的客户，不得将房产拍卖、变卖或者抵债"的规定，以 Gei 担保公司未对李某妹妹和王某的房产设定抵押为由，不支持 Gei 担保公司对上述两个房产主张权利。但是，因有证据证明李某有两套住房，不受上述司法解释的限制，S 市法院对 Gei 担保公司申请执行其别墅的主张予以支持。

2005 年 7 月，Gei 担保公司一审胜诉了，由于李某没有上诉，案件即将进入执行阶段。

因为李某的别墅足值，Gei 担保公司对完全收回该笔代偿款和相关费用满怀信心，静待法院的执行结果，但这时，又一个意外出现了。

2005 年 9 月初，S 市法院告知，有另一个债权人陈某在该法院主张了对李某的债权约 72 万元，并申请诉讼保全措施轮候查封了该别墅。由于两个债权人都没有对该别墅的抵押优先权，因此，两案需合并执行，待对方案件审结，如陈某胜诉，别墅最终执行回来的款项需按 Gei 担保公司、陈某对李某的债权比例进行分配，Gei 担保公司只能分得约 40%。

2006 年 6 月，陈某也一审胜诉了，李某未上诉。法院委托拍卖公司进行了拍卖，最终以 110 万元成交，扣除拍卖佣金与评估费用等，可供两个债权人分配的款项为 100 万元，按比例 Gei 担保公司于 9 月分得 40 万元，扣除诉讼费、执行费及其他费用等，Gei 担保公司在该项目上仍有代偿款 12 万元未收回。

Gei 担保公司虽当时还查封了李某夫妻另一套按揭房产，但按揭贷款逾期后，按揭银行进行了房产处置，还贷后并无余款可分。李某的工厂停产已近两年，机器设备因疏于保养维护已残破不堪，更难以处置。李某夫妻除生活必需品外没有其他财产可处理，作为保证反担保人的李某妹妹、王某都没有工作，家庭生活困难。鉴于实际上已没有任何有效的追收对象和可处置的财产，Gei 担保公司被迫中止了追偿程序。

四、核销过程

Gei 担保公司经过呆账核销的审核，认为业务部门的项目经理在调查与保后检查工作中存在明显的疏忽，应对损失的发生承担主要责任；风险管理部没有尽到严格审核和监督检查的责任，特别是在保后检查的环节，应对损失承担次要责任。为了严肃制度和纪律，Gei 担保公司辞退了原项目经理 A 并按规定扣罚了其工资；对项目经理 B 和风险管理部主审员给予了记过处分，对业务部和风险管理部的经理给予了警告处分，同时降低其薪资标准；对其他审批人员也按规定扣罚了工资。

鉴于在短期内已没有进一步追收的可能，为真实反映经营情况和业务质量，各部门在审核后都同意核销呆账，报请董事会批准后，对这 12 万元进行呆账核销，财务部按担保企业会计制度进行了账务的处理。

董事会同时责成经营班子，本着"账消案留"的原则，继续对李某和其他反担保人施加催收压力，继续调查其经营、生活和财产情况，尽最大努力减少最终的损失。

五、问题与思考

Gei 担保公司总结了该案件的主要教训，发现在担保业务的"三查"阶段都出现了重大的问题，最终导致了业务的不良和损失的形成：

1. 调查中对申请人的经营业绩和财务数据的抽样检查样本太少，以致对客户的经营情况和财务状况的评价出现明显偏差，未发现申请人潜在的资金周转风险，而在评审与决策阶段又过分乐观地估计了申请人的实力，没有从严把握；

2. 保中审查阶段，没有细致全面地核实反担保财产的权属现状，轻信申请人的介绍，没有到房管部门进行核实，没能及时发现最重要的抵押物——别墅已经在办理房产证；

3. 保后检查工作没有针对性，该笔业务的主要反担保措施在操作中因种种原因没有落实，但保后管理中并没有针对这些缺陷进行补救，以致主要反担保财产始终未能办理抵押登记，最终形成损失。

但在认真总结此案的经验和教训时，Gei 担保公司的管理者和项目经理们也表达了一点困惑：担保公司的客户——广大的中小企业，其经营手法多样，不规范的情形较普遍，反映申请人经营业绩的财务数据等方面资料的可抽样检查样本十分有限。但是很显然，一律否决此类业务也是行不通的，那么在担保业务操作中有没有较通行可靠的客户资料抽样检查标准？如果没有，项目经理又该如何把握检查的深度与广度，又该如何进行判断与决策？这些问题都是值得我们认真思考的。

第六篇

综合篇

担保机构的可持续发展研究

一、Gfa 担保机构概况

Gfa 担保机构地处金融发达的沿海开放城市，成立于 1999 年 12 月，注册资本 2 亿元，分 3 年到位，是地方政府为解决中小企业融资难问题而成立的专业担保机构。成立伊始，Gfa 担保机构为事业单位编制，实行监管会领导下的主任（总经理）负责制，计划运行 3 年后改制成为产权主体多元化的企业法人。Gfa 担保机构以缓解中小企业融资难、促进中小企业的健康发展为宗旨，实行政策性目标、市场化运作、企业化管理。

成立 7 年来，Gfa 担保机构保持了持续、快速、健康的发展态势。2006 年，完成担保项目 1 002 个，担保金额 45 亿元，7 年累计为 3 000 多家中小企业提供贷款担保，担保总额超过 115 亿元，代偿率始终控制在万分之几的水平内。2006 年度实现经营收入超过 9 000 万元，实现赢利超过 6 000 万元，累计提取风险准备金 1.5 亿元，3 项指标的年平均增长率分别达到 99%、126% 和 139%。

1. 管理架构

Gfa 担保机构按直线职能方式构建了组织机构。设立了担保业务部、风险管理部、业务发展部和综合管理部 4 个主要职能部门。担保业务部的主要职能是业务计划管理、作业管理、市场开拓、运行分析等；风险管理部的主要职能是风险控制、法律事务、项目稽核、资产评估、债务追偿等；发展部的主要职能是发展规划、战略研究、业务创新和银行关系等；综合部的主要职能是人事管理、行政管理、财务管理和信息化建设等。另外，Gfa 担保机构还在所在城市的各行政区设立了分部，同时按业务分类设立了两个专业部，共计 8 个业务部门。

Gfa 担保机构的入职员工实行公开招聘、择优录用，秉承"五湖四海、任人唯贤"、"重学历不唯学历论、讲敬业、讲贡献、讲创造性劳动"的用人原则和奖惩机制。每年都从社会和知名高等院校公开招聘一批员工。截至 2006 年年底，共有员工 60 人，其中：硕士研究生以上人员占 76%、本科占 20%；海外留学归国人员占 14% ；复合专业员工占 63% ；业务专业层占 83% 。

2. 担保业务

成立 7 年来，Gfa 担保机构的业务稳步增长，担保金额和担保企业数增长情况如图 6 - 1、图 6 - 2 所示：

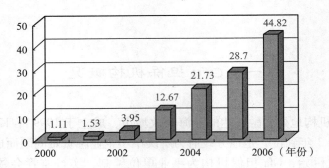

图 6 - 1　Gfa 担保机构历年担保余额

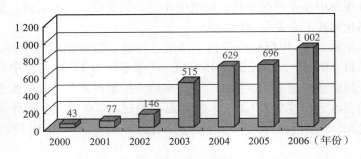

图 6 - 2　Gfa 担保机构历年担保项目数

目前，Gfa 担保机构的业务品种包括流动资金贷款担保、综合授信担保、小额委托贷款、产业技术进步资金委托贷款等。近年来，保函业务有了较快发展，特别是工程保函和财产保全保函已成为新的业务增长点。

Gfa 担保机构提供担保服务的企业分布在 18 个行业，其中电子、机械、设备、仪表、橡胶、塑料与纺织、服装行业的企业所占比重较大，占 56% ，这与所在城市的产业结构相吻合。

在接受过 Gfa 担保机构担保的企业中，首次获得银行贷款的占 82.42% 、高新技术含量企业占 40.27% 、民营企业占 87.52% （不包括股份制企业及外资企业），贯彻了政府的政策意图。

在项目评审上，Gfa 担保机构实行了扁平化的项目一次评审制度，即项目经理在企业调研、数据分析、撰写评审报告的基础上由评审委员会会议评审，评审会议通过后向银行发出担保意向书，中间不再设置评审环节（大项目安排主审评委）。评审委员会由总经理、副总经理、助理、各部部长和独立评委（外聘）构成，评审会议最少法定评委人数不少于 7 人；评审会议实行委员两票暂缓制和主任评委一票否决制。每周周三下午为规定的评审会时间，两个评审组同时评审，下午工作时间评审不完，晚上继续加班评审。另外，可根据需要就试探性项目、重大项目、赶进度项目和特殊项目在周五或其他时间安排协调会评审。

　　Gfa 担保机构按照"严谨、稳健、高效、安全"的原则，建立了一系列制度和规范。主要包括：（1）项目经理 A、B 角制，即每个项目由两个项目经理共同完成，A 角是第一责任人，两个项目经理形成互补和监督；（2）工作底稿制，每个项目经理现场调研的记录、提纲以及内容都在专门的记录本上记录，记录本必须存档；（3）项目稽核制，由稽核人员围绕项目定期对担保业务部门、风险管理部门、综合管理部门以及其他相关部门的业务运作进行稽核；（4）项目调度制，由担保业务部门对通过评审的企业在银行的审批情况进行监控，掌握银行的审批动态，及时灵活地调整出口通道，提高担保效率等。

3. 风险管理

　　Gfa 担保机构把"全面的风险意识，全过程的风险控制、全员参与的风险管理、全新的风险管理手段与方法"贯穿于担保业务的始终。全体员工对担保业务风险的广泛性、客观性都有较为系统和充分的认识，能够理解全面风险管理体系的意义。在作业过程中，员工能够自觉地识别和防范各个环节可能发生的风险，主动按照全面风险管理体系的要求开展担保业务工作，做到风险控制人人有责。为了对担保业务从企业咨询、申请、初审、评审、签约、放款、在保、还款、追偿全过程进行风险控制，Gfa 担保机构将现代管理技术、信息技术应用于风险管理规划、风险识别、风险评估、风险评价和风险监控点设置的过程中，自行开发了 GMIS 担保业务管理信息系统，该系统在过程管理中发挥了良好的作用。

　　Gfa 担保机构注重以人为本、以风险文化为核心的企业文化建设，注重员工的思想品德、文化素质、业务素质的培养。Gfa 担保机构坚持"事业留人、感情留人和福利待遇留人"的原则，为员工施展才华提供舞台，为员工发展事业提供空间。日常作业中，Gfa 担保机构坚持廉洁运作，不允许对服务企业"吃、拿、卡、要"，在互联网上公开办事程序、公布项目经理资料（照片），透明作业，接受社会各界的监督，使员工在思想上构建起风险防线。

　　Gfa 担保机构制定的担保方案都是根据中小企业基本面的具体情况"度身定做、量体裁衣"的，方案主要包括担保内容与方式、反担保条件、用款方式、还款方式等。科学合理的担保方案能有效地防范和规避风险，是一个担保机构综合技术水平的集中体现。

4. 银保合作

截至 2007 年 7 月，与 Gfa 担保机构合作的银行（总行、分行级）共有 17 家，涵盖了所在城市的全部商业银行、政策性银行，也涵盖有部分开展人民币业务的外资银行，合作银行的服务网点遍布全市。银保合作主要依据"一票否决、三项担保、六月代偿、八二分担"的原则开展，即：银、保双方独立评审，双方都有权否定项目；Gfa 担保机构的担保范围限于本金、利息和逾期利息，不承担罚息和追偿费用担保；Gfa 担保机构根据最有利于债务追偿的原则，在项目发生逾期的 6 个月内择时代偿；发生代偿时 Gfa 担保机构与银行对未受偿部分实行"八二"风险分担。

经过长期的合作，目前银行推荐项目已占 Gfa 担保机构项目来源的 45%，Gfa 担保机构向银行推荐担保一次通过率达到 96%，实现了银保之间的良性互动。

5. 发展环境

民营经济和中小企业的发展日益得到政府的重视，中小企业信用担保体系也越来越得到社会各界的认同。2006 年年底，国务院办公厅转发了由发展与改革委员会、财政部、人民银行、国家税务总局和银监会联合下发的《关于加强中小企业信用担保体系建设的意见》，同年国家发改委首次对经营规范、业绩良好的担保机构给予了风险补偿。在地方政府层面，则按照中央精神出台了一系列深化和细化的政策措施，如 Gfa 担保机构所在省出台了《十七部门关于优化中小企业信用担保机构开展业务的政务环境的若干意见》，所在城市早在 2005 年就对担保机构给予了一定的风险补偿，并积极落实了对中小企业信用担保机构免征营业税的政策。

二、Gfa 担保机构的可持续发展策略

1. "批量化产销、规模化经营"的发展策略

"批量化产销、规模化经营"是 Gfa 担保机构的重要发展策略，Gfa 担保机构认为其实现程度如何是衡量担保机构属于初级发展阶段还是中级发展阶段的重要标志，也是全面考量担保机构开发能力、生产能力和营销能力的依据。"批量

化产销、规模化经营"的主要特征是将"单处理"转化为"批处理"。

首先是项目的"批开发"。Gfa 担保机构较为典型的做法之一是"诚信榜"模式。通过对参选企业（包括存量客户）进行基本面再分析、信用再调查和专家再评审后，授予入榜的诚信中小企业 200 万~2 000 万元不等的信用担保额度。企业可以在 2 年授信期内随时使用该额度，既可以一次使用，也可以多次使用。在使用该额度时，企业不需要提供抵押、质押反担保，只需要提供企业法定代表人（实际掌控人）的个人保证即可。授信额度入榜企业可以自身使用，也可以为其他企业提供反担保。Gfa 担保机构先后推出了三批"诚信榜"，共计 256 户、信用授信 48 亿元，无一坏账产生，不仅促进了社会诚信体系的建设和发展，而且开发和巩固了一批优质诚信的客户。

其次是项目的"批作业"。在作业配置模式上，变传统的对象专业化的作业模式为流程专业化为主的混合型作业模式；在作业架构模式上，变单层点对点为两层以上多点对多点的架构模式；在作业手段模式上，变手工作业模式为计算机网络化作业模式。

再次是产出的"批发出"。就是利用"捆绑、集合、打包、综合审批"等形式将担保产品由"零售"变为"批发"。

2. 间接融资与直接融资相结合的业务创新

除了尽量满足企业的间接融资需求以外，Gfa 担保机构在直接融资方面也进行了积极的探索。推出了中小企业集合发债的模式，即"统一冠名、银行担保、独立负债、分别反保、集合发行"。Gfa 担保机构联合本市另外 3 家有实力的担保机构，与国家开发银行合作，挑选了 20 家发展前景好的中小企业，集合发行 10 亿元 5 年期的中小企业债券。中小企业集合债得到了银行的合作和政府的支持，帮助中小企业拓宽了直接融资的渠道，受到中小企业的广泛欢迎。

3. 法人治理结构的改造与完善

Gfa 担保机构创建伊始是地方政府为解决中小企业融资难而由财政出资设立的事业单位。随着担保规模的不断扩大，为了进一步扩充资本金，提高抗风险能力，提升科学管理水平，实现机构的可持续发展，Gfa 担保机构正在按照上市公司要求对法人治理结构进行改革。Gfa 担保机构计划进行公司制转变，引入多元股东，包括若干战略投资者和中小企业合作伙伴，形成国家相对控股、产权主体多元化的股份有限公司。股份制改造后，Gfa 担保机构将由原来的政府所有转变为股东所有，出资者依据《公司法》行使股东权利，即行使对企业重要人事、重大决策和收益分配的决定权；企业拥有法人财产权，即拥有企业法人财产的经营权、管理权和控制权。股份制改造有助于规范企业的管理，使企业能够创造更大的社会效益和经济效益。

4. 资产证券化滚动融资

信用资产证券化在信用担保领域的应用研究尚处于起步阶段。几年来，Gfa担保机构的反担保资产中可变现抵押、质押资产的比例一直保持在担保总额的50%左右。以2006年为例，Gfa担保机构当年的担保总额45亿元，抵、质押资产的价值超过22亿元，在担保规模正常发展的前提下，这部分资产将恒定在可控的计算流内。动态地利用好这部分或有资产，实现信用资产证券化，可以形成担保机构新的融资来源，一方面解决了担保机构的资本金扩充问题，另一方面带来流动性的极大改善。

三、问题与思考

1. Gfa担保机构七年来快速发展的核心竞争力是什么？
2. 上市公司的经营目标与政策性目标能否有机结合？
3. 项目评审已成为担保作业的瓶颈，应如何解决？
4. 担保业务的不断创新与风险的有效控制应如何协同发展？

商业性担保机构发展初期的战略选择

担保行业在中国虽然仅有短短十多年的发展历史，但在众多担保公司中，也不乏成功运作的例子。无论是政策性担保公司，还是商业性担保公司，都逐渐探索出各种成功的经营模式。作为行业中的新面孔，Gfb 担保公司经过两年多的不懈努力，终于探索出了有自己特色的成长模式。在这一过程中，Gfb 担保公司得到了快速发展，但也遇到了不少难题，而且这些难题几乎所有的担保公司在发展初期都会遇到。在此，我们愿意汇聚点滴体会，与同业一起分享和探讨，以期对整个行业的发展做出贡献。

一、Gfb 担保公司的基本运营情况

1. 公司概况

Gfb 担保公司于 2004 年 7 月 28 日注册成立，10 月 8 日正式开业。首期注册资本 1 亿元人民币，全部为民营资本（2006 年 3 月增资至 2 亿元人民币）。公司以中小企业融资担保服务为主业，实行董事会领导下的总经理负责制，成立了风险管理委员会、绩效考核委员会两个决策机构，设立了战略发展部、风险管理部、融资担保部、小企业担保部、综合管理部等五个职能部门，团队成员已达87 人，其中，博士生 2 人，占 2%，具有硕士学位 18 人，占 21%，本科学历 45人，占 52%。公司法人治理结构完善，经营机制先进，运行情况良好。

2. 经营情况

Gfb 担保公司在发展初期就确立了以中小企业信用担保为主营业务、专注做好中小企业信用担保的方针。截至 2006 年 12 月末，Gfb 担保公司累计受理业务 451 笔，受理金额 35.8 亿元，实际办理业务 213 笔，累计担保发生额 22亿元，累计利润超过 4 000 万元，年末风险准备金余额 1 408 万元，担保代偿率为零。

3. 区域影响力

截至 2006 年 3 月末，××市担保公司 52 家，累计担保额 100.8 亿元，其中 Gfb 担保公司所占比例为 12%。

经过两年的不懈努力，Gfb 担保公司得到了商业银行的普遍接受与认可，先后与 15 家省级分行和 4 家地方商业银行开展了业务合作。同时，Gfb 担保公司解决了一大批中小企业发展中的资金难题，为促进地方扩大就业和经济发展发挥了积极的推动作用，不仅受到了地方中小企业的普遍欢迎和好评，而且得到了地方政府的充分肯定，××市人大、政府、政协领导先后到公司指导工作，对 Gfb 担保公司的发展成就给予了高度评价。另外，Gfb 担保公司还作为××市担保协会副会长单位和"××市中小企业金融服务促进会"的发起人之一，负责"××市信用担保体系"建设的方案规划工作。目前，Gfb 担保公司已经成立了成都和沈阳两个分公司，资产规模、赢利能力和管理水平均呈现出了稳步上升的态势。作为国内大型的信用担保企业之一，Gfb 担保公司已经成为公认的地方担保行业的知名品牌。

二、Gfb 担保公司发展初期的策略

1. 资金、团队及机制是新兴商业担保公司发展的三大基本条件

（1）充足的资金支撑，是担保公司稳定发展的基础。Gfb 担保公司还在酝酿阶段，就已经清醒地认识到，担保行业作为一个准金融行业，同样应该按照金融行业的相关标准来约束和规范自己。资本充足率是首要问题，因为资本金规模的大小，将直接决定担保公司未来发展定位的高低。经过反复论证，确定股东一次性到位首期注册资金 1 亿元，全部为货币资金，这对于西部商业担保公司而言是极其少见的。充足的资本金为 Gfb 担保公司提供了较大的业务拓展空间和坚实的信用基础，使 Gfb 担保公司在成立伊始便确立了较高的起点，也更易于引起社会的关注。

（2）优秀的人力资源，是担保公司迅速发展的保障。Gfb 担保公司非常注重担保人才的引进和人力资源的合理配置。担保行业在国内是新兴行业，并且担保公司普遍经营效益差，难以吸引人才。Gfb 担保公司采取"金融结合事务所"的组合手段，以一流的待遇招揽贤才，形成了自己特有的多种行业背景的人力资源，先后从银行、高校、法律、投行、评估、财务等业务相关或相近的行业选聘了一批有志于担保事业的人才。目前，Gfb 担保公司已经成功打造成了一支由高

层管理人员 10 名、尽职调查人员 57 名、风险管理等后台支持人员 11 名组成的专业团队，而该团队的平均年龄只有 32 岁。从实际经营情况可以看出，Gfb 担保公司的人力资源优势已经转换为现实的市场优势、管理优势与核心竞争力优势。

（3）科学的运作机制，是担保公司持续发展的动力。从历史来看，钱庄、票号等早期的金融机构，都存在着东家与掌柜的分离，掌柜能够独当一面、独立经营；从现代来看，我们也在不断地大力提倡所有权与经营权的分离，要求企业成为自主经营、自负盈亏、自担风险、自我约束的独立的市场主体。Gfb 担保公司在总结前人经验的基础上，实现了所有权与经营权的完全分离，股东不参与也不干预日常经营，实行董事会领导下、绩效管理委员会和风险管理委员会指导下的总经理负责制。完善的法人治理结构，确保了 Gfb 担保公司经营决策的相对独立性，经过一年多的运行，也证明了该运行机制的科学性和有效性。

2. 良好的银担关系是担保公司初始运作阶段必须寻求的突破口

银行之于担保公司的重要性，自不必细述，而担保公司如何找到行之有效的手段，取信于银行，一直困惑着众多初建的担保公司。目前，Gfb 担保公司共与 19 家银行建立了合作关系，既有国家开发银行、农业发展银行这样的政策性银行，也有中国银行、农业银行这样的专业银行，既有招商银行、光大银行、兴业银行这样的全国性股份制银行，也有重庆市商业银行、重庆市农村信用社这样的地方性商业银行，甚至还有外资银行。由于较多的银行选择，Gfb 担保公司在资源整合上的办法更多了，更为重要的是，Gfb 担保公司已经成为银行在中小企业领域进行业务拓展所不可或缺的合作伙伴。这主要归功于 Gfb 担保公司有步骤地选择了以下六种策略：

（1）企保联手，互动突破。一直以来，我们可能存在一种错觉：新兴商业担保公司由于没有太多可靠的背景资源，营销银行很难。但是，Gfb 担保公司意识到：千万不要低估企业营销银行的能力，尤其是一些对银行综合回报较好而贷款条件又不足的中小企业。对于这些企业，银行往往会主动接近，想方设法与其加强合作，这时担保公司的介入，自然也顺理成章了。

（2）自下而上，逐级突破。在具体项目的操作上，通过经办银行的渠道，Gfb 担保公司可以主动接触一些上级行的相关部门，如信用贷款部、风险控制部或公司部等业务部门。在与这些部门交流和沟通的过程中，Gfb 担保公司一方面不断推介自己的经营理念和企业文化，另一方面不断发掘与银行合作的方式和可拓展的空间，让银行实实在在地感受到 Gfb 担保公司的专业和诚信，进而实现全面的银保合作。

（3）寻其不足，弱点突破。由于国家法规和政策的限制，目前中国的银行在客户及业务种类的选择上受到种种制约。我们时常听到企业抱怨银行信贷门槛高、贷款难，同时，银行却由于担保条件的无法落实，宁愿牺牲利益而惜贷，此时担保公司理应挺身而出，搭建起银行与企业间的桥梁。如对一些因缺少资金而没有取得相关权证的企业，担保公司可以提供阶段性的"搭桥"贷款担保支持，使得企业能够取得完善的权证，最终符合银行的信贷条件；再如，一些企业尤其是中小企业，往往不具备较高的资本运作能力，当其贷款到期时，可能因为临时的资金周转困难而无法按时还贷。此时，银行即使知道企业经营正常，也束手无策，但担保公司的"搭桥"贷款担保则可以很有效地解决类似问题。凡此种种，归结为一句话：不够条件，创造条件，企业乐意，银行也满意，合作的渠道自然也就宽了。

（4）专业经营，优势突破。银行往往会抱着怀疑的眼光来审视新兴的担保公司，对新兴担保公司的经营管理能力的判断往往有一个从怀疑、了解、深入合作的过程。银行会逐渐认识到，担保公司具有银行无法逾越的优势，其存在的价值在于：排除融资障碍、增强企业信用、分散金融风险、促进金融交易。过去的一年多时间，Gfb 担保公司并没有盲目地追求业务的多元化，而是始终围绕贷款担保的主业追求做专、做精、做细，在特定行业、特定领域、特定企业的风险识别和判断上，Gfb 担保公司甚至体现了高于银行的专业水准。Gfb 担保公司之所以能够迅速打开银担合作的局面，源于 Gfb 担保公司专业地向银行展现了其较高的风险驾御能力，也源于 Gfb 担保公司真诚地向银行展现了其做大做强担保业的信心和决心。

（5）有的放矢，选择突破。银行有大有小，经营思路不尽相同，银担合作方式也并非千篇一律，一成不变。Gfb 担保公司在合作银行的选择上，总会事先全面分析目标银行的信贷文化，对其信贷投向、业务种类、审批流程等进行深入的了解，以便根据不同的客户和业务选择不同的银行，达到目标明确、重点突出、提高工作有效性的目的。

（6）形式多样，多向突破。仅凭一个或少数几个担保公司的力量，要托起担保业这片蓝天是不太现实的。Gfb 担保公司始终倡导"借势而为"，一方面，通过发挥行业协会的作用，积极向政府主管部门呼吁关注和扶持担保行业，赢取政府支持，拓宽银保合作的渠道；另一方面，与兄弟公司互相帮衬、寻求合作，共同将担保行业做好、做实，将更有力的行业声音传递给银行，以更优质的行业形象面对银行，并努力赢取社会各界的认同。

3. 正确的市场定位是担保公司初始阶段必须明确的首要问题

目前，之所以担保公司如雨后春笋般涌出来，在于各路投资者都看到了担保市场的巨大潜力。经过市场的洗淘，一些担保公司不断壮大，一些担保公司勉强生存，而另一些担保公司则经营不善，迅速消亡。为什么会出现这种良莠不齐的现象，为什么会有如此大的反差，原因各一，但更多的是由于没有解决好市场定位问题，即选择什么样的目标客户？定位于什么样的目标市场？Gfb 担保公司在客户选择和市场定位上，总结出担保公司成立初期的"四宜四不宜"：

（1）在业务结构定位上，宜少不宜多。Gfb 担保公司在分析自身优劣的基础上认为：大企业资金来源较多，资金流量充足，是银行竞相追逐的对象，不宜担保介入；而个人消费贷款担保，虽然市场广阔，但需要大量的人力投入，且 Gfb 担保公司不熟悉该类市场，需要逐步培育，暂也不宜介入；中间业务担保，如履约担保、交易担保、投标担保、理财担保等，也需要时间来理清脉络、研发产品，见效较慢。因此，成立之初，Gfb 担保公司将业务重心定位在广大中小企业的融资担保。当然，这也不能一概而论，并不是说各家担保公司应该一哄而上，都做类似业务，而是希望大家自我剖析，量身定做，合理选择自己的主营业务定位。

（2）在市场定位上，宜窄不宜宽。随着社会分工的不断细化，行业种类也日益增多，三百六十行中，并不是所有行业都适合担保公司去挖掘。Gfb 担保公司在成立初期，由于人员的限制，涉足的行业自然不多，在市场定位上，主要将目标锁定在优势产业链上的配套企业、过程可控的商贸企业、前景稳定的特色企业以及成长性较好的生产型企业上，这不但为 Gfb 担保公司的市场开拓指明了方向，也有利于 Gfb 担保公司更专业、更深入地了解行业信息和动态。

（3）在担保额度定位上，宜小不宜大。只有在稳定的基础上，才能求得发展，任何公司成立初期，站稳脚跟都是其迈出第一步的前提，担保公司也不例外。由于资本规模的限制、风险补偿机制的约束，Gfb 担保公司在担保额度的定位上尤为慎重，一般维持在 300 万 ~ 1 000 万元。一方面，额度不宜过小，毕竟投入与产出应该成正比，一样的付出却只获得较少的回报，这样的傻事谁也不会去干，更别说入不敷出了；另一方面，额度不宜过大，担保公司本身是与风险同在的信用机构，过大的担保额一旦出现闪失，对成长阶段担保公司的打击将是致命性的。发展初期的担保公司还没有足够的赢利来覆盖可能出现的大额损失，因此不宜承担大额担保。

（4）在担保期限定位上，宜短不宜长。我们处于一个日新月异的时代，我们看到：中国企业的生命周期普遍较短，而众多的民营中小企业的生命周期则更短，风险贯穿于中小企业发展的始终。基于此，Gfb 担保公司在担保期限的定位上，更多地选择一年期流动资金贷款担保，并侧重于对企业经营现金流进行分析，侧重于对企业流动性风险进行控制，以达到既帮助企业解决短期资金缺口，又规避风险的目的。

正是由于上述正确合理的市场定位与客户定位，使 Gfb 担保公司容易设计出行之有效的融资担保方案，容易获得银行认可，这样既保证了操作的模块化，提高了工作效率，又较好地识别了风险，提升了风险控制水平。同时，也锻炼了队伍，提高了团队的综合开拓能力。

4. 提高风险管理水平是担保公司必须不懈追求的目标

信用担保行业是社会公认的高风险行业，承担风险是担保公司在运营过程中不可避免的。但是，担保风险并不等于担保损失，作为专业的担保公司，理应确定正确的风险理念，建立专业的风险管理体系，提高机构承担风险的能力。一个有效的风险管理体系至少应该包括核心理念、实作技术、运行机制、风险承担能力四个方面。在 Gfb 担保公司初期的经营中，不断总结学习各方的风险管理经验，逐步形成了独具特色的风险管理体系。

（1）核心理念。包含公司总体经营方针和风险管理思想。确定稳健经营的总体方针是担保公司的首要思想，独到的风险见解是风险管理的灵魂。Gfb 担保公司将风险分为分析、控制、化解、承担 4 个动态环节，即分析——客户调查、选择工作；控制——个性化的方案设计、流程控制工作；化解——风险预案的设计和实施工作；承担——流动性的管理工作和多种追偿手段的实施工作。

（2）实作技术。包括尽职调查手段、分析能力、化解和追偿的能力以及风险量化的能力。在这方面，两年多来，Gfb 担保公司积极进行人才引进、技术引进和案例培训，借助股东优势，加强过程控制和成长性判断，使得自身的技术能力不断地增强。

（3）运行机制。经过两年多的调整和完善，良好的运行机制在 Gfb 担保公司体现为三个方面：一是股东在法人治理上的充分授权和利益约束机制；二是经营团队的激励约束机制；三是全员意识下的风险管理机制。

（4）承担能力。首先是资本充足率和资本补充机制，2006 年年末，Gfb 担保公司的风险资产余额是 6.3 亿元，即资本放大了 3.15 倍，累计的资产不良损失率为零；其次是风险拨备，截至 2006 年年末，Gfb 担保公司严格按照财政部规定提足"两金"，余额达到 1 894 万元。

5. 创新运营是担保公司保持长久生命力的根本

创新，是一个民族的灵魂，是一个国家兴旺发达的不竭动力。回顾当今的百年老店，都在其各自的发展过程中保持着不断创新的动力和能力。Gfb 担保公司所追求的"创新运营"，就是指摆脱传统思想束缚，谋求思维创新、策略变通，研发新的业务品种，开辟新的业务领域，策划新的操作模式，探索新的经营之路。

虽然还处于发展初期，但 Gfb 担保公司并没有一味地固守传统老路，而是一直在思考创新的方向。成立两年多来，Gfb 担保公司结合自身的特点和定位，主要选择在优势产业链、商贸链等领域，通过改良原有业务不断推出银行、企业及担保公司都能接受的渐进型创新。具体来说，就是遵循企业间的交易习惯和规则，通过契约化约束的形式，明晰交易各方的债权债务关系，控制交易链条的关键环节，嫁接银行现有的信贷产品，实现更新的操作模式，策划更简明的融资方案。

当然，创新无止境，Gfb 担保公司现在正对超前的商业担保模式进行研究，也希望能与同行共勉，在更广的领域、更高的层面进行更多的创新。

三、问题与思考

Gfb 担保公司的探索和发展的经验是从特定区域、特定时间和单个企业的角度所得出的，是个案性质的。不过，进一步向深层次考虑，从整个行业的发展共性和发展规律着眼，我们认为对于发展和创建初期的商业性信用担保公司来讲，以下几个问题是需要深入思考并值得注意的。

1. 资本金实力问题

目前我国大部分中小企业信用担保公司都面临资本金不足、财务能力有限的问题，发展初期的担保公司更是如此。据统计，目前我国中小企业信用担保公司平均资本金规模在 380 万美元左右（日本是 2.8 亿美元），除了担保公司的自有资金外，大多数担保公司都缺乏有效的融资渠道。首先，资本金的不足使得担保公司不得不长期面临流动性风险的威胁，大大制约了担保业务的拓展和担保业在中小企业融资中杠杆作用的发挥。其次，资本金实力不足，使得担保公司难以与银行建立起良好的信用关系，难以取信于银行。为取得银行的认可，谋求与银行的长期合作，许多担保公司不得不牺牲自身利益降低费率。目前，我国商业性担保公司的平均收费不足银行贷款利率的 50%，远低于担保企业在融资活动中承担的风险所应得的回报。而且，收费水平的降低反过来又进一步加剧了担保公司的财务困难和流动性风险，使得担保公司在与银行合作水平的提升和社会声誉的提高等方面都难以取得突破。因此，创建初期的担保企业如何寻找有效的融资渠道，提高赢利水平，以克服资本金不足带来的发展障碍，是值得探讨的问题。

2. 银保关系问题

从金融产业分工的角度来讲，中小企业信用担保就是承担了银行小企业信贷中的风险定价环节，因此，信用担保公司的存在和发展对银行的依赖关系很强。

一方面担保业务的开展最终需要回归银行，通过银行来完成融资活动；另一方面商业银行对担保行业营销的意义重大，通过银行的客户推荐可以大大降低担保公司的筛选成本。但对新成立的担保公司来讲，如何取信于银行、建立密切的银担关系是一个必须解决的难题。现实情况是：对银行来讲，不承认、不接受担保公司特别是新建立的担保公司在我国是十分普遍的现象，而不被承认或认可使得许多担保公司虽然取得了成立和经营的合法资格，却无法开展业务和取得赢利。同时，应当看到担保行业的发展水平和赢利水平在很大程度上取决于担保的放大倍数，但是放大倍数的大小不是简单的取决于担保公司的意向，而是取决于商业银行对担保公司的信赖程度和银担合作的深度。目前，我国商业担保公司特别是新建担保公司的平均放大倍数远远低于发达国家的平均水平。因此，发展初期的担保公司必须研究和探讨如何在短时间内得到银行的认可，建立良好的银保关系，这一点可以说是解决新成立的商业担保公司生存问题的关键。

3. 风险管理问题

中小企业担保公司所承担的业务本身就是对风险进行管理，这就决定了风险管理水平是担保公司生存和发展的核心问题。风险控制水平高，担保公司就可以不断深化与银行的合作关系，增加赢利水平，进入良性的发展轨道；反之，则会进入发展的死胡同。但对于我国发展初期的担保公司来讲，风险管理水平是一个严峻的考验，加之目前我国再担保体系和银担风险分担机制的缺乏，使得担保公司自身的风险管理水平成为其经营和发展的必备要件。因此，发展初期的担保公司必须找到适合本地的特定的风险管理模式，在对中小企业信用进行管理的过程中，采取多种手段对客户的风险水平进行评估，采取综合的、行之有效的方法对风险进行控制，防止违约案例的发生。当然，从根本上来讲，高水平的风险管理是建立在高素质的风险管理团队和科学的风险管理决策机制上的，这就涉及团队建设的问题。

4. 团队建设问题

担保行业的金融产业特征和个性化、差异化服务特征决定了担保业对从业人员的要求相当高。无论是发展模式的制定和实践，还是风险管理水平和赢利能力的提高，最终都必须依托高素质的人才来完成，因此团队建设至关重要，尤其是对发展初期的担保业机构而言。担保公司的从业人员必须是具有很高专业水准且具备金融、法律、产业经济等多方面知识基础的复合型人才。而担保公司经营管理的核心团队除了需要具备以上要求以外，还必须具备管理知识、经验、战略发展眼光等更高的素质要求。不过，实际中，由于行业声誉和企业自身资金实力的约束，处于发展初期的担保公司普遍面临着人才困境。因此，发展初期的担保公司需要通过多种渠道加强团队建设，通过良好的待遇和职业前景来吸引人才。只有以雄厚的人力资源为基础，担保公司才能获得长期的、可持续的发展。

四、结　束　语

两年多的探索之路，Gfb 担保公司并非一帆风顺，也经历了一些曲折。上述的一些思考，是 Gfb 担保公司从切身体会出发，经过不断地开拓、调整、完善总结出来的。作为一家之言，期望能够引起同行的共鸣，也期望能够对新兴担保公司的发展起到一些借鉴的作用。随着 Gfb 担保公司的不断发展，也需要选择不同的经营策略，期望能够向同行业中的先行者和先进者学习，共谋行业的振兴。

无论在何种情形下，Gfb 担保公司将永不放弃一个根本理念：信用无价！

信用担保"四全"风险管理体系

一、前　　言

　　Gfc 担保机构成立于 1999 年，于 2000 年开始受理担保业务，经过 7 年的发展，已成为我国担保行业的佼佼者。Gfc 担保机构在总结其核心竞争力时认为，自身之所以能够取得如此业绩，很重要的一点就在于在信息不对称、市场不完备的环境中建立了起有效的、并依然在不断完善的信用风险管理体系——"四全"风险管理体系，即全面的风险意识、全员参与的风险管理、全过程的风险控制、全新的风险管理手段。

　　2003 年，该担保机构的"四全"风险管理体系参加第四届××市企业管理现代化创新成果评选，荣获一等奖。该机构在"四全"风险管理体系的基础上，进一步对中小企业信用担保风险进行了研究，2005 年，其成果"中小企业信用担保风险体系的构建"在第十一届国家级企业管理现代化创新成果中荣获一等奖。为促进全国担保行业风险管理成果的交流与水平的提高，在国家发改委的支持下，该担保机构将"四全"风险管理体系及成果中的信息管理系统在广东、江苏、山西、山东、宁夏等地推广应用，受到各地担保机构的广泛认可。

　　该担保机构通过应用"四全"信用风险管理体系对担保业务中的风险进行了卓有成效的识别和控制，风险代偿率一直控制在万分之几的水平内，居全国领先水平，且与欧美、亚洲等信用担保发达的国家或地区相比，这一水平也是极具优势的。国家发改委中小企业司在对该体系批复中认为，该担保机构的"担保规模及风险控制水平在全国居领先地位，值得总结和推广"。

二、"四全"风险管理体系提出的背景

　　中小企业已成为我国经济实现可持续发展的最为活跃、最具潜力的推动力，但中小企业由于自身信用较差，无法从银行获得足够的发展资金，这成为制约我

国中小企业发展的主要瓶颈之一。中小企业信用担保业通过为有融资需求的、且满足一定条件的中小企业向银行担保，在短短十几年的时间内快速发展成为解决我国中小企业融资问题的有效手段。信用风险管理的能力是一个中小企业信用担保机构生存和发展的决定性因素，在日常的担保业务中提高识别、控制风险的能力，是一个担保机构应不断思考的问题。Gfc 担保机构的"四全"风险管理体系，便是在这样一个背景下提出的。

1. 中小企业信用担保是国际通行做法

中小企业作为一个活跃的、高成长的经济主体，在解决国民就业、维护社会稳定、促进经济增长和技术创新方面发挥了巨大作用。但另一事实是，中小企业资金普遍不足，融资困难，成为中小企业持续发展的掣肘。1998 年以来，尽管我国政府鼓励国有商业银行为中小企业增加贷款，但私营个体企业，却只能得到信贷资金的 1%。中小企业由于信息透明度不高、信用记录缺乏、抵押质押品不足、资产规模、经营规模不大等原因，导致金融机构信息获取和交易成本过高、风险过大而不愿对中小企业放款。据不完全调查，向银行申请贷款而未获批准的中小企业中，75% 是因缺乏有效抵押或担保。

中小企业在解决国民就业、维护社会稳定等方面起着巨大作用，政府必须对中小企业加以扶持。由财政直接出资或向银行下达贷款指令的做法又不符合市场经济规律，因此建立中小企业信用担保体系，在市场经济条件下通过市场化机制来实现政府的政策性意图，成为许多国家和地区扶持中小企业发展的通行做法，并成为世界各国在当前条件下解决中小企业贷款难题的最佳选择。

中小企业信用担保是担保组织凭借自身经济实力和社会信誉，通过为信用活动中信用不足的中小企业提供有偿信用保证，从而使中小企业的资金融通行为得以顺利进行。信用担保制度是发达国家中小企业使用率最高，且效果最佳的一种金融支持制度。我国的初步实践也已证明中小企业信用担保在解决中小企业融资问题中所表现出的适应性和优越性，据国家发改委调查统计显示，截至 2005 年年底，全国信用担保体系累计担保企业 26.34 万户，累计担保总额 4 673.87 亿元。

2. 中小企业信用担保行业的高风险性

中小企业信用担保属于高风险、低收益行业，尤其在我国社会主义市场经济体制正在逐步完善的过程中，担保机构必须直接面对中小企业与银行融资接轨的体制障碍以及信息不对称所引发的各种风险，包括：（1）来自贷款主体的经营风险、财务风险、税务风险、行业风险及主要经营者的道德风险；（2）来自担保机构的经营风险、业务操作风险和人员的道德风险；（3）来自合作银行、其他服务平台、合作平台的制度风险、操作风险和人员道德风险；（4）来自宏观层面上的法律风险、政策风险以及经济风险；（5）此外还有来自贷款主体保证企业的信用风险或贷款主体的反担保物处置风险等。

3. 风险管理是信用担保的核心内容

金融工程学认为，中小企业信用担保本质上属于风险型衍生金融产品（风险期权）。随着金融衍生产品的不断创新，资金的风险价值具有日益脱离时间价值的趋向，其表现为对于担保贷款，合作银行获取资金的时间收益，而信用担保机构只负责管理资金的风险价值获取风险收益。该特点确定了信用担保的核心内容是风险管理和风险控制。

中小企业量大、面广、复杂、新陈代谢迅速的特征和客观存在的巨大潜在风险要求中小企业信用担保机构必须有经济、管理、金融、财务、法律、工程等多门类、多学科的支持，同时还必须依靠多层次、多角度的信息平台支撑来解决信息需求。

三、"四全"风险管理体系的理论基础

Gfc 担保机构基于国内信用环境的现实状况和体制特点，参考借鉴国内外信用担保的理论研究和实践经验，并深入分析自己和国内外其他担保机构积累的运营数据，运用运筹学、博弈论、模糊数学、信息经济学、金融工程学、信用学、社会学等自然科学和社会科学的相关理论，奠定了"四全"风险管理体系的基础，其支撑理论主要有以下几个。

1. 多级模糊综合评判理论

多级模糊综合评判理论具体应用到信用评价表现为一种综合评价，取决于多因素，且各因素之间并非平级关系，而是一个分层次的综合体系。适合中国国情的信用担保风险管理综合评判数理模型——"信用担保风险管理多级模糊综合评判体系"借鉴了 Z—值方程法、Chesser 模型、KMV 模型、KPMG 模型、RA-ROC 模型、信用度量术模型、麦肯锡模型等数理模型，在企业资信评估环节乃至后续的业务环节中，应用动态模糊综合评价法，通过风险因素的阈值确定、风险因素的评判标准、风险因素的有效权重、评判标准的模糊取值，建立起相应的风险评判模型和应对措施矩阵，针对不同的对象进一步形成不同系列的全流程、全方位的风险提示列表、风险检查列表及相应的工作指引和业务模板。

以 n 层次的各个因素 u_{ij} 的评价为例，设评判集中第 k 个结果的隶属度为 r_{ijk}（$i = 1, 2, \cdots, m; j = 1, 2, \cdots, n; k = 1, 2, \cdots, p$），则第 n 层次的单因素评

判矩阵为：

$$R = \begin{bmatrix} r_{i11} & r_{i12} & \cdots & r_{i1p} \\ r_{i21} & r_{i22} & \cdots & r_{i2p} \\ \cdots & \cdots & \cdots & \cdots \\ r_{in1} & r_{in2} & \cdots & r_{inp} \end{bmatrix}$$

其中 $i = 1, 2, \cdots, m$；$j = 1, 2, \cdots, n$；$k = 1, 2, \cdots, p$

那么，第 n 层次的模糊综合评判集为：

$$B_i = A_i \cdot R_i$$
$$\underset{\sim}{} \quad \underset{\sim}{}$$

$B_i = (b_{i1}, b_{i2}, \cdots, b_{ik}, \cdots, b_{ip})$

其中，b_{ik} 按模糊运算规则进行，依次类推，直至最后一个层次（最高层次）评判结束。

经过多层次的评判，最终得到一个具有多种评价结果的评判指标集，集合中的数据反映了风险管理与控制量度的评价结果。通过一定的指标处理方法，可得到针对每个担保项目的风险管理与控制量度的最终评价。模糊评判模型可检验该担保机构的风险管理体系的运作效率，并通过不断地调整、优化各指标，最终达到最逼近实际情况的最优状态。

2. 风险损失的骨牌理论

骨牌理论引用了多米诺效应的基本含义，认为事故的发生，好比一排立放的骨牌，前一张倒下，引起后面的一张倒下。当最后一张倒下，意味着事故结果的产生。"四全"风险管理体系运用多米诺骨牌理论，认为风险从潜藏、孕育到最终形成损失之间存在一个完整的骨牌链，而风险骨牌链中的任何一张牌被有效控制，都有助于避免风险损失的最终形成。"四全"风险管理体系包含"全员"、"全过程"风险实时监控体系，实现对中小企业资信全方位的实时监控和多点的动态追踪，力争控制风险骨牌链中越多的牌，将信用担保风险尽可能消除在萌芽状态。

$X_n = f(X_{n-1})$

$f(X_n) = f(f(X_{n-1})) = f(f(\cdots f(X_1)))$

其中，$f(X_1) = [1, 0]$；$f(1) = 1, f(0) = 0$；X_n 为最后一张牌，它的值取决于前一张牌是否倒下（1 或是 0），并以此形成递推关系，$f(X_1)$ 是第一张牌是否倒下。

3. 突发型风险的能量释放理论

突发型风险的能量释放理论认为风险逐步积累的能量超过所能承受的临界值后突然释放，形成突发型风险。逐步积累的能量越多，风险的危害就越大。在

"能量"积累的过程中必有其前兆。而且"能量"的积累越多，放大的倍数越高，前兆也就越明显。所以必须针对多种因素进行实时监测，特别应判断"能量"的积累是否已接近其"临界点"，并在此"临界点"之前释放能量而减小突发型风险的危害。

"四全"风险管理体系运用突发性风险的能量释放理论建立起第二圈风险防范体系——风险的多元化动态化解系统，即通过业务品种、反担保措施、担保期限、担保额度、还款方式的多样化和行业分布多元化的风险分散策略，以风险文化为特征的企业文化分化道德风险策略，逐步释放可能的风险能量，达到避免或减少最终突发性风险损失的目的。

4. 放大型风险的阻尼理论

核弹的爆发裂变反应中释放的核能及中子数均按反应级数以指数放大，很快引起核爆炸。在经济及金融等领域中也有类似的情形，例如，企业间的连锁债务就有可能导致"级联放大"，即由于一家倒闭而引起一系列债主的相继倒闭，甚至可能触发金融市场的崩溃。放大型风险的阻尼理论认为，为避免风险的产生可采用加入阻尼法，例如在核裂变反应中，常采用插入能吸收中子的镉棒等办法以减缓核反应。

"四全"风险管理体系运用放大型风险的阻尼理论建立担保贷款专款专用动态跟踪系统、保后跟踪系统和风险提示系统，根据动态要求插入当量阻尼，避免引发放大型风险。

四、信用担保"四全"风险管理体系

1. "四全"风险管理体系的核心

（1）全面流程再造

引入先进的管理设计思想，以担保业务发展和风险控制管理互为经纬，进行业务、组织、管理以及企业文化等方面的全新设计与流程再造，建立起适应风险防范与控制的体制定位、组织设计、文化理念与管理体系。

（2）全员质量控制

风险管理与全员质量管理相结合，以贷款担保主体的满意度和风险管理水平为质量指标，把全面质量管理的原理和方法、持续质量改进的循环过程应用到信用担保风险管理中，使质量控制与风险管理融为一体。

（3）全程风险控制

建立风险实时监控系统、风险动态化解系统及项目动态追踪信息反馈系统，保证每个项目、每个流程、每个环节处于信息系统和全体员工监控中，并预先设置相应的风险分散与化解体系。

（4）信息不完全、市场不完善的应对

我国征信体系建设处于初级阶段，因此"四全"风险管理体系注重各方面、多渠道地建立动态信息反馈体系，以防范和分散信息不完全、市场不完备等造成的风险。

2. "四全"风险管理体系框架图

"四全"风险管理体系框架如图6－3所示：

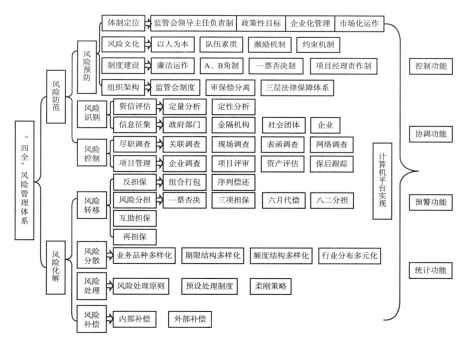

图6－3 "四全"风险管理体系框架

五、"四全"信用风险管理体系的实施方法

1. 制度先行，建立基于风险控制的体制定位与组织设计

由于国家对担保业的准入条件、资本构成、组织形式、经营范围、业务规则、财务管理等相关规章尚未出台。因此，基于"四全"风险管理体系的理论

基础，结合自身实际，该担保机构设立了完善而合理的管理体制和组织框架，成为"四全"风险管理体系的体制基础。

（1）制度先行，以风险预防为前提的体制定位

作为政策性担保机构，"市政府监管委员会领导下的主任负责制，实行政策性目标、企业化管理、市场化运作，任何单位和个人都不得对该担保机构指定担保"是该担保机构的体制定位。直面中小企业融资需求，确定市场定位和服务对象，按需设岗，选人、用人实行公开招聘。坚持市场化原则消除了可能来自主管部门等方面的指令担保和感情担保，从源头上堵塞风险漏洞。

（2）科学合理的业务流程和组织架构

以项目为核心、以风险控制为目标设定咨询、申请、初审、项目调查、评审、放款、保后跟踪、项目回款等业务流程；以审、保、偿分离为原则设置组织架构，明确岗位职责，形成责权分明，审、保、偿互关联、互制衡的风险预防和监督体系。

（3）行之有效的规章制度

制定了一整套规章制度，其主要有项目经理 A、B 角互补制度，项目评审制度，保后跟踪制度，廉洁运作制度，文档管理制度，风险责任制度等，制度先行，检查落实，防范到位。

2. 技术整合，建立先进高效的风险管理信息化平台

该担保机构利用计算机信息技术实现担保业务全过程的数字化、智能化、自动化和可视化，开发了基于"四全"风险管理体系的 GMIS 担保业务管理软件（以下简称 GMIS 系统）。GMIS 系统属于动态负反馈的自平衡系统，以其灵活的系统结构，涵盖担保机构在组织结构、岗位职责、业务角色、业务流程、业务模板、业务消息、业务工具等各个方面的流程和环节。GMIS 担保业务软件系统架构如图 6 - 4 所示：

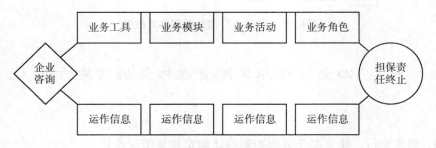

图 6 - 4　GMIS 担保业务软件系统架构

（1）风险监控

GMIS 系统将整个担保业务过程映射为担保业务的自动化生产线，便于全体员工协作和监控项目的状态，也便于识别项目可能存在的风险，特别是过程风险。

1）通过解析项目信息和状态，实现项目的自动流转，避免业务人员跨越、遗漏、非程序产生的操作风险。

2）GMIS 系统的财务分析、资信评分、资产评估、风险检查列表工具，便于业务人员全面识别并全面评估企业的经营风险和财务风险，减少人为过失。

3）GMIS 系统通过对反担保物从收集、评估到解除的全周期管理，帮助业务人员降低了来自反担保措施的风险。

4）通过对担保业务知识中业务过程、业务模板、业务工具的管理，为担保机构业务创新和优化提供了有力的支持。

5）GMIS 系统的信息管理功能为担保业务建立了业务风险因素的样本空间，便于业务人员应用数理统计不断改进业务过程。

6）通过设置每项作业的"节拍"、自动提示和向上反映，来有效控制过程风险。

7）通过作业日志记录来科学进行作业研究。

（2）风险预警

1）GMIS 系统的智能提示功能便于提高业务人员的协作，有利于管理人员及时发现项目进展出现的问题。

2）GMIS 系统的逾期、代偿以及保后风险的预警功能便于风险管理人员评估风险、制定或启动风险应对措施。

（3）风险知识管理

作为体现"四全"风险管理体系思想的信息化平台，易于固化担保业务最新成果和先进理念，是支持业务人员交流经验、业务创新的论坛，为把该担保机构创建为学习型组织提供了平台。

3. 以人为本，建立以风险文化为核心的内部管理体系

"四全"风险管理体系强调以人为本，充分发挥担保业务人员在风险识别、防范和控制上的主动性和创造性。

（1）建立一支素质高、业务精、思想过得硬的担保队伍

人是风险管理中的第一要素，该担保机构尤为重视担保队伍的建设，坚持高起点、严要求。根据担保业务的需求，招聘不同知识结构和履历结构的人才；注重人员思想道德品质，在工作中加强思想教育，实行末位淘汰制度，使队伍保持良好的素质和发展动力。

（2）形成以人为本的风险文化

通过培训、教育、制度、岗位责任等途径和领导班子成员的表率作用，将"严谨、稳健、高效、安全"的方针，落实在"人人都是风险控制点、人人都是风险责任人"上，形成自觉识别风险、控制和防范风险的文化氛围和价值观。

（3）建立监督约束与激励机制

监督约束机制是对人实行风险管理、防范担保机构内部道德风险的重要手段。首先是明确责任、定岗定职、责任到位，如在某一具体担保项目中实行 A、B 角制度，明确项目经理 A 角是项目的第一责任人、B 角是项目的重要责任人，责任贯穿项目的全过程；二是实行责任与担保任务指标、风险任务指标挂钩，逐月分解、逐月考核；三是实行责任与经济收入挂钩、责任大小与收入多少挂钩，项目出现风险时，留置责任人的效益工资，直至风险消除或安全回款；四是实行项目稽核制度，设立项目稽核员，不定期对项目全过程的任一环节实行稽核；五是制度监督与社会公开监督相结合，在该担保机构网站上公开办事程序和每一位业务人员的简历与照片，接受社会公众监督。

制定了从办事员、准项目经理、项目经理、高级项目经理的晋升与激励制度，与工资收入直接挂钩。对超额完成业务指标和风险控制指标者实行年终奖励。形成了讲指标，不唯指标；讲学历，不唯学历论；以事业留人、感情留人、福利待遇留人等一系列的企业文化，避免了劳资双方对立现象的发生。

4. 实时监控，建立风险管理的全程控制体系

"四全"风险管理体系强调对信用风险进行动态、适时的过程控制，这一做法强化了风险的过程控制、流程的风险点控制。

（1）保前风险的过程控制特征

保前风险的过程控制重点放在项目调查上，制定了标准化规程，要求项目经理从贷款主体的基本情况、企业管理、财务状况、信用状况、产品及技术状况等 9个方面进行详细调查、核实和取证，对项目的风险状况进行评价，并根据风险状况筛选项目和制定风险控制策略。项目调查过程就是对项目风险进行甄别、分析的过程。

（2）保后跟踪及还款前的过程控制特征

该担保机构对项目实行放款后每两月一次企业回访、每三月一次收集财务数据的保后跟踪制度，制定了保后跟踪工作指引，明确保后跟踪的工作内容和要求，并要求项目经理把保后跟踪重点放在大额项目、序列还款项目、风险度高的项目以及临近还款期的项目上，及时发现项目风险，及时采取应对措施。

（3）严格把握流程中的风险控制点

项目评审是重要的风险控制点。该担保机构实行严格的项目评审制度，建立了由该担保机构领导、中层管理人员、外聘离退休企业高级管理人员、高级会计

师组成项目评审委员会，并定期轮换。对技术专业较强的项目，该担保机构实施专家评审制，对技术状况、技术前景及技术风险进行论证，为评审决策提供支持。

法律及法务操作是另一重要的风险控制点。配备以内部律师法务组、外聘律师事务所和司法界离退休高级管理人员担任高级法律顾问的三层法律保障体系，严格项目签约、抵、质押登记手续和项目放款程序，防范法律和法务操作风险。

5. 完善手段，建立全方位的风险化解体系

（1）实行反担保措施转移担保风险

针对中小企业资产规模小、反担保措施弱的弱点，该担保机构采取量体裁衣、度身定做、灵活多样、组合打包的策略，捆绑企业资产和个人资产、企业信用和个人信用。除常规的房产、设备抵押外，还开发了专利权、仓单质押、应收账款、股票、出口退税款账户监管等多种反担保措施。

（2）实行与银行的风险分担机制

与银行合作坚持"一票否决、三项担保、六月代偿、八二分担"的基本原则，即该担保机构与合作银行互相推荐项目，独立审核，对项目是否担保贷款各自一票否决；该担保机构仅承担担保贷款未受偿部分的本金、利息、逾期利息；对逾期项目实行六个月的缓冲期，以便采取有效的风险处置措施；出现最终风险损失时，与银行实行"八二"风险分担。按照上述原则，该担保机构与银行建立起了全新的银、保合作关系，充分发挥各自的优势，从而有效地防范贷款风险。

（3）实行风险序列释放的运作机制

随着担保规模的不断扩大，该担保机构所承担的风险责任越来越大。为避免风险集中发生，该担保机构在全国首先推出贷款序列偿还的操作模式，即贷款发放后，根据贷款主体的经营状况和贷款总额，将贷款按日、按周、按月等额（或不等额）序列偿还。既解决了中小企业一次性还款能力不足，又分期释放担保风险，避免出现系统风险。同时建立了担保贷款专款专用的动态跟踪系统，例如科技三项经费、挖潜改造资金、外贸出口资金等，避免因担保贷款用途不当而引发的放大型风险。

六、信用担保"四全"风险管理体系的实施效果

1. 经济效益

（1）提升核心竞争力 实现阶越式发展

信用担保机构运作的资产主要是无形资产，即自身信用，如果担保机构风险

控制能力差，自身信用将会迅速下降，放大倍数趋向于1，从而失去担保业务能力。该担保机构的经营成果表明，"四全"风险管理体系作为担保能力和担保业务风险控制的基石和支点，对担保机构持续健康发展发挥了巨大作用。该担保机构优秀的风险管理，得到银行的广泛认同，带来品牌的提升和放大倍数的迅速扩大，从而大幅提升核心竞争力，实现担保规模阶越式增长。

（2）有效降低代偿率，实现资本金的保值增值

"四全"风险管理体系在减少项目代偿，实现资本金的保值和增值方面发挥了重要作用。该担保机构在业务规模迅速增长的同时，代偿率下降到万分之几。就个案而论，该担保机构的信用担保风险管理已达到世界先进水平。与经营体系较为成熟的欧、美、亚洲等信用担保行业发达的国家和地区，在放大倍数相若的情况下，该担保机构的"四全"风险管理体系已显现出其比较优势；与美国、日本、德国、奥地利、加拿大以及东南亚地区的中小企业信用担保体系年年需要政府提供外部补偿亦形成鲜明对比。

（3）直接经济效益

通过实施"四全"风险管理体系，Gfc 担保机构经营业绩实现了持续快速的增长趋势，赢利从 2000 年的 88 万元快速增长到 2006 年的 6 000 多万元。

（4）间接经济效益

"四全"风险管理体系的间接经济效益表现为该担保机构同行最优的代偿率，可使该担保机构信用资源发挥最大效益，避免因代偿率较大，导致信用放大倍数减少，减少信用资源创造的收益。该担保机构信用放大倍数每增加 1 倍，可创造担保收益近 400 万元。

2. 社会效益

该担保机构坚持以"四全"风险管理体系为业务核心，逐步探索出一条严谨、稳健、安全、高效的解决中小企业融资之路。7 年以来，"四全"风险管理体系的社会效益也越加明显：

（1）促进社会信用体系建设

该担保机构连续举办了三届企业"诚信榜"活动，评选出 256 家诚信中小企业，并分别予以一定的贷款担保授信额度。自授信之日起一年内，"诚信榜"企业可随时循环使用，使用时仅需企业的法定代表人签字，不再需要提供抵、质押物。此举使中小企业体会到诚信的价值和意义。截至目前，上榜企业遵信、守信情况良好，没有一家发生失信行为。"褒奖诚信、惩戒失信"的机制初显成效。

（2）促进中小企业迅速发展

在风险控制的前提下，该担保机构为企业量身定做、灵活多样的融资方案为企业稳步持续发展发挥了积极作用。7 年来，累计 3 000 多家××市的中小企业

通过分享该担保机构信用资源，开辟了企业融资渠道。其中 75.6% 的企业为民营企业，80.69% 为首次获得贷款企业，技术含量较高的企业占 37.87%。所担保的中小企业中，超过一半的中小企业年增长速度在 30%～50%，许多成为当地中小企业中的佼佼者，荣获"全国名牌企业"、"小巨人企业"、"百强企业"、"民营 50 强"、"纳税大户"等称号，其中有 13 家企业已成功上市。

（3）增强中小企业纳税意识

开展担保业务同时，该担保机构致力于促进中小企业的规范化运作，并将中小企业依法纳税作为信用评估和风险控制的核心因素，7 年来，该担保机构所担保的中小企业，实现的新增纳税额远高于其他同类型企业的纳税水平。

（4）增加社会就业

随着中小企业的不断发展，为社会提供了更多的就业机会，对稳定社会，增加劳动者收入，拉动内需，繁荣市场具有积极意义。7 年来，经该担保机构担保，获得贷款的企业提供的就业机会累计新增 16 万多人次。

七、问题与思考

1. 担保机构风险管理的理论含义和现实意义是什么？结合本担保组织风险管理的实际情况，谈谈对"风险"的理解。

2. 担保信用风险过程中的风险点在哪里？其产生的机理是什么？

3. 针对担保信用风险的发生机理，"四全"风险管理体系所强调的"四全"是怎样识别和控制风险的？

政策性担保机构改制问题探讨

我国中小企业担保业发展初期，从业主体以政策性担保机构为主，以完成国家对中小企业的政策性扶持为经营目标，并获得了良好的社会效益。随着中小企业担保业的不断发展，国内出现了以赢利为经营目标的商业性担保机构，此类担保机构的出现，不仅丰富了我国中小企业担保业的从业实体性质和经营模式，也通过行业内的良性竞争，促进了我国中小企业担保业的发展和繁荣。另外，一些政策性担保机构凭借其良好的经营能力，也逐渐从以单纯地实现社会效益为主要经营目标转为在实现社会效益的基础上追求经济效益的经营目标。但是，此类政策性担保机构由于其政府背景，在日常业务的开拓中受到种种法律法规的束缚，这不仅制约了机构的继续成长，也在一定程度上制约了我国中小企业信用担保行业，乃至整个中小企业的发展。因此，对于我国政策性中小企业担保机构来说，在新形势下，如何从体制上寻求转变，应是一个值得思考的问题。

本案例首先对我国中小企业信用担保机构的经营模式进行了对比分析，并以此为基础，以 Gfd 担保机构的改制方案为例，着重探讨了我国政策性担保机构成功改制的实现途径。

一、我国中小企业信用担保机构运营模式的比较分析

到目前为止，我国的中小企业信用担保体系出现了四种运营模式，分别是：财政出资型担保机构、社会出资型担保公司、混合参股型担保公司和信用互助型担保公司。

1. 财政出资型中小企业信用担保机构

这类担保机构是自有资本由政府财政资金投入，不以赢利为主要目标，以执行国家或地方的经济产业政策为最终目的。财政出资型担保机构是典型的政策性担保机构，虽然财政出资型担保机构也仍然需要采取市场化运作方式以提高担保效率、防范担保风险，但市场化形式并不影响其政策性本质。

从实践看，政府出资的中小企业信用担保机构也存在一些负面效应：（1）资源配置效率相对低下，风险控制机制存在缺陷；（2）缺少可持续增长的机制保障，担保机构整体难以做大做强。

2. 社会出资型中小企业信用担保公司

这类担保公司由企业和个人出资组建、完全市场化运作、多元化经营、以赢利为目的。以赢利为目的的商业性信用担保公司是我国中小企业信用担保体系重要的组成部分，我国特殊的金融环境和信用担保市场的极度需求使得商业性担保公司具备生存和发展的基础条件。

对于这类担保公司来说，少数优秀的社会出资型中小企业信用担保公司由于资本金规模较大、运营费用控制较好，风险管理水平较为完善，从而使运营费用比率、代偿率、代偿损失率都能控制在较低的水平上，在"投资担保"多元经营中能够在一定的经营规模上取得较为可观的利润，大多数担保公司则通过经营中小企业信贷担保业务难以获得稳定的、长期的收益。

社会出资型中小企业信用担保公司在其他国家和地区基本上不存在，之所以在我国许多地方能够出现，和我国的现实国情有关。对于现实中国来说，由于许多地方是"吃饭财政"，财政资金有限，导致财政出资型担保机构的资本金有限，不能完全满足中小企业资金融通的需要，同时大额资金滞留在担保机构也与部分地方政府的现金管理目标相背离。政府通过减免税收并提供风险补偿或再担保，吸纳民间资本进入担保领域，可以补充财政资金的不足。此外，中国现有金融体系和担保体系的不完善也给了部分民间资本通过以担保业务为桥梁进入尚未完全开放的金融行业的憧憬。

目前，国内已有部分社会出资型中小企业信用担保公司造成贷款损失并形成金融风险，如果不引起高度重视，则担保杠杆反向作用将使其对金融体系形成巨大破坏，因而必须把这种风险控制在事前，通过政策化手段加以诱导甚至整顿，促进其规范与整合，尽快达到赢利的边界条件。

3. 混合参股型中小企业信用担保公司

政府以财政资金投入并依赖担保杠杆促进担保规模扩大，提高担保行业的整体信用程度，有利于吸引民间资金投入到中小企业信用担保行业，使有限的财政资金起到更大的推动作用，而民间资本的进入将更大程度地发挥财政资金的资金杠杆效用、放大担保倍数。举例来说，财政出资型担保机构可以起到10倍的放大作用，而政府财政通过为社会出资型担保公司补贴或补偿10%的资本金，担保公司再以其资本金放大10倍，将最终使财政资金起到100倍的放大作用。当然这种情况下潜在的负面效应和金融风险自然也可能更大，但政府参股将起到制约、规范和引导担保行为的作用。

比较而言，在政府提供风险补偿和承担再担保风险的前提下，混合参股型中小企业信用担保公司是较好的选择，这有利于防范和化解金融风险。政府提供再担保业务相对于直接的风险补偿来说，补偿机制更加稳定，补偿流程更加清晰，补偿效果更加明显，补偿结果更加公平。但这种方式在实际操作中也存在一些问题：中小企业信用担保是一种政策性行为，本身不以赢利为主要目标，但民间资本的天然属性使其难以避免利益的诱惑，私人股东的进入更增加了赢利动机，事实上许多担保公司的经营已经出现了喜大厌小、过度追求安全和收益的倾向。

解决这一问题需从两方面着手：一是政府在混合参股型中小企业信用担保公司占据控股地位或相对控股地位，以保证中小企业信用担保公司的政策性目标得以实现，保证中小企业信用担保公司的主营业务方向不发生偏离；二是政府提供较高的风险补偿或提供较大的再担保支持的基础上，使担保公司降低承担中小企业信贷担保业务的风险，从而使社会资本能够正常而专心地从事中小企业信用担保业务。

综上所述，混合参股型中小企业信用担保要有效运行需要相应的制度保证：

（1）政府财政必须实质性出资，且能有效协调企业出资建立混合参股型担保公司，并按市场规则联合进行有效地管理运作。

（2）政府必须在混合参股型担保公司中占据控股地位或相对控股地位，承担着担保基金的发起和筹集任务，否则，担保公司的经营风险将无法有效控制，股东意见难以得到统一，经营境况就有可能在争吵中陷入困境。

（3）对经营管理人员素质要求更高，一方面要面对信用担保风险，其集中性和突出性要求担保公司的管理和运作具备极强的规范性；另一方面还需要协调政府股东和民间股东之间的关系，实现政策性目标与经营性目标兼顾的方针。

4. 信用互助型中小企业信用担保公司

信用互助型中小企业担保公司是中小企业为缓解自身贷款难而自发组建的担保公司，它以自我出资、自我服务、独立法人、自担风险、不以赢利为主要目的和特征，通常采用会员制。由于会员之间大都比较熟悉，对相互间信用状况比较了解，从而能够减少信用调查费用。互助信用形式与其他类型的担保公司相比，安全性更高，经营成本更低，减少了全社会的金融风险。

同时，我国特别是珠江三角洲和长江三角洲迅速发展的中小企业集群为中小企业实行信用互助创造了组织条件。当多个中小企业由于在某一地理空间的集聚而获得了外部经济、集聚经济和产业链、组织变革等方面的新竞争优势，企业集群就应运而生。中小企业集群所提供的组织条件主要体现在如下方面：

（1）集群是由许多个企业聚集在一定地理范围内形成的，这为多个中小企业集中出资，相互提供贷款担保创造了优越的地理和信任条件，也节省了信用管理与运作成本。

（2）集群内部存在上下游或平行合作关系，集群成员企业围绕某一产业形成一个完整的产销体系，本来就有着相当稳定的交易关系，集群企业之间的交易和协同为信用互助组织的产生提供了牢固的合作基础，信用互助实际上是中小企业间上述相互调节和合作行为在银行贷款领域的延伸和深化。

（3）中小企业集群之间的规制结构为互助担保组织提供了组织和制度条件，如中间人组织，相互持股体制等。

（4）中国文化特征和中小企业间的社会特征为互助担保组织创造了文化条件和社会条件，信用互助表面上是中小企业之间在融资上的一种互助制度，实际上是我国人文网络在现代经济下的表现。

但互助担保公司也存在一定的问题：一是互助担保基金规模小，覆盖及惠及企业少，对中小企业融资的总体支撑能力较弱，规模难以做大，所起作用有限；二是互助担保公司专业性差，风险控制和资金补偿机制不健全，可持续发展能力较弱；三是合作银行对互助担保公司的认可程度低。

5. 经营模式比较结论

中小企业信用担保是一种风险与收益不对称的行业，但站在全社会角度，它仍然符合高风险、高收益的一般规律，只不过高收益主要体现在社会效益上，并最终体现为社会的经济增长和政府的财税增加。因此，作为一种市场选择再调整的制度安排和实现政策性意图的市场化手段，担保公司乃至担保行业的发展都需要政府强有力的政策支持乃至财政支持。另外，从担保公司自身的角度看，担保公司要实现可持续性发展，亦需不断地改进其经营模式，接纳优质的社会资本，从政府管理的框架中逐步走向社会，通过主体多元化来增强担保公司抵御风险的能力。通过对中小企业信用担保公司运营模式的探讨，我们可以初步得出政策性担保机构改制的基本方向和前提条件：

首先，向政府控股或政府相对控股的混合参股型担保公司转化。

一方面，社会资本的进入将彻底解决由于财政资金有限而对政策性担保机构做大做强的约束，建立担保机构可持续性发展的资金保障机制，使有限的财政资金起到更大的推动作用，而社会资本的进入将更大程度地发挥财政资金的资金杠杆效用、放大担保倍数。另一方面，政府控股或政府相对控股将对中小企业信用担保公司起到制约、规范和引导的作用，以保证中小企业信用担保公司的主营业务方向不发生偏离，保证中小企业信用担保的政策性目标得以实现，也有利于防范和化解金融风险。

其次，同时吸收和接纳互助担保基金，进行制度创新，形成整合优势。

政府控股或政府相对控股的混合参股型担保公司仍然可以同时吸收和接纳互助担保基金，或作为发起人，或作为委托人来经营和管理，从而将财政资金、社会资本、互助资金有效聚合，整合优势，制衡劣势，保证政策性担保机构在改制后政策性目标与经营性目标之间的协调发展。

目前，互助担保基金开始向半开放式互助担保基金的方向进行尝试和创新。这种基金一般采取政府出资发起，中小企业自愿认购的方式；为了防止股东操纵，强化中小企业风险防范意识，基金只对中小企业开放，而对其他投资者封闭；所有的中小企业，包括未认购基金的中小企业都可以申请信用担保，但对认购基金单位的企业放宽担保条件，简化担保手续，未认购的企业条件从严，认购多的担保限额高，认购少的担保限额低；基金对企业赎回份额不作强制性约束，而实行软性约束，例如严格赎回条件、限制赎回周期和比例以及收取赎回手续费等。

再次，改制的前提条件是担保机构本身实现稳定而有效的赢利。

要吸引社会资本进入政策性担保机构，从而顺利实现政策性担保机构的改制与转化，担保机构本身必须实现稳定而有效的赢利，即在外部环境和内部条件上达到一定的要求，包括市场需求、信用状况、资本规模、担保数量、经营团队、管理水平等诸多方面较为严格的条件，这样的赢利才是稳定的、有保障的，并具有可持续的增长空间，并使改制后的担保公司能够持续经营，协调发展。

最后，赢利的有效保障来源于优秀的经营团队和优秀的管理体制。

在中小企业信用担保的财务赢利边界条件中，运营费用比率和风险损失比率是最为核心的指标，只有在资本金规模较大、运营费用控制较好，风险管理水平较为完善的前提条件下，才能使运营费用比率、代偿率、代偿损失率都能控制在较低的水平上，并能够在一定的经营规模上取得较为可观的利润，而这一切又取决于是否具有一个优秀的团队和具备一套优秀的管理体制。

二、Gfd 担保机构的基本情况

1. 历史沿革

××市中小企业信用担保机构（以下简称 Gfd 担保机构）成立于 1999 年年底，2000 年 4 月开始担保业务受理，是经××市人民政府批准设立的事业法人单位，主要职责是为该市各类所有制中小企业提供融资担保和配套服务，实行监管会领导下的主任负责制。

Gfd 担保机构自成立以来，坚持政策性目标、企业化管理、市场化运作，各项业务发展迅速。截至 2006 年年底，累计为 3 000 多家企业提供总额达 115 多亿元的贷款担保，发展速度和担保规模均居全国前列，被原国家经贸委列为全国中小企业信用担保机构试点，被国家发改委列为全国担保公司孵化器试点。

成立7年来，Gfd担保机构的担保业务品种不断创新，从最初的短期流动资金贷款担保，发展到目前10多个担保业务品种，并根据企业经营状况逐步扩大信用担保比例；与银行合作不断发展，目前已与多家总行（分行）建立了合作关系，并与合作银行确定了一定比例的分担机制；风险控制效果良好，截至2006年12年底，代偿余额495.07万元，代偿率0.04%。

2002年Gfd担保机构作为首席发起人发起设立了××市中小企业信用互助协会，开创了互助担保的"一翼"模式。2003年试创了同城"一体"为"两翼"的再担保。

2. 发展现状

（1）经营状况

Gfd担保机构成立以来经营状况稳步发展，经营收入年年翻番，2006年实现经营收入9 000多万元人民币。

（2）人员状况

截至2006年年底，该担保机构人员的学历结构以研究生及中级以上职称为主，比例为76%；年龄结构以有一定工作经历、年富力强的为主，30~40岁的比例为54%；知识结构以复合型的为主，比例为63%；内部配备比例以业务为主，一线业务人员比例为83%。

（3）组织结构

Gfd担保机构组织机构设置包括发展部、担保业务部、风险管理部、债务追偿部和综合管理部，以及a、b、c、d、e 5个分部。此外还拥有一家从事典当行业的控股子公司。Gfd担保机构的行政隶属关系及组织机构如图6-5所示：

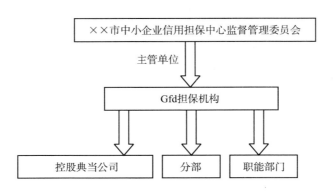

图6-5　Gfd担保机构行政隶属关系及组织结构

3. 管理优势

Gfd 担保机构之所以取得良好业绩，其优势在于：（1）有一个事业心强、操守好的领导班子；（2）有一个爱岗敬业、素质优良的团队；（3）开发和使用了担保业务计算机信息化管理系统；（4）建设和形成了良好的企业文化和信用品牌。其中，风险管理、风险文化是信用担保业务的核心。

Gfd 担保机构本着"严谨、稳健、高效、安全"的经营方针，利用信息化平台和专家知识库对信用担保的业务、组织和管理等诸多流程进行序列分析，提取其中可能的风险发生点及风险点生成的现实要素和前提环节；然后将应对措施进行优化组合，形成相应的控制线和措施面；并进一步整合成为较完善的风险控制体系；构建了以全面的风险意识、全过程的风险控制、全员参与的风险管理、全新的风险管理手段与方法为特征的"四全"风险管理体系，取得了良好的运行效果。

三、Gfd 担保机构改制的必要性与可行性

改制是担保机构在战略层面的重要抉择和实行可持续发展战略的重要步骤。改制有利于整合各种有效资源、有利于提高综合竞争实力、有利于筹集发展所需资金、有利于促进担保业务结构调整，更有利于促进地方经济的协调发展。

1. 改制的必要性

（1）经营体制变革的需要

从长远看，事业法人体制对 Gfd 担保机构的经营与发展具有一定的局限性。信用担保是市场经济的产物，Gfd 担保机构必须按照市场经济的原则和规律，在产权制度、治理结构、用人制度、分配制度、管理制度、运作模式等方面利用市场化的思路和方法解决问题。

Gfd 担保机构通过改制，既顺应事业单位机构改革的潮流，也有利于建立产权主体多元化的现代企业制度，从而更加适应市场经济条件下信用担保这一高风险行业的要求，快速良性地发展。

（2）资本金扩充的需要

信用担保营销的是信用，经营的是风险，承担的是责任，一个担保机构必须具有承担责任的资本金实力，否则难以树立和维系自身的信用。另外，资本金决定了一个担保机构的信用等级、担保能力，直接影响着担保放大规模。因此不断进行资本金的扩张是担保机构发展的一个必要条件。

Gfd 担保机构自成立以来，业务持续高速发展，但现有资本金使得担保规模

受到制约，对中小企业支持越多，资本金越发显得不足，担保能力亟待资本金增加而提高。Gfd 担保机构通过改制，从目前以财政资金注册的国有全资体制转变为产权主体多元化的格局，将从根本上解决资本金扩充机制。

（3）风险防范机制的需要

信用担保是高风险行业，政府资金背景下的信用担保加重了中小企业对政府的依赖，容易诱发中小企业的机会行为，增加道德风险。Gfd 担保机构通过改制，建立产权主体多元化的格局，将有利于减少中小企业道德风险，进一步强化Gfd 担保机构自身的风险防范机制。

2. 改制的可行性

（1）监管会领导和上级主管单位的全力支持

历次监管会的会议记录中均记载了对 Gfd 担保机构改制所提出的宝贵的指导性意见和建议，明确表示了积极支持的态度，为 Gfd 担保机构改制确立了方向。

（2）全体员工的认同

Gfd 担保机构全体员工在担保的实践中，逐步明确了 Gfd 担保机构改制的目的，焕发了工作热情，体现出对 Gfd 担保机构改制表示支持与积极参与的态度。

（3）充分的筹备工作

Gfd 担保机构 7 年来形成的良好品牌和业绩，从团队建设、管理水平、基础建设等各方面均为改制做好了充分的筹备工作，其改制工作可谓水到渠成。

（4）广阔的市场前景

据统计，××市中小企业的担保需求巨大，2006 年全市担保公司的担保总量为 273.6 亿元人民币，中小企业信用担保的卖方市场格局短期难以改变。

（5）良好的筹资条件

Gfd 担保机构在业绩、管理、团队上所具备的诸多内在优势及担保市场的广阔前景、区域经济的高速发展等外在条件将为筹资带来保障，增强了对各方出资者的吸引力，有利于筹资工作的顺利进行。

四、改制基本思路

1. 改制思路

Gfd 担保机构在综合论证的基础上，拟采取分立改制模式，即：Gfd 担保机构以 2 亿元现金出资，在一定范围内面向中小企业合作伙伴和符合准入条件的战略投资者进行定向募集，发起设立××市中小企业信用担保（投资）股份有限公司（或××市中小企业信用担保投资有限公司）（以下简称信用担保公司），Gfd 担保机构占 40% 股份，处于相对控股地位。改制后，Gfd 担保机构仍然保留（可以缩编），监管会继续对 Gfd 担保机构进行监管，间接对信用担保公司进行监管。同时改制后的 Gfd 担保机构主要发展再担保业务，为信用担保公司和其他担保公司承担再担保风险，通过再担保业务促进深圳市担保行业结构的优化和业务的发展，原则上不再从事一级市场的担保业务。

Gfd 担保机构之所以采用这种改制模式的原因在于：

（1）改制后 Gfd 担保机构仍然保留，政策性目标的贯彻与实施得以延续；

（2）Gfd 担保机构以现金方式出资，申办程序较为简单，设立费用和运作成本较低，有利于加快改制步伐、降低改制成本、避免资产争执、消除股东疑虑；

（3）从新公司长远发展来看，选择股份公司模式更为规范，发起人在未来 3 年内不得转让股份，有利于保持新公司的资本结构稳定，且未来不需要再次付出股份制改造成本，为将来上市做好铺垫；

（4）不涉及资产性质重新界定、主管部门变更和人事变动，Gfd 担保机构全体人员原班不动地承接新公司日常业务，新公司的组织架构基本上与 Gfd 担保机构保持相同，保证了业务经营稳定和可持续发展。Gfd 担保机构改制路线如图 6 - 6 所示：

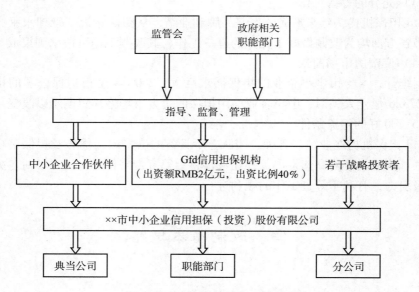

图 6 - 6 Gfd 担保机构改制路线

2. 改制所遵循的基本原则

（1）依法规范运作，切实保障国有资产的保值增值包括但不限于程序和内容方面的改制申报、清产核资、财务审计、资产评估、交易定价、债权人利益保护、员工合法权益保护等各项法律法规和管理规定。依法规范是此次改制首要原则、实现国有资产保值增值是此次改制首要目标。

（2）维护员工的各项合法权益

切实维护员工的知情权、民主决策权和经济利益。改制方案的制定和实施，以及相关重大事项和重大决策均事先及时、告知所有员工，并充分听取员工意见。

（3）改制过程遵循公开、公平、公正的原则

改制将在监管会及主管部门的直接领导下进行，广泛征询和听取金融界、中小企业界等有关方面意见，聘请社会有关专业机构进行专业服务和协助实施，募集资金采取公开透明方式。

（4）改制期间坚持业务经营稳定、对外关系稳定、员工队伍稳定的原则

认真筹备、细化方案、稳妥推进，加强与监管会领导、上级主管部门、合作银行和员工的交流沟通，保持与被担保企业的业务联络，取得相关单位的理解和支持。

（5）改制后秉承可持续发展的原则

确保 Gfd 担保机构在股份公司中的相对控股地位，加强与投资者的沟通，延续 Gfd 担保机构的发展理念、经营方针、经营团队和企业文化，保障各方投资者的利益。

（6）改制后坚持政策性目标与经营性目标兼顾的经营方针

改制后股份公司将坚持政策性目标与经营性目标兼顾的经营方针，形成政策性目标与经营性目标结合的内在机制。

3. 股份制公司的设立方式

全体股东以现金出资，发起设立××市中小企业信用担保（投资）股份有限公司（或××市中小企业信用担保投资有限公司），其中 Gfd 担保机构占40%股权。

4. 资金募集方式

在一定范围内公开向中小企业合作伙伴、符合准入条件的战略投资者募集资金，并将所募集资金全部用于充实信用担保公司对外承担担保业务的资本金。

基于维护国有股相对控股地位和降低资金募集成本的双重考虑，战略投资者应不少于 2～4 家，占股权的30%～40%；中小企业合作伙伴应不少于30家，占股权的20%～30%。

战略投资者的准入条件：（1）企业成立 3 年以上，且最近 3 年无重大违法、违规记录；（2）企业社会形象良好，经营稳定优良，最近 3 年内无亏损记录，无重组记录，无重大非经常性收益，资产负债结构合理；（3）能与 Gfd 担保机

构长期合作，优势互补，在市场、技术及管理方面对股份公司有提升促进作用；（4）国家法律、法规规定的其他条件。

中小企业投资者的准入条件：（1）企业有市场，发展前景良好，管理团队素质良好，符合国家产业政策；（2）企业成立3年以上，且最近3年无重大违法、违规记录；（3）企业社会形象良好，经营稳定优良；（4）国家法律、法规规定的其他条件。

5. 股权结构

Gfd 担保机构改制后的股权结构如表 6-1 所示：

表 6-1　　　　　　　　　Gfd 担保机构改制后的股权结构

股　东	出资方式	持股比例（%）
Gfd 担保机构	现金	40
中小企业合作伙伴	现金	20~30
若干战略投资者	现金	30~40
合　计	—	100

6. 注入信用担保公司的资产范围

Gfd 担保机构注入信用担保公司的资产全部为现金资产。信用担保公司设立后，再与 Gfd 担保机构签订一揽子协议，包括以公平价格购入典当公司、租赁或购入全部或部分固定资产、有偿使用担保软件系统和服务标志等、有偿或无偿转让其他无形资产、物业转租以及避免同业竞争约定等。

7. 改制后 Gfd 担保机构与信用担保公司管理体制与组织模式

（1）改制后 Gfd 担保机构资本结构

改制后 Gfd 担保机构资本结构如图 6-7 所示：

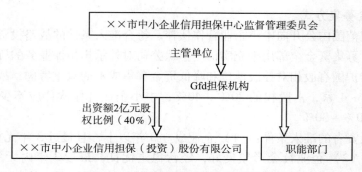

图 6-7　改制后 Gfd 担保机构资本结构

（2）改制后股份公司资本结构

改制后股份公司资本结构如图6－8所示：

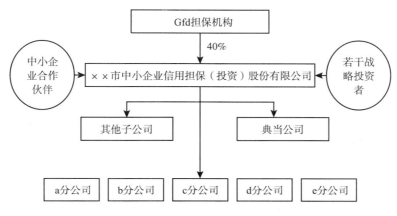

图6－8　改制后股份公司资本结构

（3）改制后信用担保公司组织机构

改制后信用担保公司组织机构如图6－9所示：

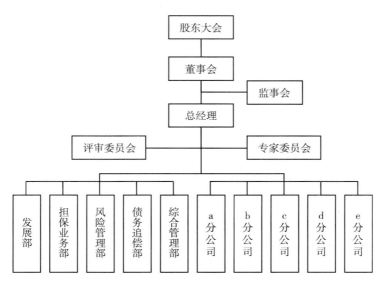

图6－9　改制后信用担保公司组织机构

8. 相关问题的处理

（1）财务制度

Gfd 担保机构按照《事业单位会计准则》、《事业单位会计制度》执行，信用担保公司按照财政部《企业会计准则》等执行。

（2）中心现有人员和事业编制

中心现有人员原则上全部转入股份公司，且员工工资待遇、社会福利等不低于现有水平。

Gfd 担保机构保留一定的事业编制，开展政策性再担保业务和承担行业性政策研究的任务。

（3）中心的债权债务

Gfd 担保机构的债权债务不变。

（4）中心现有办公地点

考虑到业务的稳定性和延续性，信用担保公司设立后可以在现有办公地点办公，但需要与 Gfd 担保机构签订物业转租协议。

（5）中心下属公司

信用担保公司设立后与 Gfd 担保机构达成股权转让协议，按照相关规定进行资产评估，以公平价格购入典当行公司。

五、改制法律依据

1. 《中华人民共和国公司法》；

2. 《中华人民共和国公司登记管理条例》（国务院令［1994］156 号）；

3. 《事业单位登记管理暂行条例》（国务院令［1998］第 252 号）；

4. 《中华人民共和国中小企业促进法》；

5. 《中华人民共和国担保法》；

6. 国务院《国有资产产权登记管理办法》（国务院令［1996］192 号）；

7. 财政部《行政事业单位国有资产管理办法》（国资事发［1995］第 17 号）；

8. 财政部《国有资产评估管理若干问题的规定》（财政部令［2001］第 14 号）；

9. 国办转发《关于规范国有企业改制工作的意见》（国办发［2003］96 号）；

10. 《国家税务总局关于事业单位合并中有关契税问题批复》（国税函［2003］1272 号）；

11. 《××市事业单位职员管理办法（试行）》（××市人民政府令［200×］第137号）；

12. 《××市事业单位职员社会保障暂行规定》（××市人民政府令［200×］第×××号）；

13. 最高人民法院《关于人民法院审理企业破产与改制案件中切实防止债务人逃废债务的紧急通知》；

14. 最高人民法院《关于审理与企业改制相关民事纠纷案件若干问题的规定》。

六、改制后经济效益预测

2002年以来，Gfd担保机构开始步入业务快速发展期，业务量以每年超过100%的速度扩张，2006年Gfd担保机构的担保规模达到了45亿元。由于信用担保公司是现有Gfd担保机构担保团队、客户关系、合作银行和担保业务的平稳转移，因此，信用担保公司成立后，其业务量将在原有的担保规模上以更快的速度增长。但考虑到业务覆盖范围扩大将导致被担保企业边际信用水平下降，从而引起总体信用水平有所下降，代偿率上升（按第一年0.1%，第二年0.15%，第三年0.2%估算），评审项目总额仍然为实际担保规模的一倍左右，因而经营团队将会逐步适当降低业务量的增长速度（例如担保规模每年增加10亿元，但增长速度则逐步下降）。

七、问题及思考

1. 政策性担保机构改制的必要性和紧迫性是什么？

2. 政策性担保机构改制需要满足哪些条件？

3. Gfd担保机构在其改制方案的设计中，都考虑到了哪些要素？这些要素对于政策性担保机构的影响是什么？

我国区域再担保体系的构建与
机构运营模式设计

一、前　言

我国信用担保业经过十几年的发展，从无到有，从弱到强，取得了显著成绩，但由于主、客观条件的限制，也存在不少问题，突出表现为以下四点：（1）许多担保机构不能为银行所认可；（2）部分担保机构业务运作不规范；（3）担保业系统风险逐年积累；（4）放大倍数问题制约担保行业的进一步发展。发展担保业是解决中小企业融资难问题、促进中小企业发展的有效途径之一，而担保业的发展所面临的各种问题，对完善信用担保体系建设提出了迫切要求，引入再担保是完善担保体系建设的重要一步。

再担保是一种分散和转移担保风险，扩大担保资源的担保形式，它是为担保人设立的担保。国家经贸委 1999 年下达的《关于建立中小企业信用担保体系试点的指导意见》中提到："中小企业信用再担保机构应以省为单位组建，以辖区内城市中小企业信用担保机构为服务对象，开展一般再担保和强制再担保业务。省级中小企业信用担保机构可受省中小企业信用担保监督管理部门的委托，对地市中小企业信用担保机构实施业务指导和监督。"

再担保本质上也是一种担保，以担保机构为对象。再担保是担保发展到一定阶段适时产生的，没有相对成熟的担保市场，则谈不上再担保，因此再担保业务的开展也应遵循市场规律，而不是通过简单的行政指令约束担保机构的行为。通过开展再担保，一方面为担保机构分散风险，从而吸引更多的民间资本进入担保体系，进而扩大担保资源总量，有效支持中小企业融资发展壮大。另一方面，依市场机制建立起来的担保与再担保之间的关系，能间接促进担保机构的自我约束和自我完善，促进担保业务的规范化和标准化，从而有助于提高担保机构的风险管理水平和资信水平。再则，由于获得了风险的分散的途径，使担保行业的放大倍数得以扩大，将客观上降低中小企业的融资门槛。

但是，需要清楚地认识到，由于我国经济实力的地域性差异较大，各地担保业发展的不均衡性较强，就现阶段我国担保行业而言，通过建立全国范围内的再担保实体来实现对我国担保机构风险的进一步分散比较困难。因此，我国在构建再担保体系时，应根据各地担保机构运营的效率、规模的现状，以建立区域内（省级区域、市级区域）的再担保实体为途径，实现对各区域内的担保组织的再担保，促进区域内担保业的发展。

本案例提供了一种区域内再担保实体运营模型的设计，当然，我国各区域内再担保体系和再担保实体的构建在实际操作时可按本区域担保业的实际发展态势来对案例中所提供的模式进行调整。

二、再担保构建的基本框架

1. 构建原则

（1）政策性原则

区分普通担保和中小企业信用担保，以致力于完善中小企业信用担保体系为宗旨，以服务于中小企业的担保机构为担保对象，不以赢利为经营目标，通过分险、增信服务改善和提升担保机构的资信水平和发展环境，为促进专业担保机构的快速发展探索建立一套行之有效的模式。

（2）市场化运作原则

遵循市场规律，由担保机构自愿申请参加，通过市场机制建立与担保机构之间相互制约、相互促进、收益分享、风险共担的再担保关系。

（3）公平、公开、公正的原则

不讲所有制，对所有服务于中小企业的信用担保机构一视同仁，规范竞争，消除再担保业务准入的歧视性政策；再担保机构业务开展和经营状况公开，接受政府主管部门和金融机构的监督、检查；根据担保机构评级，公正收取再担保保费和适用合理的分险比例。

（4）可持续发展的原则

建立有效的风险控制和风险分担机制，适度控制再担保业务风险，使再担保机构能够长期持续地发展。

2. 组织形式

区域再担保机构可以选择的形式有：企业法人、事业法人、社团法人；还可实行会员制，吸收符合条件的省、市中小企业信用担保机构作为会员单位。商业性再担保机构一般采用企业法人的组织形式，政策性再担保机构一般采用事业法人或企业法人的组织形式。由于再担保机构肩负着服务中小企业的最终目标，且应市场化运作的要求必须进行企业化管理，起步伊始以事业法人的组织形式为宜，待逐步实现规范管理，能合理控制风险时，可逐步转变为产权主体多元化的企业法人。

3. 经营范围

区域再担保机构的主要经营范围可包括以下几方面：

（1）区域资信评估

对区域内的担保机构当前的资信情况进行的判断和评价，并以此作为订立再担保协议的依据。评估的内容包括担保机构的人员配备、风险控制制度、担保业务规模及其结构（品种、规模、风险等）、反担保措施的分散程度、代偿发生率及损失率、注册资本规模及到位情况，资本的流动性、保费收支水平、风险准备金水平等。

（2）区域内再担保

即按约定为区域内中小企业信用担保机构承保的项目进行再担保，从而分散风险，分享收益，并提升担保机构信用放大倍数。

（3）管理再担保资金

有效地管理再担保资金，制定合理的再担保补偿制度，并保证再担保机构的可持续发展。

（4）处置反担保资产

对履行再担保义务后所取得的相应的反担保资产进行处置。

（5）提供担保信息、技术服务

加强区域内担保业务交流，创新设计担保业务品种，培训担保从业人员，开发担保风险控制技术，提高区域内担保业务的运营质量。

4. 资金来源

区域内再担保机构注册资金来源有以下几方面：政策性再担保机构的资本金主要由本级财政预算编列；商业性再担保的资金主要来自股东出资、社会募集；会员制的再担保机构可要求加入的中小企业信用担保机构存入担保保证资金；此外可尝试吸收部分银行用于再担保的软贷款等。

区域内担保机构交纳的再担保费可用于再担保机构维持日常运作和承担一定比例的代偿，再担保费率根据担保机构代偿率不同而浮动，并定期进行调整。同时，各级政府根据再担保机构每年实际实现的再担保额度给予再担保机构以风险补偿，该笔资金用于担保机构代偿率超出平均或预期水平时，对再担保机构的风险补偿，以及对本区域内再担保机构风险补偿资金的补充。

区域内再担保机构的注册资金可由当地政府财政拨付专项资金，另外可考虑从本区域内政府所提供的科技扶持经费、中小企业发展基金或产业技术进步资金中划拨一部分作为补充。注册资本规模方面，从再担保机构要发挥增信功能的角度出发，其资本充足率应高于担保机构，因此再担保机构注册资本金一般不宜低于本地区担保机构注册资本的最大值，至少不低于几家大规模担保机构的平均值。可考虑根据再担保机构的发展情况分时段到位。

5. 区域内再担保业务形式

区域内再担保采取的业务形式，取决于当地社会经济环境特点及当地担保业的发展水平。尤其是政策性再担保机构，应综合考虑当地财政的承受能力、业务上的可操作性并要能够调动当地担保机构加入再担保的积极性，可供参考的形式有：

（1）一般再担保

由区域内各担保机构自愿申请参加，遵循市场规律建立起再担保关系。

（2）多种形式的风险分担方式

在责任承担方式上，可根据与区域内担保机构、银行协商的结果，采取固定比例、溢额等多种形式相结合的风险分担方式，并根据担保机构的需要分别采取分险再担保与增信再担保。

（3）自动再担保为主，逐笔再担保为辅的决策程序

因为再担保机构的人力物力有限，较难对众多的中小企业贷款项目逐一审核，因此应着重考查各担保机构的经营状况并以此作为再担保的决策依据。但对于一些经营状况不明朗的担保机构，可考虑在合作初期采用逐笔审核的方式进行。

三、 再担保的制度设计

1. 适度的准入标准

为了控制风险，应根据本区域内中小企业、担保机构，以及银行业发展现状，为本区域内的担保机构量身订制一定的准入标准来对担保机构进行遴选，但准入标准不宜过严，否则不利于鼓励处于经营初期的担保机构逐步规范发展，建议可考虑以下方面：

（1）有独立健全的组织管理机构，已经建立了符合规定的担保业务操作程序、财务制度、内部管理制度，具备同机构规模相适应的专职经营管理人员；

（2）成立时间在 1 年以上，实际运营的时间不少于 1 年；

（3）实收资本金中的现金部分不低于注册资金75%；

（4）担保责任余额控制在其实收资本的 10 倍以内；

（5）发生的年度代偿总额不超过年担保总额的一定比率；

（6）当年担保坏账损失率不超过注册资金的一定比率；

（7）能按再担保管理的要求接受监督，并按时交纳再担保费用。

2. 担保机构资信评估的内容

作为风险事前控制手段，对担保机构的资信评估至关重要。资信评估的内容包括：

（1）担保风险承受能力：包括注册资本大小、资本到位程度，资本的流动性、保费收支水平、风险准备金水平、代偿资金占用规模和周期、代偿损失率、资本保全程度、资本使用结构。

（2）识别和评价担保风险的能力：包括主要负责人业务资格、专业人员配备、内部管理制度、担保项目风险评价体系，风险信息采集标准等。

（3）分散和控制担保风险能力：包括风险控制制度执行情况、股东或出资者干预程度、金融机构风险分担比例、优质客户比重、担保项目平均风险水平、担保业务累计发生额、在保业务规模及其结构（品种、规模、风险）、资本放大倍数、反担保措施的保证系数、反担保措施的分散程度、越权担保情况、代偿发生率等。

3. 风险控制机制

再担保机构与各专业担保机构之间的责任分担，以担保机构承担主要风险，再担保机构分担部分风险为原则，以确保担保和再担保机构的稳健运营。贷款本金风险由贷款银行、专业担保机构和再担保机构共同承担。

再担保机构的风险控制包括事前控制、事中控制和事后控制。事前控制可通过对担保机构的资信评估和再担保条件的设置实现；事中控制通过对担保机构的业务监督和调整再担保的条件来进行；而事后控制主要是指及时有效地追偿。具体风险控制措施可包括：确定合理的担保条件与审查程序、设定中小企业贷款限额、建立风险分担机制、落实追索权、落实检查监督权、设立预警与止损指标、建立信息共享平台、及时调整再担保协议等。

四、区域内再担保机构的运营模型

1. 再担保协议的内容

（1）个性化的再担保协议

一般来说，区域内再担保协议的各方当事人包括：再担保机构、担保机构、被担保企业。由于各担保机构的资金实力与经营水平千差万别，再担保机构很难与之达成统一的协议安排，例如，若要求的代偿率定低了，则许多经营水平不佳或一般的担保机构就不能被纳入到再担保体系；又如，若再担保费分成比例定高了或风险分担比例定低了，则对一些经营良好的担保机构又不具吸引力，这都不利于再担保业务的发展。

为了最大范围地将当地担保机构纳入到再担保体系中来，需要根据各担保机构的实际情况，包括担保机构的资本金、担保总额、风险控制水平及收益水平等，建立个性化的风险分担及收益分成的协议关系。只有这样才能既保证再担保机构稳健持续地运营，又能有效地为担保机构分散风险，并促进担保机构的自我约束与自我完善，促使担保市场运作健康有序发展。

（2）再担保协议的内容

本模型所设计的协议安排，在风险分担上采取了固定比例再担保的形式，并对担保机构所有承保项目进行再担保。

协议内容包括以下要素：

1）担保机构的担保总额 G：是指担保机构在一定时期内对外担保的总额，可分为累计担保总额、近 3 年担保总额，年度担保总额等。

2）担保机构的代偿率 r_1：代偿率是指担保机构所发生的代偿额与担保机构担保总额的比例，具有客观性。担保机构的代偿率越高，再担保的支出越大，担保机构的代偿率越低，再担保支出越小。由于代偿通常要在担保机构经营 2~3 年后才体现出来，建议采用近 3 年平均代偿率。尚未开始经营的担保机构可将代偿率暂定为 1%。经营 3 年尚未发生代偿的担保机构代偿率可按万分之五计。

在个性化协议中，可能较难取得的数据就是担保机构初始的代偿率，所谓初始的代偿率，是指担保机构在加入再担保体系以前的代偿率。为了获得优惠的再担保条件（如较高的风险分担比例或较低的收入分成比例），再担保机构有可能通过各种途径隐瞒其代偿情况。加入再担保体系后，由于希望获得再担保补偿，代偿情况将相对比较透明。

当担保债务实际代偿后，由再担保机构向担保机构支付相应的代偿金。如果代偿后债权最终回收，商业担保机构和互助担保机构将其中的相应部分交还给再担保机构。

3）再担保的风险分担比例 p_1：是再担保协议中重要的可调节因素之一。对于不同的代偿率，可通过调整风险分担比例来控制对各担保机构的再担保支出。对代偿率高的担保机构采用低承担比例，给予代偿率低的担保机构高承担比例，由此间接促进担保机构控制风险；

4）担保机构费率 r_2：是指担保机构收取的保费占担保额的比例。

5）再担保机构的保费分成 p_2：是指再担保机构向担保机构收取的费用占担

保机构自身收费的比例。通过调节再担保保费分成，对代偿率高的担保机构采用高保费分成，对代偿率低的担保机构采用低保费分成，可适度弥补再担保风险并促进担保机构控制风险；也可将再担保保费分成改为直接针对担保总额计算的再担保费率。

6）再担保机构风险支出 C：是指再担保机构按约定比例承担担保机构风险而发生的支出。

7）再担保机构的保费收入 S。

8）再担保机构的净收支 N：这里的净收支是指再担保机构的风险支出后减去保费收入的净额，是一定时期内再担保机构为某担保机构提供再担保所形成的净收支，不是指再担保机构自身的净收支额。净收支为正数，表示对该担保机构为净支出，净收支为负数，表示对该担保机构为净收入。

上述要素中，r_1、r_2 是关于担保机构实际经营情况的指标，具有一定的客观性，需要通过对担保机构的调查取证来确定。而 p_1、p_2 则可以由再担保机构与担保机构协商确定，具有较大的灵活性及协商性。r_1、r_2、p_1、p_2 构成了再担保协议的主要内容。

（3）再担保净收支与再担保准备

净收支是一个重要的指标，体现了再担保机构与各担保机构中的均衡关系，是再担保协议中考虑的重要因素，它有两层含义与作用。第一层含义是指实际数，即执行既定的再担保协议所实际形成的净收支。是用于评价再担保机构的资金使用情况及再担保政策执行情况的依据。第二层含义是指计划数，即在安排再担保政策或再担保协议时的一个指导性指标，对政策性再担保机构，相当于或近似于地方财政预算中可用于支持中小企业信用担保的风险补偿金额度。对于这一计划的补偿额度，可以称为"再担保准备基金"。再担保机构根据担保机构的业务开展情况，对"再担保准备基金"按担保机构分户管理，称为"再担保准备"。

再担保准备是再担保机构为偿付某担保机构的风险而从再担保准备基金中计提的一项准备基金，相当于一个计划的净支出。可考虑按如下条件设置：

1）按各保担保机构上年度担保总额的一定比例从再担保基金中计提，例如按1‰计提，则若担保机构上年担保总额为 10 亿元，则计提 10 万元作为该担保机构的风险准备，对尚未开展业务的担保机构的再担保准备可设为零。

2）再担保准备按各担保机构分户管理。

3）再担保准备可于上年末或本年初计提。

4）对一些经营状况不佳的担保机构，也可适时的执行负再担保准备政策，以实现对担保机构的行为约束。

5）当本年度对该担保机构的实际净支出大大偏离再担保准备时，再担保机构或担保机构中的任一方都有权提出重新安排再担保协议。

2. 再担保协议的确定

（1）均衡的协议

上述公式表明，在代偿率 r_1、保费费率 r_2 既定的情况下，通过对风险分担比例 p_1 和保费分成比例 p_2 的调节，可能实现再担保收入与支出的平衡。但均衡的协议并不仅仅是公式的平等，而是通过市场，科学合理地确定再担保机构及担保机构间的相互关系，满足双方的需求。

对政策性再担保机构来说，要既能通过适度的净支出政策（类同赤字）来为担保机构分散风险，又能在一定时期或对特定的担保机构实行净收入政策以促进担保机构的自我约束和自我完善，同时要通过对自身的风险控制实现稳健持续地运营，避免单纯地成为担保机构转移风险的对象。

对担保机构而言，再担保机构净支出时无疑为其分散了风险，但即使再担保机构执行的是净收入的政策，由于当担保机构的实际风险大于再担保协议所确定的代偿率时，担保机构可以获得大于估计数的补偿。此外将收入的一部分与再担保机构分享，实际上是建立了一个体外的风险补偿基金（相当于是税前的），因此加入再担保协议仍是有益的。关键是净收入的额度要适度适时，否则会影响担保机构申请再担保的积极性。

（2）均衡协议的达成

对于政策性的再担保机构而言，要确定协议的各项内容，应进行如下工作：

1）保前调查与资信评估，目的是要核实担保机构的代偿水平 r_1、收费水平 r_2 和年担保总额 G。

2）根据担保机构的年担保总额和当年的再担保准备政策计提再担保准备 N。

3）按下述原则与担保机构协商确定风险分担比例和保费分成比例，若令 N 为再担保准备，则有：

$$G \times r_1 \times p_1 - G \times r_2 \times p_2 \leqslant N'$$

即再担保机构对某担保机构的预计净支出应小于再担保准备。此公式变形可得：

$$p_1 \leqslant \frac{\dfrac{N'}{G} + r_2 \times p_2}{r_1}$$

$$p_2 \geqslant \frac{r_1 \times p_1 - \dfrac{N'}{G}}{r_2}$$

上述两个不等式说明了在代偿率 r_1、保费费率 r_2 和再担保准备既定的情况下，风险分担比例 p_1 和保费分成比例 p_2 应保持怎样的关系才能使再担保机构对某担保机构的净支出控制在再担保准备的范围。

五、再担保机构运营模型的测算

1. 公式测算

（1）测算数据

不同区域内担保总额不尽相同，而不同担保总额下的运营模型指标在制定时也就不尽相同。以下是按担保总额 10 亿元测算的再担保机构的风险承担支出、向担保机构收取的保费分成及再担保机构的业务收支净额。即假设担保机构担保总额 $G = 10$ 亿元，分析 r_1、r_2、p_1、p_2 的变化对 N 的影响，如表 6-2 所示：

表 6-2　　　　　　　　　　不同担保总额下的运营指标

测试指标	累计担保代偿率 r_1	再担保风险分担 p_1	担保机构费率 r_2	保费分成 p_2	再担保风险支出（万元）	再担保保费收入（万元）	净支出 N（万元）
	A	b	c	d	$e = 10亿 \times a \times b$	$f = 10亿 \times c \times d$	$g = e - f$
担保机构代偿率	0.03	0.25	0.02	0.2	750	400	350
	0.02	0.25	0.02	0.2	500	400	100
	0.016	0.25	0.02	0.2	400	400	0
	0.001	0.25	0.02	0.2	25	400	-375
	0.0005	0.25	0.02	0.2	12.5	400	-387.5
再担保机构风险分担率	0.01	0.2	0.02	0.2	200	400	-200
	0.01	0.3	0.02	0.2	300	400	-100
	0.01	0.4	0.02	0.2	400	400	0
	0.01	0.45	0.02	0.2	450	400	50
	0.01	0.5	0.02	0.2	500	400	100
担保机构平均费率	0.01	0.25	0.01	0.2	250	300	50
	0.01	0.25	0.0125	0.2	250	250	0
	0.01	0.25	0.02	0.2	250	400	-150
	0.01	0.25	0.03	0.2	250	600	-350
	0.01	0.25	0.035	0.2	250	7 000 000	-450
再担保机构保费分成	0.01	0.25	0.02	0.005	250	100 000	240
	0.01	0.25	0.02	0.1	250	2 000 000	50
	0.01	0.25	0.02	0.125	250	2 500 000	0
	0.01	0.25	0.02	0.25	250	5 000 000	-250
	0.01	0.25	0.02	0.3	250	6 000 000	-350
担保机构	0.0005	0.25	0.02	0.005	12.5	100 000	2.5

（2）测算分析

测算表明，通过对担保机构代偿率及收费水平的分析、对再担保风险分担比例及收费分成比例的调节，再担保的运作有可能出现净收入、净支出或收支平衡三种结果。当然，这种测算的结果是建立在担保机构按历史状况延续经营的假定之下，实际运作时的净收支会受当年代偿水平及收费水平的影响，而与预计的净收支发生偏离。再担保机构可根据这种偏离的程度，及时调整再担保协议，使实际的净收支与计划净收支趋于一致。

2. 再担保机构运营效果测算

（1）再担保的作用机制

再担保是"花小钱办大事"，通过为担保机构分担风险、提升信用，促进担保行业的发展，这种促进作用具体体现在三个方面：一是扩大担保机构的担保规模，即在不增加担保机构现有注册资金的情况下，增加担保额的放大倍数；二是降低被担保企业的反担保要求，即降低了被担保企业的融资门槛；三是分散了担保机构的代偿风险，即增加了担保机构在现有代偿水平下的代偿能力。

（2）测算分析

表6-3以某区域内一个注册资本金为2亿元的再担保机构为例，按25%的比例分担风险，每年计划支付再担保支出为2000万元，据此测算不同水平代偿率对应的担保额及2亿元再担保基金的放大倍数。如表6-3所示：

表6-3　　　　　　　　注册资金为2亿元的再担保机构运营效果

净收支 N（千万）	代偿率 r_1	再担保风险分担 p_1	年担保总额 G'（千万）	分担的风险总额 $F = G' \times P_1$（千万）	再担保基金的放大倍数 $= F/2$（千万）
2	0.01	0.25	800	200	1 000
2	0.005	0.25	1 600	400	2 000
2	0.002	0.25	4 000	1 000	5 000

1）能支持的担保总量：如当本地区担保机构平均代偿率为1%时，2 000万元的风险补偿足够用于支持80亿元的担保总量；若平均代偿率控制到2‰，则同水平的风险补偿能支持400亿元的担保总量。这一结果还未考虑再担保费的收入，如综合考虑再担保收入则可支持的担保总量还将上升。

2）再担保的增信作用：当平均代偿率分别为1%和2‰时，银行在考核担保机构现有的担保能力外，还可能接受20亿元或100亿元的增量担保。

3）要求的反担保条件：担保机构要求的硬性反担保条件可以放宽，比例可能下降25%，从而降低企业融资门槛。

六、结论及基本建议

我国经济发展的区域性差异，以及由此而导致的区域内信用体系完善程度的差异性，决定了我国现阶段的再担保体系无法像国外先进国家那样建立起全国范围内的再担保体系，因此，由点到面，由先进带动后进，通过建立区域内的再担保体系，来实现本区域内担保业的发展，进而促进全国担保业的发展，乃至全国再担保体系的构建，应成为我国今后再担保体系的理性化发展道路。以此为基础，在构建区域内再担保体系时，应建立起实行政策性目标、市场化运作、企业化管理的专业再担保机构。另外，区域内再担保机构资本金的来源除以当地政府划拨专项资金为主，还可考虑部分吸收区域内银行软贷款。区域内再担保机构根据年度预算可支出的再担保补偿额和各担保机构的经营情况，通过符合区域内担保机构现状的协议来确立与各担保机构的动态均衡关系。

七、问题与思考

1. 再担保对于担保业发展的意义是什么？采用区域性运作模式为什么是我国现阶段再担保行业发展的必然选择？
2. 本案例中所提到的区域再担保的制度设计的核心思想是什么？
3. 本案例中所建议的再担保机构的运营模式的优势在哪里？

后　记

　　在国家发展和改革委员会中小企业司的组织领导下，我国中小企业信用担保机构培训系列教材之《信用担保实务案例》编写工作于 2006 年年底正式启动。深圳市中小企业信用担保中心、广东银达担保投资集团有限公司和广东中盈盛达担保投资有限公司作为牵头单位负责组织协调本案例教材的编写工作。经过全国 12 家担保机构近一年的共同努力，本教材终于在广大读者的翘首企盼中问世了。

　　由于担保行业是一个发展中的新兴行业，在既没有先例可供借鉴也没有惯例可以遵循的情况下，一代担保人在一个个具体的项目中摸索前行，在一次次错误和失败中成长、成熟，他们为我国担保行业开拓出了一条不平凡的发展道路。近年来，我国担保行业发展迅速，从业队伍也日渐壮大，很多的担保业务品种和操作模式早已告别了"史无前例"的状况，而所有的行业知识和经验只有在分享、传递、交流、碰撞中才能得以成熟并形成体系，本案例教材的编写目的之一便在于加速这一进程。同时，为了使众多新加入的担保机构及其从业人员能够借鉴这些知识和经验并迅速成长，我们深感编写本案例教材更是一种义不容辞的责任。正是带着这种使命感，我们接受并完成了《信用担保实务案例》的编审工作。

　　本案例教材具有以下特点：第一，实践性强。其中每一篇案例都是各家信用担保机构担保业务操作中某一或几个环节的生动再现，为担保实务提供了由点到面的现实参照。不仅如此，案例中的经验或启示全部源于具体的担保业务的总结和归纳，对担保实践具有很强的指导意义。第二，题材新颖。本案例教材无论是从形式还是内容而言，都填补了我国担保行业发展的空白，是全国众多担保机构一代担保人集体创新智慧的结晶。第三，行业特色明显。本案例教材紧扣信用担保实务，针对担保行业的持续发展和业务操作选取有代表性的典型案例，系统地揭示了担保行业的特点和发展规律。

　　本案例教材共包括六篇。第一篇是"担保机构管理篇"，主要从担保机构的法人治理结构、内控机制建设、员工激励与约束机制、文化建设、市场定位与产品创新、管理信息化以及银保合作等方面重点介绍了担保机构的经验和做法。第二篇是"尽职调查篇"，主要介绍了保前调研设计、现场考察、信息收集与分析、担保风险识别与反担保方案设计等方面的要点和技巧。第三篇是"担保项目评审与实践篇"，主要提供了项目评审、项目决策、反担保方案的选择与落实等方面的众多范例。第四篇是"风险管理篇",主要以信用担保业务中的内、外部风险管理为主线,通过现身说法的方式总结、分析了识别和控制各类担保业务风险的经验和教训。第五篇是"保后管理篇",着重介绍担保项目实施后的风险识别和化解,在总结业务风险分类、保后检查、逾期处理、债务追偿、资产处置、呆坏账核销等方面经验的基础上,提出了许多有针对性的建议和思考。第六篇是"综合篇",主要总结了个别担保机构的发展战略规划和在风险管理方面取得的成功经验,并针对我国区域再担保体系的构建与运营模式的设计进行了理论探索。

参与本案例教材编写的担保机构主要有:深圳市中小企业信用担保中心、广东银达担保投资集团有限公司、广东中盈盛达担保投资有限公司、中国中科智担保集团股份有限公司、北京中关村科技担保有限公司、河南省中小企业投资担保股份有限公司、长春市中小企业信用担保有限公司、南京权信投资担保有限公司、重庆瀚华信用担保有限公司、大连市企业信用担保有限公司、银川市中小企业信用担保中心、苏州国发中小企业担保投资有限公司。在本案例教材的编写过程中,国家发改委中小企业司给予了大量的关心与指导,多次召集参与教材编写的担保机构的负责人、案例作者讨论修改案例教材的大纲和内容。国家发改委中小企业司王磊副处长多次参加案例教材编写研讨会,为本案例教材的编写工作付出了很多心血,清华大学经管学院张陶伟副教授对本案例教材的编写进行了指导,深圳市中小企业信用担保中心的蓝澜、于洋、金振朝、陈刚、金璐为本案例教材的编写付出了大量的劳动,在此一并向以上机构和人员表示衷心地感谢!

囿于编写时间紧迫,组织协调环节繁多,加之编者水平有限,本案例教材难免存在错误与疏漏之处,敬请读者谅解并不吝指正。

编者

2007 年 11 月于深圳